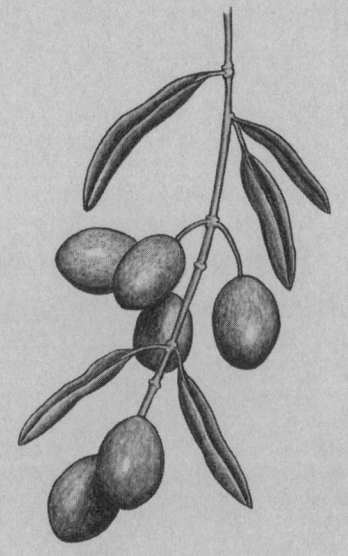

アート オブ
シンプル
フード

THE ART OF SIMPLE FOOD

ALICE WATERS
アリス・ウォータース
と
パトリシア・カータン、ケルシー・カー、フリッツ・ストレイフ
イラストレーション／パトリシア・カータン

小学館

アリス・ウォータースとシェ・パニースの書籍から

Chez Panisse Fruit

Chez Panisse Café Cookbook

Chez Panisse Vegetables

Fanny at Chez Panisse

Chez Panisse Cooking

Chez Panisse Desserts

Chez Panisse Pasta, Pizza, and Calzone

Chez Panisse Menu Cookbook

All rights reserved.
through English Agency Japan Inc. 2012
Copyright © 2012 by Alice Waters
Illustrations © 2012 by Patricia Curtan

First Edition:
Published in the United States by Clarkson Potter / Publishers,
An imprint of the Crown Publishing Group,
A division of Random House, Inc., New York. 2007

エラ、ザビエ、ファニー、ローズ、そしてザックに
愛をこめて

本書について

本書は、アリス・ウォータースの考案したレシピを尊重し、
食材については、アメリカ版に忠実に掲載しています。

ただし、日本国内でも使いやすいよう、
◆ 分量はccとgに統一して記載しています。
◆ 日本国内で手に入りにくい食材は、ページの欄外に
　代替可能な国産食材をできるだけ記載しています。

CONTENTS

Part I: Starting from Scratch
レッスンと基本レシピ

はじめに　　　　　　　　　　　　　　　　　　　　　　　　　　　11

さあ、始めましょう　　　　　　　　　　　　　　　　　　　　　17
食材と食料庫　道具と準備

何を料理しましょうか？　　　　　　　　　　　　　　　　　　43
メニューを考える　毎日の食事と友人と囲む夕食　ピクニックとお弁当

基本のソース4種　　　　　　　　　　　　　　　　　　　　　　57
ヴィネグレット　サルサヴェルデ　アイオリ　ハーブバター

サラダ　　　　　　　　　　　　　　　　　　　　　　　　　　　65
ガーデンレタスサラダ　ギリシャ風サラダ　オレンジとオリーブのサラダ

パン　　　　　　　　　　　　　　　　　　　　　　　　　　　　73
クルトン　ハーブブレッド　ピザ生地　生パン粉

ブロスとスープ　　　　　　　　　　　　　　　　　　　　　　　81
チキンブロス　キャロットスープ　ミネストローネ

豆　乾燥豆と生豆　　　　　　　　　　　　　　　　　　　　　　91
ローズマリーとガーリック風味の白豆　クランベリービーンズのグラタン　空豆のピュレ

パスタとポレンタ　　　　　　　　　　　　　　　　　　　　　101
生パスタ、オリーブオイルとガーリックのスパゲッティー　ポレンタとポレンタ・トルタ

米　　　　　　　　　　　　　　　　　　　　　　　　　　　　113
プレーンライス　赤いピラフ　白いリゾット

オーブン料理　　　　　　　　　　　　　　　　　　　　　　　123
ローストチキン　ラムレッグのロースト　根菜のロースト

フライパン料理　　　　　　　　　　　　　　　　　　　　　　133
カリフラワーのソテー　フライパンでつくるポークチョップ　魚のフライ

スロークッキング　　　　　　　　　　　　　　　　　　　　　143
鶏もも肉のブレゼ　ビーフシチュー　豚の肩肉のスパイシーブレゼ

とろ火料理　　　　　　　　　　　　　　　　　　　　　　　　157
ポーチドエッグをのせたカーリーエンダイブのサラダ　ポーチドサーモン　ボイルドディナー

炭火料理　　　　　　　　　　　　　　　　　　　　　　　　　169
ハーブ風味のグリルド・ステーキ　尾頭つき魚のグリル　グリルした野菜のラタトゥイユ

オムレツとスフレ　　　　　　　　　　　　　　　　　　　　　181
チーズオムレツ　チャードのフリッタータ　ゴートチーズのスフレ

食事のタルト、甘いタルト　　　　　　　　　　　　　　　　　191
オニオンタルト　りんごのタルト　チョコレートのタルトレット

フルーツのデザート　　　　　　　　　　　　　　　　　　　　207
ピーチクリスプ　またはピーチコブラー　洋梨のシロップ煮　タンジェリンオレンジのアイス

カスタードとアイスクリーム　　　　　　　　　　　　　　　　219
バニラ風味のカスタードソース　レモンカード　ストロベリーアイスクリーム

クッキーとケーキ　　　　　　　　　　　　　　　　　　　　　229
ジンジャースナップス　アニスとアーモンドのビスコッティ　1・2・3・4ケーキ

Part II: At the Table
毎日の料理

何か、もう一皿 243

ソース 253

サラダ 267

スープ 285

パスタ 301

パンと雑穀料理 313

卵とチーズ料理 319

野菜料理 325

魚介料理 373

鶏肉、鴨肉、七面鳥料理 393

肉料理 401

デザート 411

INDEX 441

著者プロフィール 447

Part I:
Starting from Scratch
Lessons & Foundation Recipes

レッスンと基本レシピ

Introduction

はじめに

　私の「美味しい革命」(＊)は、私がまだ若くて無知だったころ、レストラン「シェ・パニース」を開業し、おいしい食材を探していたときに始まりました。私が求めていたのは、フランスに留学していたときに食べて大好きになった、たとえばレタスやいんげん豆、パンといった、ごくシンプルな食材です。難しいことを考えたわけではなく、ただ、おいしいものを求めていただけなのですが、結局、とびきりの食材をつくっているのは、自宅の近くで野菜を育てているオーガニック農家の人たちでした。レストランから半径100マイル（160 km）圏内には、昔ながらに野菜やフルーツを育て、いちばんおいしい時期に収穫する小規模経営の農家や畜産農家の人たちがいました。こうした生産者から直接食材を購入し、スーパーマーケットでは扱っていないような食材までバリエーション豊かに手に入れられたのは、画期的なことでした。

　最高の品質の味わい深い食材が手に入ったら、ただシンプルに調理する。それだけですばらしい料理ができあがるのは、素材そのものの味が生きているからです。これが「シェ・パ

＊「美味しい革命」：アリス・ウォータースが提唱する、食卓から始まる、平等で平和で持続可能な未来への取り組み。

ニース」で何年間も仕入れや仕込み、味の確認を繰り返すなかで私たちが学んだことです。丹精込めて育てられ、旬の時期に収穫され、すぐに生産者から直接レストランに届けられた食材なら、料理は自然とおいしくなるものです。このような食材は、何もレストランだけの特権ではありません。近くのファーマーズ・マーケットに行けば、誰でも地元の生産者から同じように新鮮な食材を購入できるのです。

　私がファーマーズ・マーケットで買い物をして得た一番の経験は、農家の人たちと直接会って、話をしながらいろいろ教えてもらえたこと、そして市場から姿を消しかけている品種の野菜やフルーツを作れませんか？、と提案できたことでした。そんな交流を何年も続けるうちに家族のような親しみが芽生え、互いになくてはならない存在になっていったのです。地元でサステナブル（＊）な方法で作られた、ヘルシーで愛情のこもった食材を購入しているうちに、私はいつの間にか同じ価値観をもつコミュニティの一員になっていました。自然資源を守る仲間という意志でつながっているだけでなく、食べ物への感謝の心やそのおいしさ、美しさに触れること、そして食を通して時と場所、季節や自然の循環とつながる深い歓び（よろこび）をも分かち合うことになりました。

　美味しい料理をつくるのに秘訣はありません。何年も料理学校に通う必要もなく、高価で珍しい食材も、世界の料理についての幅広く専門的な知識もいりません。必要なのは自分の感覚だけです。もちろん、良い食材は大切です。けれども良い素材を選び、調理するためには、五感をフルに働かせなければなりません。いってみれば、感覚的で官能的な経験を積み重ねることで、はじめて料理は歓びになります。学ぶことに終わりはないのです。

　この本は、料理を習いたい人、もっと料理が上手になりたいと願うすべての人たちに向けて書いたものです。第1章では、シンプルな食事づくりの基本について述べています。新鮮な食材の選び方、食料庫に常備すべきものの選び方、献立の決め方などです。

　次に、基礎的な調理法の目的や理由を詳しく説明し、いくつかのシンプルなレシピとともに紹介しています。レッスンに沿って、料理し、味わい、成功と失敗を重ねながら基本的な技術が身についてくれば、あとはも

＊サステナブル：環境に配慮し、持続可能的であること。

う体で覚えていますから、手順をいちいち調べる必要もないでしょう。そうして、自信をもって落ち着いて料理に取りかかれるようになります。レシピに振り回されるのではなく、レシピからインスピレーションを得、心から下ごしらえを楽しみ、友人や家族と一緒にシンプルな食事を楽しめるようになります。

　第2章では、前半のレッスンをマスターした後に、簡単に応用できるレシピをたくさん紹介しています。

　良い料理の基本原則はどこでも同じだと、私は思っています。つまり、良い材料を集めることが、レシピや技術よりも大切だということです。私にとって、それこそが料理をする上で最も大事にしていることなのです。調理講習をするときには、これから使う材料をすべてきれいに並べて、お見せしています。すると生徒さんたちはみな素材の美しさに打たれたように目を見張って、「どこで手に入れたんですか」と聞いてきます。私は「近所のファーマーズ・マーケットなんです。みなさんも買えますよ」と答えています。

　長年の経験から、料理は結局、良い素材、そしていくつかのシンプルな提案に尽きる、と私は思っています。その提案を次のページのようなリストにしました。これは「美味しい革命」の原則であり、家族とコミュニティの絆を根本からつなぎなおすことができるものであり、感性に深い歓びをもたらし、人生をより良く生きる知恵となってくれるものです。

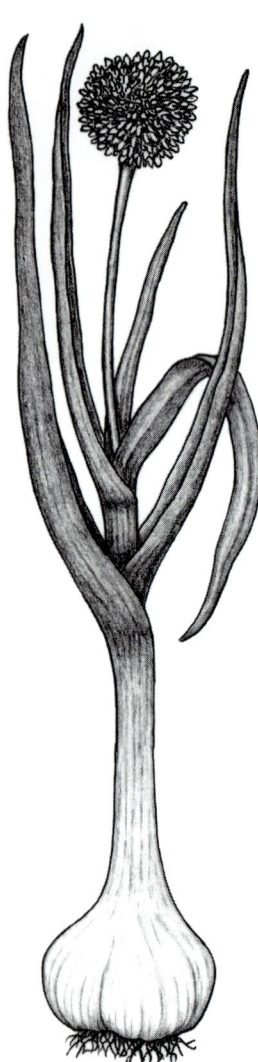

Eat locally and sustainably.
地元で環境に配慮して持続可能的につくられたものを食べましょう

自分の食べるものがどこから来て、どうやってつくられたのかを理解しましょう。地元で土壌づくりに配慮している小規模な生産者がつくる多種多様な野菜やフルーツを探してみてください。卵、肉、魚は有機的な方法で人道的に、また環境に配慮しているところから購入しましょう。

Eat seasonally.
旬のものを食べましょう

旬の食材を選びましょう。寒冷地であっても有機栽培農法で耕作期間を延ばすことは可能です。野菜を冷床やハウス栽培で育てることもできますし、冬に備えて乾物や缶詰にして貯蔵できる地場の食材はたくさんあります。また旬のものを食べることで新しいメニューを思いついたり、自分のいる場所や季節という感覚を味わえたり、何よりも風味豊かな食材という〝恩恵〟が与えられます。

Shop at farmers' markets.
ファーマーズ・マーケットで買い物をしましょう

ファーマーズ・マーケットは多様性、信頼性、季節感、地産地消、持続可能性、そして美に価値を置いたコミュニティをつくりだします。自分が食べるものをつくっている人たちのことを知ることです。農家はあなたのパートナーであり、彼らから学び、彼らと一緒に働いているのです。

Plant a garden.
庭に食べられるものを植えましょう

家庭菜園でも市民農園でも、自分が育てたものを食べたとき、心の底から満足します。窓辺で育てたハーブでも立派に料理に使えます。野山で食材やフルーツを収穫するときのように、あなたと季節の移り変わりを結びつけてくれるのです。作物が育つ大地の感覚を学びましょう。

Conserve, compost, and recycle.
ものを大切にし、コンポスト(*)をつくり、そしてリサイクルに努めましょう

バスケットを持ってマーケットに行きましょう。使える包装はなんであれ再利用。キッチンから出る生ゴミはリサイクルを考えて、料理すると

＊コンポスト：堆肥のこと。

きには近くにコンポスト用のバケツを用意しておきましょう。節約すればするほどゴミは少なくなり、より気分良く、快適に感じるようになるはずです。

Cook simply, engaging all your senses.
料理はシンプルに、五感をすべて使って

素材の味が生きるような、手をかけすぎない献立を考えましょう。触れる、音を聴く、よく観る、匂いを嗅ぐ、そして何よりも、味わうこと。五感のすべてを使って料理を楽しみましょう。そして味見をしましょう。何度も味見して、何回も練習し、常に新しい発見をしていきましょう。

Cook together.
みんなで一緒に料理をしましょう

家族や友人、とりわけ子供たちと一緒に料理をしましょう。子供たちは自分で作物を育て、料理し、食べたがるものです。菜園づくりや調理という実際の体験を通して、良い食べ物の価値や喜びを、努力によってではなく自然に学びます。

Eat together.
みんなで一緒に食べましょう

どんなにつつましい食事でも、一緒に席について食卓を囲む機会をつくりましょう。愛情と敬意をもってテーブルをセットしましょう。日常の食卓習慣を心から味わってみましょう。食事の時間は、ほかの人の気持ちを理解したり、共感したり、心をオープンにシェアしたり、身体に栄養を与えたり、コミュニケーションをするひとときなのです。

Remember food is precious.
食べ物は尊いということを忘れずに

良い料理は、良い食材からしかつくれません。適切な価格には、環境保全のコストや生産に従事した人たちへの公正な対価が含まれています。食べ物があるということは、当たり前ではないのです。

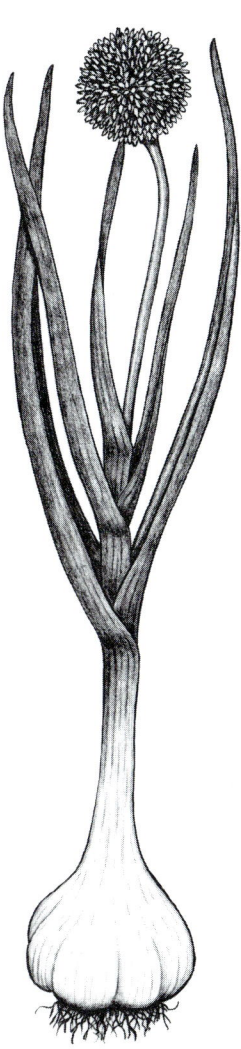

Getting Started
さあ、始めましょう

Ingredients and the Pantry
Equipment and Getting Organized

食材と食料庫　道具と準備

料理人になるために大切なことは、そう多くはありません。食欲、材料、調理道具を少し、そして何をつくろうか、というプランを2つ、3つ。でも、何がいちばん大事かといえば、おそらくそれは食欲です。私が知っている料理好きの全員に共通しているのは、食べることが大好き、という点です。彼らは、おいしいものを食べたい一心で、料理上手になっていったのです。食べ物のことを考えたり、味や風味の組み合わせを想像したり、料理の本やレシピを読んで頭の中でイメージするのを愉しんでいます。こうした思考プロセスと実体験から、今日は何をつくろうか、という発想が湧いてきます。もちろん、独自のアイディアを簡単に思いつき、直感的にメニューを組み立てるまでには、ある程度キッチンで過ごす時間が必要です。食に対する考え方や料理の仕方は長年の経験からできていて、今では私の一部になっています。でも、料理がうまくなる方法をどう伝えたらいいのでしょう。私は、まず材料から始めるのがいいと思っています。なぜなら食材は、一番のひらめきの源泉だからです。

Ingredients
材料

　まずは何か料理するための素材が必要ですね。とびきり新鮮な旬の食材、フルーツや野菜、そして卵や乳製品を見つけたいとき、私はファーマーズ・マーケットや地元のオーガニック食材を扱っている店に行ってみます。心をオープンにして何も決めずに、出かけましょう。何があるのか、そして何が買えるのか、まっさらな心で観察しましょう。生産者から直に食材を買うおもしろさは、彼らからいろいろ教えてもらえる上に、農家がどんな作物をつくるか、ということに少なからず影響を与えられるところにあります。

　たとえばこんな質問をしてみます。
「これは何という品種ですか？」
「栽培方法は？」
「どう調理したらいいですか？」
「旬の期間はどれくらい？」

　そしてできる限り、オーガニック認証のついた地元産の食材を買いましょう。気をつけたいのは、オーガニックと表示してあっても、中には地元産でもなければ、サステナブル（＊）なつくり方でもないものもあるということです。では、どうしたら地元産でサステナブルにつくられたフルーツや野菜（さらには牛乳や卵、肉製品も）を手に入れることができるでしょう。確実な方法のひとつは、CSAの農場に出資することです。CSAというのはコミュニティ・サポーティッド・アグリカルチャー（Community Supported Agriculture）の略称で、消費者と生産者が、個人または家族単位で契約を結び、定期的（たいていは週1回）に農産物を配達してもらう仕組みで、地元の農家を支えています。この契約によって小規模な家族経営の農家は、農作業に必要な資金を事前に調達でき、消費者は多種多様な地元産の食材を受け取ることができるのです。CSA農場の数はアメリカでは増加しつつあります。

　ファーマーズ・マーケットが開かれない季節で、スーパーマーケット以外の選択肢がない場合は、思いきって「ヘルシーでオーガニックな商品を置いてもらえませんか」と責任者に頼んでみましょう。また、加工食品がずらりと並ぶ棚ではなく、未加工で新鮮な食材が並んでいるコーナーの商品を買うようにしましょう。

　私にはこれがないと料理ができないという、必要不可欠な基本食材がいく

＊サステナブル：環境に配慮し、持続可能的であること。

つかあります。常備しておけば、店から新鮮な食材を持ち帰ったときにたくさんの料理をつくるので、選択肢が広がります。そうした食材のいくつかは、私にとって絶対に必要なので、旅行のときにも持って行くほどです。それらはオリーブオイル、海塩、上質のビネガー、ガーリック、そしてパンなどですが、旅先では手に入りにくい場合もあります。持ち歩くとからかわれたりもしますが、私が旅行鞄からすばらしい食材を取り出すと、みんなも料理がしたくなるのです。どれもシンプルで基本的な材料ですが、普通のマーケットや食料品店では見つからないこともあります。どこに住んでいるかにもよりますが、専門店、エスニック食材を扱っている店、あるいは健康食品の店で探さなくてはならないこともあります。インターネットに頼る前に、あなたの住む地域の店やマーケットに自分が欲しいと思う品物を置いてくれるように働きかけましょう。

The Pantry
食料庫

私の家では、食品のストックをおおまかにふたつのグループに分けています。どれくらいの頻度で補充するかによって大まかに分けているのですが、第一のグループは小麦粉やオリーブオイルのように長期保存の効く主要食品で、第二のグループは足が早い生鮮品や乳製品など、冷蔵庫で保存する必要があるものです。食料庫と冷蔵庫にこれらの食材を備えておけば、時間に関係なく、いつ来客があっても食材があるので安心です。

食料庫にストックする基本食材

オリーブオイル	アンチョビ
ビネガー	ケイパー
塩	小麦粉
粒の黒こしょう	砂糖
スパイス	ベーキングパウダーと重曹
パスタ	バニラ
ポレンタとコーンミール	イースト
米	ジャム
乾燥豆	ワイン
トマト缶	

あまり日持ちしない食材

ガーリック	マスタード
玉ねぎ	チーズ
エシャロット	ナッツ
セロリ	チキンブロス
にんじん	バター
オリーブ	牛乳
新鮮なハーブ類	パン
卵	じゃがいも
レモン	

Pantry Staples
食料庫の常備品

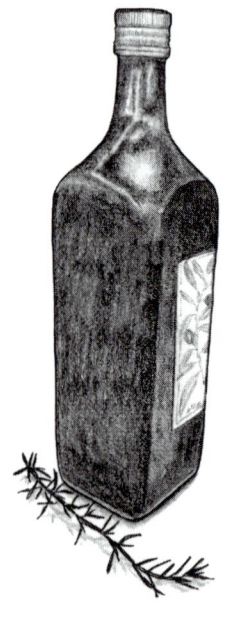

オリーブオイル

　私の料理にはオリーブオイルが欠かせません。手元にはたいてい2つのランクのオリーブオイルを常備しています。ひとつは調理用として、それほど高価ではない自然な風味のオリーブオイル。そしてもうひとつはサラダやソースに使う料理の仕上げ用の、より風味豊かでフルーティーなエキストラバージン・オリーブオイルです。品質の良いオリーブオイルはほかの食材に比べると高価ですが、シンプルな食材を別物に変えてしまうという点で、ほかのものとは比較になりません。「どうやってつくったの!?」と聞かれて、「ただ料理して塩を振って、そしてオリーブオイルをちょっとかけただけなのよ」と答えたことが今まで何度あったことか、数えきれないほどです。

　エキストラバージン・オリーブオイルは、シンプルにオリーブの実をつぶして採るオイルで、加熱や精製などの加工をしていません。つぶした後、そのまま落ち着かせ、水分を分離してフィルターで漉すだけです。オリーブの品種は数多くあり、それぞれの風味に特徴があります。まろやかで濃厚でフルーティーなエキストラバージン・オリーブオイルもあれば、スパイシーで青み野菜のようなフレッシュな感じの香りと風味のものもあります。ほとんどのオリーブオイルには、後を引く、ピリッと辛い独特の後味があります。質の高いオリーブオイルは、地中海沿岸諸国から輸入されていますが、カリフォルニアでもたくさん生産されるようになっています。できるだけ多くの種類を味わってみましょう。専門店やマーケットには、ときどきテイスティング用のボトルが置かれてあります。もしオリーブオイルをたくさん使うな

ら、ケース単位で購入するのがいいでしょう。割引価格で買えることもあって経済的。エッセンシャルな食生活を送るための半年に一度の投資と考えましょう。オリーブオイルは、常に涼しく暗い場所に保管するようにしてください。熱と光は品質を損ねます。

ビネガー

ワインビネガーには白ワイン、赤ワイン、あるいはシェリー酒からつくられたものなどがありますが、いずれにしても非加熱の質の高いワインビネガーを選びましょう。料理の味が全く違ってきます。良いものは値段も少々張りますが、その価値は十分にあります。自分でワインビネガーを手づくりすると、たいていの市販品よりもおいしいものができます。私は、大量生産のバルサミコ酢の大半は甘すぎるように感じます。職人がつくった本物の、イタリア・モデナ産のバルサミコ酢はびっくりするほど高価で、まさに一滴ずつ大事に使うものです。米酢の小さな瓶も、すし飯やきゅうりのドレッシング用に手元に置いておきましょう。しっかり栓をして、日光を避けて保存すれば、ビネガーは半永久的に保存できます。底に不透明なものが発生しはじめても（マザーと呼ばれるものですが）、がっかりすることはありません。それは自然発酵の証で人体にもビネガーにも問題のないものです。

塩

料理を簡単においしくする方法のひとつは、いい塩を使うことです。海塩は微量のミネラルを含んでいるので、普通の食卓塩よりもしょっぱく、さまざまな風味があります。一方、食卓塩には、凝固防止のために化学成分が含まれていて、それが料理の味に影響を与えます。私は2種類の海塩を手元に常備しています。ゆでるときや漬物用には、量り売りをしている粗塩（灰色がかったものはミネラル分を多く含んでいてとくによい）を、そして味つけと仕上げ用には細かく削ってある薄片状の結晶塩です。料理上手の最大の秘訣があるとしたら、塩加減を理解しているかどうかでしょう。もちろん量が多すぎればしょっぱくなりますが、塩の足りない料理は味気ないものです。塩は素材の味を引き出しますが、煮つめるとしょっぱくなります。小まめに味見をし、塩と風味がどうしたらおいしく調和するのかを理解して、食材の味を最大限に引き出すように使いましょう。

> 塩の塩梅
> いつ、
> どのくらい、
> どのように
> 塩をするか
> ということは
> 素材の味を最大限に
> 引き出すための
> 決め手のひとつです。

粒の黒こしょう

　粒こしょうは挽くとすぐに油分が揮発して風味と芳香が失われはじめますから、使う直前に挽くようにしましょう。こしょうミルはガス台の近くに置いて、必要なときにすぐ手に取れるようにしておきます。いつも新鮮な粒こしょうを使うために、量り売りをしている店で少量ずつ買うようにしましょう。

スパイス

　ほかに手元に常備しておきたい主なスパイスは、ローリエ（月桂樹の葉）、クミンシード、フェンネルシード、アニスシード（アニスの実）、乾燥ペッパー類、カイエンペッパー、ナツメグ、シナモン、クローブ、カルダモン、そしてジンジャーパウダーです。どんなスパイスを使うにせよ、回転率が高い店で、新鮮で香りのいいものを少量ずつ購入し、買い足すようにしましょう。

パスタ

　好みの乾燥パスタを2〜3種類ストックしておきましょう。私の必需品の乾燥パスタは、細めのスパゲッティーニ、フジッリ、そしてフェットチーネです。デュラム小麦かセモリナ粉のパスタを選びましょう。ほかの粉でつくられたものよりなめらかで、風味のある一皿に仕上がります。

ポレンタとコーンミール

　地元産のとうもろこしを挽いて、新鮮な全粒粉のポレンタやコーンミールをつくる小規模の製粉所が全米で増えています。少量ずつ購入して、家の中の涼しい場所や冷蔵庫に保管しましょう。とくに暑い時期には、注意が必要です。

米

　リゾットやすし飯用の短粒米種と、バスマティライスなどの長粒種の2〜3種類をストックしましょう。日光を避けて保管します。

乾燥豆

乾燥豆は広口瓶に入れて食器棚に数種類常備しましょう。私はたいていレンズ豆、ひよこ豆、カネリーニ豆（白いんげん豆）を常備し、そのほかに1〜2種類を置くこともあります。量り売りで買うほかの食料品と同様、ラベルを貼って日付を記入し、およそ1年以内に使い切りましょう。

トマト缶

トマトを自分で冷凍や瓶詰めにしないときは、オーガニックのホールトマトの缶詰を買いましょう。カットしたものやつぶしたもの、ピュレ状のものは、ホールトマトほど風味がなく、料理しても味わいは今ひとつ、という気がします。

アンチョビの塩漬け

良いアンチョビは、カタクチイワシそのものの強い風味があるだけでなく、その複雑な塩味によってほかの食材の風味を引き出してくれます。サルサヴェルデやバーニャカウダのようなソースには絶対に欠かせません。骨付きで塩漬けにしたもののほうが、フィレ（切り身）だけのオイル漬けや塩漬けされたものより風味と食感が良いように思います。輸入品の大きな缶詰で約450g以上あるものを探しましょう。缶を開けたらラップをするか袋に入れて冷蔵庫で保存します。あるいは金属製でない容器に移せば万全です。湿った塩で覆われていれば最長で1年ほど保存できます。使うときは少量の冷水に10分くらい浸してやわらかくし、それから身（フィレ）2枚を骨からそっと引っ張って外します。うろこ、ひれ、尾を取り除き、身をきれいにすすぎます。

ケイパー

ケイパーは、ふっくらと大きめで塩漬けされていれば風味が良いものです。できれば塩漬けのものを購入してください。保存は冷蔵庫で。使用するときは、塩を洗い流し、しばらく水に浸してから、絞って水気を切ります。塩水に浸けてあるケイパーも同様に水に浸して、すすぎ、絞ります。サルサヴェルデやそのほかのソースに加えると効果的で、エッグサラダに入れればパンチの効いた味になります。

小麦粉

　新鮮な無漂白の小麦粉は、あらゆる用途に使え、漂白された粉よりも風味や質の点ではるかに優れています。もしひんぱんにケーキを焼くなら、薄力粉も常備しておくと便利でしょう。可能なら小麦粉は量り売りで買うことをおすすめします。そのようなお店で買うときは容器を開け、匂いをかいでみてください。酸化していないか、そして湿気ていないかが選ぶポイントです。粉は数か月ごとに買い足しましょう。また直射日光に当たるとすぐに劣化するので、とくに全粒粉は冷蔵庫で保存するとよいでしょう。

砂糖

　オーガニック・シュガーは、普通の白砂糖のように精製されていません。それがグラニュー糖、黒糖、あるいは粉糖でも同じです。風味と栄養素がより多く含まれていますが、焦げるのが早いという性質があります。フランやタルト・タタンなど、カラメルの出来で仕上がりの善し悪しが決まるデザートにオーガニックのグラニュー糖を使うと、精製度の高いグラニュー糖のようには均等にカラメル化しないので、注意しましょう。

ベーキングパウダーと重曹

　ベーキングパウダーと重曹はいずれも膨張剤です。メーカーによってはアルミニウム成分が入っているものもあり、食べ物に不快な金属の味がついてしまう気がします。アルミニウムフリーのメーカーのものを探してください。ベーキングパウダーは賞味期限が比較的短いので、1年くらいで使い切りましょう。

バニラビーンズとバニラエッセンス

　バニラビーンズはカスタードやアイスクリームの香りづけにぴったりです。しっかりとラップし、直射日光を避けて保存しましょう。バニラエッセンスを買うときは、バニラビーンズの純粋なエッセンス（エキス）のみでできているものを選びます。苦みの強い合成のバニリンが入っていないことを確認しましょう。オーガニックのバニラビーンズも最近では、あちこちで売られています。

イースト

　この本でイーストといえば、天然酵母のドライイーストを指します。密閉容器に入れれば冷蔵庫で数か月間保存できます。

ジャム

　私は数種類のジャムをいつも手元に置いて、タルトのつや出しや朝食のトーストに、パンケーキのトッピングにと愛用しています。お気に入りはアプリコットですが、オレンジやレモンのマーマレードも大好きです。

ワイン

　ワインは、ソースやリゾットをつくったり、ブレゼ（蒸し煮）の水分を加えたりするときに重宝します。デザートに用いるときは別ですが、料理にはシンプルでドライな味のもの、オークの香りの強すぎないものが私の好みです。料理の味を邪魔しないからです。残ったワインはしっかり栓をして冷蔵庫で保管しましょう。

Perishable Staples
必須の生鮮食料品

　必須の生鮮食料品は、シンプルなサラダやドレッシング、スープや煮込み、手早くつくれるパスタや卵料理など、いろいろな料理に使えるのでいつも手元に置いておきましょう。買い物に行く前に食料庫を見てなくなっているものはないかをチェックする習慣をつけましょう。必須の食材は、一年中入手可能なものがほとんどです。

ガーリック

　ガーリックは私の食料庫の食材の中で最も重要なものです。ガーリックを使わない日はほとんどありません。ヴィネグレットやパスタソース、マリネの香りづけに、また、トーストにこすりつけたり、といった具合です。発芽しないよう暗くて風通しのよい場所に保管しましょう。スプリングガーリックまたはグリーンガーリックという茎がすっと伸びていて、ねぎのような形をしているガーリックは、乾燥を防ぐためビニール袋に入れて冷蔵庫で保存します。

玉ねぎ

　玉ねぎが不可欠な料理は数えきれないほどあります。ブロス、スープ、ブレゼ、煮込み、数々のパスタソースや野菜料理のベースにも欠かせません。さまざまな品種が季節ごとに出回るので、いろいろ探してみてください。スプリングオニオン（新玉ねぎ）やグリーンオニオンは必ず冷蔵庫で保存しましょう。乾燥して皮が紙のように薄くなっている玉ねぎは、光の入らない涼しい場所で保存するとよいでしょう。

エシャロット

　エシャロットは小さな球根形の玉ねぎの一種で、ほかのネギ科の野菜よりも味は濃くて辛くない、という特徴があります。常備しておいて主にサラダ（みじん切りにして、少々のビネガーに浸してからヴィネグレットソースに）、やクラシックなソースに使います。ほかの玉ねぎと同じように光の入らない涼しく、風通しの良い場所に保存しましょう。

セロリ

　セロリはにんじん、玉ねぎと並ぶ香味野菜のひとつで、伝統的なスープ、煮込み、ブレゼやソテーの風味に欠かせません。香味野菜の大きさを揃えて切り、まぜて丁寧に炒めたものは「ミルポワ」と呼びます。

にんじん

　袋詰めされたものではなく、1本ずつ、または束ねて売られているものを買いましょう。葉がついたままであれば、葉が新鮮なものを選びましょう。苦みがあるので皮はむきます。ただしファーマーズ・マーケットでときどき売られている小さい早生にんじんは別です。葉は冷蔵庫に入れる前に切り落とし、使う直前に皮をむきます。

オリーブ

　いろいろな種類を味見をして好みのオリーブを見つけましょう。オリーブは種類によって味がずいぶん違いますから、買うときには必ず味見をしてください。私は種がそのまま入っている丸ごとのオリーブの風味が好みです。黒オリーブではニソワーズ、ニヨンス、カラマタが好きですし、グリーンオリーブではピショリンルークとラクエスをいちばん使います。ニソワーズは

とくに料理向きです。オリーブは即席のオードブル。誰かが不意にやってきたときには、グラスワインのお供として気の効いた一皿になります。

新鮮なハーブ類

　新鮮なハーブは私の料理に欠かせません。パセリ、タイム、ローズマリー、セージ、バジル、ミント、マジョラム、オレガノ、ウィンターセイボリー、サマーセイボリー、チャイブ、タラゴン、チャービルなどはいつも使っています。ブロス、スープ、ロースト、そして煮込みには枝やブーケガルニで風味を加え、やわらかい葉の部分はサラダに入れて軽く和えます。料理の仕上げにみじん切りにして散らせば、清々しさがあふれます。新鮮なハーブを常備する最も簡単な方法は、自分で栽培することです。ハーブの多くは驚くほど耐寒性があり、どんな場所でも育ちます。庭がなくても、陽の当たる窓辺でハーブを育ててみてはいかがでしょう。お店で買うときは、元気で活き活きとした株を選んでください。

卵

　卵があればいつでも何かしら料理ができます。どうやって生産された卵かということに気を配りましょう。鶏を大切に飼育している近隣の農場から買ったオーガニックの卵は新鮮でヘルシーです。白身と黄身を分離させるのも簡単で、膨らみも良く、大規模養鶏場で生産された卵よりもずっと味が濃いはずです。

レモン

　料理の仕上げにレモンを絞ると、料理の味はぐんと引き立ちます。レモンはソース、お菓子づくり、魚料理、そしてレモネードにも、と重宝する果物です。レモンの皮、正確には黄色い表皮の部分（ゼスト）はすりおろすか、またはピーラーで半紙ほどに薄くスライスしてから刻んで風味づけに使います。皮を砂糖漬けにしてデザートに添えたり、そのままデザートにすることもあります。レモンは冷蔵庫で保存するといいでしょう。

マスタード

　加工されたマスタードは、マスタードシードの辛みとビネガーの酸味が一体となって、風味を添えるのに役立ちます。私が好きなのはディジョンスタ

イルのマスタードです。ほとんど甘みが加えられていなくて、ターメリックなどのスパイスも入っていないので、ピリッとした本来の辛さを味わうことができます。常備してドレッシングやソースにまぜたり、ソーセージやボイルしたディナーの薬味として食卓に添えましょう。

チーズ

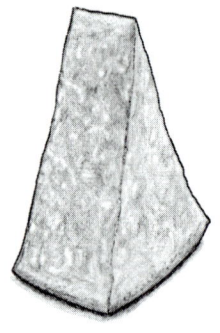

　できれば味見をして鮮度を確かめられる店か、商品の回転が早い繁盛している店で買いましょう。包装に表示されている日付は必ずチェックします。風味が損われないよう、使う直前に削ったりスライスしたりしましょう。パルメザンやグラナ・パダーノのようなおろして食べる硬いチーズを含め、数種類を常備します（イタリアのパルミジャーノ・レッジャーノはパルメザンチーズの原形です。高価ですが、使うと料理の仕上がりに驚くほどの違いがでます）。モントレージャックのようなとろけるチーズは、ケサディーヤやグリルドチーズサンドイッチをつくるのに適しています。グリュイエールチーズはサンドイッチ、オムレツ、グラタン、スフレにぴったりですが、そのままでもおいしくいただけます。できたてのやわらかいゴートチーズなど、地元産の手づくりのチーズをファーマーズ・マーケットで探してみてください。

ナッツ

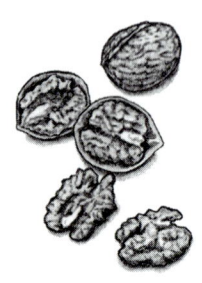

　サラダやお菓子づくりに、そして不意の来客に、炒ってすぐに出せるおつまみとしてナッツを常備しておきましょう。ナッツの収穫期は秋で、収穫したてのものはとびきり風味があります。冷蔵庫で保存しますが、鮮度が保てるのはほんの数か月。決して直射日光に当てないようにしてください。というのも、ナッツはすぐに油臭くなってしまい、酸化すると味が落ちるからです。においをかいでみれば、酸化しているかどうかすぐにわかります。大きな容器にぎっしり詰められて量り売りされているものが新鮮です。

チキンブロス

　常備しておくと重宝します。一度にたくさんつくったら、小分けにして冷凍保存もできます。自家製のストックでつくるスープ、煮込み、リゾット、ソースは、缶や箱入りのものを使うよりおいしくできます。ローストチキンから出たガラを冷凍しておき、後でストックをつくりましょう（鶏肉を丸ご

と 1 羽分あるいは部位をいくつか加えます）。一度に10ℓ弱くらいのストックがとれます。

バター

　バターはソースに、揚げ物に、炒め物に、野菜の仕上げに、焼き菓子に、そしてトーストに使います。冷凍保存にも適しています。ふだんあまりバターを使わなければ 1 本だけ冷蔵庫に入れておき、残りはぴったり密閉して冷凍しておきましょう。バターは嫌なにおいを吸収し、あっという間に品質が落ちます。有塩、無塩どちらがいいかは個人の好みです（有塩のほうが日持ちはいいようです）。お菓子を焼くときに有塩バターを使用するときは、塩分調節を忘れずに。有塩バター 1 本（約113g）には塩は小さじ約 4 分の 1 が含まれています。

牛乳

　表示ラベルをよく読みましょう。地元のオーガニックの酪農家を支援できる、ホルモン剤不使用の無添加の牛乳やクリームを購入しましょう。低温殺菌の牛乳やクリームを使います（高温殺菌された製品はUHTと表示されていることもあります）。健康上の問題は別にしても、UHTの牛乳やクリームを使うと、料理が美味しくできません。

パン

　この本の後半にはパンに関して詳しく記したレッスンがあります。私がほとんど毎食、いろいろ形を変えて食卓に出しているものです。毎日食べるパンで最も用途が広いのは、皮の堅いパン・ド・カンパーニュ。天然酵母でゆっくり発酵させた丸いパンです。保存に気をつければ何日ももちます。パンが無駄になることはひとつもありません。生パン粉にしてグラタンの上にかけたり、スライスにして乾燥させて、上からスープをかけてもよいですし、冷凍保存もできます。

じゃがいも

　季節や収穫時期にもよりますが、数種類のじゃがいもを常備しておくことは可能だと思います。たとえば、フィンガーリングポテトなどの丸ごとローストできる非常に小さなもの、グラタンとマッシュポテトには大きなイエロ

ーフィンポテト、フライパンで炒めるラセットポテト、そして旬の、皮が紙のように薄い新じゃがなど。新じゃがだけは冷蔵して早く食べたいものですが、ほとんどのじゃがいもは、光の入らない涼しく風通しの良い場所で数週間、保存できます。じゃがいもの皮が緑色なら、毒素があるというサインなので購入は控えましょう。手元にあれば、食べずに処分します。

Cooking from the Pantry
買い置き食材でつくれるもの

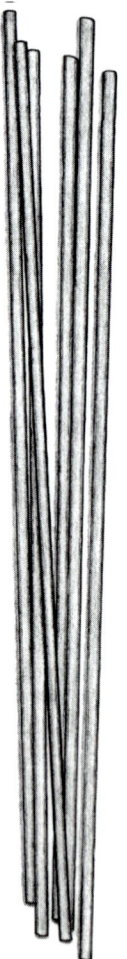

買い置きの食材だけを使ってできる料理にはどんなものがあるか、以下

スープ
チキンブロス
ガーリックスープ
にんじんのスープ
ミネストローネ
チキンヌードルスープ
チキンライススープ
オニオンスープ
パナード
豆のスープ
豆とパスタのスープ
トマトスープ
じゃがいものポタージュ
ポレンティーナ

ライス
プレーンライス
赤米のピラフ
リゾット

パスタとポレンタ
オイルとガーリックのスパゲッティーニ
アンチョビとパセリのパスタ
バターとパルメザンのエッグヌードル
フジッリのチーズグラタン
ホワイトビーンズのパスタ
フジッリのトマトソース
スパゲッティーニ
プッタネスカ
ポレンタ
ポレンタのトルタ

チーズと卵
グリルしたチーズのサンドイッチ
チーズスフレ
チーズとハーブ入りオムレツ
固ゆで卵
スタッフドエッグ
卵サラダ
そのほかの卵料理いろいろ

カリッと焼いたクルトン
豆のピュレ
ガーリックとオリーブオイル
タプナード
アンチョビ

チーズ

野菜
フライドポテト
マッシュポテト
ポテトサラダ
ポテトケーキ
じゃがいものロースト
スパイシーな焼き玉ねぎ
ガーリックのロースト
エシャロットのロースト
じゃがいもとガーリックのピュレ
玉ねぎのグリル
オニオンタルト
セロリのブレゼ
バーニャカウダ
にんじんのグラッセ
粗くおろしたにんじんのサラダ
にんじんのピュレ
オリーブのマリネとローストナッツ

ソース
ヴィネグレット
サルサヴェルデ
マヨネーズ（マスタード、レモン、ハーブ、アイオリ）
ハーブバター（アンチョビバター、ガーリックバター）
ベアネーズソース
オランデーズソース

パンとパンケーキ
ピザ
ハーブブレッド
コーンブレッド
ビスケット
ソーダブレッド
パンケーキ
ワッフル
ブリニ

デザート
カスタードソース
フラン
クレームカラメル
パンプディング
レモンカード
レモンタルト
レモンシャーベット
タルト生地
甘いタルト生地
バタークッキー
1-2-3-4ケーキ

に記してみました。驚くほどたくさんあるので、ぜひ参考にしてください。

Equipment
道具

私は、調理器具は最小限そろえることにしています。あれこれたくさんあるのも、めったに使わない道具でキッチンが散らかるのも好きではありません。とくに電化製品はたとえ小さなものでも好きになれないので、友人からは「ラッダイト」（*）などとからかわれます。その代わり食べ物と直接触れる道具、すり鉢やすりこぎは好きなのです。そうした道具は、近頃では一般的ではないかもしれませんが、実際、それほど多くの器具や道具が必要でしょうか。私はどちらかといえば、数本のナイフと鍋、フライパンを使い回します。大事なことは、手によくなじみ、使いやすく、丈夫で長持ちするものかどうか、ということです。

ここにあげたリストには、この本で紹介するレシピをつくるために必要な道具がすべて網羅されていますが、もし料理を習いはじめたばかりで予算内でそろえようとしているなら、まず最初に、上質のナイフを2〜3本と、熱伝導の良い厚手の鍋類にお金をかけましょう。これらは真に人生への投資とも言えるもので、一生ものの価値があります。そのほかの道具は買えるときに少しずつ、自分のペースでそろえればいいのです。鋳鉄のフライパン、パスタマシン、焼き型や焼き皿、小物などは、フリーマーケットやリサイクルショップをこまめにのぞいて、良いものを見逃さないようにしましょう。

ナイフ

握り心地が良く、安定して持ちやすく、手になじむものを選びましょう。重いものである必要はありません。自分が考えるほどたくさんの数も必要ないはずです。まずは刃渡りが約7.5〜10cmの果物ナイフ、刃渡り約20cmの三徳ナイフ、そしてのこぎり歯のついたパン用ナイフからそろえましょう。最上級のキッチンナイフは、カーボン・スチールの含有率が比較的高い合金でつくられています。刃がやわらかいので鋭い切れ味を保てるのです。より刃の硬いステンレス・スチール製のナイフは、刃がこぼれたら家で研ぐのは難しく、専門店で研いでもらいます。好きなナイフは大事に扱いましょう。使用後は毎回刃を洗い、乾かします。ナイフは流しに置きっぱなしにしたり食器洗い機に入れたりせず、常にシャープさを保つこと。メンテナンスは、スチール製のシャープナー（取っ手が付いた非常に硬質なスチール製の研ぎ棒）で数回、約20度の角度で研ぎます。ナイフの刃がこぼれたときは、砥石で研ぐか、研ぎ屋さんのところへ持って行きましょう。

*ラッダイト：19世紀の英国で起こった産業革命反対運動をラッダイト運動といい、機械破壊者をラッダイトと呼称した。

まな板

　まな板は、作業がしやすいように大きめのもの、最小でも幅60cmくらいの広さがあるものが必要です。私が好きなのは木製のまな板です。プラスチック製より美しく、ナイフへのあたりがやさしいからです。いつも清潔に乾いた状態を保ち、食器洗い機で洗うのは避けます。まな板は石けんと水で洗い、ベンチスクレイパーでこすってから乾かします。木が乾燥しているようならば、オリーブオイルを塗っておくとよいでしょう。

底の厚い鍋

　鍋とフライパンは、頑丈で熱が均等に行き渡るような底と側面が厚手のしっかりしたものが良い品です。底だけ厚くても不十分で、側面の厚みも大事です。こういうフライパンは、直火にかけても底が歪むことはありません。この基準で選ぶなら、銅、鋳鉄、あるいはステンレス加工をしたアルミニウム製のものが良いでしょう。

　金属の種類によっては酸の強い食べ物で化学反応を起こして、味に金気を含んだり、料理と調理器具の両方を変色させるので、耐酸性の鍋類を使うように書いてあるレシピも多くあります。耐酸性の鍋類には、ステンレス製、陶器、あるいは琺瑯、またはステンレスでコーティングされたものがあります。鋳鉄鍋は、使い込んで年季が入ったものであれば（繰り返し熱せられた油の膜が、徐々に酸に耐える表面をつくります）、ほぼ酸に耐えます。

　私が最もよく使う鍋は、次のようなものです。

使い込んだ25cmの鋳鉄製フライパン

30cmのステンレス製フライパン

容量2〜3ℓのステンレス製片手のふた付き深鍋

容量11〜15ℓの寸胴鍋（ストックポット）

容量4〜6ℓの
　オーブン用耐熱鍋

容量3ℓの浅鍋、
　あるいは片手の浅鍋

容量1ℓの片手鍋

陶器製の鍋

　内側、あるいは外側にも上塗りがかけてある陶器製の鍋は、ゆっくりと均一に加熱するのに最適です。新品の陶器鍋を初めて使うときは熱処理をしましょう。鍋全体を一晩水に浸けた後、鍋に水をたっぷり入れて数時間火にかけておくと、オーブンやレンジの弱火や中火でも使えるようになります。断熱パッドを使って直火から陶器を守るのもよいでしょう。

　最も用途が広いのは大小のグラタン皿（浅く、縁の高さが、5〜7.5㎝で表面積が大きいもの）、ふた付きで最低でも容量が4〜6ℓあるビーンポットやスープポットなどでしょう。

ボウル

　比較的軽量で入れ子式のボウルのセットは常に役に立ちます。高級なものである必要はありません。

水切りと裏漉し器

　私は水切りを2つ持っていて、サラダ用の葉野菜を洗った後に水を切ったり、葉っぱを入れておいたりするのにいつも使います。ざるや裏漉し器も2つずつあると役に立ちます。大きめのものと小さめのもの、ステンレス製で網の目の細かいものもひとつ持っていると重宝します。

サラダスピナー

　サラダスピナーは、葉野菜の水を切るのにとても便利です。しっかりしたものであれば手回し式でも、ポンプ式でもいいですが、ポンプ式には底に滑り止めがあるのが利点です。

フードミル

　フードミルを使うと空気を含ませることなく食材をピュレ状にできます。料理の種類によっては、フードプロセッサーやミキサーよりも、フードミルを使うほうが適している場合もあります。

パスタマシン

　パスタは手でのばしたり切ったりすることもできますが、ハンドル付きのイタリア製パスタマシンを使えば、こねたり、のばしたり、またはラザニアやラビオリのような長いシート状の生地をつくるときにも活躍します。

石製のすり鉢とすりこぎ

　石製のすり鉢は、500CC以上の容量のある大きめのものが最も用途が広いですが、たとえばスパイスや種子、ガーリック、しょうがなどをすりつぶすときには、小さめのもので十分です。日本のすり鉢は、陶製で、釉薬(ゆうやく)が塗られていない内側に櫛目(くしめ)状の溝がついています。木製のすりこぎと合わせて使います。

オーブン用天パン

　標準的な家庭用の天パンはだいたい30×45cmの平らなシートで、手で扱いやすいように1辺だけ斜めに縁が付いています。全辺に縁があるものはジェリーロールパン、あるいはハーフシートパンと呼ばれます（シートパンは約45×60cmで、普通の家庭用オーブンには大きすぎては入りません）。調理器具の専門店かレストラン向けの業務用品店で厚みのあるプロ仕様のハーフシートパンを2枚購入すると便利です。というのも、薄くて軽量のものではクッキーを焼いても均等に焼き色がつかず、最悪の場合、ゆがんだり焼け焦げたりしてしまうからです。

クッキングシート

　天パンやケーキ型に敷いて使うもので、食材がくっつくのを防ぎ、後片づけを簡単にしてくれます。ガラス繊維とシリコンでつくられた「シルパット」と呼ばれる焦げつき防止のシートも同様に効果的で、このタイプは繰り返し使えます。

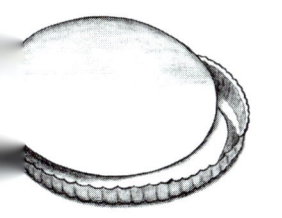

焼き型

　ケーキ型は直径24cmで底が外れるタイプを1つ、直径22.5cmで5cmのものを2つ、直径22.5×深さ7.5cmのものを1つ、エンゼルフードケーキ（シフォンケーキ）型を1つ、マフィン型も1つ、そしてパイ型も数種類持っています。パイ型は深めのものを探しましょう。直径が22.5cmで底が取れるタル

ト型もあるといいかもしれません。同じく底の外れる直径10cmのものや、いろいろな形があるミニタルト型をそろえておいてもいいでしょう。

フードプロセッサー、あるいはミキサー

　フードプロセッサーをとくに愛用しているわけではありせんが、フードプロセッサーやミキサーを使わずに、ちょうどよい細かさの生パン粉をつくるのはとても難しいものです。ミキサーはスープをピュレ状にするときにも重宝します。

スタンドミキサー

　強力なモーターが付いた頑丈なミキサーがベストです。とくにパン生地をつくるときに威力を発揮しますが、安いものではありません。ミキサーは料理の手間を省いてくれますが、この本にあるレシピは、手でつくることができます。

アイスクリームマシン

　いろいろな製品が売られていますが、たいていのものは使えるので、予算と収納スペースに見合ったものを選んでください。

オーブントースター

　私は小さいオーブントースターは大好きです。クルトンやナッツをこんがり焼くときに活躍します。

Small Tools
小さな道具

トング
バネ仕掛けで軽く、長さ25cmくらいのトングを探しましょう。レストラン向けの業務用品店にはいいものがあるはずです。ただし、スライド式の金属のバンドでロックするタイプのトングは避けましょう。手を挟まれることがあります。

スパイダー（網杓子）
スパイダーは液体から固形物をすくうための網杓子のことです（しっかりした柄の先にクモの巣がついていると想像してください）。中華料理で使う竹製の持ち手のものも安価で、どこでも買えます。

金属製のへら
大きなものはパンケーキなどをひっくり返すために、そして、コテ形をしたオフセット・スパチュラはケーキにクリームを塗ったり、表面をなめらかに仕上げるのに重宝します。

こしょうミル
ゴム製のへら
木製のスプーン
金属製の大きなスプーンと、穴の空いたスプーン
レードル
泡立て器
ピーラー
缶切り
料理用温度計
オーブン温度計
スチームバスケット
オイスターナイフ
ゼスター
12mm幅の金属製で、鋭い穴が一列に空いているタイプのゼスターは、繊細にうまい具合に、レモンなどの皮を薄く細く削ぎ取ってくれます。

おろし金
チーズ用にはボックス型のおろし金が、平たいタイプよりも使いやすいでしょう。ただし、ステンレス製の平たいおろし金のほうが歯は鋭いです。ひとつはフルーツの皮をおろしたりナツメグを挽いたりするのに、もうひとつの目の粗い方はチーズ用にと、2種類持っていると便利です。

＊スチームバスケット：簡易型の蒸し器。

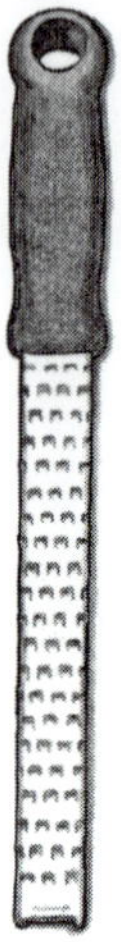

計量カップとスプーン
　液体用の目盛りと注ぎ口が付いている、最低でも500cc以上量れるカップと、乾物を量るための大小さまざまなものが重なって1セットになっている計量カップが必要です。

ゴムべら
　生地をまぜたりきれいに集めるために、楕円形でしなやかなプラスチック製のものが便利です。

スクレイパー
　長方形で切れ味の鈍い刃がプラスチックや木製の柄に付いています。パイ生地やパン生地などの成形やカット、あるいは生地が作業台にべったりついたときに台をきれいにするのに使います。みじん切りの玉ねぎなどを寄せてすくうのにもとても便利で、食材を粗く刻むときにも使えます。

麺棒
料理用刷毛
絞り袋と絞り金
ジューサー
キッチンタオル
たこ糸
コルク抜き

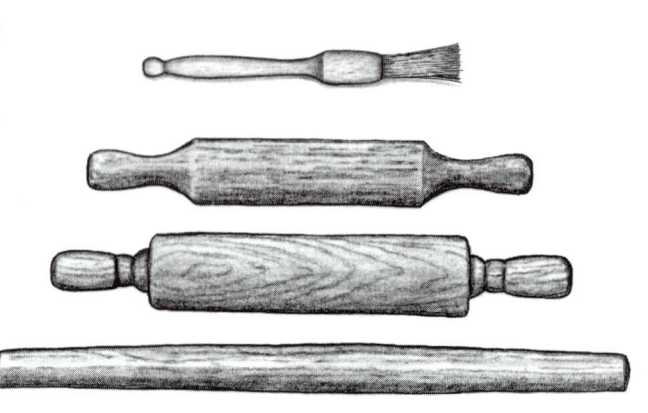

Getting Organized
準備をしましょう

レシピはある特定の料理を作るときのガイド役ですが、ただ機械的に準備すればいいというわけではありません。分量も割合も正確なよくできたレシピでも、料理のできあがりの善し悪しは、やはりつくる人のやる気にかかっています。おいしい一皿が食卓に並べられるかどうかは、料理するずっと前から始まっているのです。まず最初にレシピをひととおり読んでみて、どんな料理ができるのか、頭の中でイメージしてみましょう。味や香りはどうでしょう？　そしてもう一度、頭の中で、あるいはメモを取りながらレシピを読んでみます。材料、分量、調理法、手順、タイミングなどの内容をメモしましょう。それが終わったとき、最終的にどんな盛りつけで、どんな味の、どんな料理ができあがるのか、そして味わっているイメージとそこに至るプロセスが理解できているはずです。もしはっきりしなかったりわかりにくい点があれば、面倒がらずに納得いくまで調べたり読み直したりする時間を取りましょう。料理を始める前に手順全体を把握していれば、たいていうまくいきます。

　新しい料理をつくるとき、私はレシピを簡略化して自分の言葉で書き出しておきます。それはパーソナルな手順案内のようなものです。準備がうまくいくと料理はとてもスムーズに運びます。鍋やフライパンがジュージューと音を立てている最中に、あたふたと何かを探す、などということにはならずにすみます。

　レシピを読んで必要な材料と調理法を理解したら、今度は材料と道具をそろえて並べてみましょう。ここが料理のできあがりを決める重要なところです。室温に戻しておく必要のある材料は冷蔵庫から出しておきます。レシピに従って材料を洗い、皮をむき、刻み、分量を量ります。必要なときにさっと移せるよう、準備した材料を、ボウル、ざる、お皿などの容器に入れておきます。後で使う小さな道具、ボウル、鍋、フライパンなどはすぐ手が届くようにしておきましょう。必要なら、オーブンを温めて、段の高さも調節しておきます。このように準備を整えることを、ミス・アン・プラスと言います。フランス語で〝位置につける〟という意味です。準備万端、すべてが定位置についていれば、料理をしていて何かが焦げそうになったり、崩れそうになっているときでも、大慌てで探しものをしたり、別の準備に追われることなく安心して料理ができます。このミス・アン・プラスは見た目の美しさをも意味します。準備した材料を愛用のボウルに入れ、使う順番に並べておけば、とても満ち足りた気持ちにしてくれるのです。

Cutting Techniques
カッティング・テクニック

ナイフを扱うちょっとしたコツを覚えたら、野菜やほかの食材を下ごしらえしたり切ったりするのは、ごく自然なことに感じられるでしょう。適度な重みがあって、握ったときのバランスと切れ味がいいナイフは欠かせません。あとは練習と料理用語に慣れることです。

みじん切りとは、材料をできるだけ細かく切ることで、必要な細かさになるまでどんどん小さく刻んでいきます。みじん切りはハーブや葉野菜、柑橘(かんきつ)類の皮、オリーブ、ケイパーのような食材に適しています。

ハーブをみじん切りにするには、ハーブの葉を山状に積み、まず細かい断片になるように切ります。次に、包丁を握っていないほうの手の指を使って刃先を軽く押さえ、固定しながら包丁を上下左右に動かしながらハーブを細かく刻んでいきます。包丁の柄は、指先を使って軽く持ちましょう。そうすればよりコントロールしやすく、効果的に包丁を動かせます。ときどきハーブを集めて再び山にし、必要な細かさになるまで刻みます。

さいの目切りは、さいころ状に切ることです。一般的に野菜のほとんどはみじん切りにするよりもさいの目切りにするほうが早くて簡単にできます。正確な立方体が望ましいこともありますが、ほとんどの場合、私はレシピでさいの目と書いてあるときは、おおよそのさいころ状に素早く切り、きちんと四角に揃っているかどうかはあまり気にしません。

切っているものを碁盤の目のようなものだと考えてみてください。ひとつの方向に均等にスライスしたら、そのスライスを（積み重ねて、あるいは重ねなくてもいいのですが）均等な大きさのバトンあるいはマッチ棒の形に切り、さらにそれを横にして切ればさいころ状になります。スライスすればより細かいさいころになります。

玉ねぎ、エシャロットやフェンネルのような丸い球茎の野菜をさいの目にするときは、茎や根っこは切らずに残しておきます。まず縦半分に切り、外皮をむきます。半分にしたものを、切った断面を下にしてまな板の上に置きます。その上に手のひらを、押しつけるのではなく軽く置くようにして玉ねぎを固定し、包丁をまな板と平行にして、茎の付け根から根元の方に向かって水平に何回か切り込みを入れていきます。そのときは残しておいた付け根まで全部切ってしまわないようにしましょう。次に、ナイフの先を付け根に向け、垂直に数回切りおろします。次には茎のほうから根っこに向かってまな板に垂直に切りおろしてさいの目にし、根元の部分は除きます。よりなめらかな食感にしたい場合はさらに刻みます。さいの目の大きさは、最初は垂

直、そして水平の切れ込みをどの間隔で入れたかで決まります。

　たくさんのガーリックを細かく刻みたいとき、このやり方で細かくなるまでかけらをひとつひとつ繰り返してさいの目に切ると、まとめて一度にみじん切りにするよりも、簡単にできます。エシャロットやガーリック、玉ねぎのような野菜をみじん切りにするときは、切るというよりもつぶしてしまいがちですが、さいの目であればきれいに切ることができます。

　ミンスは非常に細かいみじん切りにすることです。ガーリックのような食材を、最初に極力細かいさいの目切りにし、さらに包丁を入れてもっと細かくしていきます。

　ジュリアンは、食材を細い棒（マッチ）状に切ることで、さいの目切りの最初の2つの手順です。伝統的なジュリアンは長さ約5cmで3mm角のサイズ。はじめに野菜を5cmの長さに切り、それを3mmにスライスし、それをさらに幅3mmの細い棒状に切っていきます。にんじんのような野菜は切っている最中に転がらないよう、まず側面を薄く切り取り、平らな面を下にして安定させます。ごく細いジュリアンにするには、野菜用スライサーを使って均等にスライスし、それを重ねて棒状に切っていきます。こうして切ったものを、さらにもう一度角度を変えて切れば、美しくそろったさいの目切りにすることもできます。

　シフォナドは、ハーブの葉やレタス、あるいは葉ものを細いひも状やリボン状に切ることです。シフォナドにするには、葉をきれいに重ねて、それを葉巻きのようにきれいに縦長に巻いていきます。巻いた葉を直角に切っていき、ごく細いリボン状にします。この方法は、ナイフを入れるとすぐに酸化してしまうバジルなどにとくに向いています。バジルをみじん切りにすると色が黒く変わってしまいがちですが、シフォナドにすると変色するのは端の部分だけで、鮮やかな緑色に仕上げることができます。

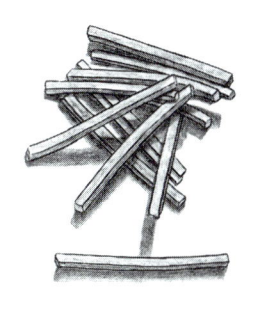

What to Cook?

何を料理しましょうか？

Planning Menus
Everyday Meals and
Friends for Dinner
Picnics and Packing a Lunch

メニューを考える　毎日の食事と友人と囲む夕食　ピクニックとお弁当

毎日、考えることがあります。それは「今晩の夕食は何にしよう？」ということ。そのとき、私は考えを総動員して何をつくるかを決めます。まずはじめに頭の中で自問自答します。毎回違う問いかけですが、何を食べたい気分？　誰と一緒に食べようか？　天気はどう？　どれくらい時間をかけられる？　どれくらい力を込めてつくる？　冷蔵庫には何がある？　マーケットには何が売られている？　予算は？　というようなことです。そういう問いに答えていくと、いくつかのひらめきが浮かんでは迷い、またいろいろな選択肢を考えついたりするのです。こうしたプロセスにはひとりひとりのリズムがあるものです。また、家族のためのシンプルな夕食のメニューでも、特別なお祝い事で友人が集まるときのメニューであっても、プロセス自体は同じです。

Planning Menus
メニューの組み方

メニューを考えるときには、流れのままに1日分以上の献立について考えます。毎日料理をしていれば、少し先を読んで計画を立てる癖は自然と身につくものです。上手に買い物をするのはとても大切で、手元に良い材料をそろえておきます。それは牛肉や鶏肉だったり、いろいろな種類の野菜、サラダ、フルーツかもしれません。買い物をして家に帰ったら、すぐに下ごしらえを始めます。鶏肉に下味をつけたり、ポークチョップをハーブと調味料でマリネにしたり、豆を水に浸したりというように。

　食材を冷蔵庫に入れていつでもすぐ料理できるようにしておけば、料理に取りかかるのが楽になります。夕食の間際とか、1日中仕事をした後の疲れた状態で「夕飯何にしよう」、と悩まないで済むのです。その代わり、冷蔵庫に準備してある食材で何を料理するか決めて、合うものを組み合わせればいいだけです。私は、メニューは鶏肉などのメイン料理から決めています。鶏肉をローストにしようと決めたら、次に付け合わせの野菜を1種類または数種類選んで、ライスやサラダやそのほかの食材を、冷蔵庫と食料庫の中を思い出しながら組み合わせます。このとき選ばなかった食材は、翌日の夕食の材料になります。

　これが私のいつものやり方です。というのも、きちんとしたプランを立てずに、マーケットに行って、そこでいちばんいいもの、とびきり新鮮な旬の食材を自由に買うのが好きだからです。そうして見つけた食材を元にメニューを考えます。

　もうひとつのやり方は、まずメニューをいくつか考え、買い物リストをつくってからマーケットに行くことです。アイデアを練り、準備して効率よく買い物を進めます。それでも、マーケットで予期せぬすばらしい材料を見つけたら、すぐに献立プランと買い物リストを変更するのがいいと思います。すばらしい材料があれば、それでいつでも何かおいしいものがつくれるのですから。

　たとえばローストチキンのような料理がメインのシンプルな家庭料理をつくるときは、風味や彩りや質感のバランスが取れるよう、付け合わせとの組み合わせも考えます。また、時間と労力をどれくらいかけられるかも考えます。メインディッシュを決めたらサラダを追加したり（しなかったり）、新鮮なフルーツやフルーツのデザートを加えたりします。

　それでは、メニューのアイデアのいくつかの例を挙げてみましょう。

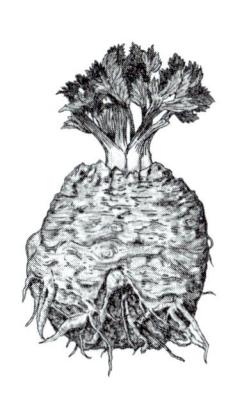

Roast chicken and . . .
ローストチキンに加えて……

ローストポテト、ガーリック入りヴィネグレットをかけたガーデンサラダ
さっと蒸したかぶとかぶの葉にバスマティライスを添えて
さっと蒸したガーリック風味の葉もの、じゃがいもとセロリルートのピュレ
ウインタースクウォッシュのセージ風味オーブン焼き、ポレンタ
なすのオーブン焼きとベイクドトマトのサルサヴェルデ添え
レモンとケイパー風味の蒸しカリフラワー、アイオリ添え
いんげん豆とミニトマトのサラダ
にんじんのグラッセときのこのソテー
オリーブオイル、レモン、パルメザンチーズで味つけしたアスパラガス

メニューをより豊かにするには、得意料理のレパートリーからスタートします。それから、ほかの情報源や新しいレシピを探してみましょう。また、友人たちと話してどんなものをつくっているのか教えてもらうのもいいでしょう。自分が好きな食べ物は何か、おいしそうと思うのはどんなものかを覚えておくことです。キッチンや食卓を共にする人たちの意見も聞いてみて、そうして集まった情報をもとにして、いつものお気に入りの料理に新しい風味を加えたり、調理技術を磨いて、徐々にレパートリーを増やしていきましょう。季節のもの、旬の食材を最大限に生かして、同じ野菜でもいろいろな食べ方を試してみてください。

往々にして最高の一皿は、シンプルな料理だったりします。蒸すかソテーしただけの野菜をオリーブオイルかバターとレモンで仕上げたり、ステーキや骨付き肉や鶏肉を、塩と挽きたての黒こしょう、そしてハーブで味つけして素早くグリルしたり、フライパンで焼いたり、あるいはローストしたような料理です。こういう手早くできるシンプルな料理は、あまり料理の経験がない人でも、短時間で、風味豊かに、素材の味を最大限に引き出せます。

でも、たまにはキッチンに立って、いつもより時間と手間をかけてシチューやブレゼ、野菜のグラタンやラグー、あるいはフルーツタルトやクリスプをつくりたい日もあるでしょう。シチューやブレゼはたくさんつくって、週の後半にもう一度食卓に出すこともできます。また、手の込んだ野菜料理は、栄養的にも感覚的にも満足感を与えてくれるメインコースにもなります。

自分の予定に合わせて、買い物と料理をいろいろなやり方で試してみてく

ださい。献立を考えるときは家族にも協力してもらうといいでしょう。家族と一緒に料理をして、楽しい時間を過ごしながら、1週間分の料理をつくるのもいいかもしれません。友人たちを招いて一緒に料理してそれぞれがお持ち帰りできるくらいたっぷりつくって、みんなで調理とディナーをともにしましょう。

Everyday Meals
毎日の食事

いつもいろいろな人から、毎日の食事のアイデアを聞かれます。「お願い、何をつくればいいか教えて。なんにも思いつかないの」。

みんなが知りたいのは、レストランの料理や特別な日のためのディナーではなく、家庭で食べるふつうの食事です。よい食事というのは、どれくらい高級感があるか、準備が難しくて手が込んでいるかではなく、どれくらい満足感があるかです。料理の味、色、そして食感のバランスが取れたとき、楽しく料理できたとき、そして心をこめて盛りつけしたときに、私はとても満ち足りた気分になります。さまざまな色や食感のある食事に比べて、真っ白な、漂白された小麦粉や白砂糖を使った料理や、やわらかいものばかりの食事には、とても賛同できません。味というのは互いに競ってどれかが抜きん出てしまうのではなく、引き立て合って一体になるものだと思います。料理をしていてストレスを感じるようなディナーは、家族や友達と一緒に食べる食事ではないのです。

食欲をそそり、きれいに盛りつけられた料理は、よりおいしく感じられ、料理をつくる人も食べる人も満足させることができます。心をこめて調えた食卓（折り畳んだナプキンとフォーク程度のつつましいセッティングでいいのです）は、五感を満たし、身体に栄養を与える満足感のある食事を彩る最後の仕上げです。それこそが至福の食事といえるでしょう。

これからご紹介するのは、季節ごとのメニューのアイデアです。私は家庭ではデザートはほとんどつくりませんが、食事の最後に、新鮮な完熟したフルーツでしめくくるのは大好きです。

FALL
秋

玉ねぎとアンチョビのタルト
ルッコラのサラダ
フルーツ：ハニーデューメロン

柿のサラダ
鶏もも肉のブレゼ　フェンネルとエッグヌードル添え

チコリのサラダ
豚肩肉のブレゼとシェルビーンズのグラタン
フルーツ：りんご

レンズ豆のスープとコーンブレッド
フラン

刻み野菜のサラダ
パッパルデッレのボロネーズソース
洋梨のシャーベット

WINTER
冬

ウインタースクワッシュのスープ
鴨もも肉のブレゼ　炒め煮野菜添え
フルーツ：洋梨

ロメインレタスのサラダ
ハマグリのリングイネ
季節のフルーツのコンポート

薄切りフェンネルのサラダ
魚の生パン粉焼き　炒め煮ほうれんそう添え

フルーツ：タンジェリンオレンジ（＊）

カーリーエンダイブのサラダ
ボイルドディナー　サルサヴェルデ添え
アップルタルト

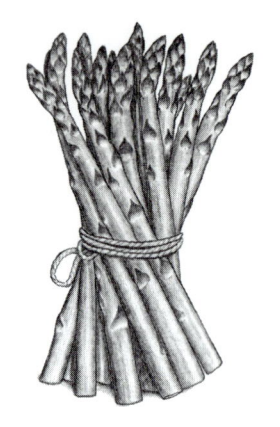

SPRING
春

サーモンのポーチ煮、ハーブバター添え
蒸したアスパラガスと新じゃがのロースト
フルーツ：いちご

アーティチョークのサラダ
ラムもも肉のロースト　タプナードと蒸したかぶ
フルーツ：さくらんぼ

アボカドとグレープフルーツのサラダ
豚のロースと新玉ねぎのグリル　ハーブバターとポレンタを添えて
バジルペーストといんげん豆のリングイネ
詰め物をした焼きアプリコット

鶏胸肉のグリル
春野菜のラグー
チェリーパイ

SUMMER
夏

スライストマトとバジル
ローストポークの冷製とポテトサラダ
フルーツ：季節のベリー

＊タンジェリンオレンジ：国産のみかんに代えて使えます。

ハーブとラディッシュのサラダ
ガーリッククルトン入りのサマー・ミネストローネ
フルーツ：ネクタリン

スイートコーンのスープ
魚と黄色いズッキーニのグリル　サルサヴェルデ添え
いちごの赤ワイン煮

トマトのクルトン
ハーブ風味のステーキ、じゃがいものロースト、サラダ
ビスコッティとぶどう

いんげん豆と焼きパプリカのサラダ
オヒョウのオーブン焼き　なすのロースト　アイオリソース添え
フルーツ：ラズベリーと桃

フレッシュトマトソースのペンネ・リガーテ
ガーデンサラダ
ゴートチーズといちじく

チーズスフレ
グリーンサラダ
フルーツ：サンタローザプラム

Friends for Dinner
友人を招いてのディナー

私は友人たちと料理をして、一緒に食べるのが大好きです。それが高じて、レストランを始めたのだと思います。お客様を招くときは、メニューやその夜のディナーをいつもより考えます。それは、親しい友人たちとの気楽な集まりでも、誕生日のお祝いやセレモニーのごちそうのような特別なときも同じです。喜んでもらえるような、場にふさわしいメニューを考えますが、同時に大切なのは、メニューが複雑すぎたり準備が大変すぎない、ということです。ちゃんと物事がうまくいっている、と感じながら、自分でも楽しい時間を過ごしたいし、ゲストにもくつろいでいただきたいのです。

> メニューを書き出し、
> 次にショッピングリスト、
> 準備のリスト、
> そして進行表を
> つくります。

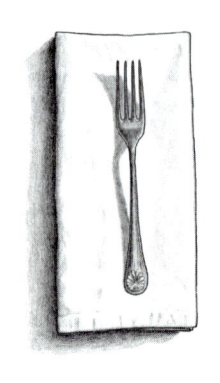

　メニューをよく考えて決め、実際に料理する上でとても役に立つ、私のやり方をご紹介しましょう。大きな集まりや凝ったイベントでも重要なことですが、シンプルな夕食にもとても役立ちます。

　まず何をつくるかを決めたら計画を立てましょう。メニューを書き出して、買い物リストをつくります。もし買い物リストをつくっているときに、料理はもとより買い物に手がかかりすぎると感じたら、メニューを考え直すか、手伝ってもらえる人がいるか検討してみましょう。買い物は前もって済ませておきます。そうしないと、買い物袋をいっぱいかかえて家に帰ったときにはもう料理する時間がない、ということになりかねません。これが、料理人をヘトヘトにする原因のひとつです。

　次に準備リスト（料理する前のいろいろな下準備、食事を出す前の準備）と進行表を、メニューと買い物リストを見ながらつくります。各コースの料理をひとつひとつを段階別に分解してみるのはなかなかおもしろいものです。グリーンサラダを例に取ってみましょう。青もの類は洗って水を切り、ラディッシュは洗ってヘタを取って形を整えます。ヴィネグレットをつくり、そして最後にサラダに和えて食卓に出します。

　進行表では、これらのステップをいつ行うかの計画を立てます。レタスとラディッシュは、その日の早いうちに準備し、ヴィネグレットは１〜２時間前に、そしてサラダを入れるボウルを選んでおきますが、食卓に出す直前まではドレッシングは和えません。ローストのような、より時間がかかる料理のタイミングは、ディナーの予定の時間からさかのぼって計算します。たとえば夕食が７時に始まるときには、ローストにかかる時間が１時間半で、食卓に出す前に30分休ませるとすると、５時ごろには予熱したオーブンに肉を入れておく必要があります。

　料理をいくつもお出しするコースの場合、前もって調理しておける料理、温め直すかソースで仕上げるだけのものを、ひとつかふたつ組み込んでおくと楽です。そうすれば当日はひとつの料理に集中できます。時間が許せば、ブレゼやスープなどは前日につくっておくといいでしょう。当日は温めるだけですみ、そのうえ一日おいたほうがよりおいしくなります。デザートは、どんなものをつくるかによりますが、私は当日の早いうちか、あるいは前日につくっておくのが好きです。もし、デザートがアップルタルトの予定なら、タルト生地を前日につくるか、冷凍庫から出しておきます。ディナー当

日の午後には、生地をのばし、冷蔵庫に入れておきます。ゲストが到着したら、私がほかのことをしている間、希望者を募ってりんごの皮むきや薄切りを手伝ってもらい、生地の上に並べてもらいます。全員が食事のテーブルについたときにタルトをオーブンに入れれば、デザートのときに焼き上がったタルトを、まだ温かいまま出せます。みんな料理に参加したいものですし、進行表を頭に入れておけば、ディレクションもできるのです。

料理を盛りつけるお皿選びやテーブルセッティングも準備の一部です。私は小さいころからテーブルセッティングが大好きでした。今もそうです。テーブルは、お客様が到着するずっと前に調えておきます。いったん料理を始めたら中断したくありませんし、お客様が到着したときテーブルがすっかり準備されているのを見て、「私を待っていてくれたんだ！」と思ってほしいからです。そして食卓を調えながら、食事の内容をイメージし、どのようにサーブするかを思い描くのです。たいてい私は、ファミリースタイルでサーブします。つまり、大皿や大きなボウルに入れ、オーブン皿などは料理が終わったらそのままテーブルに出し、みんなで取り分けてもらうのです。いくつかの例外はあります。たとえばパスタ料理などは、キッチンでひとり分ずつ皿に盛りつけたほうがいいでしょう。

また、お客様が到着したら何かつまめるように、ちょっとしたものを用意しておきます。これは簡単なもので十分。温めたオリーブやローストしたナッツを器に盛るなどです。私がよくつくるのは、カリッと焼いたクルトンに何かちょっとしたおいしいトッピングをのせたものです。ほかに新鮮な旬の野菜（にんじん、フェンネル、ラディッシュ、セロリ、パプリカ）を美しくカットして、皿か器に盛り、塩をふり、レモンをしぼってかけただけのものをおつまみに出すのも好きです。こうしたおつまみを、私はキッチンに置きます。そうすると、ゲストはおつまみを食べながら親しくなり、料理の仕上げをしている私のところに来て会話を楽しめるのです。

メニューはシンプルで、かつ魅力的、余裕をもってつくれることが大切です。繰り返しになりますが、難しいメニューに挑戦してイライラし、ものすごく疲れてしまうよりも、つくり慣れたものを自信をもってつくるほうがずっといいと思います。手際よく準備と計画をすれば、すばらしいディナーパーティーを開けて、あなた自身も、その時間を楽しむことができるのです。

次のメニューは、特別な日のディナーパーティー用のアイデアです。

FESTIVE MENUS
ごちそうメニュー

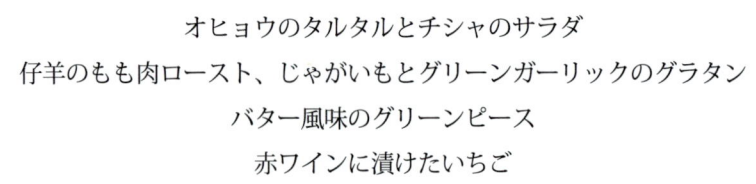

オヒョウのタルタルとチシャのサラダ
仔羊のもも肉ロースト、じゃがいもとグリーンガーリックのグラタン
バター風味のグリーンピース
赤ワインに漬けたいちご

ガーリックスープ
魚の丸焼き、サフランライスとチャラモーラ、アリッサ添え
蒸したかぶとにんじん
アプリコットのスフレとレモンバーベナティー

アンチョビとタプナードをのせた、カリッと焼いたクルトン
グランドアイオリ：
魚、いんげん、カリフラワー、じゃがいも、フェンネル、にんじん煮
ガーデンサラダ
ネクタリンのタルトとミントティー

アーティチョークとフェンネル、パルメザンチーズのサラダ
牛肉のブレゼ、エッグヌードルとグレモラータ添え
オレンジのシャーベット、ラングドシャ・クッキー

生牡蠣（なまがき）とライ麦パンのトースト
西洋ねぎ（*）のヴィネグレット和え、細かくしたゆで卵添え
豚ロース肉のロースト、キャベツのブレゼ
蒸したじゃがいも
タルトタタン

＊西洋ねぎ（リーキ）：国産のねぎに代えて使えます。

Picnics
ピクニック

ピクニックは、日常に変化を与えてくれます。近所の公園、森や海辺など、野外に行くと食欲が増して食事がいつもよりおいしくなることを実感します。ごくシンプルなピクニック料理でも、野外の空気がおいしくしてくれます。

ピクニックを盛り上げるコツは、本物の皿に料理を盛りつけることです。とても割れやすかったり、大切なものは別として、ほとんどの食器はピクニックに持ち出せます。大きく広げた色鮮かな布の上に、食べ物が美しく盛りつけられた器やお皿が並んでいるのは、ケータリング用の紙箱のまま出すのとは見た目にも全然違います。

私は、紙やプラスチックではなく、何度も使える普通の食器に盛りつけるのが好きです。楽しくて実用的なブリキの皿やカップ、数が揃わなくなった小さめのガラス製のタンブラーなどは、ワイン、水、レモネード、あるいはお茶のどれにも使えます。幅の広いバスケットがひとつかふたつあれば、食べ物と食器は収まります。持ち運ぶのに少し重くても、苦労の甲斐はあります。暖かい日には、小さなクーラーに氷を入れて持参しましょう。(飲み物やフルーツを冷やし、アイオリソースは冷たいままに、新鮮な野菜もしんなりしないように)。寒い日には、大きな魔法瓶でお茶やスープは温かいままで味わえます。

私が好きなピクニックの食べ物は、パン、クルトン、オリーブとラディッシュ、プロシュートやサラミやハムのような加工肉、パテとピクルスとマスタード、チーズ、ミニトマトとにんじんやフェンネルやセロリといった生野菜、ルッコラとクレソン、鶏肉サラダ、エッグサラダ、ポテトサラダ、レンズ豆のサラダ、いんげん豆とトマトのサラダ、アイオリソースと野菜、アンチョビを添えた固ゆで卵、あるいはデビルド・エッグ、フリッタータ、冷たいロースト肉か鶏肉、タブーラ、空豆のピュレ、そしてもちろん、あらゆる種類のサンドイッチです。

新鮮なフルーツ、アーモンドタルト、小さなレモンタルト、ビスコッティ、クッキーも。凝っても凝っていなくても、質素でも高級でも、持ち運べるものならなんでもいいのです。

Packing a Lunch
お弁当づくり

親ならば誰でも感じていることですが、栄養があっておいしいお弁当——自分の子供が食べてくれるもの——をつくるのは一種のチャレンジです。

私の目標のひとつに、学校給食の改革があります。それはアメリカ中の子供たちが、自分で食べ物を育て、調理し、盛りつけ、健康的でおいしい給食を食べることです。自分で自分の面倒を見、しっかり食べ、限りある自然資源を守るにはどうしたらいいかを学ぶ一番の方法は、食べものがどこからくるのかを知ることです。これは長期的に取り組んでいて、私の別の本のテーマにもなっています。

ともあれ、大事なお弁当の話に戻りましょう。

娘が幼かったころ、お弁当にいつもお決まりの「サンドイッチとポテトチップとジュース」ではなく、もっと家で食べる食事に近いものを、と考えていたとき、いいアイデアが浮かんできました。娘はヴィネグレットが大好きで（ほとんどの子供はそうですが）、ヴィネグレットで和えたものはほとんどなんでも食べます。ですから、私が何年もやってきたことは、いろいろなバリエーションはありますが、小さな容器にヴィネグレットを入れ、それに浸して食べられるものを選ぶということでした。

どんなものを入れたかというと、ロメインレタス、スティック状か薄く削ぎ切りしてカールさせたにんじん、いんげん豆、薄切りにしたフェンネル、ラディッシュ、きゅうり、ブロッコリーやカリフラワーの房を蒸したものなど、あらゆる種類の生野菜か調理した野菜、残りものの鶏肉や魚を少々、そしてクルトンです。

ピクニックに持っていけるものの多くは、お弁当にもぴったりです。野菜と肉、あるいはフルーツとナッツが入ったライスサラダ、レンズ豆のサラダ、ファッロサラダとタブーレサラダ、マヨネーズの代わりにオリーブオイルを使ったじゃがいもと卵と野菜のサラダ。これらはみなサンドイッチ嫌いな子供にぴったりのメニューです。小さな魔法瓶はスープや温かいシチューを持っていくのに最適です。

そしてお菓子の代わりに、私は新鮮で、完熟した、子供の大好物のフルーツをよく持たせました。繊細な洋梨、やわらかくてもろいベリー類、それ以外でも、形が崩れてしまうフルーツはつぶれないように容器に入れます。さらに保冷袋に入れれば、おいしさを保ってくれます。

お弁当に何を詰めるか決めるとき、私はいつも娘にも参加してもらいました。朝は学校に行く準備でバタバタして、うまくはいきませんでしたが、夕

食後のちょっとした時間に翌日のお弁当によさそうな残りものはあるかな、と一緒に考えたものでした。前日の夜にお弁当をある程度準備しておけば、翌朝の作業がずっと楽ですし、バランスのいい組み合わせも考えつきます。

　ほかに娘の関心を引くために私がよくやったのは、予想もしないものを入れて娘を驚かすことでした。娘にはお弁当に何が入っているのか楽しみにしてほしかったし、いつも同じものばかり、と思わせたくなかったのです。

　仕事場へ持っていくお弁当は、外食するより安く、ヘルシーでおいしくつくれます。夕食を多めに余るようにつくっておけば、ヘルシーな翌日のランチになります。

Four Essential Sauces

基本のソース4種

Vinaigrette
Salsa Verde
Aïoli
Herb Butter

ヴィネグレット　サルサヴェルデ　アイオリ　ハーブバター

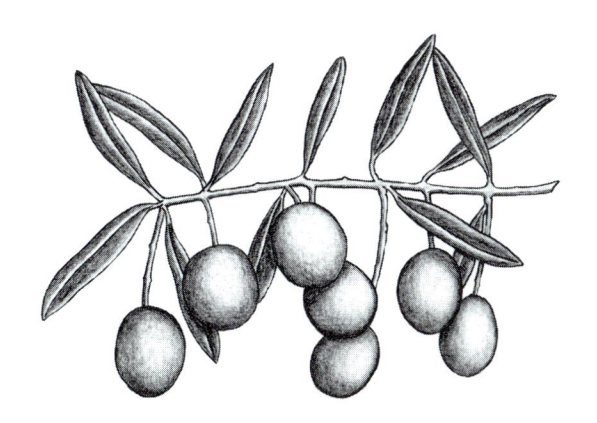

この4種のソースは私にはなくてはならないもので、これなしで料理をすることは考えられないほどです。いずれも基本的なソースですが、料理の風味、ボリューム、彩りがとても豊かになります。どのソースも料理を引き締め、肉や野菜といった一品を完成度の高い一皿に変身させてくれます。つくり方はとても簡単で、何度かつくったらもうレシピを見なくてもできるようになります。ただし、シンプルゆえにソースに使う素材の味がそのまま出てしまうので、ぜひ質が高く、風味豊かな材料を使ってください。フルーティーなオリーブオイル、個性的で風味豊かなワインビネガー、活き活きとしたガーデンハーブ、そして新鮮なバターが必要です。

Vinaigrette
ヴィネグレット
分量 約60cc

だいたいの目安は1：4
ビネガー1：オイル3～4

私が最もよくつくるのが、このヴィネグレットソースです。良質のオリーブオイルとワインビネガーでつくると、私の思いつくなかでもこれ以上のものはないほど最高のサラダドレッシングができます。ヴィネグレットの基本は、ビネガー1に対してオイルを3～4の割合でまぜあわせることです。

つくるときは、どのくらいの量が必要か考えるところから始めましょう。何に使うかによって量は変わります。たとえばグリーンサラダのドレッシングを4人分つくるなら、60ccで十分足ります。でも、正確に量る必要はありません。

まず、ボウルにビネガーを注ぎましょう。塩をひとつまみ入れて溶かし、なめて味のバランスをみてみましょう。塩がビネガーに与える影響はとても大きく、ちょうどいい塩配に塩が加わると、ビネガーの酸っぱさがやわらいですばらしくバランスのとれた味になります。少しずつ塩を加えながら、味がどう変わっていくかを実際に試してみてください。どれくらい入れたら入れすぎか、どのくらいだと足りないか。いちばんおいしかったのはどれくらいのバランスだったでしょう。塩を入れすぎた、と思ったらビネガーをほんの少し足して直します。

次に黒こしょう少々を挽いて加え、泡立て器などでかきまぜながらオリーブオイルを加えていきます。できあがりはオイルが強すぎず酸味が強すぎない、バランスがとれてキリッとした味を目指してください。仕上げにもう一度味を調整しましょう。もし油分が強すぎるようならビネガーを少々足して、塩加減も調えます。

赤ワインビネガー　大さじ1

を小さなボウルに入れます。

塩

挽きたての黒こしょう

を加えて、かきまぜながら塩を溶かし、味見をして調えます。フォークか小さめの泡立て器を使ってかきまぜながら、

エキストラバージン・オリーブオイル　大さじ3～4

を少しずつ入れ、味見をしながら、ちょうどいいバランスのところで止めます。

バリエーション
◆ ピュレ状にしたガーリック、みじん切りにしたエシャロット少々をビネガ

ーに加えます。両方あるいはどちらかだけでも大丈夫です。
- 赤ワインビネガーの一部あるいは全部を白ワインビネガー、シェリービネガー、またはレモンのしぼり汁に代えてみましょう。
- オイルを加える前にマスタードを少し加えてから、かきまぜます。
- オリーブオイルの代わりにウォルナッツオイルやヘーゼルナッツオイルなどのナッツオイルを使います。
- オリーブオイルの一部あるいは全部を生クリームかクレームフレーシュ（*）に代えます。
- 生のハーブをみじん切りにして、ヴィネグレットに入れてかきまぜます。

Salsa Verde
サルサヴェルデ
分量160cc

イタリアのクラシックなグリーンソース、サルサヴェルデは、オリーブオイルとパセリのみじん切りにレモンゼスト（レモンの皮）、ガーリック、そしてケイパーを加えたものです。このソースをかけると、どんなシンプルな料理も生き生きと、さわやかに仕上がります。葉の平たいイタリアンパセリのほうが適していますが、カールしたパセリも使えます。新鮮なパセリ（新鮮であればあるほどいい）はハーブのなかでも主役的存在です。やわらかくて新鮮なハーブならなんでもサルサヴェルデをおいしくします。タラゴン、チャービル、チャイブなどがよく合います。

パセリだけでなくほかのハーブでも、みじん切りにするときは、よく切れるナイフを使いましょう。切れ味の悪いナイフは葉をつぶして傷めてしまいますが、鋭いナイフなら風味も色も損ないません。

レモンゼストは、レモンの皮の薄い黄色の表皮です。その下の白くて苦い部分（中果皮といいます）までおろさないように気をつけましょう。ゼストはソースの風味を引き立ててくれるので、ためらわずにたくさん使ってください。レモン1個分以上は必要かもしれません。

躊躇せずにいろいろな料理に試してみましょう。私は、何の料理に使うかによって濃度を調節しています。ローストした肉や野菜のグリルにはオイルを少なめに、魚には多めにしています。

小さなボウルに、以下の材料をまぜあわせます。

パセリ（葉と細い茎のみを使用）　80cc（粗めのみじん切りにする）

レモンゼスト　1個分

ガーリック　1かけ分（みじん切りか、ピュレ状につぶす）

＊クレームフレーシュ：サワークリームに代えて使えます。牛乳1：ヨーグルト1の割合でもつくれます。

相性のいいハーブ：
  パセリ
  バジル
  チャイブ
  チャービル
  タラゴン
  コリアンダー
  ソレル
  マジョラム
  セイボリー
  タイム
  ミント
  ローズマリー

塩　小さじ1/2

好みで、挽きたての黒こしょう

オリーブオイル　125cc

をよくまぜあわせ、塩加減をみて、風味を引き出すため、しばらく置いておきましょう。

バリエーション

◆ パセリの一部または全部をほかのハーブ（1種類、または数種類を組み合わせて）に変えます。

◆ 塩漬けしたアンチョビフィレのみじん切り、エシャロットのみじん切り、またはみじん切りにした固ゆで卵を加えます。すべて入れてもいいでしょう。

◆ レモンのしぼり汁やビネガーはソースを引き締めてくれますが、使う直前に加えましょう。酸によってハーブの色が変わってしまいます。（みじん切りのエシャロット少々を、レモンのしぼり汁やビネガーに浸しておいたものでもいいでしょう）。

Making Mayonnaise
マヨネーズをつくる

私が毎日のように使っているもうひとつのソースは、なめらかで口当たりのいいガーリックの効いたマヨネーズ（フランス人がアイオリと呼んでいるもの）です。サンドイッチ、生野菜、また調理した野菜、肉や魚、そしてチキンサラダやエッグサラダのつなぎ、またタルタルソースのようなソースのベースに使います。ふだんなら食べようとしない野菜でも、ほとんどの子供は、小さな子たちでさえも、アイオリをつけたパンやにんじん、じゃがいもなら喜んで食べてくれます。

卵黄1個につきガーリック2〜3かけの割合で、すり鉢とすりこぎでつぶして入れれば、ピリッと辛いガーリックマヨネーズができます。ガーリックの味と香りの強さは、鮮度、季節、品種によっても大きく異なります。私はすり鉢でガーリックをすりつぶすときは、いつも半分は残すようにしています。後でアイオリに加えたいと思ったときに、すぐ使えるからです。ガーリックは足し算はできても引き算はできません。さらに、とてもなめらかなピュレ状にすることが大事です。そうしないと、まんべんなくガーリックの風味が行き渡ったソースではなく、単にガーリックの粒々が入ったマヨネーズになってしまいます。

卵黄1個につき、250ccのオイルを加えることができますが、それほどマヨネーズがいらなければオイルは控えましょう。最初はオイルを1滴ずつ入れながらかきまぜ、徐々に加える量を増やします。ボウルをしっかり固定していると楽にかきまぜられます。ふきんをねじり、円形にした上にボウルを置けば動きません。

オイルと合わせる前に卵黄に水を少量加えると、分離しにくくなります。もし分離してしまってもがっかりすることはありません。オイルを入れるのを止めて新鮮な卵をもう1個割り、卵黄を新しいボウルに入れて前と同様に水を少量加え、分離したソースにゆっくりまぜこんでから残りも加えます。

アイオリは素材の風味がなじむよう、サーブする30分前につくっておきましょう。生卵を使うほかの料理のように、1時間以内に使わないときは、冷蔵しておきます。アイオリはつくったその日がいちばんおいしくいただけます。

Aïoli (Garlic Mayonnaise)
アイオリ （ガーリックマヨネーズ）
分量 250cc

だいたいの目安
卵黄1に対し、
オリーブオイル250cc

ガーリック　2〜3かけ

の皮をむきます。

塩　ひとつまみ

を加え、なめらかなピュレ状になるまですり鉢ですりつぶします。

卵黄　1個

を別のボウルに入れ、ピュレ状になったガーリックの約半量と

水　小さじ1/2

を加えて泡立て器でよくかきまぜます。

オリーブオイル　250cc

を注ぎ口が付いているカップに入れて量ります。そして、卵黄の入ったボウルにゆっくりたらしながら攪拌(かくはん)を続けます。

卵黄とオイルがまざるにつれてソースはとろみを帯び、色は不透明に変わってきます。比較的早くその状態になるので、オイルを入れるスピードを上げ、手はずっと攪拌を続けます。濃くなりすぎてしまったら、水を数滴加えてゆるめます。味見をして、好みで塩とガーリックを足してください。

バリエーション
- ロースト肉に添えるとき、私はアイオリにローストのエキスを加えるのが好みです。
- ゆでたかにアイオリを添えるときは、ソースにかに味噌を少々入れるとさらにおいしくなります。
- 濃厚で香り高いアイオリにするには、ケイパーとアンチョビのみじん切りをたくさん入れます。

プレーンマヨネーズのつくり方
アイオリと同じ手順でつくりますが、ガーリックは使わずにビネガーかレモンのしぼり汁少々で仕上げれば、いろいろなバリエーションができます。
- マスタード、あるいはホースラディッシュ入りマヨネーズはサンドイッチによく合います。
- パセリやチャイブ、タラゴン、チャービルのようなハーブのみじん切りとレモンのしぼり汁少々を加えたハーブマヨネーズは魚介類によく合います。
- タルタルソースをつくるには、マヨネーズにピクルスのみじん切りとピクルス液、おろした玉ねぎ、ケイパー、パセリのみじん切り、そしてカイエン

ペッパーをひとつまみ入れます。

◆ 美しい緑色のマヨネーズをつくるには、クレソンかバジルをすり鉢とすりこぎですってマヨネーズに入れます。

Herb Butter
ハーブバター
分量 180cc

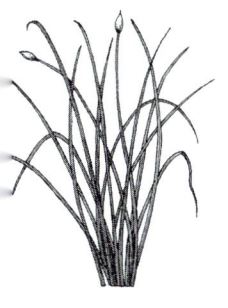

いろいろなハーブバター
パセリバター
アンチョビバター
黒こしょうのバター
セージバター
バジルバター
チポレバター
ナスタチウムバター

ハーブバターというのは、ハーブで風味をつけたやわらかいバターのことです。肉や魚、野菜料理に豊かな風味を与えてくれるすばらしいソースです。私はなるべく濃い緑色にしたいので、ハーブを山ほど入れて、バターはつなぎ程度の量でつくります。フランス料理の伝統的なフィーヌゼルブ（パセリ、チャイブ、タラゴンとチャービル）でつくったハーブバターを添えた、魚のポーチ煮（ゆで煮）は、すばらしい一皿です。

ハーブバターに使うバターは有塩でも無塩でもどちらでもいいのですが、有塩バターを使うときは、加える塩の量に気をつけましょう。

レモンの絞り汁はハーブの風味を引き立てます。カイエンペッパーを入れれば、ちょっと刺激的な味わいになります。新鮮なハーブならほとんどなんでも使えますが、パセリ、バジル、チャイブ、あるいはチャービルといった葉のやわらかいハーブはとくに新鮮なものを使い、使う直前に刻むことが肝心です。セージやローズマリーといった風味の強いものは、刻んで少量の溶かしバターでゆっくりガスコンロで温めるとよりおいしくなります（室温に冷ましてからバターに加えます）。

そのほかハーブ入りでもなしでも、塩漬けのアンチョビ1～2尾（洗って身をおろしたあとでみじん切りにしたもの）、レモンゼストと黒こしょうで風味づけしたバターもいいですし、ひとひねりして、ナスタチウムの花や唐辛子のみじん切りを加えてつくってみるのもよいでしょう。

やわらかくなったバターはそのまま食卓に出します。あるいはラップかワックスペーパーに包んで、棒状にして、固まるまで冷やしてからコイン形にカットし、熱い料理の上にのせます。

余ったハーブバターはいずれも冷凍して後で使えます。

やわらかくしたバター　115g（やわらかくする）
ハーブ（パセリやチャービル、チャイブなど）125cc（みじん切りにする）
ガーリック　1かけ分（細かく刻む）
レモンのしぼり汁

塩

挽きたての黒こしょう

カイエンペッパー　ひとつまみ

を小さなボウルに入れてよくまぜます。味見をし、塩とレモンで味を調えます。

バリエーション
- エシャロットのみじん切りとすりつぶしたガーリックを加えれば、さらにおいしくなります。
- 細かくすりおろしたレモンゼストを加え、さらにレモンの風味を加えてみましょう。
- ゆでたとうもろこしには、ピリッとしたハーブバターがよく合います。ドライチリペッパー（唐辛子）を湯で戻し、水気を絞ってペースト状にしたものをまぜてみましょう。

Salads
サラダ

Garden Lettuce Salad
Greek Salad
Orange and Olive Salad

ガーデンレタスサラダ　ギリシャ風サラダ　オレンジとオリーブのサラダ

私はサラダが大好きです。葉っぱを洗うのも食べるのも好きで、個人的には、サラダのない食卓にはどこか物足りなさを感じるほどです。無性に食べたくなるのは、レタス、数種の野菜、そしてフルーツをシンプルにさっとまぜ、できたてのヴィネグレットで和えただけのサラダです。摘みたての野菜でつくるサラダほど魅惑的なものはありません。レタス、トマト、にんじん、ラディッシュ、じゃがいも、柿、そしてピーカンナッツも、新鮮で輝いている旬の素材を使いましょう。いい食材なら、ほとんどの野菜はなんでもサラダにできます。たとえば新鮮なパセリの束があれば、レモン汁とオリーブオイルと塩少々で和えるだけでもいいのです。

Garden Lettuce
ガーデンレタス

春から夏にかけては、ルッコラ、グリーンオークリーフ、レッドオークリーフ、マーシュ、レッドサラダボウル、ロロロッソ、バタークランチ、トムサム、リトルジェム、ロメイン。

秋から冬にかけては、ウィンターデンシティ、エスカロール、トレヴィゾチコリ、ラディッキオ、カーリーエンダイブ（フリゼ）、ベルギーエンダイブ。

私のお気に入りの道具のひとつに、日本製の陶器の〝スリバチ〟があります。このすり鉢には、櫛目状の溝がついていて、

摘みたての美しいレタスを洗い、ハーブを散らしてヴィネグレットで和える——私にとって、ガーデンレタスサラダをつくることは、食べるのと同じくらいの喜びがあります。彩り豊かなさまざまな種類のレタス、苦いもの、甘いものも取りそろえ、チャービルやチャイブ(*)などのハーブの香りと複雑な風味、レタスとハーブを引き立てる赤ワインビネガーとオリーブオイル、それに強すぎない程度にガーリックを効かせたシンプルなヴィネグレットソース。私はそのあざやかさがたまらなく好きなのです。

　味わいがあり、活き活きとしたサラダをつくるには、摘みたての新鮮なレタスがベースになります。幸い、私の家の裏庭にはキッチンガーデンがあって、いろいろな種類のレタスやサラダ用のハーブを育てていますが、そんな庭がないときは、サラダ用のレタスを見つけるためにちょっとした努力が必要かもしれません。

　まずはファーマーズ・マーケットで探してみてください。菜園での収穫がないときやどこかよそで料理をするときには、私はファーマーズ・マーケットで茎付きのいいレタスを探します。レタス、ルッコラ、チコリ、やわらかいハーブがあれば買い求め、それらを組み合わせて使います。

　あらかじめ何種類かの葉をまぜたサラダミックスは買いません。とくに袋詰めされたものは、味の相性が悪いものも入っているので避けるようにしていますが、もし、地元の生産者がつくったすばらしいサラダミックスがあればそれを使ってもいいでしょう。なければオリジナルのサラダミックスを自分でつくりましょう。

　レタスは冷水を張った流しやボウルで、やさしく、しっかりと洗います。はじめにレタスの外側の固い葉、黄ばんだ葉、傷んでいる葉をすべて外し、コンポスト(*)に入れましょう。葉の付け根を切り落とし、葉を水の中に放って両手で素早く丁寧に洗い、水から引き上げて水切り用のざるに上げます。レタスがまだ汚れていたら、水を取り替えてもう一回洗いましょう。

　サラダスピナーで水分を飛ばすときは、容器いっぱいに葉を詰め込まないように注意しましょう。1～2回でまとめてすませようとしないで、少しずつ何回かに分けてスピナーにかけるほうが水切れはよく、ずっと効率的です。スピナーに溜まった水は1回ごとに捨てましょう。葉に水分が残っているとヴィネグレットが水っぽくなってしまうので、まだ濡れていれば再びスピンします。私は1回水切りするごとに、葉をふきんの上に重ならないように広げて、全部終わったら、葉を包んだふきんでやさしく包んで、食卓に出

---

*チャイブ：わけぎに代えても使えます。
*コンポスト：堆肥のこと。ここでは、後でコンポストに入れるためのバスケット。

すまで冷蔵庫に入れておきます。これは、食事の数時間前に準備できることです。

食卓に出す時間になったら、ゆったりと和えられる程度の大きさのボウルにレタスを入れます。チャイブかチャービルがあれば、どちらか、またはその両方をひとつかみほど、手早く刻むかキッチン鋏で切って入れてヴィネグレットで和えます。

ドレッシングは多すぎず、少なすぎず、葉っぱ全体を薄くコーティングしてつやが出る量で十分です。小さくやわらかいレタスの葉はドレッシングをかけすぎるとしんなりと張りがなくなってしまうので注意しましょう。私はたいてい手でサラダを和えます（そして手でも食べます）。そうすれば、レタス1枚1枚に均等にきちんとドレッシングを行き渡らせることができます。味見をして必要なら塩を振り、ビネガーかレモンのしぼり汁を少し加えて味を引き締めます。そうして味を確かめたら、最後にもう一度ざっくりとまぜ、すぐ食卓に出しましょう。

手早くピュレをつくったり、ハーブを少量すりつぶしたりするのにとても便利です。私はガーリックをひとかけすりつぶし、そのまますり鉢の中でヴィネグレットをつくります。

Garden Lettuce Salad
ガーデンレタスサラダ
4人分

レタスの葉　手でたっぷり4つかみ分

をやさしく洗い、水を切ります。

なめらかになるまですりつぶしたガーリック　1かけ分
赤ワインビネガー　大さじ1
塩
挽きたての黒こしょう

をボウルに入れ、塩が溶けるまでまぜたら、味見をし、味を調えます。

オリーブオイル　大さじ3〜4

を攪拌しながら加えます。オイルを加えながらヴィネグレットをレタスにつけて味見をし、必要に応じて味を調えます。レタスを大きなボウルに入れ、ヴィネグレットの4分の3量を加え、和えたら味見をし、足りなければドレッシングを足します。和えたらすぐに食卓へ出しましょう。

バリエーション
季節によって手に入るレタスは異なります。私の住むカリフォルニアでは、

ロメインレタスは旬の夏がおいしく、秋と冬にはチコリのようなより味の濃いレタス（ラディッキオ、エスカロール、ベルギーエンダイブ、フリゼ、あるいはカールしたエンダイブ）などが出回ります。

Putting a Salad Together
いろいろな材料を組み合わせるコンポーズド・サラダ

いろいろな材料を組み合わせたサラダをコンポーズド・サラダといいます。材料を全部一緒にまとめて和えることもあれば、具材別に和えてからひとつの皿に盛りつける場合もあります。後出のレシピにあるギリシャ風サラダのようなコンポーズド・サラダは、たっぷりとボリュームのある一皿です。皮をパリッと焼き上げたパンを添えれば、夏の立派な夕食にもなります。

また、繊細なアレンジをほどこしたコンポーズド・サラダもいいものです。たとえば、かにの身少々とグレープフルーツ、そして少しくるっと丸まっているエンダイブをクリーミーなドレッシングで和えれば、エレガントな前菜になります。ほとんどの食材はコンポーズド・サラダの材料になります。さまざまな種類のレタスやサラダ向きの葉ものはもちろん、生野菜も、調理した野菜も同じようにみじん切り、さいの目、あるいはスライスして加えてみましょう。さいころ状にしたりスライスしたロースト肉、ツナやその他の魚と魚介類、くし形に四つ切り、または細かく刻んだ固ゆで卵なども具材になります。

ごちそうの残りもおいしいコンポーズド・サラダの材料になります。ただ、ひとつのサラダにあまり多くの材料を入れすぎると、いろいろな味がぶつかってまとまりのない味になってしまいます。素材が持つ味と質感をよく考えて材料を選びましょう。またドレッシングは、すべての素材を引き立てるものを選びましょう。全体的に強い風味が必要ならヴィネグレットがぴったりですし、まろやかなコクやクリーミーさが欲しいときはマヨネーズといった具合です。たとえばポテトサラダはどのドレッシングでもつくれますが、それぞれまったく違うサラダになります。

やわらかくて軽いレタスと、アーティチョークや刻んだフルーツなど、重い素材を両方使ったコンポーズド・サラダをドレッシングで和えるときは、先にレタスだけを和えて皿に盛りつけ、重さのあるものは別に和えてレタスの周りに盛りつけます。そうしないと葉っぱ類はつぶれ、重いものは底にたまって食卓には出せないサラダになってしまいます。レタスの入っていない

> コンポーズド・サラダを
> 出すとき、
> 私はレタスを
> お皿にのせ、
> にドレッシングで和えた
> ほかの材料を
> その上に
> 散らしていきます。

サラダでも注意が必要です。いちばん大事なのは、素材の持つそれぞれの味わいを活かすことです。和える前にすべての材料の味を見ながら、材料ごとに塩少々かドレッシングで下味をつけておきましょう。すべての材料を合わせるときは、まぜすぎないこと。素材の個性が失われ、味が濁り、見た目も悪くなります（もちろん、材料をお皿に盛りつけてからヴィネグレットをかけてもいいですし、ヴィネグレットをピッチャーで出して、食卓で各自の好みでかけてもらうのもいいと思います）。

　どんな材料を使い、どのドレッシングを使うかを決めるには、まず素材をひとつひとつ味わってみることです。これはおいしいサラダをつくるための、たったひとつのルールとも言えます。ちょっと漠然と感じられるかもしれませんが、経験を積んでいけばだんだん自分好みの味や組み合わせがわかったり、思い出せるようになると思います。

Greek Salad
ギリシャ風サラダ
4人分

　　熟したトマト　小2個

のヘタを取り、くし切りにします。

　　塩

を振ります。

　　きゅうり　中1本

の皮をむき、縦半分に切ってから厚めに切ります。種が大きければ、半分にカットしたきゅうりの真ん中をスプーンですくって種を取っておきます。

　　赤玉ねぎ　1/2個　またはグリーンオニオン（*）　5本

の皮をむき、スライスします。

　　パプリカ　小1個

を半分に切って種を取り除き、薄切りにします。

　　黒オリーブ　約80cc　1人あたりオリーブ2～3個

を洗い、好みで種を除いておきます。

　　フェタチーズ　115g

をほぐすか小さく切っておきます。

次にヴィネグレットをつくります。

　　赤ワインビネガー　小さじ2

　　レモンのしぼり汁（好みで）　小さじ1

　　みじん切りにした生のオレガノ　小さじ2

＊グリーンオニオン：球根のない緑色の玉ねぎ。国産の長ねぎに代えて使えます。

塩と挽きたての黒こしょう

をまぜあわせ、

エキストラバージン・オリーブオイル　大さじ6

をかきまぜながら加えます。

きゅうりと玉ねぎは塩で下味をつけます。トマトを味見して、塩気が少し足りなければ足します。ヴィネグレットの約4分の3の量で野菜をざっくり和え、味見をし、必要なら塩かビネガーを足して、数分間おいて味をなじませます。食卓に出す直前にもう一度サラダをざっくりまぜて、チーズとオリーブをのせます。仕上げに残り4分の1のヴィネグレットをスプーンで回しかけます。

バリエーション

- ロメインレタスなどの葉ものの上にサラダを盛りつけて出しましょう。
- よく洗い、骨を取った塩漬けのアンチョビ2〜3尾を添えます。
- 生のオレガノがなければ、乾燥のオレガノ小さじ1を使いましょう。

Making Salads from Fruit
フルーツでつくるサラダ

歯ごたえがあって甘い富有柿は秋のサラダにぴったり。とくにくるみ、そして洋梨やざくろといった

ま ず最初にフルーツサラダについて、いくつかお伝えしたい大切なことがあります。フルーツサラダは、濃いシロップに漬け込んだ甘いフルーツカクテルと違って、ほかのコンポーズド・サラダと同じようにつくる食事用のサラダです。新鮮なフルーツだけでつくったり、レタスなどの葉ものと合わせたり、風味と食感を出すためにナッツやチーズを加えることもあります。レタスや葉ものが手に入らないけれど何か新鮮なものを食べたいとき、フルーツサラダは食事の始まりにも終わりにもふさわしいさっぱりとしたひと皿です。いちじく、りんご、洋梨、ざくろ、柿、柑橘類、どれもおいしいサラダになります。フルーツだけでも野菜と一緒でもおいしくいただけます。

　秋から冬にかけて出回るフルーツは、エスカロールやラディッキオ、カーリーエンダイブなど風味の強いチコリ類と相性がぴったりです。私のお気に入りは、黒オリーブを入れたオレンジのサラダ、アボカドのスライスとグレープフルーツのサラダ、柿かアジアの梨をナッツと一緒にバルサミコ酢で和えたサラダ、そしてオレンジのスライスとマリネしたビーツのサラダなどです。

　オレンジなどの柑橘類をサラダに使うときは、外皮をむき、房から身を取

フルーツと組み合わせると素敵です。

り出します。外皮とそれぞれの房を包む薄皮を小型の鋭いナイフで取り除き、果汁たっぷりの身だけ使います。まず、フルーツのヘタとおしりの部分を、果肉が見えるくらい深く切り落とします。それから皮と果肉が接している部分にナイフの刃をあて、丸みに沿って注意深く、上から下へと外皮と薄皮の両方を取るようにしてオレンジを回転させながら皮をむいていきます。白いワタの部分が残っていたら切り落とします。最後にオレンジを横に切るか、房の薄皮と身の間にナイフを入れて、身を房から外します。

　りんごや洋梨の皮はむいてもむかなくてもいいのですが、酸化して切り口が茶色く変色しないよう、食卓に出す直前に切りましょう。柿は皮をむく必要がありますが、あらかじめむいておくときは、乾かないように覆っておきましょう。

　フルーツサラダの味つけは、とてもシンプルです。オリーブオイルやビネガー、または柑橘類の果汁とビネガーのみです。エシャロットのみじん切り少々と塩こしょう、オリーブオイルでつくったヴィネグレットをさっとかけてもよいでしょう。

Orange and Olive Salad
オレンジとオリーブのサラダ
4人分

オレンジ　小4個または中3個
の外皮と薄皮を取って、丸のままの果肉を6㎜厚の輪切りにして皿に並べます。

赤玉ねぎ　小1個
を縦半分に切ってから皮をむき、スライスします。
玉ねぎは、縦よりも横にスライスすると見た目がきれいです。辛みの強い玉ねぎは氷水に5〜10分さらし、サラダに加える前によく水を切りましょう。
ヴィネグレットをつくります。

オレンジのしぼり汁　大さじ2
赤ワインビネガー　小さじ1
塩と挽きたての黒こしょう
を合わせ、

オリーブオイル　大さじ2
を入れ、泡立てるようにかきまぜます。味見をして必要に応じて塩とビネガーを加えて味を調えます。赤玉ねぎのスライスをオレンジの上に散らし、ヴィネグレットをスプーンで回しかけます。

ブラッドオレンジはルビー色から琥珀色がかったものまで、宝石のような色合いが美しいオレンジです。その旬は真冬のほんの数か月、シーズンの間存分に楽しみましょう。

小さい黒オリーブ（1人あたり4～5個）
を添えて食卓へ出しましょう。

私は丸のままの美しいオリーブが好きなので種付きで出していますが、中に種が入っていることは食べる人に伝えておきましょう。オリーブは、もしあればニソワーズを使いますが、塩漬けの黒オリーブならどれでも大丈夫です。大粒のものは粗みじんにして加えてもいいでしょう。

Bread
パン

Croutons
Herb Bread or Pizza Dough
Breadcrumbs

クルトン　ハーブブレッド　ピザ生地　生パン粉

小麦粉にイースト、塩と水だけでパンができあがるというのは、まるで魔法のようです。私はパン職人ではありませんし、近所にはすばらしいパン屋さんもありますが、それでもときには生地をこね、ふくらんでくるのを見たり、家中を満たすイーストのたまらく心地良い香りをかぐ幸せのために、自宅でパンやピザを焼きます。何よりも、みんな手づくりのパンが大好きなのです。発酵が不十分でも、焼きすぎても、あるいは焼きが足りなかったとしても、手をつけられずに食卓に残っている手づくりのパンを、私は見たことがありません。

Croutons
クルトン

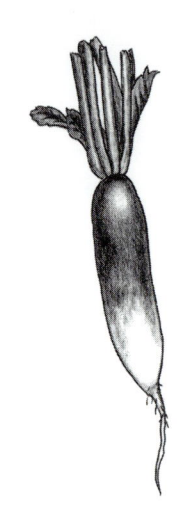

**クルトンに
トッピングできるもの**
ガーリックとオイル
タプナード
(オリーブのペースト)
豆のピュレ
ラディッシュとバター
アボカド
鶏レバーのソテー
完熟トマト
カニサラダ
エッグサラダ
魚の燻製
葉野菜のソテー
なすのキャビア
アンチョビ
チーズ
ハムやサラミなどの
加工肉

　何か簡単に食べたいとき、もうお客様が来るという直前にちょっとしたものを用意したいとき、私が真っ先に思いつくのはクルトンです。クルトン、クルート、クロスティーニ、トースト、ブルスケッタと呼び方はさまざまですが、すべて大きさの違うパンをトーストしたりグリルで焼いたり、オーブンで乾燥させたり、揚げたりしたものです。ブルスケッタは、厚く切ったパンを直火で焼くかトーストした上に、ガーリックをこすりつけてオリーブオイルをたらしたもの。そのままいただくか汁気たっぷりのトマトとバジルをたっぷりのせてもいいでしょう。クルトン、クロスティーニ、トーストはほとんどは薄いパンですが、クルトンは小さいさいの目切りか不ぞろいにちぎります。焼いたり、バターやオリーブオイルで揚げたものを、スープやサラダとともにいただきます。

　良質のパンならなんでもおいしいクルトンになります。たとえば、丸くて大きな田舎風のパンの厚切りを焼いて、緑色のオリーブオイルをふりかけたクルトン。また、耳を切り落としてスライスした三角形のトーストに、溶かしバターを刷毛で塗って、出す直前にパセリのみじん切りを角にちょこんとのせるクルトンもあります。私がよくつくるのは、天然酵母の大きな丸いルヴァン(*)のスライスでつくるクルトンです。大きさはまちまちで、トーストしてからガーリックをこすりつけ、その後にオリーブオイルを刷毛で塗ります。

　粗くちぎったパン(これを〝ひっぱったパン〟と呼ぶこともあります)をオーブンで焼いてオリーブオイルを塗ったものはサラダにぴったりのクルトンです。

　バゲットは簡単に同じサイズの輪切りにできるので、クルトンが手軽につくれます。斜めにカットして長い楕円形にすれば、空豆のピュレやタプナードをつけて食べるのにぴったりです。

　まんべんなく焼き色がついてカリッとしたクルトンは、スライスしたパンにオリーブオイルやバターを塗って焼いてつくります。小さいクルトンをボウルに入れ、オイルや溶かしバターを加えてかきまぜます。より大きく平たいクルトンは、天パンの上に重ならないように広げ、オイルかバターを刷毛で塗ります。180℃のオーブンでパンの端が黄金色になるまで焼くときは、目を離さないでください。どんな種類のパンを使うか、どのくらい乾いているか、どのくらいの厚みかによって焼き時間が全然違うのです。スープやサラダに添えるなら、オーブンから取り出したばかりの熱々のクルトンに、ガ

---

*ルヴァン：天然酵母で発酵させて固く焼き上げた田舎風のパン。

ーリックとハーブのみじん切りを和えましょう。

　繊細なピュレ状のスープの上に散らすときは、小さいキューブ状のクルトンをバターで揚げます。バターをたっぷりフライパンに落とし、クルトンがバターを吸うたびに足していき、こんがりときつね色になるまで、中火でこまめにまぜたり返しながら揚げます。

　スライスパンを焼くときは、焼き網にのせ、中火の炭火で片面を1〜2分ずつ焼きます。パンにおいしそうな焼き網の跡がつき、あちこちがこんがりきつね色になっているはずです。私は焼き上がった後、ガーリックをこすりつけ、オリーブオイルをかけます。

　つくりたてが最もおいしいクルトンですが、あらかじめパンを切って用意することもできます。その場合はスライスしたパンが乾燥しないようにふきんで包みます（クルトンは覆わないと乾いて反ってしまいがちです）。食卓に出す準備ができたら、パンを素早く並べてトーストしましょう。

Making Bread
パンをつくる

地用のスクレイパーはパン生地を切ったり、作業台でやわらかい生地を扱ったり、作業台をれいにしたりするのにとても便利です。

　パンをつくるとき、できあがりの善し悪しはいろいろな条件で変わります。はっきりした理由があったりなかったり。でもいちばん大切なのは小麦粉です。普通の小麦粉ではおいしいパンはつくれません。加熱処理をしていない無添加無漂白の小麦粉を選びましょう。粉類はなんでもそうですが、とくに全粒粉は古くなると次第に油焼けしたような味やにおいがするようになります。できるだけ新鮮な小麦粉を買うようにしましょう。商品回転の早い量り売りの地元のオーガニック食品店を見つけるといいでしょう。

　また水によっても違いが出ます。水温や量は、パンの質感に影響を与えます。さらに、発酵させる材料や、発酵時間によって出来がまったく違ってきます。重曹やベーキングパウダーでつくるクイックブレッドはやわらかくてケーキのようですが、天然酵母でゆっくりと発酵させたものは、中はもっちり、皮はパリッと堅く、複雑な風味があります。湿度、暑さ、寒さといった天候もパンに影響します。パンづくりが魅力的なのは、同じ条件は二度となく、永遠に同じパンはつくれないということにもあるのです。

　パンにはたくさん種類があります。すぐ食卓に出せるコーンブレッドやアイリッシュソーダブレッドのようなクイックブレッド、ホットプレートでつくった焼きたてのトルティーヤ、揚げるとふくらむ全粒粉のインド風揚げパンのプーリー、あるいは直火で焼いたピタパンなどのすばらしいフラットブ

レッドの数々、そしてフランスやイタリアの天然酵母で発酵させたパン。私がふだん好んで食べるルヴァンもそのタイプです。ルヴァンは天然酵母で種を起こし、長時間かけてゆっくりとキャンバス地のバスケットのなかで発酵させてつくります。焼く前にパン種の一部を次回のために取り分けておくのが伝統的なやり方です。ここでは酵母タイプのパンではなく（家でつくるにはちょっと複雑です）、なんにでも使えるパン生地のつくり方をご紹介したいと思います。平たく形を整えてパリッと焼いたフォカッチャもできますし、ピザもつくれます。子供は生地をのばして自分のピザをつくるのが大好きです。

Herb Bread or Pizza Dough
ハーブブレッド、あるいはピザ生地
フォカッチャ1枚
あるいは
25cmのピザ2枚分

  ドライイースト 小さじ2
  ぬるま湯 125cc

をまぜます。さらに、

  無漂白の強力粉 35g
  ライ麦粉 35g

を加え、よくまぜて、発酵して気泡がたくさん出てくるまで、約30分休ませます。

別のボウルに、

  無漂白の強力粉 500g
  塩 小さじ1

をまぜ、そこにイーストと小麦粉を発酵させたものと、

  冷水 180cc
  オリーブオイル 60cc

を加えます。手か電動スタンドミキサーでしっかりとまぜましょう。手でこねるときは、軽く粉を打った台の上に生地を置き、生地がやわらかく腰が出るまで約5分こねます。生地が水っぽくべとつくときは、小麦粉を足しますが、やわらかくて少し生地がべたつく程度にとどめましょう。ミキサーを使うときはパン用の羽根をセットし、約5分こねます。ミキサーのボウルの側面からは離れても、底はくっついているような状態がちょうど良く、とてもやわらかくてわずかに湿りけのある生地が最高のフォカッチャになります。

  大きいボウルに生地を入れて覆い、暖かい場所で約2時間、2倍の大きさに膨らむまで発酵させます。もっとおいしく、しなやかな生地にするために

ライ麦粉などの粒粉を少々加えると、地の風味が増します。

は、一晩ゆっくり冷蔵庫で発酵させましょう（形をつくる2時間前に冷蔵庫から出します）。

　25cm×40cmの、縁の付いた天パンにたっぷりオリーブオイルを塗ります。生地をボウルからそっと取り出し、天パンの上で平らにのばし、真ん中から端に向かってやさしく生地を押しながら敷き詰めます。生地が反発して跳ね返るときは、10分ほど休ませましょう。そして、さらに形をつくっていきます。形を整えている間、ガスや空気を全部抜いてしまわないように注意しましょう。指先で軽く押しながら、生地の表面に点々とくぼみをつけていきます。

オリーブオイル　大さじ2

を加えて覆いをし、高さが2倍になるまで約2時間発酵させます。

　生地を寝かせている間に、オーブンを230℃に予熱しましょう。できれば下段にベーキングストーンを置き、パンを焼く前に30分ほど熱しておきます。生地に

粗い海塩　小さじ1

をパラパラッとかけ、天パンを直接、石の上に置きます。フォカッチャの上と底の部分がパリッと黄金色になるまで、約20〜25分焼きます。天パンを裏返し、パンを取り出し、ラックに置いて冷まします。

バリエーション
- 焼く前に刻んだ生のローズマリーか、セージの葉大さじ1を生地に散らします。
- やわらかい生のハーブを大さじ1ほど刻み、オリーブオイルと一緒に生地にまぜます。
- 形を整える前に生地を2つに分け、のばして厚さ1cmの円盤形にします。この円盤を、オイルを塗った20cmのパイ皿に入れます。くぼみをつけ、オイルを塗り、発酵させてから焼きます。10分たったら様子を見ます。
- 焼く前に、ソテーした玉ねぎ、チーズ、スライスしたトマト、あるいはソテーした葉ものをトッピングします。

Making Pizza
ピザをつくる

　ピザをつくるときは、生地を2等分にして、長方形にはせずにきれいなボール状に丸めます。ボール状の生地をラップでふんわり覆い、室温で1時間ほど休ませたら、直径12～15cmの円盤形にして軽く打ち粉をして、さらに15分ほど休ませます。ベーキングストーンをオーブンのいちばん下の段に置き（出し入れしやすくするため、ほかのラックは外しておきましょう）、オーブンを260℃に予熱します。

　円盤状の生地1枚をていねいにのばして直径25cmの円形にし、打ち粉をした台か裏返した天パンの上に置きます。生地の端だけ1cm残して刷毛でオリーブオイルを塗り、生地の端から1cmを残した内側に好みの材料をトッピングします。ガーリックのみじん切り、生のトマトソース、モッツァレラチーズ、じっくり炒めた玉ねぎとハーブとアンチョビ、炒めた葉ものとソーセージなど。ピザをベーキングストーンの上にすべらせるよう載せ、ピザの耳がこんがりきつね色になるまで約10分焼きます。

いろいろなピザ
- トマトソースとバジル モッツァレラ
- ソテーしたパプリカとソーセージ
- マッシュルームとガーリック、パセリ
- 焼きなすとリコッタチーズ
- ソテーした玉ねぎとアンチョビ
- バジルペーストとじゃがいも
- スパイシートマトソースとパンチェッタ、卵
- いちじくとゴルゴンゾーラ、ローズマリー
- イカ、トマトソースとアイオリ
- グリルしたラディッキオとパンチェッタ
- アーティチョークの芯と玉ねぎ、レモンゼスト

Breadcrumbs
生パン粉

つくりたての自家製の生パン粉ほど、利用価値が高くて重宝するものはありません。グラタンの表面に散らせばカリカリしたクラストになります。揚げものにする肉や魚、野菜にまぶしたり、詰めものやミートボールにまぜれば食感がやわらかくなります。

私のキッチンでは、生パン粉は用途の広いカリっとしたソースに活用しています。トーストしたての黄金色のパン粉に、新鮮でやわらかいハーブ、パセリ、マジョラム、タイムなどのみじん切りをまぜてこのソースをつくります。細かく刻んだガーリックを少量加えてもいいでしょう。それをいろいろなもの（パスタ、野菜料理、ロースト、サラダ）の最後の仕上げにかけています。最近の私のお気に入りは、ローズマリーやセージ、ウィンターセイボリーなどのハーブの葉をオリーブオイルでパリッとするまで1分（あるいはもっと短く）揚げて、トーストしたパン粉とまぜたものです。

すべてのパンがおいしい生パン粉になるわけではありません。袋詰めされた量産品のスライスパンは、保存料と甘味料が入っていていいパン粉にはなりません。添加物はパン本来の風味を損ね、甘味料は不自然な味をつけ、焼き色も濃くなります。いちばんいいのは1～2日経って少し乾いたパンでつくる生パン粉です。焼きたてのパンは中の水分が多すぎるのでうまくパン粉にはならずに、湿った丸いかたまりのようになってしまいます。揚げ物に使うパン粉にはきめが細かく白い、たとえばパンドゥミーやプルマンと呼ばれるパンが最適です。私は酵母パンかきめの粗い田舎風パンをトーストしてパン粉をつくるのが好みです。

ここで説明しているパン粉は、カラカラに乾いたパンからつくるものとはちょっと違います。ましてや食料品店で売られている箱入りのパン粉とはまったく別物です。市販のものはきめが細かすぎ、味も良くなく、この本のレシピどおりつくってもうまくいきません。

最も簡単にパンをパン粉にする方法はブレンダーかフードプロセッサーを使うことです。まずパンの表面の部分を取り除きます。外皮は堅すぎるので皮付きのパン粉は不均一になります。外皮を取ったパンを四角く切り、何度かに分けて機械にかけます。完全にパン粉の粒がそろうように、十分に挽いてください。しっかり挽けば、焼き色にもムラが出ません。揚げ物などにまぶして使うためのパン粉は、材料にまんべんなくつくように細かく挽きます。細かく挽けば、仕上がりもきれいでしょう。ただ、オーブン料理などで焼き目をつけるためのパン粉ならきめが粗くても使い方次第です。パン粉を

こんがり焼くときは、オリーブオイル（または溶かしバターか鴨(かも)の脂）を軽くふって、天パンに均等に広げます。オーブンに入れたら数分ごとに金属製のフライ返しでかきまぜます。天パンの端のパン粉から焼き色がつきはじめるので、隅から内側に移動させながらよくまぜるようにします。最初はなかなか焼き色がつきませんが、いったん水分が飛んで乾いてきたら1〜2分であっという間に色がつきます。焦がさないよう、とくに焼き上がりに近づいたときは、しっかりと目を離さないようにしましょう。

　残り物のパンがたくさんあって使い切れないときは、とりあえずパン粉にして、後日使うために冷凍しておきましょう。パン粉が必要で、乾いたパンがないときは、新しいパンを厚切りにして天パンに並べ、温めたオーブンで少し乾燥させてからつくるといいでしょう。

Toasted Breadcrumbs
カリッと焼いたパン粉

オーブンを180℃に予熱します。

ルヴァンあるいは田舎風のパン

の外皮を取り除き、さいころ状に切って、ブレンダーかフードプロセッサーで必要な細かさに挽きます。

塩　ひとつまみ

オリーブオイル　生パン粉250ccにつき大さじ1

をまぜ合わせます。

天パンにパン粉を薄く広げ、数分おきにかきまぜて黄金色になるまで火を入れて、均等に焼き色をつけます。

バリエーション

◆ ひとつかみのハーブを中温に熱したオリーブオイルでパリッとするまで揚げます。よくオイルを切ったら、焼いたパン粉に必要に応じて塩ひとつまみほど加えてまぜます。

◆ 乾燥唐辛子の粉を少々、スパイスとしてパン粉にまぜてもいいでしょう。

Broth and Soup

ブロスとスープ

Chicken Broth
Carrot Soup
Minestrone

チキンブロス　キャロットスープ　ミネストローネ

料理を始めたころ、私はスープが苦手でした。それはつくり方を知らなかったからです。世間知らずだった私は、スープづくりは単に残りものを鍋に入れてスープストックか水を加えて煮るだけで、さあできあがり、という程度に思っていました。しかし次第に、おいしいスープをつくるには、素材の風味を最大限に引き出すいくつかのシンプルな技術を学ばなくてはいけないということに気づきました。いいブロスの取り方、やわらかく炒めた野菜とハーブをベースにしたスープのつくり方。そして、ひとつの野菜でシンプルでピュアなスープをつくる場合と、たくさんの野菜（パスタ、肉、魚も）を組み合わせてつくる、より複雑な味わいのスープとでは、材料の選び方から違います。スープのバリエーションは無限にあるのです。

Making a Broth
ブロスの取り方

いろいろなスープのベースとなるのが、肉と野菜から（あるいは野菜だけから）取るブロス（ストックとも呼ばれます）で、それがおいしいスープのボディと風味の基本になります。深いコクがある香り高いブロスは、それだけですばらしいスープです。私は少量のパスタとパセリ、あるいはポーチドエッグを落としたチキンブロスが好きです。ブロスは簡単に取れるだけでなく、冷凍保存しておけば、スープやリゾットがいつでも手軽につくれます。だから、ブロスは私が冷凍保存する数少ないアイテムのひとつなのです。

・手順
沸騰させる
アクを取る
野菜を加える
コトコト煮る
網で漉す

　ブロスを取るとき、私は鶏を丸ごと1羽使います。ぜいたくと思うかもしれませんが、甘みがあって香りも高く、深いコクのあるブロスが取れます（1時間ほど煮た後、鶏を鍋から取り出し、胸肉は取り分け、残りを鍋に戻してもいいでしょう。ゆでた胸肉にサルサヴェルデを少し添えれば、立派な一皿になります）。ブロスの味を左右するのはなんといっても肉です。鶏がらを使うなら、首や背中、手羽など肉がたくさん付いている部位を選びましょう。肉が付いていない骨からは薄いブロスしか取れません。ローストチキンの食べ残しがあれば、それもストックに加えましょう。ローストされた肉は深みのある味を出します（グリルドチキンで残った肉はおすすめできません。苦くて焦げくさいブロスになってしまいます）。

　丸ごと1羽の鶏からブロスを取る場合、おなかの空洞に入れられている首肉（＊）も使いましょう。また内臓（たいていは心臓、砂肝、レバー）の入った袋も取り出し、砂肝と心臓をブロスに加えます。レバーは入れずにほかの用途に使いましょう。

　ブロスは、必ず冷たい水からつくりはじめます。沸騰するにつれて、肉と骨の風味が引き出されていくのです。スープの濃さは鍋に入れる水の量で決まります。鶏がひたひたにかぶる程度の水でつくれば、とても濃厚で香り高いすばらしいブロスができるでしょう。さらに水を増やすと、軽くて上品なブロスになります。

　ブロスは一度グラッと沸騰させたら、すぐに火を弱めます。沸騰すると血液や余分なたんぱく質が固まって、表面にアクになって浮いてくるので、そ

＊アメリカでは、鶏の腸部の空洞に首を収めて売るのが一般的です。

れをきれいに取り除けば、透きとおったブロスがとれます。長く煮立てると脂分が乳化して水と結合して濁り、脂っこくなります。

　ブロスのアクを取るにはレードルを使って、アクだけをすくい、脂は残します。ブロスをコトコト煮ている間、脂はたっぷりと旨みを出してくれます。旨みを出し切ったら脂を取り除きます。野菜類はアクをすべて取ってから加えます。アクを取るときに浮いている野菜が邪魔になるのです。野菜は丸ごとか大きめに切ると煮崩れせず、ブロスも濁りません。

　塩は最初に入れて煮たほうが、最後に加えるよりもブロスの風味はよくなります。でも入れすぎないようにしましょう。煮るにつれて水分が蒸発してブロスの量が減るので、最初は控えめに塩味をつけるのが肝心です。

　ブロスはとろ火でコトコトと煮ます。スープの表面に小さな気泡がプクリプクリと不規則に浮かんでくるくらいの感じで、そっと優しく煮ましょう。うっかり強火で煮詰まってしまったときは、水を足してからとろ火にしてください。

あっさりして繊細なスープが欲しいときは〜時間程度しか煮ませんが、それ以外は最低〜5時間は煮ます。

　ブロスは、肉や骨の旨味をすべて出し切るまでゆっくり時間をかけて煮なければなりませんが、あまり煮すぎると逆に風味や新鮮さが失われます。鶏がらの場合でも4〜5時間が限度です。料理中は何度も味見をして、十分にコクが出たと思ったら火を止めます。スプーンにブロスを少々取って塩を加えて味見をすると、できあがりの味がよくわかります。味がどう変わっていくかを知るためにも、料理しているときは何度も味見をして、確かめてみてください。

　煮終えたらブロスを漉します。レードルですくって漉し網を通し、ステンレスなどの耐酸性の容器に移します。きれいに澄んだスープを取るには、清潔な木綿のふきんかさらしを濡らして、さらに漉します。

　すぐにブロスを使うときは脂を取り除きましょう。すぐに使わないのであれば、脂を取らずに冷ましてから冷蔵すると、表面で固まった脂がふたの役目をして風味を保つことができます。冷えて固まった脂は、簡単に取り除けます。また、ブロスには冷めるまでふたはしないこと。冷蔵庫の中で冷えるまでに時間がかかり、ブロスが発酵して酸っぱくなります（私は経験済みですが、ブロスが傷んできたらすぐわかります）。ブロスは冷蔵庫で約1週間、冷凍で約3か月保存可能です。500㎖や1ℓの容器に小分けにして冷凍しておけば、必要な分だけ解凍できて便利です。冷蔵あるいは冷凍保存したブロスは、調理する前に一度沸騰させると安心です。

Chicken Broth
チキンブロス
約5ℓ分

鶏　丸ごと1羽（1.6〜1.8kg）

を大きな鍋に入れます。

冷水　5ℓ

を注ぎます。強火で沸騰させ、沸騰したらすぐに弱火にし、アクを取ります。

にんじん　1本（皮をむく）

玉ねぎ　1個（皮をむき半分に切る）

ガーリック　1玉（半分に切る）

セロリの茎　1本

塩

粒の黒こしょう　小さじ½

を加えて火を強め、沸騰したらすぐに弱火にします。パセリとタイムのブーケガルニ1束とローリエ大1枚を加え、ブロスを4〜5時間コトコト煮て、漉します。すぐに使う場合は脂を取り除いて塩で味を調え、熱々で食卓に出しましょう。保存するときは、よく冷ましてから冷蔵庫か冷凍庫に入れます。

A Simple Vegetable Soup
かんたんベジタブルスープ

私がよくつくるシンプルな野菜スープは、やわらかく炒めた玉ねぎをベースに1〜2種類の野菜を加えたものです。ブロスか水を入れ、野菜がやわらかくなるまでとろ火でコトコト煮ます。

　最初にバターかオリーブオイルで、玉ねぎがしんなりとして風味が十分出るまで丁寧に炒めます。このとき、底の厚い鍋を使うと出来あがりはまったく違うものになります。熱が均等に行き渡るので、焦がさずにゆっくりと野菜を炒められるからです。使うオイルの量も重要です。玉ねぎを油脂でしっかりカバーするくらいたっぷりのバターやオリーブオイルを使いましょう。15分ほどゆっくり炒めれば、玉ねぎはとてもやわらかく透きとおってきて、甘みのあるスープのベースになります。

　次に、にんじんなどの野菜を加えます。野菜は、火が均等に通るよう、大きさをそろえて切ります。不ぞろいだとスープの中の野菜が生煮えだったり、煮えすぎたりとばらつきが出てしまいます。野菜だけでもおいしくなるように、たっぷりの塩を加え、さらに数分間炒めます。この味つけと加熱によって油脂に野菜の香りと味を移し、その風味がスープ全体に広がるのです。次のステップに進む前に、それぞれの段階で香りと風味を組み立てながら引き出していく、こうした手順はスープだけでなく料理全般に通用する大

> とくに野菜が新鮮ですばらしければ水だけでスープをつくってみてください。混じりっけのない上品で繊細な味になります。

切な心得です。

　炒めた野菜にブロスか水を加えて加熱し、沸騰したら火を弱めてコトコト煮込みましょう。野菜はやわらかく、でも煮崩れないようにしてください。野菜がよく煮えてその風味が十分スープに溶け出さないと、スープの味はまとまりません。こまめに味見をしましょう。スープが煮えるにつれて風味がどう変わり、豊かになってくるかを発見するのはすばらしいことです。もっと塩を入れたほうがいいでしょうか。自信がなければ、小さいスプーンにスープを取って塩少々を加えて味見をし、さらに塩が必要かどうか決めましょう。これがほどよい味に仕上げるやり方です。

　このやり方でいろいろな種類の野菜のおいしいスープをつくることができます。違うのは煮る時間の長さだけです。出来上がりを良くするために、味見を繰り返すことが大切です。思いつくまま私の好きな野菜スープをあげてみると、かぶとかぶの葉のスープ、コーンスープ、じゃがいもと西洋ねぎ(＊)のスープ、バターナッツスクウォッシュのスープ、オニオンスープなどがあります。

　このやり方で、野菜スープを水ではなく旨みたっぷりのブロスを使ってつくれば、おいしくてコクのある田舎風スープになります（実際、ブロスに十分コクがあれば、バターで野菜を炒める下ごしらえを省いて、玉ねぎやほかの野菜をブロスに直接入れて、コトコト煮こむこともあります）。またブロスではなく水でつくるスープは、十分に煮てからなめらかなピュレにすれば、純粋に野菜そのものの味が際立つ繊細なスープになります。このやり方はとくに、空豆やえんどう豆、コーンなど、甘みとやわらかさのある野菜のスープに適しています。

　スープをなめらかにするために私はフードミルを使いますが、ミキサーでもよいでしょう。そのほうがきめ細かく仕上がります。ただし、熱いスープをミキサーでピュレにするときは、十分に注意が必要です。湯気が逃げるように必ずミキサーのふたの蒸気口を開け、中身が飛び出さないようにしましょう。

　スープを食卓に出すときは、いろいろな素材を添えて仕上げます。多くの料理人は、少量のクリームを浮かせたり、バターをひとかけ落としたりしています。サーブする直前にハーブやスパイスを加えたり、レモンを絞れば、スープが生き生きとします。しかし、仕上げのトッピングがスープの味を複雑にしすぎたり、風味をより強くしてしまうこともあるので慎重に。

＊西洋ねぎ（リーキ）：長ねぎに代えて使えます。

Carrot Soup
キャロットスープ
8人分

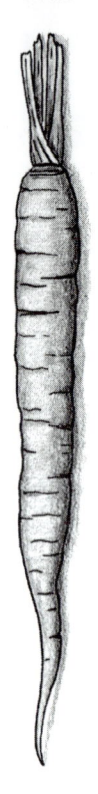

バター　60g

を底の厚い大きめの鍋で溶かします。

玉ねぎ　2個（スライスする）

を加えます。

タイムの小枝　1本

を入れて、中くらいの弱火でやわらかくなるまで、約10分炒めます。

にんじん　1.25kg（皮をむいて薄切りにする）

鍋に加えます。

塩

で味つけしたら、さらに5分ほど炒めます。にんじんは玉ねぎと炒めると風味が増してきます。

ブロス　1.5ℓ

を加えます。沸騰したら火を弱め、にんじんがやわらかくなるまで約30分コトコト煮ます。できあがったら塩で味を調え、好みでピュレにします。

バリエーション
◆ よりシンプルで軽めに仕上げたいときは、ブロスは使いますが、玉ねぎを最初に炒める手順を省いて、にんじんと一緒にブロスに直接入れ、やわらかくなるまでコトコト煮ます。

◆ ハーブのみじん切りをまぜたホイップクリームやクレーム・フレーシュ（＊）を少量、塩・こしょうで味つけし、トッピングに飾ります。ハーブは、チャービル、チャイブ（＊）、タラゴンのいずれも合います。

◆ ブロスの代わりに水を使い、にんじんを入れるときにバスマティライス60gも一緒に加えて煮込みます。火を止めてからプレーンヨーグルト250ccを加え、ピュレにします。仕上げにはミントを飾りましょう。

◆ 玉ねぎと一緒に、ハラペーニョ（メキシコ産青唐辛子）を炒め、火を止めてからコリアンダーの葉を加え、ピュレにします。仕上げにみじん切りにした香菜の葉を散らします。

◆ 溶かしバターかオリーブオイル少量を熱した鍋に入れ、クミンシード大さじ1を入れて香りが出たら、スプーンですくって、仕上げにスープの上にかけます。

＊クレーム・フレーシュ：国産のサワークリームに代えて使えます。牛乳とヨーグルト同量でつくります。　＊チャイブ：国内産のわけぎに代えても使えます。

A Soup of Many Vegetables
野菜たっぷりのスープ

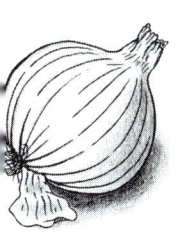

ミネストローネのような具がたくさん入った濃いスープはそれだけで満足できる食事になります。こうしたスープは、季節ごとに野菜を変えて、一年中食卓に出しましょう。

ミネストローネはイタリア語で「具だくさん」という意味の、たくさんの野菜が入ったスープです。全部の野菜が均等に煮えるように、野菜は順番に入れていきます。最初に風味豊かなソフリット（＊）をつくり、煮るのに時間がかかる野菜を加えたら水かブロスを足し、スープを沸騰させ、その段階でやわらかい野菜を入れます。乾燥した豆類やパスタは別にゆでておいて最後に加えます。以下のレシピは、夏につくる伝統的なミネストローネで、季節ごとのバリエーションは追記にあります。

ソフリットは玉ねぎだけでもつくれますが、にんじんやセロリを入れることがよくあります。繊細な味に仕上げるなら、セロリの代わりにフェンネルを使います。ガーリックは焦がさないよう、必ず最後に加えます。底の厚い鍋で、オリーブオイルはたっぷり。これを必ず実行してください。濃厚なスープにするには、ソフリットを黄金色になるまで炒めます。あまりコクを出したくないなら野菜に焼き色がつかない程度に炒めます。野菜の旨みをスープに引き出すには、しっかり炒めるのに10分以上はかかります。見た目に食欲をそそり、そのままでもおいしかったら、十分に炒まったしるしです。

ソフリットの後に鍋に入れる夏のイエロー・スクウォッシュやいんげんのような野菜は、スプーンですくったひとさじの中にさまざまな野菜が入っているように仕上げるため、細かく刻みます。野菜は煮る時間が長いものから、順番に入れていきましょう。葉ものも一口サイズに切りそろえます。細長く切ると、だらりと垂れて、熱いスープがあごや服にポタポタ落ちてしまいかねません。ケールやチャードのような冬の葉ものは煮えるのに時間がかかるので、最初に鍋に入れる野菜のグループに入ります。ほうれんそうのようなやわらかいものは最後に加え、ほんの数分間だけ熱を通します。風味を出すためには、塩は途中で味見しながら少しずつ加えます。最後に塩を入れても野菜の旨みは引き出せないのです。

乾燥豆（もしパスタも入れるのであればパスタも）はスープに入れる前に別に下煮しておきます。豆のゆで汁は取っておいてスープに加えると風味とコクが出ます。ゆでた豆は、スープができあがる10分ほど前に加えましょう。そうすれば味をしみこませつつ、煮えすぎません。パスタはふやけてしまわないように最後の最後に加えます。

新鮮さを保つため、仕上げのオリーブオイルとチーズは鍋へ直接ではなく、器によそってから加えます。私はテーブルにすりおろしたチーズの入った器とオリーブオイルの瓶を置いて、食卓で回して使っています。

＊ソフリット：玉ねぎ、にんじん、セロリなどの甘味野菜をオリーブオイルでじっくりと炒めたもの。イタリア料理の隠し味としてよく使われます。

Minestrone
ミネストローネ
8人分

野菜を全部一口サイズに切りましょう、スプーン一杯のスープでいろいろな味と食感が楽しめます。

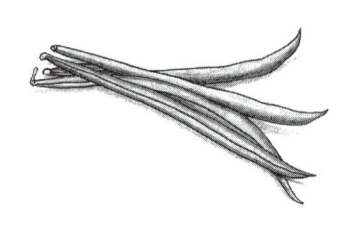

バジルペーストをスープの仕上げに加えても美味です。

  カネリーニ豆か、ボルロッティ豆 250cc

を4〜5時間水に浸してからゆでます。ゆであがったものは600〜750ccになります。煮汁は取っておきます。

  オリーブオイル 60cc

を底の厚い鍋に入れ、中火にかけます。

  玉ねぎ 大1個（細かく刻む）
  にんじん 2本（皮をむき、細かく刻む）

を加えて15分、あるいはやわらかくなるまで弱火でじっくり炒めます。

  ガーリック 4かけ（粗く刻む）
  タイムの枝 5本
  ローリエ 1枚
  塩 小さじ2

を加え、さらに5分炒めます。

  水 750cc

を加え、沸騰させます。沸騰したら

  西洋ねぎ 小1本（小口切りにする）
  いんげん豆 225g（2.5cmの長さに切る）

を加えます。

5分煮たら

  ズッキーニ 中2本（小さいさいの目切りにする）
  トマト 中2個（皮をむいて種を取り、みじん切りにする）

を加え、15分ほど煮ます。味見をして必要に応じて塩を加えます。
そこへ、ゆでた豆と一緒に、

  煮汁 250cc
  ほうれんそうの葉 500cc分（粗く刻む）

を加え、5分ほど煮ます。
もし、スープが濃厚すぎたら、豆の煮汁をさらに加えましょう。ローリエは取り除きます。
器に盛りつけたら、

  エキストラバージン・オリーブオイル 小さじ2
  おろしたパルメザンチーズ 大さじ1（好みでそれ以上）

をそれぞれの器にふりかけて仕上げます。

BROTH AND SOUP

◆ **ケールとバターナッツスクウォッシュ（＊）を使った秋のミネストローネ**

　前出のレシピを応用し、細かく刻んだセロリの茎2本をソフリットに加え、濃い黄金色になるまで炒めます。タイムの代わりに刻んだローズマリー小さじ1/2、刻んだセージ小さじ1をガーリックと一緒に加えます。カネリーニ豆の代わりに、ボルロッティ豆やクランベリー豆を使ってもいいでしょう。いんげん、ズッキーニ、生のトマト、ほうれんそうの代わりに、ケール1束（軸を取り除き、洗い、ざく切りにします）、トマト小1缶（水気を切り、刻みます）、バターナッツスクウォッシュ半個（皮をむき6mm角に切ります。約500cc分）を使います。トマトとケールをソフリットとともに5分炒め、水を加えて15分煮ます。バターナッツスクウォッシュを加えて、さらにやわらかくなるまで10～15分煮たら、ゆでた豆を加えます。

◆ **かぶとじゃがいも、キャベツを使った冬のミネストローネ**

　前出のレシピを応用し、細かく刻んだセロリの茎2本をソフリットに加えて濃い黄金色になるまで炒めます。キャベツ1/2個をひと口サイズに切り、沸騰した塩水でやわらかくなるまでゆでます。いんげんとズッキーニ、トマトの代わりに、かぶ中5個とイエローポテト（皮の黄色いじゃがいも）2個の皮をむき、ひと口サイズに切って入れます。新鮮な葉付きのかぶが手に入れば、茎を落として葉だけを洗って刻み、かぶとじゃがいもを入れるときに一緒に鍋に入れます。最後に豆を加え、ほうれんそうの代わりにゆでたキャベツを入れます。

◆ **グリーンピースとアスパラガスを使った春のミネストローネ**

　ソフリットのにんじんの代わりにフェンネルを使います。茎の固い部分と汚れた部分を切り落とし、ひと口大に刻んでから加えます。焼き色がつかないように注意して炒めましょう。もしグリーンガーリックが手に入れば、2～3本をガーリックの代わりに、不要な部分を切り落としてからみじん切りにして加えます。

　西洋ねぎは1本ではなく2本使います。水分を加え（できれば水とブロスを半々で）、沸騰したら弱火で約10分煮ます。いんげん、ズッキーニ、トマトは入れないで、代わりにさやをむいたグリーンピース（250cc、さや付き

＊バターナッツ・スクウォッシュ：国産のかぼちゃに代えても使えます。
＊イエローポテト：国産のメイクイーンに代えても使えます。

で約450g）と、アスパラガス（225g）の固い根元を切り落として1㎝幅の斜め切りにし、豆と一緒に加えて5分間茹でます。その後でほうれんそうを入れます。すぐに盛りつけない場合、鍋ごと氷水にあてて冷やせば、アスパラガスの鮮やかな緑色を保つことができます。

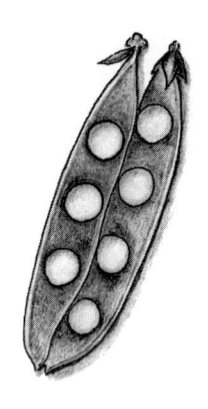

Beans, Dried and Fresh

豆　乾燥豆と生豆

White Beans with Rosemary and Garlic
Cranberry Bean Gratin
Fava Bean Purée

ローズマリーとガーリック風味の白豆　クランベリービーンズのグラタン　空豆のピュレ

受粉した花がさやと殻を形づくり、その中に種を宿す植物はすべて、分類上は巨大な〝マメ科〟に含まれます。食用豆の代表ともいえるいんげん豆、グリーンピース、大豆、そしてレンズ豆などは、すべてこの科に属しています。春に花を咲かせた後、さやが膨らみ、中の種は次第に熟していって、完熟したときにおいしさも頂点に達します。豆類の旬は短く、長くても数週間。その後は蔓にぶらさがったまま枯れていきます。さやが乾燥して紙のように薄くなったら、豆を収穫します。もちろん、いんげん豆は若いうちにさやごと食べますが、いんげん豆の仲間でもロマノビーンズ（*）などは、蔓に残して完熟させて美味しい完熟生豆として食べられます。この項のレシピでは、いわゆるシェルビーンズ（*）、またはシェリングビーンズと呼ばれる、さやを取って食べるタイプの豆を取り上げています。シェルビーンズは、完熟なら生で食べることもできますが、乾燥させて保存でき、その場合は使うときに水で戻してから調理します。

*ロマノビーンズ：日本ではモロッコいんげんの名称で販売されています。
*シェルビーンズ：さやつきの豆類。

Shell Beans
シェルビーンズ

　私はシェルビーンズを使って、さまざまな料理をつくります。シンプルにローズマリーとガーリック、オリーブオイルだけで風味をつけることもあれば、単品で、またほかの野菜と組み合わせてスープもつくります。スープは豆の形を残すときも、ピュレにすることもあります。そのほか、カリッと焼いたパン粉をのせてグラタンにすることもあります。豆は前もって下煮しておくことができるので、煮汁につけたまま冷蔵しておけば1〜2日は保存でき、温め直してそのまま食べたり、また、いろいろな料理に使うことができます。しかも、とても栄養価が高く、ほかのたんぱく源を含む食材に比べると安価です。何よりうれしいのは、小さい子供たちが大好きな食材だということです。

　最近は、生の豆も乾燥した豆も、ファーマーズ・マーケットや良質な食料品店で手軽に買えるようになりました。春は、生の空豆が旬です（乾燥空豆もよく出回っていますが、私はほとんど新鮮な空豆を選びます）。秋風の吹きはじめる夏の終わり、8月から9月にかけてのほんの短期間には、さまざまな種類の完熟したシェルビーンズが出回ります。まさに天の恵みの豆です。乾燥させたものと違って、生豆は水で戻す必要がなく、ごく短時間で調理できます。また、冬の間は多くの種類の乾燥豆が食卓に変化と彩りを与えてくれます。

　時間が経つと、豆はどんどん乾燥していきます。収穫して間もない乾燥豆は水に浸してもすぐに戻り、調理時間も短くてすみます。乾燥豆は量り売りで買いましょう。量り売りの豆のほうが新鮮です。古い豆は水で戻したり調理するときに時間がかかり、味も新しい豆には及びません。煮ても均一に火が通らず、煮崩れている豆も、まだ固い豆もあるということもよく起こります。地元で質の高いオーガニックの豆が見つからないときは、行きつけの食料品店の担当者や、地元のファーマーズ・マーケットで農家の人に相談するのもいいでしょう。オーガニックの豆を探していることを話してみましょう。地元で手に入るようになるまでは、郵便やインターネットでオーガニック豆を注文することもできます。

Bean Varieties
豆の種類(*)

こ␣こに挙げたリストは、豆の特徴を種類ごとに簡単にまとめたものです。乾燥豆、レンズ豆、ピースなど、豆の種類は驚くほどたくさんあります。私の経験では、昔ながらの豆、つまり在来種の豆のほうが、一般的な豆よりもおいしく感じます。いろいろ味わってみて、自分の好みの豆を見つけましょう。

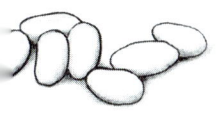

カネリーニビーンズは、私が最もよく使う白いんげん豆です。やさしい風味で、食感はなめらか。イタリアンやフレンチの料理に向いています。白いんげん豆にはほかにアリコ・ブラン、ホワイト・ランナー・ビーンズ、ヨーロピアン・ソルジャー、グレイト・ノーザン、ネイビー、そしてとても小さなライス・ビーンズなどがあります。

クランベリービーンズは、明るい赤茶色の地に濃い茶色の斑点がある豆です。豊かな風味が特徴で、パスタ・エ・ファジョーリ、リボリタスープなど、栄養たっぷりのイタリア料理に多く使われています。夏の終わりから秋にかけて生豆が出回り、乾燥豆は一年中手に入ります。この種の豆には、ボルロッティ（うずら豆）、アイ・オブ・ザ・ゴート（山羊の目豆）、タング・オフ・ファイヤー（火の舌豆）など、美しい名前の種類が多いです。

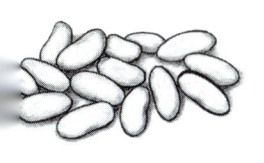

フラジョレビーンズは、やや固い食感の、小さくて薄い緑色の豆で、野菜っぽい独特の風味があります。フランス料理では、羊肉や鴨肉と合わせてよく使われます。

ライマビーンズの完熟した生豆にはすばらしい風味があります。たくさんある中でも、私がとくに好きなのは、生でも乾燥でも、大きくて茶色とピンクのまだら模様があるクリスマス・ライマ・ビーンズです。独特のナッツの香りがあるのです。

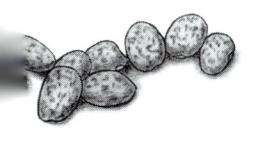

ピントビーンズは、メキシコ料理やテックスメックス（テキサス風メキシコ）料理の主食の豆です。そのままでも、ラードで炒めてつぶしてもおいしく、この品種の豆はとても風味豊かで、フロー・デ・マヨ（五月の花豆）、フロー・デ・ユニオ（六月の花豆）、ガラガラ蛇豆などの種類があります。

*カネリーニビーンズは白いんげんに、クランベリービーンズではうずら豆に代えても使えます。

ブラックビーンズは、さまざまな南米料理のベースになる豆です。素朴な味わいがあり、数多い料理の中で、とくにおいしいスープになります。ほかの豆よりも調理時間が長い傾向があります。

レンズ豆は、正確には豆ではなく、別のマメ科に属します。乾燥豆は、小粒で小さいレンズのような形をしていて、色もさまざまです。短時間で調理ができ、水で戻す必要もありません。多くの種類の中で私がいちばんよく使うのは、フランス産の小さな緑色のレンズ豆と、さらに小さな黒いベルーガレンズ豆で、両方とも煮込んでも形が崩れません。インド料理のスープやピュレ用として、黄色や赤みがかったオレンジ色のレンズ豆もよく使います。

ブラック・アイド・ピース（と、そのいとこにあたるクローダー・ピース）は、伝統的なアメリカ南部料理で、よく使われる食材です。生豆はさやが固くて豆を取り出すのは大変ですが、その価値は十分にあります。私の好みは、いんげん豆と一緒に煮てハーブで香りづけしたラグーにする料理です。

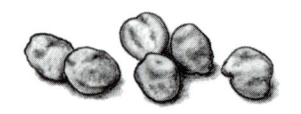

ひよこ豆、またはガルバンゾ・ピーは固くしっかりしているので、乾燥豆を料理する時間は、ほかの豆より長くかかります。運が良ければ夏の終わりに、やわらかくて緑色をした生のひよこ豆を買うこともできます（乾燥ひよこ豆の粉でおもしろい料理がいろいろできます）。

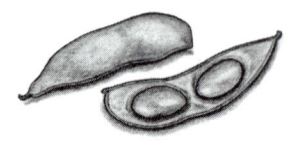

大豆　私は生豆を塩を入れた湯でゆでて、海塩を振って、さや付きのまま食卓に出しています（日本では〝枝豆〟と呼ばれています）。さやからそのままポイッと、口に入れます。ヘルシーで子供も大好きなおやつです。

Soaking and Cooking Beans
水で戻し、調理する

だいたいの目安
乾燥豆450ｇ＝
乾燥豆500cc＝
煮た豆1500cc

　乾燥豆は、水に浸けて、一晩置いてから料理するといいでしょう。水を吸って膨らんでも、水面から頭を出さないようにたっぷりの水に浸して戻します。私は最低、豆の３倍量の水に浸しています。一晩水に浸しても、すべての豆が水に沈んでいないと、煮たときに火の通りにムラができ、煮すぎた豆と煮えていない豆が混ざってしまいます。煮るときは、豆を戻した水は捨てて、新しい水を使いましょう。

　昔から世界中どこでも、豆は土鍋で料理されてきました（そしてなぜか、そのほうがおいしくできるようです）。しかし、ステンレス製などの厚手の耐酸性の鍋も使えます。豆が重ならないよう、深い鍋よりも底が広い鍋を選びましょう。底面が狭いとまぜにくい上に、底にある豆はつぶれてしまいます。まぜやすいよう、水は十分に入れましょう。常に２～３cmほど豆に水をかぶっている状態にします。水が少ないとまぜたときに崩れやすく、底にくっついて焦げてしまうかもしれません。豆をやわらかくふっくら煮るには、塩は最後に入れましょう。

　豆がやわらかくて崩れていない、それが理想のできあがりです。生煮えよりは煮えすぎのほうがまだ良く、アルデンテや少しでも歯に当たる煮え加減は良くありません。煮え具合を確かめるいちばんの方法は一粒噛んでみることです。煮て１時間経ったら、まずひと粒噛んでみます。よく煮えていれば、煮汁に浸したまま冷まします。すぐに引き上げると皮が破れて見た目が悪くなるのです。

だいたいの目安
さや付き豆450ｇ＝
さやをむいた豆250cc＝
煮豆250cc

　完熟した生豆を煮るときは、前もって水に浸さずに殻から取り出して鍋に入れます。生の豆はそれほど水を吸わないので、豆に約４cmほどかぶれば十分です。最初に塩を入れ、10分ほどで煮え加減を確かめます。種類によっては１時間ほどかかる豆もありますが、たいていは短時間で煮え上がります。

　豆は最後に味つけして、そのまますぐ食卓に出せます。また、冷まして、味をつけてもつけなくても煮汁ごと冷蔵庫（もしくは冷凍庫）に入れておけば、後で使うこともできます。

White Beans with Rosemary and Garlic
ローズマリーと ガーリック風味の 白豆
できあがりは 豆750cc分

  乾燥白豆　250cc（カネリーニ、ホワイト・ランナー、グレイト・ノーザン、ネイビーなど）

を水1ℓに浸けて、一晩おきます。

水を切って厚手の鍋に入れます。水は豆に5cmほどかぶるまで注ぎ、沸騰させます。沸騰したら火を弱め、アクを取ります。豆がやわらかくなるまで2時間ほど弱火でコトコト煮て、煮ている間、必要に応じて水を加えます。

  塩

を加えて味をみます。

底の厚いソースパンかスキレットに

  エキストラバージン・オリーブオイル　60cc

を入れて、弱火で温め、

  ガーリック　4かけ（粗く刻む）

  ローズマリーの葉　小さじ1（粗く刻む）

を加えます。

ガーリックがやわらかくなるまで、2分ほど火を通したら、豆を入れます。味見をして、必要に応じて塩で味を調えます。食卓に出す前に、数分おいて、味をなじませましょう。

バリエーション
◆ セージやウィンターセイボリー、サマーセイボリーをローズマリーの代わりに使います。

Flavoring Beans
豆に味つけをする

シンプルに調理してシンプルに味つけした豆——上のレシピ、「ガーリックとローズマリー風味の白豆」のカネリーニのような豆は、スープ、グラタン、ピュレと同様、下ゆでした後に味つけすれば、おいしい豆料理ができます。私は、豆を下ゆでするとき、最初にガーリックかハーブ、また玉ねぎ少量を加えることもあります。こうした風味づけは、下ゆでした後のほうが豆の風味を引き立てると思います。風味づけに使うのは、一振りのオリーブオイルから複雑なトマトソースまで、料理によります。たとえば、ファリオ・アルチェレト（小鳥のように風味のよい豆という意味）という伝統的なイタリア料理では、たっぷりのセージとガーリックを効かせたトマトソースで豆を煮込みます。メキシコ料理では、たとえば、フリホーレス・レフリトス

BEANS, DRIED AND FRESH

は、豆をゆでた後、ガーリック、炒めた玉ねぎとともにラードで炒めてマッシュしたものです（ほかに豚足やプロシュートの骨などを使うこともあります。その場合は、最初から豆と一緒にとろ火でゆっくり煮込みます）。

味つけする前に、豆の煮汁はほとんど切ります（風味豊かな豆の煮汁は取っておいて、スープのベースにしたり、グラタンの水分を加えるときに使えます）。豆が煮え、煮汁を切ったら、風味づけの材料をまぜ入れます。そのまま最低10分ほど煮て、風味を豆にしみこませましょう。

次に紹介するグラタンをつくる場合は、玉ねぎ、ガーリック、セロリは先に一緒に炒めておきます。豆に加える前に塩などで味を調えれば、風味を最大限引き出せます。豆には油分がとても少ないので、風味のよい油脂分を加えればさらにおいしくなります。

▎味よく豆を炊くコツは、まず最初に豆をやわらかく炊き、その後、ガーリックやハーブなどの生の香味料を加えていきます。

Cranberry Bean Gratin
クランベリービーンズのグラタン
6人前

　　　クランベリービーンズ、あるいはボルロッティビーンズ　300cc

を1ℓの水に一晩浸けておきます。
水を切ってソースパンに入れて、水を豆の上5cmまで注ぎます。沸騰させてから火を弱め、アクを取ります。豆がやわらかくなるまで2時間ほど、やさしくコトコト煮ます。煮ている間、必要に応じて水を加えます。

　　　塩

で味を調えます。
豆を煮汁に浸けたまま冷ましておきます。その間に、

　　　玉ねぎ　1/2個＝60cc（さいの目切りにする）
　　　にんじん　小1本＝60cc（皮をむいてさいの目切りにする）
　　　セロリの茎　小1本＝60cc（さいの目切りにする）

を準備します。
底の厚い鍋に

　　　エキストラバージン・オリーブオイル　60cc

を入れて熱します。
さいの目切りにした野菜を入れ、やわらかくなるまで約10分炒めます。

　　　ガーリック　4かけ（薄切りにする）
　　　生セージの葉　6枚（みじん切りにする）
　　　塩

を加えます。5分ほど炒めたら、

　　　　　生か缶詰のオーガニック・トマト　125cc（みじん切りにする）

を加えます。5分ほど煮てから味見をし、必要に応じて塩を足します。

豆は水気を切り、煮汁は取っておきます。豆と野菜を合わせて中型のグラタン皿かベーキング皿に入れます。塩加減をみた後、豆がひたひたになるくらいに豆の煮汁を注ぎ、

　　　　　エキストラバージン・オリーブオイル　60cc

をふりかけ、

　　　　　焼いたパン粉　125cc（80ページ参照）

で表面を覆います。

180℃に予熱したオーブンで焼け具合をときどき確かめながら約40分焼きます。グラタンの水分が飛んで乾いてきたら、豆の煮汁をスプーンで少しずつ加えます（パン粉が濡れないよう、皿の端から注ぎ入れます）。

バリエーション

◆ 生の豆ならグラタンはさらにおいしくなります。生のクランベリー豆1.35kgの殻をむき、豆を取り出します。鍋に豆の上に2.5cmほど水を入れ、一煮立ちしたら火を弱めて、コトコト煮ます。20分ほど経ったら、煮え具合を確かめます。

◆ グラタンではなく、豆をトマトと野菜と一緒に10分ほど煮込んだだけでシンプルな一皿になります。

◆ セージの代わりに、ローズマリー、タイム、サマーセイボリー、ウィンターセイボリー、マジョラム、パセリ、オレガノなどのハーブを使います。大さじ1/2ほどの量を細かく刻みます。

表面を覆ったオリーブオイルとパン粉は、焼き上がったとき、カリッとおいしいクラストになっています。

Fresh Fava Beans
生の空豆

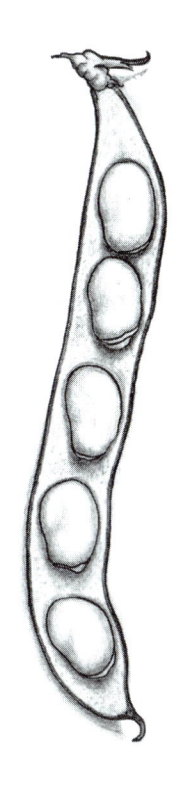

空豆は、春の到来を告げる使者です。ほかの豆同様さやに入っていて、豆は少し苦みのある固い皮に覆われています。出始めは、小さくて鮮やかな緑色のとてもやわらかい豆なので、この皮をむく必要はありません。さやから取り出して生のまま食べるほかに、少量の水と油かバターでサッと炒めたものがとても美味です。季節とともに空豆も熟して大きくなり、でんぷん質が多くなっていきます。豆はさやからポンと弾けるように飛び出し、皮をむけば、輝くような緑色のおいしいピュレになります。私は、カリッと焼いたクルトンにこのピュレをたっぷり塗ったり、焼いた肉に添えてよく食卓に供します。旬を過ぎると空豆は乾いて、色も黄色みがかって、食べるには熟しすぎてしまいます。

空豆をおいしく食べるには少し手間がかかりますが、繊細な味わいと、きらめく色を思えば、手間をかける価値はあります。厚くてやわらかいさやから豆を飛ばすように取り出すのは、皆でやると楽しくて小さい子供も参加できます。豆を取り出す簡単なやり方は、両手でさやをつかんで、両親指で押し上げるように曲げれば、さやから飛び出します。さやから出した後は、皮をむきます（地中海料理では残すこともありますが、調理に時間がかかり、味も変わります）。簡単に皮を取るには、豆を熱湯にさっとくぐらせます。ひとつ取って試してみましょう（ゆですぎると出すときに身がつぶれてしまいます）。湯を切って、氷水を張ったボウルに浸します。冷めたら水切りをし、爪で皮に切り込みを入れ、反対の手で押出します。

皮をむいた空豆は、強火ではなく、やや弱火でゆっくり調理します。ときどきかきまぜて、水分が足りなければ少し水を足します。スプーンの背で豆がつぶれてなめらかなペースト状になるようならできあがりです。

乾燥でも生でも、豆類は風味を加えればおいしいピュレになります。私の好みは白いんげん豆のピュレ、クランベリービーンズの生豆のピュレ、ピント豆のピュレです。ほかにも、ひよこ豆をオリーブオイルと唐辛子を加えてピュレにして、平たいパンかクラッカーを添えたオードブルも好みです。

Fava Bean Purée
空豆のピュレ
750cc

熟した生の空豆は、若いものよりデンプン質を多く含んでいて、とてもおいしいピュレになります。

  空豆　1.8kg

をさやからとり出します。鍋に水を入れて、沸騰させます。空豆を熱湯でさっとゆがいたら、氷水にとって冷まします。水を切り、豆を皮から出します。

  オリーブオイル　125cc

を、底の厚い片手鍋に入れて熱します。空豆と一緒に、

  ガーリック　4かけ（薄切りにする）
  ローズマリー　1枝
  塩
  水　125cc

を加えます。

ときどきかきまぜながら、空豆がやわらかくなるまで煮ます。必要に応じて水を足しましょう。約15分ほど煮て、豆がスプーンの背で簡単につぶれるようになったらできあがりです。スプーンでつぶすか、フードミルにかけて、

  エキストラバージン・オリーブオイル　60cc

を加えてよくまぜます。

味見をして、塩で味を調えます。必要なら水で薄めましょう。熱いうちに、または室温に冷ましてから、食卓に供します。

Pasta and Polenta
パスタとポレンタ

Fresh Pasta
Spaghettini with Oil and Garlic
Polenta and Polenta Torta

生パスタ　オリーブオイルとガーリックのスパゲッティーニ　ポレンタとポレンタ・トルタ

パスタとポレンタ、このふたつの食材は食料庫になくてはならないもので、イタリアの食卓の中心的存在でもあります。大した用意がなくても、乾燥パスタ1箱とほかの買い置き食材で手早く料理ができます。ポレンタは、粒のとうもろこしをコーンミールに挽いたものですが、なんにでも使えてとてもおいしいものです。パスタとポレンタのつくり方はよく似ています。どちらも塩を入れたお湯でゆで、バターかオリーブオイルとチーズ少々を和えるだけでとてもシンプルにいただけます。私は自家製のパスタをつくるのも好きです。それは、生パスタの食感ならでは、という料理があるからです。ラザニアや食欲をそそるミートソース、シチューをからめた手打ちパスタなど。ラビオリやカネロニも、自分で打ったものがいちばん美味しいのです。

Making Fresh Pasta
生パスタづくり

パスタの生地は
使う何時間も前に
つくっておいて、
のばすまで冷蔵
しておけます。

　私が最もよくつくる生のパスタには、小麦粉と卵しか入れません。パスタをつくるなんてハードルが高すぎる、と思うかもしれませんが、実際にやってみると、驚くほど簡単です。いちばん時間がかかる工程は生地をのばすことですが、手動のパスタマシンがあれば短時間で簡単にできます（パスタマシンはリサイクルショップやフリーマーケットで探してみてください）。

　パスタづくりの主な材料はまず小麦粉です。私がいつも使っている小麦粉は、無漂白のオーガニック強力粉です（漂白された小麦粉は化学物質が含まれているだけでなく、風味に乏しく、ベタベタした生地になります）。風味と食感を変えてみたいときは、全粒小麦、そば粉、スペルト小麦などの全粒粉を、全体の半量ほどまぜるとよいでしょう。それ以上加えると生地がもろくなり、レシピによっては必要な薄さにのばせないこともあります。デュラム小麦粉でつくるパスタの歯ごたえはすばらしいものですが、残念なことになかなか手に入りません。もし運良く入手できたら、小麦粉の一部（最大全体の半分まで）をデュラム小麦粉にしてみましょう。セモリナ粉はデュラム小麦を挽いたものですが、粉のきめがかなり粗いので、エッグパスタには向きません。いろいろ自分で試して好みの粉の種類や配合の割合を見つけましょう。

　手でパスタ生地をつくる場合は、生地をまぜやすいよう十分な余裕のある大きめのボウルに粉を量って入れます。別のボウルかカップに卵を割り入れて、軽くかきまぜ、粉にくぼみをつくって（スプーンか手でへこみをつくります）、溶き卵を注ぎます。スクランブルエッグをつくるときのようにフォークを使って、周囲から少しずつ粉を中心部にかきこんでいきましょう。次第に卵と小麦粉が合わさってフォークでかきまぜられなくなったら、手でまぜていきます。卵が粉をほとんど吸収したら、軽く打ち粉をした台に生地を広げ、やさしくこねて生地をまとめていきます。このときはまだ完全になめらかにはなっていません。ビニール袋に入れるかラップで包み、室温で1時間ほど休ませます（それより長時間になるときは冷蔵庫に入れましょう）。かきまぜたりこねたりして活性化したグルテンを落ちつかせ、休ませることで、生地をのばしやすくします。

　スタンドミキサーでつくる場合は、粉をボウルに入れ、ミキサーに攪拌羽を取りつけ、ゆっくりと溶いた卵を注ぎ入れ、生地が湿った小さい塊になるまで低速でミキサーにかけます。軽く打ち粉をした台に移してこねましょう。こねたら、覆いをして生地を休ませます。

私が試行錯誤を繰り返してわかったことは、水分が多い生地のほうがずっと扱いやすく、とくに手でのばすときには楽だということです（乾いた生地ほど元の形にすぐに戻りません）。簡単にまとまって、べたっとくっつかない、という感触が理想のパスタ生地です。まぜた後、もし生地がもろくパサついていたら、水をふりかけて湿らせます。水は必要に応じて加えますが、湿らしすぎないように少しずつ加えます。逆に生地が水っぽくなってしまったら粉を足してこねますが、まとまるには最低1時間は休ませましょう。小麦粉は袋ごとに変わるので、あるときちょうど良かった水の量でも別のときには多すぎたり少なすぎるということもあります。

　パスタは手かパスタマシンを使ってのばします。パスタマシンでのばせば完璧でなめらかな麺ができますが、手のべ麺は表面が不規則にでこぼこになるので、そこにちょうどソースがからみついてすばらしい風味を出すことができます。その違いを感じ、味わうためにも、一度は手でのばしてみましょう。

　パスタマシンを使う場合は、まず丸めた生地を手で平らにのばし、厚み調節を最大にセットして、一定の速度でゆっくりクランクを回転させながら、生地をローラーに通していきます（生地の量が多い場合は、マシンに詰め込みすぎないよう小分けにして通しましょう）。ローラーから出てきた生地を、便せんを折りたたむように三つ折りにし、さらにマシンに通します。このプロセスで生地は次第にこねられていきます。生地がローラーにくっつくようなら軽く小麦粉をふりましょう。手で粉をまんべんなくはたいて、再びマシンに通します。さらに2回、たたんでのばす作業を繰り返します。こうすれば生地はシルクのようになめらかになっているはずです。そうなっていなければ、もう一度こねましょう。

　こねた後はのばします。厚み調節を最大限にセットしたパスタマシンに、もう一度生地を通し、その後は生地を通すたびに厚みを一段ずつ薄くしていきます。生地が長く薄くなってきたら、クランクを回していないほうの手を生地の上に軽く添えて、生地を通します。こうすれば生地がまっすぐ進み、横にそれたりローラーの下でくしゃくしゃになりません。パスタの表面を目で追ってください。もしマシンにくっつくようなら、もう一度小麦粉を軽く振り、手で表面を軽くはたきます（粉の塊があると、生地にダマができてしまいます）。のばした生地の扱い方ですが、マシンから出てくる長い生地になったシートを、蛇腹状に前後に折りたたみます。次に、折りたたんだパス

タの一方の端から、前より薄く調節したローラーに通せば、引き寄せられていき、再びのびていきます。

　パスタ生地が望みの薄さになったら、今度は切りましょう。パスタはゆでるとかなり膨張する、ということを覚えておいてください。この厚さでいいか自信がなければ、試しにパスタを数本切ってゆでてみましょう。そのとき、ほんの少しの調節で済みそうなら、同じ設定でもう一度生地をマシンに通します。マシンにはたいていパスタを切るための付属品がありますが、手でも簡単に切れます。ハンドカットすると見た目がいかにも手づくりらしく、不ぞろいな食感も楽しめます。のばしたパスタ生地は30〜40cmの長さのシート状に切り、たっぷり打ち粉をして重ねていきます。それを縦に二つ折りにし、さらに二つに折ります。折った生地は好みの幅の麺になるように切っていきましょう。切った麺には少し多めの打ち粉をして、麺同士がくっつかないようにほぐし（このとき麺が指の間を抜け落ちていく感触の素晴しさ）、お皿か天パンに広げます。すぐに調理しなければクッキングシートか薄手のタオルで覆って冷蔵庫に入れます。ラザニアやカネロニ、ラビオリなどの具を詰めるときは、生地シートを大きめの正方形に切るか、具を詰められるように長いシート状にしておきます。

　生パスタは水をたくさん吸収するので、たっぷりのお湯に塩を入れ、グラグラと沸騰させながらゆでましょう。パスタ同士がくっつかないよう、よくかきまわします。中まで火が通りながらも歯ごたえが残る程度の固さ（イタリア語でアルデンテといいます）がパスタのおいしいゆで加減です。麺の厚さにもよりますが、生パスタは3〜6分くらいですぐにゆであがります。

パッパルデッレのような幅広にハンドカットしたエッグヌードルは、シチューやボロネーゼミートソースによく合います。

Fresh Pasta
生パスタ
4人分

　強力粉　300g

を量ってボウルに入れます。別のボウルに、

　卵　2個

　卵黄　2個分

を入れてまぜます。

小麦粉にくぼみをつくって、溶き卵を注ぎます。フォークでスクランブルエッグをつくるようにまぜ、そこに小麦粉を少しずつまぜ込んでいきます。フォークでかきまぜられないほど粉が固くなってきたら、手でこねてまとめましょう。打ち粉をした台に生地をのせ、軽くこねます。スタンドミキサーを

PASTA AND POLENTA

**生パスタで
つくれるのは**

リングイネ、
フェットチーネ、
パッパルデッレ、
ラザニア、
カネロニ、
ファッツォレッティ、
カッペリーニ、
アニョロッティ、
ラビオリ、トルテリーニ

フェットチーネや
リングイネのような
のハンドカットパスタは、
クリーミーなソース、
バター風味のソース、
グリーンピースと
プロシュート
デリケートな野菜と
よく合います。

使う場合は、付属のへらを取り付け、粉をボウルに入れたら低速でまぜながら溶き卵を注ぎます。生地がまとまりはじめたらまぜるのをやめ、乾いてポロポロしているようなら水を数滴ずつ加えます。先ほどのように生地を広げてこね、こね終わったら生地を円盤状にしてラップをかけます。のばす前に、最低でも1時間は休ませましょう。

　軽く打ち粉をした台にのせ、手でのばします。パスタマシンを使う場合は、厚み調節を最大に設定して、生地をローラーに通し、三つ折りにし、もう一度ローラーに通します。それをさらに2回繰り返します。その後は、ローラーに通すたびに厚み調節を毎回1つずつ小さくしながら、パスタが好みの厚さになるまでのばします。それを切ったら生パスタの完成です。

バリエーション

◆ ハーブ入りのパスタをつくるには、卵を入れる前に、粉にみじん切りのハーブをまぜておきます。パセリ、マジョラム、タイムは60cc分、ローズマリーやセージならば大さじ2を加えましょう。

◆ ほうれんそう入りパスタをつくるには、ほうれんそうの葉115gをバター少量でしんなりするまで弱火で炒めます。冷ましてから水気をよく絞り、卵1個と卵黄1個分を一緒にミキサーにかけ、なめらかなピュレにします。このピュレを溶き卵に替えても使えます。

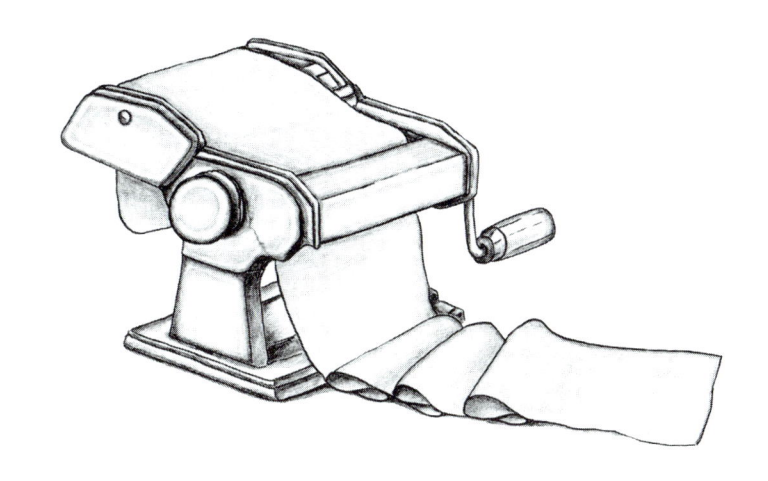

Making Cannelloni and Ravioli
カネロニと ラビオリづくり

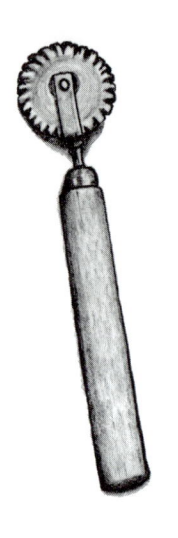

　カネロニをつくるには、シートにのばしたパスタを約10×7.5cmの長方形にカットします。塩を入れた熱湯でゆであげ、冷水を張った大きなボウルで冷まして、ふきんの上に並べます。最初にオリーブオイルか溶かしバターを塗っておかないと、パスタ同士がくっついてしまうので、重ねないように注意しましょう。

　パスタの縦3分の1に沿って、フィリング（具）を少しずつ、絞り出すかスプーンでのせていき、パスタが大きなストロー状になるように丸めます。バターを塗った耐熱皿に、つなぎ目を下にして並べ、ソースかブロス、あるいは溶かしバターとチーズと一緒に205℃のオーブンで20分焼きます。

　ラビオリをつくるには、パスタをかなり薄くのばし、生地を長さ35cmにカットします。しっかり打ち粉をして生地を重ね、作業している間に乾燥しないよう、1枚ずつふきんをかぶせておきましょう。生地の3分の1にフィリング大さじ1を絞り出すかスプーンですくってのせます。フィリングの山の間隔は4cmほど空けましょう。霧吹きで水を軽く吹きかけたら、生地の上側を折って下側にかぶせます。さらに折って輪になった部分から、ラビオリの中の空気を静かに押し出します。重なった生地を指先で押してみてください。ラビオリのシートができたら、ギザギザのついたパスタカッターを使って、端を切り取り、フィリング同士の間を切ります。ラビオリを1つずつバラバラにし、シートパンに並べて小麦粉をまぶします。くっつきやすいので、互いが触れないように注意しましょう。中のフィリングが生地からしみでて、ラビオリがシートパンにくっつかないようにふきんかクッキングペーパーで覆い、ゆでるまで冷蔵庫に入れておきます。

　ラビオリは、塩を入れて沸騰させたお湯で5〜6分ゆで、水気を切ってから大皿か各人のお皿に盛りつけます。ソースをかけて、好みで付け合わせを添えます。

Cooking Dry Pasta
乾燥パスタの料理

スパゲッティは根強い人気のパスタですが、ほかにも知っておきたいさまざまな形のパスタや、いろいろな種類の穀物のパスタがあります。どれを選ぶにしても、正しいゆで方とソースづくりで、できあがりにかなりの差がつきます。とっておきの一皿にする、いくつかアドバイスをしてみましょう。

パスタをゆでたりソースで和えたりするとき、水はとても重要です。パスタはたっぷりの沸騰した塩水でゆでましょう。ゆでている間に水を吸ってふくらむので、パスタを入れすぎるとパスタ同士がくっついてしまいます。入れる前にお湯をグラグラ沸騰させておけばパスタは鍋底に留まらずにお湯の中で動き回ります。湯に入れたら、鍋底やパスタ同士がくっつかないよう、最初に1〜2回かきまぜてください。塩を入れてからゆでれば、ソースと和える前にパスタにほどよく塩味がつき、よりおいしくなります。湯にオリーブオイルを入れる必要はありません。パスタ同士がくっつきにくくなるかもしれませんが、お湯の量が十分ならくっつかず、オイルでコーティングされるとソースがからみにくくなってしまいます。また、パスタサラダをつくらないなら、ゆであがったパスタは水ですすがないようにしましょう。ソースとからんで質感と風味を良くするパスタの表面のでんぷんが、洗ったら流れてしまいます。

パスタはアルデンテにゆで上げましょう。白い芯は残さず、しかし噛めば歯ごたえがある固さにします。ときどき噛んでみて、ゆで具合をみましょう。ゆであがっていないと、真ん中に白い芯がはっきり見えます。乾燥したエッグヌードルのゆで時間はかなり短く約5〜6分、より腰の強いパスタは少し長めで、10〜13分くらいです。パスタがゆであがったら、それ以上火が通らないよう、すぐにゆで汁を切ります。ゆで汁をすべて捨ててしまわず、少しだけ残しておきましょう。これは、パスタにソースをからめるのにとても便利です。

パスタにソースをからめるにはいく通りものやり方があります。ひとつは、湯切りしたパスタを直接ソースの中に入れて和えるやり方です（和える前に塩少々をパスタに直接ふりかけて味をつけておくといいでしょう。とくにシンプルなソースの場合は）。もうひとつの方法は、パスタにオリーブオイルかバター、チーズ、それにソース少々をからめ、お皿に盛りつけた後で上からソースをかけるものです。これはミートソースのパスタに向いています。ほかにも、あと少しでゆであがるというところで湯を切り、ソースと一緒に数分間火を入れて仕上げる調理法もあります。

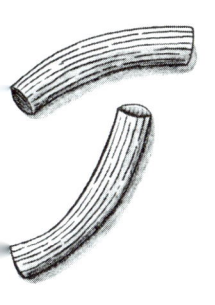

イタリアのおばあちゃんたちのパスタ料理の秘訣は、ゆで汁を残しておき、ソースにまぜることです。

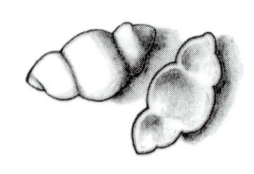

パスタはソースを吸収するので、水分の多いソースに向いています。湯を切る前にとっておいたゆで汁は、濃いソースを薄めたり、パスタがくどくなってしまったときに重宝します。麺から出たでんぷんと塩の味わい、質感が、ゆで汁には多く含まれていて、オイルやバター、ソースを加えるよりもずっと軽く仕上がります。

パスタとソースにはそれぞれ相性があります。大きくて太めのパスタには具だくさんのソースが合い、エッグヌードルにはバター風味のソースやミートラグーが、また細くて長い麺なら、次にご紹介するようなオリーブオイルベースのソースやトマトベースのソースなどシンプルなものがよく合います。

Spaghettini with Oil and Garlic
オリーブオイルとガーリックのスパゲッティーニ
4人分

食料庫にほとんど何もないときでもつくれるのがこのパスタです。調理にかかる時間はたった15分です。

大鍋に塩と水を入れて沸騰させ、

 スパゲッティーニ　500ｇ

をアルデンテにゆでます。ゆでている間に

 エキストラバージン・オリーブオイル　80cc

を底の厚い鍋に入れ、弱めの中火にかけます。オイルがやや熱くなったところで

 ガーリック　4かけ　（細かく刻みます）

 イタリアンパセリ　3枝　（茎を取りのぞき、葉を刻みます）

 唐辛子の薄片　ひとつまみ

 塩

を加えます。ガーリックがやわらかくなるまで炒め、音がしはじめたら火を止めます。焼き色をつけたり焦がさないようにしましょう。パスタがゆであがったら、ゆで汁を少し取っておき、水気を切ります。パスタをフライパンに入れ、塩ひとつまみを加えて和えます。味見をして味を調え、必要ならゆで汁でのばします。できあがったらすぐに食卓に出しましょう。

バリエーション
◆ パセリの量を2倍にするか、バジルやマジョラム、サマーセイボリーなどのやわらかいハーブをみじん切りにして加えます。

◆ 洗って半分に切ったミニトマト180cc分を、オイルにガーリックを入れた1分後に加えます。

◆ おろしたパルメザンチーズを仕上げにふりかけます。

- ガーリックとパセリを加えるとき、刻んだ黒オリーブ少々、あるいはみじん切りにしたアンチョビを一緒に加えます。両方入れてもよいでしょう。
- スパゲッティーニの代わりに卵入りのフェットチーネを、オイルの代わりにバターを使います。

Making Polenta
ポレンタづくり

ポレンタは、とうもろこし粉を水で煮た、とてもシンプルな料理です。とてもおいしくて、パスタと同じくいろいろと応用が効きます。煮上がったばかりのポレンタはやわらかいのですが、冷めて固まったものは、揚げたり、直火でグリルしたり、オーブンで焼いたりします。やわらかいままでも、固まったものでも、お肉のローストや煮込みに添えたり、トマトや肉、きのこなどのソースをかけていただきます。生のとうもろこしや空豆をやわらかいポレンタにまぜても別のおいしさがあります。また、調理した野菜、チーズ、ソースなどを層状に重ねると美しいトルタになります。ポレンタは、黄色か白のとうもろこしの粒を、コーンミールよりも粗く、グリッツよりは細かい粉に挽いたものですが、新鮮なものは甘い香りがあり、鮮やかな黄色をしています。ほかの穀類と同じように冷暗所で保管して、古くなったら新しいものに替えましょう。

> ポレンタを1時間もかけて、ゆっくり煮るととうもろこしの甘い味と軽い食感が引き出せます。

ポレンタは沸騰している湯で料理します。水とポレンタ粉のおおよその割合は4対1で、とうもろこしの種類や粉の粒の粗さ、粉の新鮮さによってこの比率は変わります。また、買うたびに粉の状態は違うかもしれません。焦げついたりくっついたりしないよう、調理には底の厚い鍋を使いましょう。底の厚い鍋がないときは火力調節器を敷いて調節してください。沸騰している湯にポレンタをゆっくり一定のスピードで流し込み、泡立て器で絶えずかきまぜます。火を弱め、ポレンタが湯とよくまざって湯の中に浮かんだ状態になるまで、2〜3分まぜ続けます（こうすることで鍋底にくっつくのを防げます）。塩で味を調え、ときどきまぜながら約1時間、とろ火で煮ます。ポレンタは20〜30分で十分に火が通ってやわらかくなりますが、さらに長く煮ると風味が良くなります。練り上がったポレンタはとても熱いので、かきまぜたり味見をするときは気をつけましょう。私はスプーンで少しすくって小皿に取り、冷ましてから味見しています。

ポレンタはレードルで注げるぐらいのゆるさで、なめらかな食感が理想です。もし煮ている間にポレンタが煮つまったり固くなったりしたら、ちょうどいい固さになるよう、必要に応じて水を加えながら煮ます。もし水を入れ

すぎて、ポレンタが薄いスープのようになってしまったら、水気が飛ぶまで煮つづけてください。ポレンタは保温しておかないとすぐ固くなります。火を止めた後はふたをしておけば、やわらかく熱い状態が20分ほど保てます。より長時間置くなら二重鍋を使うか、大鍋に熱湯を張ってその中にポレンタの鍋を浸して保温します。ポレンタはバターかオリーブオイル、それにチーズを加えて仕上げると、より豊かな味わいになります。ポレンタに入れるチーズは伝統的にはパルメザンですが、ほかのチーズも試してみましょう。たとえばフォンティーナ、チェダー、ペコリーノなど。マスカルポーネやブルーチーズをやわらかいポレンタの上にのせれば、より豪華な一品になります。

　固いポレンタをつくるには、熱くてやわらかいポレンタを縁のある天パン（オイルは塗らなくて大丈夫です）に均等に広げます。厚さを2.5cmほどにすると、あとでいろいろな料理に応用できます。ポレンタが固まるまでは室温で置くか冷蔵しますが、冷めるまで覆いはしないように。固いポレンタは切り分けて、焼いたり、グリルしたり、揚げたりできます。焼く場合は刷毛で油を塗って180℃のオーブンで20分、カリッとするまで焼きます。グリルする場合は、油を刷毛で塗った後、熱い炭火の上で焼きます。くっつかないよう、グリルが熱くなっているのを確認しましょう。揚げる場合は、油はたっぷりでも少なめでもお好みで。ポレンタは冷めると必ず固まりますが、薄いものやたっぷりのバターやオイルで仕上げたものは、グリルしたり揚げたりすると形が崩れてしまいます。

　ポレンタ・トルタは、つくりたてのやわらかいポレンタ、あるいは冷えて固まったポレンタを使って、ソースや調理してある野菜（葉ものやその他の野菜）、それにチーズを何層にも重ねてつくります。ソースはトマトソース、ミートソース、ペストなどを使います。ポレンタ・トルタは前もってつくりおきができて、食べるときには温めるだけというすばらしい料理です。

Polenta
ポレンタ
4人分

目安は、1：4
ポレンタ1に対し、水4
の割合です。

　水　1ℓ

を底の厚い鍋に入れて火にかけます。沸騰したら、

　ポレンタ　250cc
　塩　小さじ1

を泡立て器でかきまぜながら入れます。
火を弱め、ポレンタが水分を含んで中に浮き、鍋底に沈まなくなるまでかきまわしつづけます。とろ火で1時間、ときどきかきまぜながら火を入れま

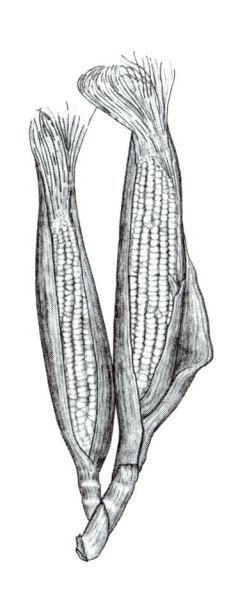

す。もし、ポレンタが固くなりすぎたら、水を足しましょう。

   バターかオリーブオイル　大さじ3
   おろしたパルメザンチーズ　125cc

を加えて味見をし、必要に応じて塩を足します。ポレンタを味見するときは、非常に熱いので気をつけましょう。食卓に出すまで保温しておくか、天パンの上にのせて冷まします。

バリエーション

◆ 生のとうもろこしの粒250ccを4分間ソテーして塩で味をつけ、できあがったポレンタにまぜます。

◆ さやから出して薄皮をむいた空豆250ccをできあがったポレンタにまぜます。

◆ パルメザンでなくフォンティーナ、ペコリーノ、あるいはチェダーチーズを代用します。

以下のものを用意してください。

   やわらかいポレンタ（111ページ）　1ℓ
   シンプルなトマトソース（303ページ）　500cc
   おろしたパルメザンチーズ　250cc
   新鮮なモッツァレラチーズ　225g（中くらいの大きさ2個分を6㎜幅に切る）

Polenta Torta
ポレンタのトルタ
6人分

陶器などの浅いオーブン皿にオイルを塗り、やわらかいポレンタの3分の1量をレードルで流し込みます。トマトソース半量をその上にかけ、ソースの上にモッツァレラチーズの半量をのせます。さらにパルメザンチーズの半量をふりかけます。再びポレンタ3分の1量を流し込み、残りのトマトソース、モッツァレラをのせ、パルメザンチーズを散らします。残ったポレンタをすべて流し込み、ポレンタが固まるよう、最低30分はそのまま寝かせます。焼きはじめる15分前にオーブンを180℃に予熱しておき、ソースがグツグツと熱せられるまで、30分ほど焼きます。

バリエーション

◆ 玉ねぎが入ったチャードの炒め煮（353ページ）をつくり、できあがった半量をパルメザンチーズの層の上にのせます。

◆ 固まったポレンタを使う場合は、オーブン皿に合う大きさに切って、上と同じように層をつくってトルタにします。

◆ 炒めた野菜（たとえば葉もの、乾燥豆やコーンなど）500cc分をポレンタそのものにまぜ、レシピどおりにソースとチーズを重ねます。ペスト（バジルソース／261ページ）250ccをトマトソースの代わりに、あるいはソースにプラスしましょう。

◆ トマトソースの代わり、またはそれに加えて、ペスト250ccを加えます。

◆ モッツァレラの代わりにおろしたフォンティーナチーズ225ccを使います。トマトソースの代わりにボローニャ風ミートソース（257ページ）かきのこのラグー（258ページ）500ccを使います。

Rice
米

Plain Rice
Red Rice Pilaf
Risotto Bianco

プレーンライス　赤いピラフ　白いリゾット

お米はパンと同じく食事の基本となるものです。心がほっと落ち着き、毎日、食卓にのぼっても食べ飽きることがありません。お米には4万以上の品種があり、すべてオリザ・サティバという種に由来していますが、短粒米か長粒米かのふたつのカテゴリーに大きく分けられます。丸くて短く、でんぷん質が多い米は伝統的に日本、韓国、中国の一部とヨーロッパの一部（スペインのパエリアやイタリアのリゾットの米は短粒米）で栽培され、食べられてきました。長粒米の多くは、比較的粘りが少なく細長い米で、香りのよいインドのバスマティライス、タイのジャスミンライス、そして私たちの国、アメリカのキャロライナライスもそれに含まれます。

Cooking Plain Rice
プレーンライス

ふだんよく
お米を炊く人や、
毎日炊く人には
炊飯器が便利です。
失敗がほとんど
ありません。
特に短粒米や
すし飯に向いています。

ご飯を多く炊きすぎて
しまったときは
（少なすぎるよりは
多すぎるほうが
炊きやすいものです）、
残りのご飯は、
水を少し加えて
翌日使いましょう。
鍋のふたをして
温め直すか、
炒飯にします。

短（がら）粒米も長粒米も、収穫したばかりの米は糠（ぬか）に覆われていて、それを籾（もみ）殻がすっぽり包んでいます。籾殻を取り除いた米が玄米。玄米を精米したものが白米です。白米は玄米よりも調理時間は短いのですが、（玄米が持つ）ナッツのような風味はあまりなく、歯ごたえもやわらかです（ワイルドライスとして知られるものはじつは米ではなく、北米に自生する水生植物の黒っぽい種子の部分です）。普通に炊いたご飯さえあれば、手早く食事の支度ができます。たとえば、もちもちした日本の短粒種の温かいご飯を大きなボウルによそい、お皿には、お刺身、薄切りのにんじんときゅうりを盛り、パリッとした海苔を用意するだけで、手巻き寿司のディナーが楽しめます。あるいは、クミンとガーリック風味仕立ての金色のレンズ豆のスープにバスマティライスを添えれば、満足のいくランチになります。

ご飯を炊くのは、乾燥させた米を水に浸してふたをして（またはふたなしで）、炊きあがるまで火を通すだけだと、頭ではわかってはいましたが、それだけにかえってミステリアスで難しいものだと、私は思っていました。実際、たっぷりの水で米をゆで、炊けたら余分なお湯を捨ててしまうやり方もあれば、水分が蒸発して米が吸収できる量の水分で炊く方法もあります。そして、この両方を組み合わせる調理法もあります。いずれにしても上手に米を炊くコツは、水と米の適切な分量の比率を知ることです。

ある種の米はあらかじめ研（と）いで余分なでんぷんを落としておきます。研がずに炊くと、炊きあがりが嫌な感じにべとつきます（リゾットやパエリアに使う米は研がずに使いますが、実際、リゾットやパエリアには、でんぷん質の多さが欠かせません）。米を研ぐには、まず米を大きなボウルに入れ、冷水を浸す程度に注ぎ、ときどき両手でこすりあわせるようにサッサッと研ぎます。水が濁ったら流し（ざるを使うと便利です）、水がほぼ透明になるまで繰り返します。研ぎ終えたら、よく水を切っておきましょう。もしレシピに、水に浸けておくように、と書いてあれば、水を切ってから少なくとも米の上2.5cmまで新たに水を注ぎ（またはレシピの指示どおりの分量を入れて）、必要な時間だけ浸します。

米に水を吸わせて炊く最もシンプルな調理法は、米と水の量を計って鍋に入れ、沸騰したらすぐに火を弱め、しっかりふたをして米が完全に水分を吸収するまで炊くことです。白米なら約15〜20分、玄米なら約40分が目安です。米の種類によって吸う水の量は違います。玄米250ccは水500ccを吸収します。長粒種の白米250ccは375ccの水が適量ですが、短粒米の白米は

バスマティライスは、北インドで一般的に食べられている米で、細長い長粒米です。収穫後1年以上寝かせているので、味と香りが凝縮され、軽くふっくらとしたご飯になります。

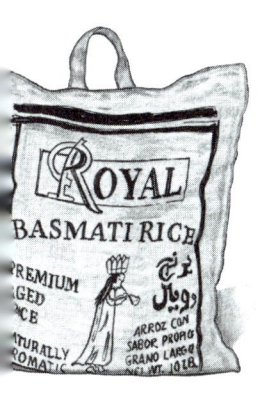

280ccの水しか吸いません。後のレシピにあるように、米250ccにつき塩ひとつまみとバターかオリーブオイル小さじ1を加えて炊く、という料理人もたくさんいます。塩とオイルで風味をつけながら、米同士がくっつくのを防ぐためです。どちらの方法でも、米が炊けたらふたをしたまま5～10分火を入れ、蒸らしてから、食卓に出します。粗熱を取れば米粒同士がくっつかず、まぜやすくなります。

水がすべて吸収されたかどうかをみるために、途中で一度ふたを取ってかきまぜ、鍋底の状態を見てみましょう。せっかくのご飯が台無しになるという人もいますが、私の経験ではそんなことはありません。鍋底にまだ水気が残っていれば、もう少し火にかけておきます。鍋底が乾いていたらほとんど炊き上がりです。いずれにしても味見をして、鍋底に水気がなくても米がまだ固いようなら、ご飯にお湯を大さじ数杯かけて少し火を入れます。逆に米はちょうど良く炊けているのに鍋底がべたついているなら、ふたをしないで火にかけて、水分を蒸発させましょう。

多めのお湯で米をゆでて炊くときは、米250ccにつき約1ℓのお湯を沸かして、塩を入れます。米がやわらかくなるまでは強火で沸騰させて炊き、おかゆ状にならないように注意します。あらかじめ水に浸けておいた白米は6～7分で炊きあがります。水に浸けていない場合は10～12分かかり、玄米は早くても30分はかかります。米がゆであがったら水をよく切り、適量の塩を振り、バターかオリーブオイル少々をまぜます。

また、別の炊き方としては、蒸らすとゆでるを組み合わせた調理法があります。たっぷりの水で米を6～7分、ある程度やわらかくなるまでゆで、水を切って、バターかオイルを加えてしっかりふたをして、予熱したオーブンで15～20分蒸し焼きにします。軽くフワッとした仕上がりになり、オーブンの中でそのまま保温しておけます。

Plain Rice: Absorption Method One
プレーンライス 水を含ませて炊く方法・1
3〜4人分

これは
日本のすし飯のような、
短粒米を炊くときに
私がよくやるやり方です。

短粒米　250cc

を水で洗います。よく水を切り、

冷水　280cc

と一緒に底の厚い鍋に入れます。ふたをして、中火〜強火にかけ、沸騰したらすぐに火を弱め、水分が全部吸収されるまで約15分加熱します。火を止めたら、ふたをして10分蒸らします。ふっくらと全体をまぜてから、食卓へ。

バリエーション
- 火にかける前に、ひとつまみの塩とバターかオリーブオイル小さじ1を鍋に入れます。
- 長粒米を炊くときは、米をよく研ぎ、水を375ccに増やします。
- 玄米のときは水を500ccに増やし、加熱時間を40分にします。

Absorption Method Two
吸水式炊飯 水を含ませて炊く方法・2
3〜4人分

バスマティライスは
毎日食べても
いいと思います。
食欲をそそるすばらしい
香りとデリケートな食感は、
なんともいえません

バスマティライス、またはそのほかの長粒米　250cc

を何度か水を換えてよく研ぎ、底の厚い鍋に

塩　ひとつまみ

水　500cc

を入れて30分浸けておきます。火にかける前に、

バター　大さじ1

を加えて沸騰させ、ふたはせずに、水が吸収されてご飯の表面に蒸気の穴ができるくらいまで炊きます。火を弱めてしっかりふたをし、約7分間加熱したら火から下ろして、10分ほど蒸らします。ふっくらとやさしくまぜて、食卓に出しましょう。

バリエーション
- サフラン小さじ8分の1をバターと一緒に加えます。

Boiled and Baked Long-Grain Rice
ゆでて、焼く長粒米
3〜4人分

バスマティライス、あるいはその他の長粒米　250cc

を何度か水を換えてよく研ぎます。
水を米の2.5cm上まで注ぎ、約20分間吸わせます。底の厚い鍋に

塩水　1ℓ

これは大量のご飯を前もって炊いておき、保温しておく最適な方法です。こうしておけば、ほかの料理と合わせるタイミングもストレスになりません。

を沸かし、よく水を切った米を入れて6〜7分炊きます。試食をして炊き加減を確かめましょう。少し芯が残るアルデンテぐらいがちょうどいい固さです。ざるに取って水を切ってから鍋に戻します。次に

バター　大さじ2

牛乳、または水　大さじ1 1/2

を火にかけて溶かします。この溶かしバターを鍋のご飯の上からかけ、鍋をアルミホイルかふたでしっかりと密閉します。180℃に熱したオーブンで、米がふっくらとするまで約15分焼きます。

Making Pilaf
ピラフ

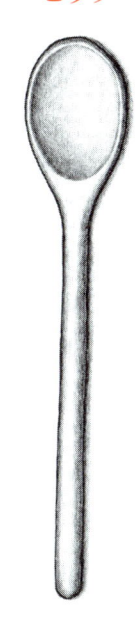

ピラフは、米をまずオイルで炒めてから調味して炊く、おいしい米料理です（水分をすべて米に吸わせる点がリゾットと異なります）。レシピにもよりますが、ピラフにはナッツ、スパイス、数種類の野菜、時には手の込んだ肉の煮込みを入れることもあります。私がつくるピラフはたいていシンプルなものです。たとえば次にあげるレシピの赤いピラフ、これはケサディラとブラックビーンズを添えてサーブします。サフランと玉ねぎが入ったバスマティライスのピラフは野菜の煮込みを添えていただきます。短粒米を使うこともありますが、私は、ピラフにはたいてい長粒米を使っています。水分を加える前に米を炒めると風味が増し、米の表面にオイルの膜ができます。米をよく研いで炒めることで、米粒同士がくっつきにくくなります。最も一般的に使われるオイルはオリーブオイルかバターですが、バターを使うときは焦がさないように、少量のオリーブオイルを足すか、澄ましバター（141ページ）を使いましょう。

　まず、玉ねぎを2〜3分間炒めます。次に米を加えて炒めてから調味したストックなどを注いで沸騰させます。沸騰したら火を弱めてふたをして、水分が全部吸収されるまで約15分間火を入れます。野菜や肉類は水分と一緒に加えることもあれば、しばらく米に火を入れてから加えることもあります。ここで紹介する赤いピラフは、米に均等に赤い色がつくように最初からトマトを入れています。できあがったら、食卓に出す前に10分ほど蒸らしましょう。

Red Rice Pilaf
赤いピラフ
3〜4人分

よりナッツ風味の
ピラフをつくるには、
米をきつね色になるまで
炒めます。

  オリーブオイル　大さじ1 1/2

を底の厚い鍋に入れて熱し、

  玉ねぎ　小1個（細かいさいの目切りにする）

を加え、透き通るまで約5分、中火で炒めます。次に

  長粒米　250cc（研いで水を切っておく）

を加え、さらに5分炒めます。

  ガーリック　2かけ（みじん切りにする）
  トマト　小1個（皮をむいて種を取り、みじん切りにする）
    （あるいは缶詰か生のプラムトマト（*）2個）
  塩　小さじ1（もし味のついたブロスを使う場合は少なめに）
  コリアンダー　大さじ2（粗いみじん切りにする）

を加えてまぜ、1〜2分炒めます。

  チキンブロスか水　375cc

を注ぎ、沸騰したら火を弱め、しっかりふたをします。すべての水分が吸収され、米がやわらかくなるまで約15分間炊きます。火を止めたら10分蒸らして、食卓に出します。

バリエーション

◆ ふたをして米を炊きはじめてから7分経ったあたりで、米の上にグリーンピースや刻んだいんげん、カリフラワーやブロッコリーの房などの野菜をのせて、再びふたをして炊きます。炊き上がったら10分間蒸らし、食卓へ出す直前に米と野菜をまぜ合わせます。

◆ 残りもののローストチキンやローストポーク、豚のブレゼなどの骨を取り除いて鍋に入れ、ふたをして炊きます。

◆ トマトを省いて、香菜を60ccに増やします。

◆ バスマティライスで作るときは、20分間水に浸して水切りします。さいの目に切った玉ねぎを炒め、糸状のサフランひとつまみを玉ねぎと一緒に米に加えて、さらに2〜3分炒めましょう。チキンブロス（84ページ）か塩水を加え、ふたをして炊き上げます。

*プラムトマト：別称イタリアントマト。チェリートマトよりやや大きく、楕円形。

Making Risotto
リゾットをつくる

375ccの米を使う場合、私は深さより幅のある3種のソースパンを使っています。

料理しているときのリゾットが発する音を聞いて。
米粒がパチッと焼けるような音を立てはじめたらワインを注ぎます。
ワインを入れるとシューッと心地良い音がします。
そして泡が立ってきたら、それはもっとブロスを足して、というサインです。

リゾットはやわらかく炊き上がった米のとろみが官能的な、イタリアのソウルフードです。手間のかかるレストラン料理と思われがちですが、じつはひとつの鍋で簡単につくれて、誰もが喜ぶ一品です。リゾットはでんぷん質の多い短粒米に、ブロスを少しずつ注ぎ足して煮込むので、風味が凝縮され、独特のとろみのある舌ざわりになります。

北イタリアで栽培されるリゾット用の特別な短粒米で、いちばん知られているのはアルボリオでしょう。ほかにもヴィアローネ・ナノ（超短粒米）、バルド、そして私が好きなカルナローリなどの種類があります。これらの品種はすべて米粒が短く丸々としていて、水分を含みながらも米の歯ごたえは残り、また米を覆う豊富なでんぷん質がリゾットをクリーミーに仕上げてくれます。

リゾットは、米をまずオイルで炒めてからブロスを加えるので、厚手の鍋、できればステンレス製またはエナメルコーティングされた鋳鉄製の厚手の鍋を使ってください。普通の鍋は米が焦げつきやすいので向きません。比較的深い（といってもまぜにくくなく、水分の蒸発を妨げない程度の深さ）、生米を入れたときに鍋底から6～12mmに収まる大きさの鍋を選びます。

最初に、さいの目に切った玉ねぎを炒めて、風味豊かなベースをつくります。たっぷりの油（普通はバターですが、オリーブオイルや牛の骨髄、ベーコンの脂を使うこともあります）で、玉ねぎをやわらかくなるまで炒めましょう。玉ねぎがしんなりしてきたら米を加え、さらに2～3分炒めます。イタリア語で、これを「トスタトゥーラ」（炒める）といい、これによって米の一粒一粒が油でコーティングされます。米に火が通って半透明になったら（焼き色がつくほど炒めすぎないこと）、ワイン適量を加え、果実味と酸味を加えます。米375ccに、ワイン125ccが適量ですが、私は正確に量らずに、米が浸りきらない程度にボトルからワインを注ぎ入れます。このやり方なら米の量に関係なく、毎回計量するよりもずっと簡単です。ブロスよりも先にワインを加えるのは、煮つめてワインのアルコール分を飛ばすためです。赤ワインやビールでも代用できますし、ワインがなければ、最初にブロスを加えるときに風味のあるワインビネガーを小さじ1杯入れると、ワインと同じような酸味がつけられます。

米がワインを吸い込んだところでブロスを加えます。私がいちばんよく使うのは、薄めのチキンブロスですが、野菜やきのこ、あさり、かに、えびなどのブロスでも、おいしくつくれます。リゾットは、使うブロスによってお

いしさが決まることを覚えておいてください。ブロスは、無味か薄味のものがいいでしょう。多くのレシピには、リゾットを炒めている間、ブロスを（別の鍋で）火にかけておくように、と書いてありますが、その必要はありません。むしろそうしないほうがいいように思います。ブロスを火にかけっぱなしにすると煮つまってしまい、味が濃くなりすぎます。私は、玉ねぎを炒めている間に一度ブロスを煮立たせて、火を止めますが、それで十分温かい状態が保てるのです。

最初にブロスを加えるときは、米がひたひたに浸る程度まで入れます。火は、グツグツいうぐらいの強火を一定に保ちます。ずっとまぜつづける必要はありませんが、放っておかずに適度にまぜるようにしましょう。ブロスが減ってきて米が見えるようになったら、再び米が浸る程度にブロスを足します。ブロスが蒸発すると、でんぷん質が固まって焦げてしまうので注意しましょう。ブロスは少しづつ加えます。一度に注ぐ量が多すぎるとおかゆのようになってしまい、逆に少なすぎると米が乾いてしまいます。

リゾットは早い段階で塩味をつけます。私は二度目にブロスを加えるときに塩を入れるようにしています。こうすれば料理している間に米に塩味がしみこみます。塩分は、ブロスの塩加減をみながら調えるといいでしょう。

玉ねぎに米を加えてからリゾットができあがるまで、だいたい20〜30分かかります。何度か味見をし、塩加減や米の煮え具合を確かめましょう。最後に加えるブロスの量で、リゾットの出来が決まります。多すぎると煮えすぎに、少なすぎると米に芯が残る状態になります。後でブロスを足すのは簡単ですが、いったん足したら取り除けないので、少量づつ加えていくようにしましょう。

米に火がほぼ通って最後のブロスを加える準備ができたら、バターひとかけとおろしたパルメザンチーズひとつかみを一緒に加えます。リゾットをよくかきまぜてから火を消し、数分間そのままにしておきます。これをマンテカツラといいます。休ませている間にでんぷん質をすばらしいクリームに変える最後の仕上げ、グランドフィナーレです。上手にできたリゾットは、米はやわらかく歯ごたえがあり（しかし芯はなく）、米にからむソースはスープのようにサラッとせず、とろみがあります。ふたをしないで、できあがったらすぐに食卓に出しましょう。ふたをすると、火から下ろしても米に火が通って水分が減ってしまいます。

リゾット・ビアンコと呼ばれるシンプルなリゾットは、それだけでとても

糸状のサフランは、
昔からリゾットの
色と風味づけに
使われてきました。
これはクロッカスの
花のおしべで、
手で丁寧に収穫された
ものです。
使う量はほんの
少しで十分。
多すぎると他が
かすんでしまいます。

美味なものです。まるで真っ白なキャンバスのように、肉、野菜、魚介類、チーズなど何でもよく合います。私の経験から言うと、生の食材をリゾットに加えるときのコツは、加える食材の調理時間を通常の2倍ほど多くみておくということです。たとえば、グリーンピースやえびは、沸騰した湯でゆでると4～5分かかるので、リゾットには、できあがりの10分前に入れます。だいたい米に半分くらい火が通ったころでしょうか。また、調理に時間がかかるにんじんのような野菜は、玉ねぎと一緒に炒めます。別に調理しておいた野菜のピュレ、野菜、肉類などは、最後に加えましょう。きのこは炒めて、2段階に分けて入れます。半分は最初にブロスに風味をつけるために、そして、香りと歯ごたえを際立たせる仕上げとして、残りの半分を加えます。サフランなど香りと味の強いハーブは、玉ねぎを炒めるときに入れますが、マイルドなハーブは食卓に出す直前に加えましょう。柑橘類のゼスト（皮）は、きのこと同じように2回に分けて加えます。入れる量が多い具はなんでも、あらかじめ湯通ししておくとよいでしょう。貝類、甲殻類を使ったリゾットには、仕上げのチーズはいりません。

Risotto Bianco
白いリゾット
4人分

容量が2.5ℓ～3ℓの底の厚いソースパンを中火にかけ、

  バター　大さじ2

を溶かします。

  玉ねぎ　小1個（細かいさいの目切りにする）

を加え、玉ねぎがやわらかく半透明になるまで約10分炒めます。

  リゾット用の米　375cc（アルボリオ、カルナローリ(*)、バルド、またはヴィアローネ・ナノ）

を加え、ときどきかきまぜながら米が透明になるまで約4分間炒めます。焼き色がつかないように気をつけましょう。

その間に別の鍋に

  チキンブロス　1ℓ

を沸騰させ、火を止めます。

炒めた米に

  白ワイン（辛口）　125cc

を注ぎ、ときどきかきまぜながら、ワインが米にすべて吸収されるまで炒めます。温かいチキンブロス250ccを加え、まぜながら強火で煮立てていきま

---

*カルナローリ：国産の米に代えても使えます。

料理の途中でブロスが足りなくなってしまったらストックをお湯で薄めて使いましょう。

す。米に粘り気が出てきたら、今度はブロス125ccと塩少々（ブロスの塩分によって加減します）を加えます。ブロスは1回に125ccずつ、米が煮つまってきたらその都度加え、米が乾かないようにします。12分経ったら味見をし、火の通り具合と塩加減を確かめます。米がやわらかく、少し芯が残る程度まで20～30分煮ます。最後に加えるブロスは、最も大切な仕上げです。適度な量を加え、水分が多くなりすぎないように注意しましょう。できあがる直前に、

  バター　大さじ1

  おろしたパルメザンチーズ　80cc

をまぜ込みます。クリーミーなとろみが出るようにしっかりとまぜましょう。火を止めて、2分ほど休ませてから、食卓に出します。もし味が濃すぎるときは、ブロスを少し加えて味を調えます。

バリエーション
- 白ワインの代わりに赤ワインやビールを使ってみましょう。
- ワインがなければ、ビネガー小さじ1を、最初にブロスを入れるときに加えます。
- 玉ねぎを炒めるときに、ローズマリーかセージを加えてみましょう。
- 玉ねぎを炒めるときに、ひとつまみのサフランを加えてもいいでしょう。

Into the Oven

オーブン料理

Roast Chicken
Roast Leg of Lamb
Roasted Root Vegetables

ローストチキン　ラムレッグのロースト　根菜のロースト

丸々とした鶏や大きな肉の塊をこんがりと焼き上げて、まるごと食卓へ。昔から祝祭日には、家族や親戚にローストした肉を振る舞って祝ってきました。今でもこのような料理は、家族や友人をもてなすのにふさわしいと思います。昔は、真っ赤に燃える炭火の前で骨付きの肉を串に刺してそれを回しながら焼いたものですが、今はたいていオーブンで料理します。どちらのやり方でも、注意深くローストすれば、表面はこんがり焼けて、旨みがギュッと詰まり、中はしっとりやわらかく仕上がります。焼き上がったらしばらく休ませて、ジューシーな肉を切り分けましょう。牛のリブロース、ラムレッグや豚のロース肉、あるいは鶏や七面鳥などの丸鶏は、いずれもローストに向いています。また、野菜もオーブンでローストすることで焼き色がつき、風味が増していっそうおいしくなります。

Roasting a Chicken
ローストチキン

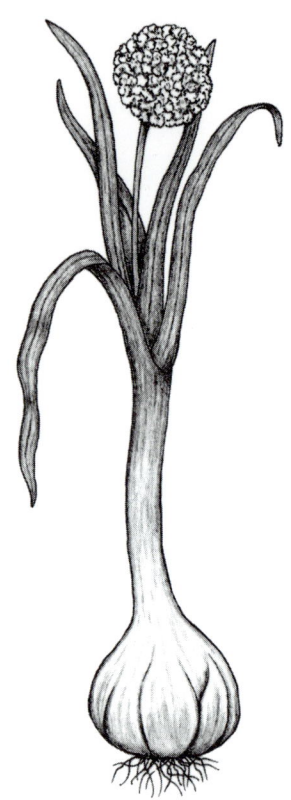

丸々と黄金色に焼きあがった肉汁たっぷりのローストチキンは、完璧なごちそうにも、日常の夕食としてもぴったりです。そして、ここで紹介するいくつかのアドバイスに従ってつくれば、簡単につくれる料理なのです。

まず、いちばん大切なことは、愛情込めて育てられた質のいい鶏を見つけることです。鶏肉は広く流通し、またそれほど高価ではないため、私たちはその鶏がどこから来たのかとか、どうやって育てられたのかをあまり考えることがありません。残念なことに、最近の鶏は養鶏場の小さなケージに詰め込まれ、くちばしを切られ、抗生物質やときには動物性の添加物がたっぷり混ざった餌を与えられて飼育されています。こういう状況は、鶏にも（育てる人間にも）不健康でストレスが多く、品質や風味の良くない鶏を生み出すことになります。それに比べて有機農業で育った穀物を食べ、抗生物質もホルモン剤も与えられずに放し飼いで育ったオーガニック・チキンは、小屋に閉じ込められることもなく、恵まれた環境で育つため、よりおいしくヘルシーな鶏肉になります。本当においしいローストチキンをつくるには、まず、こういう鶏を使うことが大切です。放し飼いで育ったオーガニック・チキンは、ファーマーズ・マーケットで見つけられます。そういう鶏はたいてい小さな群れで牧草地に放し飼いされていて、味は最高です。もし行きつけの肉屋さんでもマーケットでもオーガニック・チキンを取り扱っていなければ、扱ってくれるように頼んでみましょう。頼んでみることによって需要をつくりだす手助けができるのです。

鶏は、できればローストする前日か2日前に、塩で下味をつけておきましょう。買ったその日に焼く場合は、家に帰ったらできるだけ早く塩をしておきます。調味料が鶏肉になじむと、ジューシーでやわらかくおいしい肉になります。塩小さじ1 1/2と、挽きたての黒こしょう小さじ1/4弱をまぜたものをつくります。鶏を包みから出し、紙に包まれていたら、そのままその紙の上で作業します。手羽先を回して手羽元の下にしまいこむとローストしているときに手羽先が焦げません。塩とこしょうを鶏全体に、外側にも内側にもまぶし、元のように包み直して冷蔵庫に入れましょう。ハーブやガーリックを加えるなら、このときに皮の下に入れます。そっと皮をゆるめ、その隙間に、厚めにスライスしたガーリックと生のやわらかいハーブの小枝を皮の下に滑りこませます。ちょうど胸肉ともも肉の下に収まるようにしてください。

鶏は、少なくともローストする1時間前には冷蔵庫から出しておきます。

私は皮付きのガーリックを何かけも使って、チキンと一緒にローストするのが好きです。ガーリックは十分ローストするとやわらかいピュレ状になって、薄皮から簡単に絞り出せるようになります。これを鶏肉から出る肉汁とまぜておいしいソースをつくります。

> ローストチキンから出た肉汁ほどおいしいものはありません。脂を取り除いてから鍋にチキンブロスを適量注いで、鍋底に焼き付いたものを全部こそげながら煮つめると、とろみを帯びながら風味がギュッと凝縮されていきます。食卓へ出した後の料理人へのご褒美は、この残りの肉汁をパンの皮で拭き取って食べること。私の大好きなつまみぐいです。

冷蔵庫から出したばかりで冷たいままでは均一に焼けず、外側が焼けても中はまだ生焼けのこともあります。オーブンを205℃に予熱し、鶏とだいたい同じ大きさのオーブン皿に鶏をのせて焼きます。オーブン皿が大きすぎると焼いている間に出た肉汁が下にたまり、それが焦げて煙が出ます。陶器のオーブン皿や小さなロースト皿、あるいはオーブンに入れられるスキレットやパイ皿でもいいでしょう。皿にオイルを薄く塗り、胸のほうを上にしてオーブンに入れます。20分間焼いたらひっくり返し、今度は胸を下にします。返すことで均等に火が回り、中の肉汁と脂が鶏全体に均等に回り、皮に焼き色がついてパリッと仕上がります。20分経過したところでまた胸を上にして、焼き上がるまでローストします。

　1.5～2kgの鶏なら調理時間は約1時間。50分経過したら、焼け具合をチェックしましょう。もも肉のピンク色がなくなり、胸肉がやわらかくジューシーになればできあがりです。経験を積めば、見ただけで焼け具合を判断できるようになりますが、初めは切って調べましょう。恐がらずに切り込みを入れてみます。ももは最後に焼き上がる部位なので、ドラムスティックともも肉をつなぐ関節のあたりにナイフを入れましょう。熱が十分入って、赤みがなくなったら上出来です。私はこれまでたくさんの鶏を焼いてきたので、今ではナイフを入れなくても、焼け具合がわかるようになりました。ドラムスティックの皮が肉からはがれはじめたら、それが焼き上がりの合図です。または脚を少しゆすってみて、跳ね返らずに自由に動くようなら、皮の状態を見て下した判断が間違っていなかった、ということです。中まで完全に焼けていることも大事ですが、焼きすぎないようにすることも同じく大切です。焼きすぎてパサついては台無しです。

　食卓に出す前に、最低10～15分、温かい場所で休ませましょう。こうすれば肉汁が落ち着いて、中の温度が一定になり、焼き上がってすぐに切り分けるよりもはるかにジューシーな鶏になります。鶏を温かいお皿に移し、オーブン皿に残った肉汁は脂をすくってから、ソースやグレイビーにしたり、そのままピッチャーに入れて食卓で回しましょう。

　ローストチキンの切り分け方は、まずもも肉と胸肉の間の皮にナイフを入れます。そのときたくさんの肉汁が出るので、ローストしたときのオーブン皿に戻します。鶏を前方に傾けて肉汁を出し切ってから皿に移しましょう。脚を曲げるか引っ張って股関節の位置をナイフの先端で確かめ、関節にナイフをしっかりと入れて、もも肉を切り離します。ドラムスティックを外すに

は、ドラムスティックの握り部分を持ち、内側からナイフを入れて関節を切り離します。胸肉の切り分け方は、胸部のいちばん上にある鎖骨のところから切りはじめます。ナイフの先端で、胸骨に沿ってその両側に切り込みを入れ、それから鶏の叉骨に沿って切り込みを入れて、ナイフを胸肉の下にすべらせ、胸郭の骨から肉を持ち上げるようにして切り離します。最後に、胸肉を本体からはずしながら手羽先の関節に切り目を入れて、胸肉と手羽をひとつなぎで取り外します。胸肉はスライスするか、斜めに半分に切ります。そのとき手羽付きのほうを少し小さめに切ります。切り分けた後のガラはおいしいスープストックになるので取っておきましょう。

Roast Chicken
ローストチキン
4人分

だいたいの目安

胸を上にして
20分焼き、
裏返して
20分焼き、
もう一度
胸を上にして
20分焼く。

鶏（1.5〜2kg）1羽

腹から内臓を取り出します。腹部には大きな脂肪の塊が付いていることがあるので、ひっぱりだして捨てます。手羽は焦がさないよう、手羽元の下に折り曲げて押し込むように隠します。できれば1〜2日前に、

塩と挽きたての黒こしょう

を腹の中と外側にふりかけ、下味をつけておきます。覆いをして冷蔵庫に入れます。少なくとも焼く1時間前には冷蔵庫から出し、軽くオイルを塗ったオーブン皿の上に胸を上にして置きます。205℃に予熱したオーブンで20分ローストしたら、今度は胸を下にしてさらに20分ほど焼きます。それからもう一度胸を上にして焼き上がるまで、約10〜20分。切り分ける前には10〜15分休ませましょう。

バリエーション

◆ ローストする前に胸肉やもも肉の皮の下に、タイムかセイボリー、またはローズマリーのやわらかい枝を数本入れます。

◆ 厚めにスライスしたガーリックを数かけ分、皮の下に入れます。ハーブは入れても入れなくてもよいでしょう。

◆ 腹の中にハーブを詰めます。鶏が焼けるにつれて肉にいい香りがつくので、惜しまずにたくさんハーブを詰めましょう。

Roasting Meat
肉のロースト

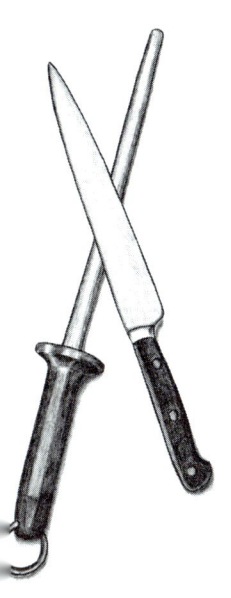

オリーブオイルと新鮮なハーブの枝をローストに散らすと瞬時においしいマリネになります。

きちんと味つけした肉のローストは、簡単な準備でできるエレガントな料理です。家族や友人を大勢招いたとき、自信を持って料理をふるまうやり方を知っているのは大切なことです。肉の塊をローストするというのはつくり方を知らなければ、恐ろしいことのように思われるかもしれません。ここでは最高のローストをつくるために必要な基本ルールを学びましょう。

繰り返しになりますが、最高の肉は地元産、放牧飼育、オーガニックな飼料を食べて育ったものです。工場のように飼育する農場では安い肉を大量生産できるかもしれませんが、農地、動物、人（食べる人もつくる人も）の健康を犠牲にしています。人道的に育てられた動物の肉がいちばんおいしいだけでなく、そういう肉を買うことで、コミュニティの生産者をサポートすることにつながり、お互いに貢献しあえるようになるのです。こうした肉を扱っている市場や肉屋を探すのはとても大切なことです。

カットして販売される肉には、骨付きと骨なしがありますが、骨付き肉のほうがいいローストができます。骨があることで中の肉汁が外にもれず、ローストするにつれて風味が増すからです。骨付きでローストできる肉には、ラムレッグ、ラムの肩肉のロースト、ラムのあばら肉、ラムの腰肉、骨付きのポークロイン（ロース肉）、豚の肩肉のロースト、そして牛のリブロースなどがあります。食卓で切り分けやすいように、出す前にキッチンで骨を取り除いておいてもいいでしょう。あるいはキッチンでスライスして、温めた大皿にのせて、食卓で取り分けてもらいましょう。私はもっぱらこちらのやり方です。

あらかじめ肉に下味をつけておけば、ローストはよりジューシーでもっとやわらかく、さらにおいしくなります。焼く前日に塩をしますが、2～3日前でも決して早すぎるということはありません。大きな肉をローストするならなおさら早めに下味をつけておきましょう。生のハーブでマリネしたり、スパイスミックスの粉末を肉にすりこんだりするのは数時間前か、あるいは前日の夜にやっておくといいでしょう。

焼く前に肉を室温に戻しておくのは大切なポイントです。冷たいまま肉をローストすると、内側が温かくならないうちに外側だけ完全に焼けてしまい、ひどい焼きムラができてしまいます。肉は少なくとも焼く1時間前に、骨付きならば2時間前には冷蔵庫から出しておきましょう。

ローストの適正な温度は190℃です。肉より少し大きめのオーブン皿を選びましょう。ラックは必要ありませんが、その代わり、肉を焼いている間に

ローストを見た目に
美しくスライスするには、
長くて刃が薄く、
そして鋭い切れ味の
包丁が不可欠です。
ナイフシャープナーで
数回研いで、
切れ味を保ちます。

2回ほど上下を返します。1回めは焼きはじめから20〜30分後、肉に焼き色がついたころです。次はその20分後、下にしていた面に焼き色がついてから。2回裏返して仕上げのローストをします。こうすると均等に焼き色がつき、焼いている間に肉汁と脂が肉の隅々まで行き渡ります（小さい肉をローストするときは、オーブンに入れる前にフライパンに少量のオリーブオイルを引いて火にかけ、強火で焼き色をつけます。肉の上面が焼けすぎなければ、肉を返す必要はありません）。ラムのあばら肉や骨付きのポークロイン、または牛のリブロースを焼く場合は、骨を下にして肉を置きましょう。こうすれば、自然とラックの代わりになり、裏返す必要もありません。

　肉の焼き上がりは、どうしたらわかるのでしょう？　私はロースト肉を突いたり刺したりして焼け具合をみますが、最終的には肉の中の温度を計って確認します。肉用の温度計は差し込んだ場所の温度をすぐに表示してくれます。正確に温度を計るには、温度計をいちばん肉厚の部分に、骨と平行に（でも骨には触れないように）差し込むこと。そこがあなたの知りたい最も温度が低い箇所です。私は、この箇所の温度がラムの場合53℃、牛なら50〜52℃、そしてポークロインは57℃になったところでオーブンから取り出します。ラムと牛はミディアムレア、ポークロインはミディアムレアからミディアムの温度にあたります。この温度なら肉はまだやわらかく、ジューシーで風味が豊かです。肉にさらに火を通したいならば、焼き上がりのレベルをひとつ上げるごとに、6℃ずつ温度を高くします。たとえば、ラムレッグをミディアムにしたいなら59℃、といった具合です。

　切って出す前に、焼き上がった肉を休ませるのは、とても大切なポイントです。そうすれば肉の内側の温度が一定になり、肉汁が落ち着いてきます。最低20分は休ませるといいでしょう（温かい場所に置いて冷めないようにしておけば、もっと長く休ませても大丈夫です）。オーブンから取り出した後も肉の中の温度はしばらく上昇を続け、余熱で調理が進みます。休ませずにすぐに肉を切ってしまうと、中は半焼けで肉汁もすぐに流れ出てしまい、焼きムラのあるパサついたスライスになってしまいます。

　ローストに使ったオーブン皿に溜まった肉汁と底にこびりついた茶色の固形エキスは、すばらしいソースやグレイビーになります。脂は流すかすくいとり、好みでワイン少々をふりかけて、オーブン皿からこそげとり、スライスした肉にスプーンですくってかけるか、ピッチャーに入れてテーブルで回しましょう。

肉用温度計を使うと、
ローストの内部の
温度を把握するのに
とても便利です。

だいたいの目安
ロースト肉の
中心部の温度
ラム、ミディアムレア
53℃
ビーフ、ミディアムレア
50〜52℃
ポーク、ミディアムから
ミディアムレア
57℃

Roast Leg of Lamb
ラムレッグのロースト
10人分

ラムレッグに風味と香りをつけるすばらしい方法は、タイムかローズマリーの小枝で、厚く肉のベッドをつくり、その上にラムをのせローストすることです。

休ませている間、ローストを温かく保つにはアルミホイルの光る面を内側にして、テントのように立ててかぶせておきます。密閉はしないように。余熱で焼けすぎます。

ラムレッグ　1本　骨付き　約3kg

をローストする1〜2日前に薄い脂身の層を残して、ほかすべてを取り除いておきます。

塩と挽きたての黒こしょう

で全体に味をつけます。もし、骨を全部あるいは一部取ってあれば、均等に焼けるように必要に応じてたこ糸で縛ります。覆いをし、冷蔵庫に入れましょう。少なくともローストする2時間前には肉を冷蔵庫から出し、肉より少し大きいサイズのロースト用オーブン皿に入れます。オーブンを190℃に予熱します。ラムレッグを30分、あるいは上面に焼き色がつくまでローストし、それから上下を返してさらに20分、または下にしてあった面に焼き色がつくまで焼きます。もう一度返して、肉用温度計で内側が53℃になるまで焼き上げます。45分経ったら温度を計りはじめましょう。トータルの調理時間は約1時間20分です。焼き上がったラムレッグは、温かい場所で20分休ませてください。

骨付きのラムレッグを切り分けるには、すねの骨をナプキンかタオルでつかんで押さえ、まず脚の付け根側にあたる大きな丸い筋肉の部分からスライスしていきますが、このときナイフを（常に自分から遠ざけるようにして）骨とほぼ平行に滑らせるように切ります。ラムレッグを回転させ、肉の薄い側からも何枚かスライスを取るようにします。すねの部分は骨に垂直に切ってもいいでしょう。薄刃で鋭いナイフを使えば、とても簡単にできます。あるいはキッチンで、大きい筋肉部分を塊ごと骨から切り取って、スライスします。

バリエーション

- 塩・こしょうと一緒に、乾燥タイムを脂身にすりこみます。
- ラムレッグを室温に戻すために、冷蔵庫から取り出したとき、オリーブオイルをたらし、粗く刻んだローズマリーを表面に軽くすりこみます。
- ラムに味つけする塩・こしょうに、たたいてつぶしたフェンネルシードを加えます。
- ラムを低温で均等な火加減でグリルします。ときどきローズマリーの枝を刷毛代わりにしてオリーブオイルを塗りつけます。

Roasted Vegetables
野菜のロースト

　ローストした野菜を食卓に出すと、ゲストの方に「すごくおいしい、どうやってつくったの？」とよく聞かれます。オイルと塩を加えてオーブンに入れただけよ、と答えると、信じられないというふうにゲストの眉が上がります。でもこれは本当なのです。野菜のローストはそのくらい簡単で、おいしいのです。野菜はローストすると風味が増し、こんがり焼けてカラメル状になった端の部分が、甘みと食感を加えます。ローストのときはほんの少ししかオイルを使わないので、仕上がりも軽くなります。ほとんどの野菜はローストにできます。シンプルに塩とオリーブオイルだけ、あるいはガーリックやハーブ、スパイスで味をつけてもいいでしょう。野菜をローストするときの重要ポイントは、切った野菜の形、味つけとオイルの使い方、そして調理するときのオーブンの温度です。

　冬の根菜は皮をむいて小さく切りますが、サイズがとても小さいものは丸ごと使えます。にんじん、かぶ、セロリルート、ルタバガ、パースニップ、そしてコールラビ、どれもすばらしいローストになります。野菜はだいたい同じ大きさに切ってください。そうすると均等に、みな同じタイミングで焼き上がります。端を薄く切ると、中に火が通る前に端が焦げてしまうので、そういう形にはしないこと。また、小さく切りすぎると、野菜のやさしい風味をほとんど失い、焼けすぎた小さいかけらのようになってしまいます。

　切った野菜は大きなボウルに入れ、手かスプーンで塩とオリーブオイルを均等にかけます。オイルのコーティングはほんの少々で十分です。オイルがボウルの底にたまってしまうようでは多すぎます。ちょうどいい味かどうか味見をし、味が決まるまで塩を加減します。野菜は重ならないよう、浅い縁のある天パンに並べます。縁があればロースト中に野菜をまぜやすく、野菜が乾燥するのも防いでくれます。

　205℃に予熱した高温のオーブンで野菜をローストします。低温ではローストしている間に野菜が乾いて、できあがる前に革のように硬くなってしまいます。また高温すぎると、中に火が通る前に焦げてしまいます。野菜はローストしている間に何度かまぜ返しますが、このとき、端にあった野菜を中央に寄せるように動かしましょう。野菜がやわらかくなり、ここかしこに焼き色がつくまでローストします。焼け具合を確かめるにはナイフの先で突いてみますが、さらにいいのは、繰り返し味見することです（まず冷ましてからですが）。焼きすぎないように気をつけて。ほんのりついた焼き色は、甘みになりますが、焦げると苦みになってしまいます。

ローストに向く野菜

芽キャベツ
アスパラガス
にんじん
かぶ
セロリルート
ルタバガ
パースニップ
コールラビ
じゃがいも
かぼちゃ
ガーリック
ブロッコリー
なす
フェンネル
アーティチョーク
玉ねぎ

ロースト用の皿にクッキングシートを敷くと、野菜がくっつくのを防ぎ、洗うのも楽です。

じゃがいもは丸ごとローストできます。小さな新じゃが（フィンガーリングやクリーマーサイズ・ポテトはローストに向きます）を使いましょう。じゃがいもを洗います。皮をむくかどうかは好みです。じゃがいもの背丈と同じか、少し高いくらいの縁のある耐熱皿に入れて、塩を散らし、オリーブオイルをかけます。ガーリックを1玉かそれ以上、玉をほぐし、皮はむかずに入れ、そして新鮮なハーブを数枝加えます。ローストしている間はときどき皿をゆすりましょう。じゃがいもの上面か下面に焼き色がつきすぎるようなら、ひっくり返します。

デリカタスクウォッシュ（緑のすじの入ったかぼちゃ）(*)やエイコーンスクウォッシュ（ピーナッツ型のかぼちゃ）のような小ぶりのウインタースクウォッシュ（かぼちゃ）は、半分に切ってローストし、そのまま食卓に出すことができます。半分に切って種を出したら、オイルを塗った天パンの上に断面を上にして置き、軽くオイルをふりかけて塩を散らします。ひっくり返し、次に断面を下にしてやわらかくなるまでローストします。バターナッツスクウォッシュ（西洋かぼちゃ）(*)やデリカタスクウォッシュは皮をむかず、まず半分に切って種を取ってからスライスし、オイルを塗った天パンにのせてローストします。焼くと皮がやわらかくなるので、そのまま食べられます。スクウォッシュはさいころ状に切ってローストするのもいいでしょう。また、新鮮なセージの葉をたっぷりまぜて焼くと最高の風味になります。

太いアスパラガスもおいしいローストになります。下の部分をポキッと折り、皮の固い部分をむいてからオイルと塩で和えます。レモンタイムをアスパラガスの香りづけに使うと別の味わいを楽しめます。小さいと縮んでパサパサになってしまうので、大ぶりのものを選びましょう。

ブロッコリーをローストするときは、軸は皮をむいて厚めにスライスし、つぼみの部分は小房に分けます。オイルをかけて味つけしましょう。

なすは大きめのくし形に切るか輪切りにし、オイルを塗った天パンにのせます。上からオリーブオイルを回しかけ、塩を振りましょう。なすははじめはくっつくかもしれませんが、カラメル状になって焦げ色がつけば簡単に天パンからはがれます。みじん切りにしたハーブ（たとえばバジル）とビネガーをふりかけるととてもおいしく、室温に冷まして前菜として食卓にサーブします。

---

*バターナッツスクウォッシュ、デリカタ・スクウォッシュ、エイコーン・スクウォッシュ：国内産のかぼちゃに代えても使えます。

Roasted Root Vegetables
根菜のロースト
4人分

均等に焼けるように、野菜はほぼ同じ大きさと形になるように切りましょう。

　にんじん　中3本（皮をむき12mm厚の輪切りにする）

　セロリルート　小1個（皮をむいて4等分し、12mmの厚さに切る）

　パースニップ　中2本（皮をむき12mm厚いの輪切りにする）

を大きなボウルに入れ、

　塩　味見をしながら適量

　オリーブオイル　野菜を軽くコーティングする程度の量

と和えます。浅い縁のある天パンに広げて、ときどきかきまぜながら、205～220℃のオーブンでやわらかくなるまで約25分ローストします。

バリエーション

◆ 12mm角のさいの目や5cmのジュリアン（41ページ）といったように、野菜を違った形に切ってみましょう。

◆ ルタバガやコールラビ、フェンネルやかぶなど、違う野菜を使ってみましょう。

◆ 塩とオイルと一緒に、生のマジョラムやタイム、セイボリーなどの葉を入れて和えます。

◆ 塩とオイルと一緒に、クミン、またはフェンネルシードを小さじ1/4、すり鉢で軽くつぶしてから加えます。

◆ オーブンから出したばかりの熱いうちに、皮をむいて細かく刻んだガーリック2かけ、またはパセリのみじん切り大さじ1、あるいはその両方で和えます。

Out of the Frying Pan

フライパン料理

Sautéed Cauliflower
Pan-Fried Pork Chops
Fish in Breadcrumbs

カリフラワーのソテー　フライパンでつくるポークチョップ　魚のフライ

　フライパンは、台所一の働き者です。野菜と海老の炒め物、ポークチョップやステーキ、パン粉をつけて揚げ焼きしたひらめ、カリッと焼いたポテト——、こうした料理はみな、直火で手早く、同じフライパンを使ってつくることができます。ソテーは、フランス語のsauterが語源で、ジャンプするとか、とびはねるという意味の、高温で素早く料理する調理法です。材料を小さく切り、少量のオイルか脂の入ったフライパンで素早くかきまぜながら、火が通るまで炒めます。パンフライ、という調理法は、大ぶりに切った食材を1〜2回ひっくり返して焼く、フライパン焼きのことです。そして、シャローフライ（揚げ焼き）は少しオイルを多めにしますが、揚げ物のように食材が油に沈むほどは使いません。食材にはたいてい小麦粉かパン粉で衣をつけます。多めの脂が必要なのは衣をカリッとさせるためと、フライパンに直接食材が触れるのを防ぐためです。フライパン料理をするときには、周囲に気を配り、集中することが大切です。調理をはじめる前にテーブルセッティングをすませておきましょう。汁気たっぷりでジューという音とともに食卓に出せるよう、料理はフライパンからすぐお皿へ、そしてテーブルへ運びましょう。

Sautéing
ソテー

ソテーは、ワクワク感と活気に満ちた料理です。強い火力、フライパンのジューという音、フライパンの中ではねたり、かきまぜられたり、炒められていいにおいのする食材、こんがり焼けたにおいと、仕上げの香辛料の芳香をかぐことなどに、全感覚を総動員してしまいます。

ソテーには小さめに切った肉、魚介類、野菜などが向いています。少量の油を入れた熱いフライパンでかきまぜたり、鍋を振ったりしながら炒めれば、早く火が通り、肉は汁気を保ちつつ、野菜はみずみずしくジューシーなまま仕上がります。底面から縁への立ち上がりが垂直になっている古いタイプのフライパンやスキレットと違って、ソテーパンは立ち上がりが丸くなっているので、鍋振りがもっと楽にできます——もちろんソテーパンがなければ、ふつうのフライパンでも十分です。

ソテーするときは材料を鍋に一気に入れますが、かきまぜたりフライパンを振ったりできないほど大量に入れないことです。材料の切り口が熱いフライパンと直接触れるようにして素早く動かせば、素速くまんべんなく火が通ります。フライパンはしっかり熱し、焼く直前に火力を強め、食材を一気に焼くようにします。弱火では水分が出て、焼き色もつきにくく、フライパンにくっつきやすくなります。十分に熱くなったフライパンに食材が触れると、ジューという心地良い音がするはずです。フライパンが十分熱くなっているかどうか確かめるには、水を1～2滴落としてみましょう。

オイルは、高熱に耐える種類のものを使いましょう。澄ましバター（141ページ）もいいですが、ふつうのバターは、オイルとまぜて使っても結局、焦げてしまうので使わないのが賢明です。オイルは少量でもフライパンに食材がくっつかなくできれば、十分です。しかし、食材によってはオイルを全部吸い込んで、フライパンに焦げつきそうになることもたまにあります。そのときは、すぐオイルをたしましょう。鍋の縁から、鍋底に滑り落ちる間に油が温まるように流し込みます。

肉や野菜はあらかじめ、あるいは調理の直前に塩・こしょうで下味をつけます。それ以外の調味料は、焦げつかないよう、仕上げのときに加えます。風味づけにガーリックかしょうがを熱い油にさっと通し、メインの食材を入れる前に取り出す、というレシピもあります。食材は、料理を始める前にすべてそろえておきましょう。いったんソテーを始めたら、食材集めに走る時間はないのですから。

> とくに野菜のソテーには、私は、ほとんどオリーブオイルを使っています。ただし、フライパンの温度には気をつけて。油が熱くなりすぎないよう注意しましょう。

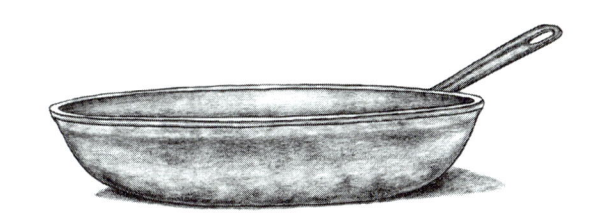

Sautéed Cauliflower
カリフラワーのソテー
4人分

付け合わせ野菜に、幅広のパスタを合わせて、パスタソースとしてもおいしくいただけます。

カリフラワー　大1玉、あるいは小2玉

の葉を取り、小さなよく切れるナイフで、茎の下の部分を切り落とします。上から下に向けて、6mmの厚さにスライスします（大きいときは半分にしてから切ると扱いやすいです）。
底の厚いフライパンに、

オリーブオイル　大さじ2

を入れて中火で熱します。煙が出ない程度に熱したら、カリフラワーを

塩

と一緒に入れます。カリフラワーは、焼き色がつきはじめるまでそのままにします。カリフラワーがやわらかくなるまで約7分、フライパンをゆすったり、かきまぜながら火を通します。カリフラワーが崩れても大丈夫。それもこの料理の魅力のひとつです。塩加減をみて、必要に応じて足しましょう。
仕上げに、

エキストラバージン・オリーブオイル

を垂らしてサーブします。

バリエーション
◆ カリフラワーをソテーし終える1分前に、みじん切りにしたガーリック2かけとパセリのみじん切り大さじ1を加えます。
◆ トーストしたパン粉（80ページ）を、仕上げにひとつまみふりかけます。
◆ 伝統的なイタリア料理では、これにパセリとガーリック、塩漬けにしたアンチョビのみじん切りとケイパー、唐辛子の薄片、そして粗く刻んだオリーブをまぜますが、これはパスタにもよく合います。
◆ 挽きたてのクミン、ガーリックのみじん切り、ターメリック、それに刻んだ香菜の葉を、できあがる数分前に散らします。

Pan-Frying
パンフライ

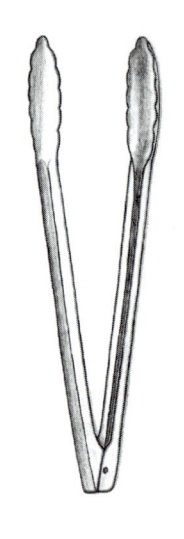

とくに肉に焼き色をつけたいときなど、パンフライの最初の1分間が重要で、料理の善し悪しを決定します。厚手のフライパンを使い、油を入れて料理を始める前に、必ず予熱しておくことが肝心です。

鶏の胸肉や牛のステーキ、ポークチョップなどのやわらかい一枚肉は、フライパンで焼くパンフライ料理の筆頭です。うまく焼けると、外側はカリッときつね色に、中はやわらかくジューシーに仕上がります。パン・フライ料理なら、夕食の準備も簡単です。下ごしらえもとくに必要なく、肉は短時間で焼き上がり、すぐにテーブルへ出せます。おいしくつくるための基本は、厚手のフライパン、強火、そして厚すぎない肉を使うことです。

なぜ、厚手のフライパンが重要なのでしょう？　電気コンロで薄手のフライパンを使って調理したときに、コンロの熱源と同じ形に食材が焦げてしまったことはありませんか？　つまり、薄手のフライパンは、熱がフライパンの底面全体ではなく食材に直接伝わってしまうのです。その点、厚手のフライパンは、底面に大量の熱がまんべんなく伝わります。焼いても炒めても、フライパン自体の熱で、食材の表面を焼きつけて焦がしたり、キャラメライズしたり、焼き色をつけたりできますが、材料を焦がしてしまってはなんにもなりません。

もし、フライパンを1つしか持てないなら、私は鋳鉄のスキレットを選びます。鋳鉄はまんべんなく熱くなり、焼き色をつけたり炒めたりするのにぴったりです。そのうえ、よく使い込んだ鋳鉄のフライパンは、ほとんど焦げつきません。鋳鉄の次にいいのは、厚手のアルミ製か芯はアルミで表層をステンレス加工したフライパンです。アルミは熱伝導が良く、ステンレスは耐酸性なので、いろいろな料理に使えます。厚手で、しかも縁の浅いフライパンを選びましょう。縁が高すぎると、料理している間に、肉が蒸し焼きになってしまいます。

パンフライは高温で料理するので、厚すぎない肉を選びましょう。ポークやラムの骨付きチョップなら厚さ1〜2cm弱、ビーフステーキは2.5cmかそれ以下がいいでしょう。それ以上の厚みがあると高温で焼いたときに、中に火が通る前に外側が焼けすぎて硬くなり、肉はパサついてしまいます（分厚い骨付き肉やステーキを焼くときは、高温で両面にさっと焼き色をつけてから、190℃に予熱したオーブンにスキレットかフライパンごと放り込みます。また、焼き色をつけた後に火を弱めて、フライパンにふたをする方法もあります）。まんべんなく焼くためには、肉の厚みが均一であることが大切です。鶏の胸肉などは、肉の厚い部分を瓶の底などで叩いて平らにしてから焼けば、ムラなく仕上がります。

料理をする前に、すべての材料をそろえておくのが、賢い段取りです。オ

私は料理にとりかかるかなり前の段階で、肉に塩を振り、生のハーブのみじん切りで風味づけをし、準備をしておきます。

室温の肉は、冷蔵庫からしたばかりの肉よりも、短時間で、均等に調理できます。

イルは手近に置き、肉には下味をつけ、そして、フライパンでソースをつくるための食材も手元に用意しておきましょう。まず、最初にフライパンを熱しますが、熱いフライパンとオイルの組み合わせによって、くっつかずに肉を焼けるのです。フライパンが熱くなければ、肉から水分が出て、その汁でフライパンの底に肉が焦げついてしまいます。フライパンを熱したら、オイルを少量、またはオイルとバターの両方を入れます（バターだけだと高温ですぐ焦げてしまいます）。フライパンが熱くなってからオイルを入れれば、料理をしていて、煙が上がったり燃えたりすることがありません。パンフライに必要なオイルはほんの少し、フライパンの底を十分に覆う程度の量です。オイルを入れて数秒して、静かにパチパチとオイルの音がしたら、肉をフライパンに入れましょう。

　肉は、間隔を少し空けて、重ならないようフライパンに入れます。詰め込んだり、重なり合っていると、肉汁が流れ出て焼き色がつきません。また逆に隙間がありすぎると、空いている場所の油が焦げて煙が出ます。必要に応じて、何回かに分けて適量を焼くか、フライパンを2つ使って同時に焼くようにしましょう。きれいな焼き色がつくまで、肉は返さずに片面だけを焼きます。2〜3分経ったら、焼け具合を見るために肉の下側をのぞいてみて、もし焼き色が早くつきすぎてしまったら火を弱め、あまり焼けていなかったら火を強めます。肉の裏側に焼き色をつけるには、トングか長くて先のとがったフォークで肉を返します。一般的に、カットした肉の片面を焼くのに4〜5分かかります。鶏の胸肉は、皮の付いた面はもう少し長く8分ほどかかりますが、反対側のやわらかい肉はほんの2〜3分で焼けます。私は、鶏肉は皮付きのまま調理することをおすすめしています。皮が肉のパサつきを防ぎ、焼いている間に皮からにじみでる風味が肉を包んでくれるからです。皮を食べないときは、焼き上がってから取りましょう。

　肉に火が通ったかどうか確かめるには、指で肉を押してみましょう。中が生のときはやわらかく感じ、火が通っていれば、弾力を感じられるようになってきます。どのくらい焼けているか、ためらわずに切って確かめましょう。鶏の胸肉とポークチョップは、骨の周りや中心部がほんのりピンク色なら、いちばんジューシーな仕上がりです。肉をフライパンから取り出したら、余熱がとれて肉汁が落ち着くよう、食卓に出す前に5分ほど休ませるのを忘れないようにしましょう。

　肉を取り出した後のフライパンが熱いうちに手早くソースをつくります。

水かワイン、またはブロスをフライパンに加えて半量まで煮つめ、鍋の底についた茶色いエキスの粒々をかきまぜて溶かします。最後に好みでバター少々を溶かして、休ませた肉から出る肉汁とまぜて仕上げることもできます。パンフライした肉には、ガーリックとパセリのみじん切りを散らしましょう。私はたいていこれを仕上げのときにやっています。

Pan-Fried Pork Chops
フライパンでつくるポークチョップ
4人分

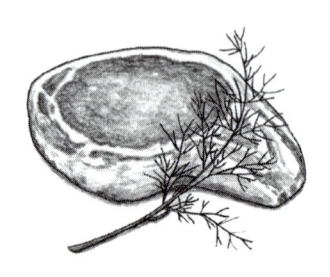

特別な伝統的品種の豚が飼育されています。肉屋さんに聞いてみましょう。

ポークチョップ（豚ロース肉）　厚さ12mmのもの　4枚

に

塩

挽きたての黒こしょう

で下味をつけます。
中火〜強火で厚手のフライパンを熱し、

フライパンの底面を覆う量のオリーブオイル

を注ぎます。ポークチョップを、片面に焼き色がつくまで約5分焼きます。次にひっくり返して裏側も焼きます。均等に火が通るよう、必要ならさらにもう一度返して焼きましょう。肉をやわらかくするため、5分ほど休ませてから食卓に供します。

バリエーション
- 刻んだパセリ、ガーリック、レモンゼスト（この3つをまぜて刻んだものをグレモラータ（261ページ）といいます）をかけて仕上げます。
- セージバターや、チリバター、フェンネルバターやローズマリーバター、また、そのほかのハーブバター（63ページ）と一緒に、食卓に出します。
- ハーブの葉を肉に押しつけて香りを移してから焼きましょう。セージ、ローズマリー、マジョラム、あるいはセイボリーなどが合います。
- ブロスか水125ccで簡単なソースをつくります。肉を取り出した後のフライパンでソースが半量になるまで煮つめ、ディジョンマスタード小さじ2、バター大さじ1をまぜます。味見をして塩加減を調え、食卓に出す前に、休ませた肉の肉汁を加えてサーブしましょう。

Shallow-Frying
シャローフライ

その名のとおり、フライパンに油を浅く入れて揚げるのがシャローフライです。使うオイルの量は揚げ物ほど多くなく、パンフライや炒めものよりは多い量です。ほとんどの場合、材料にパン粉をつけたり、小麦粉をまぶしてからフライパンで揚げ焼きにします。黄金色に揚がった衣が素材の汁気を閉じ込めるので、フライドチキンやポークカツレツ、ズッキーニのフライ、ヒラメの生パン粉フライなどをとてもカリッとジューシーに仕上がります。

軽くてムラがなく、はがれにくい衣をつくりましょう。粉をまぶすときは最初に塩とこしょうで下味をつけ、小麦粉を両面にまぶし、余分な粉をはたいて落とします。魚の薄い切り身などは、衣をつけてすぐに揚げます。それ以外の骨付きの鶏や魚丸ごと一匹など、揚げるのに時間がかかる食材は、表面が乾いてピンとするまで、粉をまぶしてから1時間ほどおきます。そのとき、材料同士がくっつかないように注意しましょう。衣がくっつくと揚げるときに衣がはがれてしまいます（鶏肉に粉をまぶす簡単なやり方は、小麦粉を丈夫な紙袋に入れ、鶏肉を入れて振ります）。

パン粉は小麦粉よりも焦げやすいので、薄く切った肉や野菜を揚げるのに適しています。きつね色に揚がる間に中にも火が通ります。まず、肉や野菜に塩・こしょうをし、好みでハーブやスパイスも加えましょう。パン粉をうまくつけるには、食材を均一に湿らせておきます。最初に小麦粉をまぶし、水を少量加えた溶き卵に浸し、つくりたての生パン粉の中で転がし（または軽く押さえ）ます。（粗く挽いたコーンミールをパン粉の代わりに使ってもいいでしょう）。指にパン粉がつかないように、一方の手で小麦粉とパン粉をつけ、反対の手で溶き卵に浸します。揚げる前に1時間ほど休ませれば、さらにカリッと揚がります。繰り返しになりますが、休ませている間に、衣をつけた食材がくっつかないように気をつけましょう。

フライパンで揚げものをするときは、ピュアなオリーブオイルやピーナッツオイル、あるいは豊かな風味をつける澄ましバターのような、煙点（*）の高いオイルを選びます。オイルと澄ましバターをまぜて使ってもいいでしょう。ラード、羊脂、牛脂、鴨の脂、鶏の脂はどれも個性的な揚げ油になります。じゃがいもはシャローフライにするときに、小麦粉もパン粉もいらない数少ない食材のひとつですが、澄ましバターと鴨の脂を合わせた油で揚げると格段においしくなります。

油をまんべんなく熱するように、厚手のフライパンを使いましょう。また、縁の低いタイプを使えば、揚げものを簡単に返すことができ、鍋の中に

> 自家製の生パン粉をつけて揚げると、驚くほどおいしくできます。

*煙点：熱された油が煙を発する温度。

蒸気が溜まることもありません。油の量は食材が半分隠れる程度にします。ほとんどの料理では6〜12mmの深さですが、そのくらい入れないと、衣がベチャッとしたり、逆に油がしみこまずに火が通らなかったりします。煙が出ない程度に油を熱し、材料をそっと油の中に入れます。たくさん入れすぎないよう、何度かに分けて適量ずつ揚げましょう。きつね色にカリッとするまで揚げたら、ひっくり返して反対側もきつね色になるまで揚げます。火加減に注意して、早く色がつくようなら火を弱め、1〜2分経っても色がつかないなら火力を強めます。揚げている間に具材に吸収されて油の量が少なくなったら、油を適宜足します。鶏肉のように揚げるのに時間がかかるものは、何度か返しながら揚げましょう。揚がったらフライパンから取り出し、吸水性の高いペーパータオルの上で油を切って、食卓に出します。

Fish in Breadcrumbs
魚のフライ
4人分

  ひらめ　3枚におろした切り身
  4切れ　各140g

に塩・こしょうで下味をつけます。

  卵　1個
  水　大さじ1

を一緒にまぜます。

皿か浅いボウルに

  細かくした生パン粉　500cc

を広げます。

ひらめに、

  強力粉

をまぶします。余分な粉を払い落として、溶き卵に浸し、最後にパン粉の上を転がすか、パン粉を軽く押しつけるようにします（片方の手で粉とパン粉、反対の手で溶き卵に浸すといいでしょう）。パン粉をまぶしたひらめは、1時間ほど冷蔵庫に入れて乾かします（切り身はそれぞれ離して置き、くっつかないように衣を乾かします）。

厚手で縁の低いフライパンに

  澄ましバターか、油とバターの両方

を（12mmくらいまで）入れて熱します。

煙が立たない程度に油が熱くなったら、ひらめを入れ、きつね色にカリッとするまで約3分揚げましょう。ひっくり返して反対側もきつね色になるまで揚げます。フライパンから取り出し、吸水性のあるタオルまたはペーパータオルの上で油を切って、すぐに食卓へ供します。

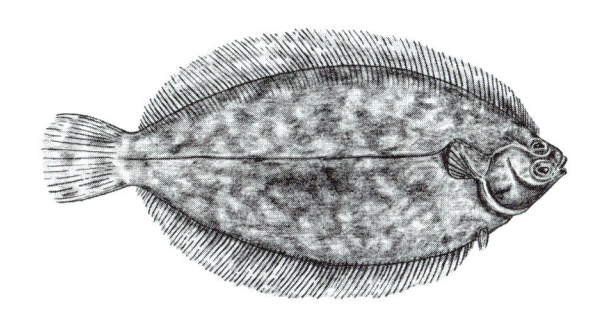

バリエーション

◆ パン粉を付ける前に、チャービルやチャイブ、パセリ、タラゴンなどのハーブをみじん切りにし、1種類、または数種類を組み合わせて、ヒラメの上に散らします。

◆ 小麦粉にカイエンペッパーやパプリカをひとつまみ加えます。

◆ ヒラメに塩・こしょうするときに、一緒にレモンゼストを散らします。

◆ パン粉の代わりに粗いコーンミールを使います。

◆ カキフライのときは、魚4切れの代わりに殻から出した牡蠣（かき）12個を使います。魚と同じように、タルタルソース（255ページ）を添えれば、とてもおいしくいただけます。

Clarified Butter
澄ましバター

澄ましバターはバターから乳脂肪以外のたんぱく質（乳清）や水分を除いたものです。乳清（＊）は低温でも焦げてしまうので、それを取り除いた澄ましバターをフライやソテーに使えば、焦げずにおいしく風味づけができます。

澄ましバターをつくるには、まず厚手の小鍋を中火にかけ、バターを溶かします。乳清が分離して、さらに明るい黄金色になるまで、約10〜15分火を入れます。漉し器に通して固形分を取り除けば、透明で黄金色の澄ましバターの完成です。冷蔵庫で数か月保存できるので、一度にバター2箱分くらいつくっておくと重宝します。

＊乳清：牛乳から乳脂肪分やカゼインなどを除いた水溶液。ホエーともいいます。

すぐに必要ならば、半澄ましバターをつくることもできます。バターを火にかけて静かに溶かし、乳清の泡が表面に浮いてきたら、すくって捨てます。乳清は多少は残りますが、このやり方なら大部分の乳清を取り除けます。この半澄ましバターに油を加えて揚げものをしてみましょう。すぐ火が通るパン粉の衣のような揚げものは、これで十分おいしくできます。

Slow Cooking
スロークッキング

Braised Chicken Legs
Beef Stew
Pork Shoulder Braised
with Dried Chiles

鶏もも肉のブレゼ　ビーフシチュー　豚肩肉のスパイシーブレゼ

煮込みやシチューが、ガスレンジやオーブンの中で、とろ火でコトコト静かに煮えているときの幸せな感覚は、なんともいえない満ち足りた気持ちにしてくれます。家中に漂う温かいにおいは、深い安らぎを与えてくれます。さあ、夕食の時間です。安価で一般的なぶつ切り肉に、コクと風味豊かなソースがからみ、湿気と熱気でゆっくりとやわらかく、次第に骨から外れるようになっていきます。高価なロースト肉のような派手さも、フライパンで瞬く間に仕上げるソテーの躍動感もありませんが、手軽で経済的なこの調理法が私は大好きです。

　いったん食材を集めれば、シチューもブレゼも、ひとつの鍋で、ほとんど目を離していても調理できます。つくり置きすることもでき、翌日温め直しても心配ありません。それどころか、ずっとおいしくなっているのです。

Braising and Stewing Meat
肉のブレゼとシチュー

牧草を食べて育った牛はとても風味がよく、脂肪が少なめです。煮込むとやわらかく、甘く深い味わいになります。

ブーケガルニはシンプルに、パセリとタイムの枝、ローリエ（月桂樹）の葉くらいがいいでしょう。

　肉のブレゼ（蒸し煮）やシチューは、少量の水分を入れてふたをし、熱と蒸気で長時間かけてゆっくり調理する料理です。ブレゼは普通、大きな肉の塊で、骨付き肉を使います。一方、シチューは、肉の大きさをそろえて小ぶりに切り、具がほとんど隠れる程度の、ブレゼよりも多めの水分で煮ます（魚と野菜も同様に調理しますが、煮崩れしやすいので短時間で仕上げます）。ブレゼやシチューの基本食材は、肉、香味野菜、風味づけのハーブやスパイス、それに水分の4つです。

　ゆっくり煮込むスロークッキングには、安価な肉が最適です。固いすじ肉は、煮込めばとろけてなめらかな食感になり、旨みも濃くなります。しかし脂肪もすじもない赤身肉は煮込むほど水分が抜けて、タオルを絞ったようにパサパサになってしまいます。肩肉やすね肉、脚やテール（いつも動いている部位）などの固い肉は、すじや靭帯に、煮込むとゼラチンに変わるコラーゲンを豊富に含んでいます。風味豊かなソースを脂分が少ないこのゼラチンたっぷりの繊維が吸って、赤身肉もやわらかくおいしくなるのです。また、ゼラチンはソースにコクも与えてくれます。

　玉ねぎ、セロリ、にんじん、フェンネル、西洋ねぎ（リーキ）(*)などは、香味野菜と呼ばれています。これらの野菜は長時間調理しても煮崩れせず、ブレゼやシチューに風味と食感を加えてくれます。香味野菜は盛りつける前に取り除きますが、そのまま残しておいても問題ありません。生のままでソースに入れても、軽く火を通してから、あるいは焼き色がつくぐらい炒めてから加えてもいいでしょう。生か、軽く火を通した香味野菜なら、ソースは軽やかでフレッシュに仕上がります。焼き色が濃くなればソースの色も濃くなり、風味も増しますが、焼きすぎると苦みが出るので気をつけましょう。

　フレッシュハーブは、枝のままか木綿のたこ糸でブーケのように束ねて入れます。ブーケのほうが後で取り出しやすいのですが、私は、網でソースを漉す料理や田舎風に仕立てる料理には束ねずに使います。ブーケを取り出すときは、旨みをギュッとソースに押し出すように絞りましょう。ドライハーブにはツンとするような独特の香りがあり、料理そのものの風味を損なうこともあるので、ドライハーブを加えたらソースを30分ほど煮込んで味見をし、必要ならその都度足すように、賢く加減しながら使いましょう。香辛料、特に黒こしょうは、丸ごと入れると風味がよくなります。ガーゼで包み、香辛料がソースに浮かばないようにするのもいい方法です。

*西洋ねぎ（リーキ）：国産の長ねぎに代えても使えます。

ワイン、ブロス、そして水は、ブレゼやシチューに最もよく使われる水分です。ワインには酸味と果実味があり、煮つめて風味を凝縮してから加えることもできます。ワインの代わりにトマトを入れたり、ビネガーを一振り加えることもあります。ブロスを使えば、水では出せない奥深い風味とコクを出すことができ、とくにチキンブロスはどんな肉の煮込みにも、種類によっては魚にも使えます。また、牛肉にはビーフブロスを、ラム肉にはラムブロスを、というように合わせてもいいでしょう。

陶器でもエナメルコーティングした鋳鉄でも、そのほかの金属製でもかまいませんが、ブレゼやシチューをつくる鍋は、どっしり重いものを使いましょう。ゆっくりと均等に煮込むためです。鍋は、調理する肉がちょうど入る程度の大きさのものを選びます。大きすぎる鍋は水分を多く入れなくてはならず、ソースが薄まってしまいます。逆に鍋が小さすぎると具材がぎゅうぎゅう詰めになってうまく調理ができず、肉の量に見合う量のソースがつくれません。安定してコトコト煮込むには、ほどよい隙間があって、しかも密閉された状態が最適です。ふたはぴったり閉まるものが望ましいですが、ゆるかったり、なくしてしまった場合は、アルミホイルで補強しましょう。

肉と水分を入れる鍋には十分な深さが必要です。ふたと肉の間に隙間がありすぎると水分が蒸発して、肉がパサパサになってしまうこともあります。深い鍋を使うときはクッキングシートを切って鍋の内径に合う紙ぶたをつくり、肉の上にかぶせてからふたをしましょう。

ブレゼやシチューの下準備は、まず、肉に塩・こしょうすることから始めます。前日に下ごしらえをしておけば、できあがりの風味がいっそうよくなります。肉は鍋に入れる前にさっと強火で焼きつけるか、焼き色をつけるとおいしそうに見えて食欲をそそり、ソースにも風味と色みが加わります。焼き色をつけるには、煮込み用の鍋で肉を焼きますが、焼くのに向いていない鍋なら、鋳物製のような厚手のフライパンで焼きましょう。ソテーするときのように高温に熱し、オイルを入れて、それから肉を入れます。肉は、一気に詰め込むと水分が出て焼き色がつきにくくなります。必要に応じて何度かに分け、肉のすべての面に焼き色がつくように十分に焼きましょう。肉を取り出し、フライパンを火からおろして油分を捨て、まだ熱いうちにワインかほかの水分を加えて火にかけて沸騰させて、フライパンの底に付着している旨みが凝縮した茶色い粒々をはがします。これは「フライパンをディグレーズする」というステップで、塊をしっかりこすって浮かび上がらせることを

料理用のワインは最高級である要はありませんが、そのまま飲んでもおいしいものを使ってください。強いタンニンやオーク風味のない、フルーティーなのがよいでしょう。

意味します。この旨みがフライパンの底に残ったままでは、たとえ何時間煮込んでもソースに十分な風味がつきません。

　野菜を調理するときは、ディグレーズしてつくった肉汁を、焼き色のついた肉の上にかけてフライパンをきれいに拭います。オイルを少し入れて熱した鍋に野菜を入れて調理します。野菜、肉、ディグレーズした肉汁を鍋に入れ、ブロスか水を注ぎます。

　ブレゼの水分は肉が半分隠れるくらいまで、シチューの場合は、肉が完全には沈まずに浸るくらいまで入れます。沸騰したら火を弱め、レンジか150℃に予熱したオーブンで、肉がやわらかくなるまでとろ火で煮込みます。調理のスピードが速すぎないか、水分が不足していないかをときどき確かめましょう。水分が足りなくなってきたら、その都度足しましょう。

　レシピによっては、野菜やベーコンなど、いろいろな食材をそれぞれ別々に調理して、ブレゼやシチューができあがった後に加えるやり方もあります。こうすれば、料理ができたときに野菜の新鮮さや形を保つことができます。たとえば、小さなじゃがいものローストと蒸したかぶはビーフシチューに奥深い味わいを与えますし、初物のグリーンピースや空豆は春に産まれた仔羊のブレゼを活き活きと引き立ててくれる付け合わせになります。また、鶏肉を赤ワインで煮込むフランスの伝統的な料理「コック・オー・ヴァン」には、小玉ねぎのグラッセ、マッシュルームのソテー、こんがり焼いたベーコンを添えます。できあがったシチューやブレゼにやわらかいハーブを刻んで散らせば、明るく新鮮な印象になり、細かく刻んだパセリとガーリックのみじん切り（さらにレモンゼスト）を合わせてトッピングすれば、鮮やかな一皿になります。

　ブレゼやシチューの旨みたっぷりのソースをしみこませて、生パスタやエッグヌードル、マッシュポテトや蒸したじゃがいも、ピラフ、ポレンタ、あるいはガーリックトーストを一緒にサーブしましょう。

暖炉とダッチオーブンがあるなら、炭火でブレゼをつくってみてください。薪の燃えるにおいが料理に浸透し、驚くほど美味になります。

Braised Chicken Legs
鶏もも肉のブレゼ

鴨のもも肉も、鶏もも肉と同様に料理できますが、時間は少し長くかかります。

鶏もも肉のブレゼはいったん鍋に入れれば1時間以内で煮上がり、ほとんどどんなハーブやスパイス、野菜とも組み合わせられます。肉はやわらかくジューシーで、ソースも濃厚で旨みたっぷりです。もも肉はブレゼに最適ですが、好みで胸肉を使ってもいいでしょう。ただ、胸肉をやわらかくジューシーに仕上げるには、もも肉よりずっと短時間で調理することを頭に入れておいてください。

まず、もも肉に塩・こしょうをします。時間があれば、前日に下ごしらえしておきましょう。もも肉は丸ごとでも、関節の部分で、ももとすねとに切り分けてもけっこうです。鋳鉄などの底の厚い鍋を中火にかけ、たっぷりのオイルで皮を下にして、こんがりと焼き色をつけます。さらに風味を良くするにはオイルとバターの両方を使います。皮がパリッと黄金色に焼けるまで約12分。ここでじっくり時間をかけるのが秘訣です。焼き色が表面にだけついても、煮込んでいるうちに皮の色が薄れて白っぽくなり、おいしそうに見えず、最後にがっかりすることになりがちです。皮がこんがり焼けたら、肉をひっくり返して、反対側を今度は短めに約4分焼きます（こちら側にはパリパリに焼く皮はないので、すぐに焼き色がつきます）。

焼けたら、肉をフライパンから取り出して脂分を除きます。ワイン、トマト、スープ、または水を加えて、鍋の底に付いている旨みが凝縮した茶色い粒々を、残らずこそげます。ここで、香味野菜を加えますが、レシピに従って少量のオイルで炒めるか、生のまま鍋に入れます。鶏もも肉は皮を上にして野菜の上にのせ、ディグレーズしたソースとブロス、あるいは水を鶏肉が半分隠れる程度に注ぎます。沸騰したら火を弱め、ふたをして45分間コトコトと蒸し煮にします。あるいは160℃のオーブンで焼いてください。

鶏もも肉が焼けたら鍋から取り出し、ハーブの茎やローリエ、ブーケガルニなどを取り除きます（ハーブはしっかり絞ってエキスを取ります）。煮込んだ汁は漉して小鍋かボウルに移し、浮いた脂をできるだけすくいます。味をみて、必要なら塩を足しましょう。すべての素材を鍋に戻し、別に調理しておいた野菜があればそれも加えて、すぐに食卓に出すか、後で温め直してサーブします。汁気が多すぎるときは、煮つめて味を凝縮させましょう。煮込むと塩気が濃くなるので、塩加減はソースが煮つまった後で調えるようにします。

鶏の胸肉をブレゼするときは、皮と骨を取らずに調理します。これらが風味を豊かにし、肉をしっとりとやわらかく保ってくれます。手羽は先端から

ふたつめの関節で切って外し、胸肉はそのままか2つに切り分け、厚みのある手羽の部分をほんの少しカットします。胸肉はもも肉と一緒に味つけして、こんがり焼きましょう。もも肉を煮込んで30分ほど経ったら、焼いた胸肉と煮汁を鍋に入れます。

　鶏もも肉を煮込む調理法をもうひとつご紹介しましょう。ふたをしてもも肉をオーブンに入れて加熱し、肉がやわらかくなったらふたを取り、最後にこんがりと黄金色に焼き色をつけるやり方です。大勢にサーブするときにとくにおすすめですが、胸肉には向きません。塩・こしょうした鶏もも肉は、皮側を下にして、レシピに従って、生か調理したハーブとスパイスを香味野菜に加えます。ワインとスープストックか水を、もも肉が半分浸るくらいまで注ぎます。時間を短縮するには、あらかじめスープストックを沸騰させておくといいでしょう。しっかりふたをして180℃のオーブンで約40分、または肉がやわらかくなるまで火を通します。ふたを取って、肉を裏返します。もし、鶏もも肉がすっかり浸るほど水分が多いときは、皮が見える程度まで水気を減らし、除いた分は取っておいて後で使います。鶏もも肉は、ふたをせずにオーブンに戻し、表面が黄金色になるまで約20分焼きます。ソースを漉して、前に書いたように食卓に出します。

Chicken Legs Braised with Tomatoes, Onions, and Garlic

鶏もも肉のブレゼ、トマトと玉ねぎ、ガーリック入り

4人分

　　骨付き鶏もも肉　4本

を

　　塩と挽きたての黒こしょう

で、できれば前日に下味をつけておきます。
底の厚い鍋を中火にかけます。

　　オリーブオイル　大さじ2

を加え、鶏もも肉の皮を下にして鍋に入れ、パリッときつね色になるまで約12分焼きます。裏返して、さらに4分焼いたら、鶏肉を取り出して、

　　玉ねぎ　2個　厚切り（または大きなさいの目に切る）

を入れ、半透明になるまで約5分炒めます。

　　ガーリック　4かけ（薄切りにする）

　　ローリエ　1枚

　　ローズマリー　小さいもの1枝

を加え、さらに2分炒めましょう。

　　トマト　4個（粗いみじん切りにする）またはオーガニックトマトのホール缶　小1缶（340g／刻む）に

を汁も一緒に加え、鍋の底についている旨みが凝縮した茶色い粒々も残らず落とし、約5分煮ます。
もも肉の皮を上にして鍋に並べ、出た肉汁も一緒に鍋に入れます。

　　チキンブロス　250cc

を注ぎます。水分は鶏肉が半分浸るくらいが適量です。必要に応じて注ぎ足しましょう。いったん沸騰させてから火を弱めます。ふたをしてコトコトと弱火で煮込むか、160℃のオーブンで約45分、火を入れます。できあがったら煮汁を小さなボウルに移して、脂をすくってください。ローリエ、ローズマリーを取り除き、塩加減を見て、必要なら塩を足しましょう。鍋に戻したら温め直して、食卓へ出します。

チキンのブレゼが残ったら、刻んでいしいチキンサラダサンドイッチに。（お昼のお弁当にもってこいです）。

バリエーション

◆ トマトを玉ねぎに加える前に、辛口の白ワイン80ccを注ぎ、半量になるまで煮つめます。

◆ パセリのみじん切り大さじ1と、細かく刻んだガーリック1かけ分をまぜて、仕上げにふりかけます。

◆ 鶏もも肉2本分の代わりに胸肉2枚を使います。きつね色に焼き上げ、鶏

もも肉を30分煮込んだら加えます。
- ローズマリーの代わりにバジル、オレガノ、マジョラムを使います。

Making Stew
シチューをつくる

骨付き肉をシチューにするときは、ひとりあたり450gをみておきましょう。骨なし肉の場合は350gで。

シチューに適している肉といえば、オックステール、すね肉、牛肩ロース、牛ばら肉、豚肩肉、牛のほほ肉、ラムの肩肉、そしてラムの首肉です。これらの肉は結合繊維や脂肪を多く含むので、やわらかく旨みたっぷりになる部位です。シチューにするには、肉を小さくカットします。お肉屋さんで、骨付きの牛ばら肉や羊のすね肉といった骨つきの部位を、5cmの長さに切ってもらいましょう。また、牛肩肉や豚肩肉など骨のない肉は4cmの角切りにします。それよりも小さく切ると煮崩れしやすくなりますが、田舎風シチュー用ならもっと大きく切ってもいいでしょう。もしシチュー用にカットされた牛肉を買うなら、どの部位の肉かを尋ねてみましょう。スーパーの精肉売り場などではたいてい内もも肉も外もも肉を扱っていますが、個人的にはおいしいシチューをつくるには赤身が多すぎる気がします。赤身は煮込むとパサパサになってしまうのです。肉屋さんに肩肉をシチュー用に切ってもらうか、大きい塊ごと買って家でカットしましょう。

肉に塩・こしょうをします。時間が許せば、下ごしらえは前日にやっておきましょう。肉をマリネする場合は、マリネしている間、ときどき肉をまぜると均等に味付けができます。私は、マリネに入れる野菜は風味が増すよう、少量の油で軽く炒めています。野菜は冷ましてから、肉に加えましょう。

多めの油かラード、あるいは脂で肉をよく焼きます。肉がぎゅうぎゅう詰めにならないよう、必要なら何度かに分けて焼きましょう。数回に分けて焼くときは、フライパンが焦げついていなければ同じ油で調理してもかまいません。もし焦げてしまったら、鍋をきれいに拭いて新しい油を入れて次の肉を焼きます。すべて焼き終わったら鍋の脂を捨て、ワイン、トマト、ブロス、あるいは水でディグレーズします。私が好きなシチュー用の肉は、深い味わいのソースになる骨付きの牛ばら肉やオックステールです。この種の肉にはオーブンで焼き色をつけることもできます。オーブンを230℃に予熱し、縁が付いた浅い天パンに置いたラックに肉を並べます。そして、肉がきつね色になり脂が溶けるまで焼き上げます。このやり方ではディグレーズができませんが、ガスレンジで調理するよりも早く簡単に焼き色をつけることができます。

肉と一緒にサーブする香味野菜は、中くらいの大きさに切りそろえましょう。最後に取り除くなら、取り出しやすいように大きめにカットしておきます。野菜、肉、そしてディグレーズしたソースを鍋に入れます。鍋は肉が2段、3段に重なっても調理できる程度の大きさのものを選びます。ただし、肉をそれ以上積み重ねると、上の肉が煮える前に下の肉が煮崩れてしまいます。かきまぜてもあまり効果はなく、くっついたり焦げたりする可能性が高まります。レシピのようにブロスか水を加えますが、肉がひたひたになる程度、肉が沈んでしまわない程度にとどめましょう。マリネ液がワイン主体ならば、それも鍋に加えますが、私は半分以下に煮つめてから加えるのが好みです。そうすれば、ワインの粗さや未熟さの角が取れ、煮つめて減った分、ブロスを多く入れられて、濃厚なソースに仕上がります。

ソースが沸騰させたら、わずかに煮立つ程度に火を弱めてふたをします。その後は煮立たないよう、必要なら火力調節器を使いましょう。あるいは160℃に予熱したオーブンで調理します。シチューがグツグツ煮立つと、肉が煮崩れ、ソースが乳化しやすくなってしまいます（脂肪分と水分が結合して、ソースが濁ります）。ときどき鍋の中をのぞいて、煮え具合と水分量を確かめましょう。必要に応じてブロスか水を足してください。

やわらかくなるまで肉をゆっくり煮るときは、どの部位の肉を使うかによって2〜4時間かかります。小さなナイフか串で肉を刺してみて、抵抗がまったくないかほとんどないくらいが目安です。肉が煮えたら、ソースに浮いた脂をできる限りすくいます。この作業は、火を止めてソースが落ち着いてからやれば、ずっと簡単にできます。ソースを漉すときには、肉がとてもやわらかくなっているので、バラバラに崩れないよう、注意しましょう。もし、翌日以降も食べる場合は冷蔵庫に入れて冷やせば、脂が上層に固まり、後で簡単に取り除けます。

ソースが薄かったり水っぽく感じるときは、やわらかくしたバターと小麦粉を1対1の割合でまぜたルーでとろみをつけます。沸騰したソースに、ルーを少量ずつ攪拌（かくはん）しながら加えていきますが、加えた分だけ火がちゃんと通るように、入れるたびに1分煮て、それから次を加えるようにします。皿に残ったソースにわずかにとろみがついたところで止めます。私は、肉に小麦粉をまぶすよりも、このやり方のほうが好みです。

シチューを温め、塩加減を調え、別に調理した野菜があれば鍋に入れます。これでシチューはできあがりです。ハーブを散らして（または飾らず

ブレゼがそろそろできあがりに近づいてきたら、何度か確かめましょう。肉が十分煮えたかどうかを確かめる一番の方法は、ちょっと味見してみることです。

Beef Stew
ビーフシチュー
4人分

に）食卓に出します。おいしいソースを残さずに味わってもらえるよう、お皿に残ったソースを残らず拭き取れるよう、パンやパスタを添えましょう。

  牧草で育った牛の肩ロース　1350ｇ（4㎝角に切る）

に

  塩と挽きたての黒こしょう

で十分に下味をつけます。できれば前日にやっておきましょう。

  オリーブオイル　大さじ2

を底の厚いフライパンに入れ、中火から強火で熱し、

  ベーコン　3枚（12㎜幅に切る）

を加えます。脂が溶けて軽く焼き色がついて、カリカリにならない程度に炒めます。ベーコンを取り出して肉を入れ、すべての面を焼いて、しっかり焼き色をつけます。必要ならば何回かに分けて焼きましょう。焼けた肉は底の厚い鍋やシチュー用の耐熱皿に移します。フライパンに残った脂を取り除き、火を弱めて、

  玉ねぎ　2個（皮をむいて4等分にする）

  クローブ　2個（玉ねぎに刺す）

  にんじん　2本（皮をむき、5㎝幅に切る）

  タイム、セイボリー、パセリの小枝　各2本

  ローリエ　1枚

  粒こしょう　少々

を加えましょう。うっすら焼き色がつくまで炒め、牛肉を入れた鍋に加え、空になったフライパンをレンジの上に戻し、火を強火にします。好みで、

  ブランデー　大さじ3

を注ぎます。炎が上がるかもしれないので気をつけながら、さらに

  赤ワイン　350㏄

を加え、ソースが3分の2程度に減るまで煮つめます。このときにフライパンの底についている旨みが凝縮した茶色い粒々をしっかりこすり落とします。これをブレゼ用の鍋の牛肉と野菜にかけます。

  トマト　（生でも缶でも）3個（さいの目切りにする）

  ガーリック　小1玉（ひとかけずつ分け、皮をむいて粗いみじん切りにする）

  オレンジのゼスト（皮）　1切れ（薄く削ぐ）

  ビーフストック（あるいはチキンブロス）　500㏄

香りのいいクローブの実はシチューの風味をかすかに強めます。

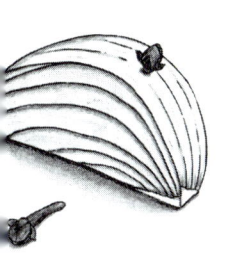

オレンジの皮を
半紙のように
薄く切るには、
野菜用の
回転刃ピーラーを
使うと楽です。

を加えます。

　この段階でソースの量を確かめましょう。少なくとも牛肉の4分の3が隠れるようになっている状態が望ましく、必要ならさらに足しましょう。鍋のふたをしっかり閉じ、レンジで沸騰しない程度にコトコト煮るか、160℃のオーブンで2～3時間火を入れます。ときどき鍋の中を見て、沸騰していないか、ブロスの量が十分か確かめます。肉がやわらかくなったら火を消し、そのまま数分間おいてシチューを落ち着かせます。浮いた脂はすべてすくい取りましょう。ローリエ、クローブ、黒こしょうの粒を取り出して、味見をし、必要ならば、塩で味を調えます。

　パセリ　大さじ1（みじん切りにする）
　ガーリック　1～2かけ（細かく刻む）

をまぜてからシチューに散らし、食卓へ出します。

バリエーション
◆ 種入りの小さな黒オリーブ125cc分をシチューができあがる30分前に入れます。種なしのオリーブは、シチューができあがってから入れましょう。
◆ 赤ワインの代わりに白ワイン180ccを使います。半量になるまで煮つめましょう。
◆ ポットローストをつくるには、肉を切らずに塊のまま調理します。牛の外もも肉か、肩ばら肉も肩ロース肉と同じように使えます。ソースは肉が半分隠れる程度の量で、1時間長めに調理します。
◆ 乾燥ポルチーニ茸60cc分を湯125ccで10分間戻します。水気を切って粗く刻み、トマトをトマトペースト大さじ2 1/2に換えて、みじん切りにして一緒に加えます。もし、ポルチーニ茸を戻した湯が砂っぽくなければ、ブロスの代わりに少量使ってもかまいません。そのときは、オレンジの皮は省きましょう。

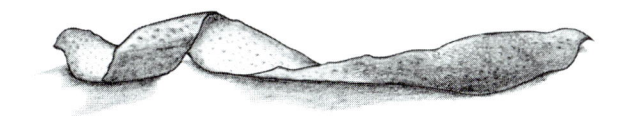

Braising a Shoulder Roast
ショルダーロースト のブレゼ

豚肉、ラム肉、牛肉でも、ショルダーローストという部位を料理するための最高の調理法をご紹介します。ローストとブレゼの両方の良さを併せ持ち、濃厚で深みあるソースと、とろけるほどやわらかくて、よだれが出てしまいそうなほどきれいなきつね色のローストができあがります。肉は覆いをせずにオーブンに入れ、少量の水分を加えて焼きます。こうすることで、肉の大部分はオーブンの熱でローストされて脂が溶け出し、こんがりとやわらかく焼き上がります。同時に下の方は旨みたっぷりの肉汁でゆっくりと煮込まれるのです。約1時間経ったらローストを返し、こんがり焼けたところを肉汁に沈め、しっとりとさせながら味をしみこませ、逆に下側だったところをオーブンの熱に当てて、焼き色をつけます。その後は、肉汁に浸したり、出したりと、肉を返しながら、ローストと蒸し煮を交互に繰り返します。肉は野菜とワインから出る糖分を含む汁に浸かっていて、この糖分が高熱にさらされるとキャラメライズされて、外側がパリパリに焼き上がります。しかも、ソースに何度もつけるので、焦げつきも防ぐことができます。

　どの肉の肩肉でも、この調理法に向いていますが、骨付きのロースト肉を選べば、さらに味を深めることができます。火が通ってくると肉はとてもやわらかくなり、簡単に骨から外れます。たいていは肉屋さんがすでに処理していますが、もしロースト肉の外側にまだ脂身が付いていたら、あらかた取り除いてから塩とこしょうでしっかり味つけします。ハーブ、粉末にしたスパイス、唐辛子を塩・こしょうにまぜたもみこみ用の香辛料を使えば、さらに風味が良くなります。あるいは、つぶしたガーリック、ハーブ、スパイス、オリーブオイルでペーストをつくり、味つけした肉にすりこんでもよいでしょう。こうした下味付けは、肉に風味をしみこませるため、時間が許せば前日の夜にあらかじめやっておきましょう。

　香味野菜は大きめにカットします。肉よりも少し大きいサイズの分厚いオーブン皿に敷き、ハーブとスパイスを加えて、下味をつけた肉を脂身の側を上にして野菜の上にのせます。水分（ワイン、ブロス、水）は、肉が約4分の1浸る程度まで入れます。覆いをしないで、190℃のオーブンで約1時間焼きます。肉を返してから30分焼き、もう一度返してさらに30分焼きます。このときに、肉に火が通ったかどうか確かめましょう。ナイフの先や竹串で刺してみて、ほとんど抵抗なくすっと入れば焼き上がりです。さらに加熱が必要なら裏返し、焼き上がるまで30分ごとに肉を裏返しながら仕上げます。ローストの大きさにもよりますが、トータルで3時間半くらいかかる

ブレゼしたやわらかい肉を細く裂いてサンドイッチの具に、あるいはエッグヌードル用のソース、ラビオリやトルテリーニの詰め物としておいしく食しましょう。

でしょう。

　肉を調理している間は、水分は必要に応じて注ぎ足しましょう。脂が溶け出すと実際よりも水分が多く見えて、わかりにくいことがあるので注意しましょう。スプーンで水分量を確かめ、必要に応じて加えます。水分がすべて蒸発すると、野菜と肉は鍋底にくっついて焦げつき、肉に添えるソースがなくなってしまいます。

　焼き上がったら、肉を鍋から取り出します。脂を丁寧にすくい、味が抜けた香味野菜は、肉と一緒にサーブしたくなければ除きますが、ふつうはフードミルか粗い漉し網を通し、脂を除いた後にソースに加えます。ソースを温め、肉を切り、全体にソースをかけて食卓に出すか、ピッチャーやソースボートに入れて食卓で回します。

Pork Shoulder Braised with Dried Chiles
豚肩肉のスパイシーブレゼ
4人前

> アンチョ・チリにはて甘い風味があり、ほど辛くありません。チポトレ・チリはスモーキーで、もスパイシーです。

塩　大さじ1

挽きたての黒こしょう　小さじ1/4

生のマジョラムかオレガノ　大さじ1（みじん切りにする）

粉末のアンチョ・チリ（*）　小さじ1

をまぜて、肉にすりこむ乾燥スパイスミックスをつくります。

豚のロースト用肩肉　骨付きで1.8kg（余分な脂を取り除く）

は、乾燥スパイスミックスで、できれば前日からたっぷり下味をつけておき、料理をする1時間前までは覆いをして、冷蔵庫に入れておきます。

玉ねぎ　2個（皮をむいて粗く刻む）

にんじん　1本（皮をむいて粗く刻む）

乾燥アンチョ・チリ　3個（裂いて種を取り出す）

チポトレ・チリ（*）　1個（裂いて種を取り出す）

ガーリック　大1個（皮をむき、粗く刻む）

黒こしょう　数粒

新鮮なマジョラムかオレガノの小枝　数本

を、肉がぴったり入るサイズの厚手のオーブン皿かロースト用の鍋に入れます。

オーブンを190℃に予熱し、下味をつけた肉を野菜の上にのせ、

チキンブロス（もしくは水）　500cc

を注ぎます。

肉が約4分の1隠れる程度に浸るようブロスの分量を確かめて、必要ならば

＊アンチョ・チリ：プルーンの香りのあるチリ。辛みが少ないので、チリパウダーで代用するときは控えめに。

足しましょう。オーブンで約1時間15分焼きます。肉を裏返して30分焼き、再び裏返します。ときどきソースの量を確認し、かさが減っていたらブロスか水を足しましょう。さらに30分焼いて肉の焼け具合を確かめ、できあがるまで繰り返し裏返しながら焼きます。肉を鍋から取り出してソースを漉して、脂を丁寧に取り除きます。野菜はフードミルに通してから、脂を取り除いたソースに戻します。骨を外して肉を切り、温めておいた大皿に盛りつけます。ソースを全体にかけて出すか、ピッチャーやソースボートに入れて食卓で回しましょう。

豚肉は唐辛子を入れずに蒸し煮にしてもおいしくできます。

バリエーション
- 乾燥唐辛子はいろいろな種類を組み合わせて使いましょう。
- 食卓に出す直前に、新鮮な生のマジョラムやオレガノをみじん切りにして散らしてみましょう。
- ガーリック4かけをつぶして、オリーブオイル小さじ2と一緒に乾燥スパイスミックスにまぜます。ローストする肉にすりこんで下味をつけましょう。

＊チポトレ・チリ：熟した唐辛子を燻煙してつくられる、独特の香ばしさのあるチリ。

Simmering
とろ火料理

Poached Egg with Curly Endive Salad
Shallow - Poached Salmon
Boiled Dinner

ポーチドエッグをのせたカーリーエンダイブサラダ　ポーチドサーモン　ボイルドディナー

と ろ火煮とポーチ煮は、ごく弱火でゆで汁に入れた具に火を通す調理法です。食材をポーチ煮するときは、ゆで汁の表面に煮える泡も立たないくらい、とろ火で静かにゆでます。このように調理すれば、卵やサーモンをとてもおいしく仕上げることができます。弱火で煮るときは火をわずかに強め、ゆで汁の表面にときどき泡が立つぐらいの火加減で煮ます。ブロスがコトコト煮える鍋の中に、鶏肉や霜降りの牛肉、ソーセージを１～２本、そしておいしい野菜数種が入れば申し分ありません。こういう食事のことを、アメリカでは「ボイルドディナー」といいますが、ポトフやボリートミストと呼べば、よりロマンチックに聞こえます。いずれにせよ、この料理がどこで食べられて何と呼ばれていても、深い味わいのブロスの中で、とろ火で煮込まれてやわらかくなった肉のおいしさは、ぜひ味わってほしい料理です。

Poached Egg
ポーチドエッグ

**産みたての
オーガニック卵を
シンプルにポーチド
エッグにしたものは
驚くほどの
おいしさです。**

ポーチドエッグは簡単にできて、リーズナブルかつ滋養たっぷりの料理です。朝食、昼食、夕食、といつでも手軽に食卓に出せます。バターを塗ったやわらかいトーストにポーチドエッグをのせれば完璧な朝食に、コトコト煮込んだチキンブロスで卵をポーチすれば、身も心も温まる栄養たっぷりのヘルシーな昼食に、そして、カーリーエンダイブとベーコンを温かいヴィネグレットで和えてポーチドエッグをのせれば、私の大好きなディナーサラダになります。とろりとした卵の黄身がエンダイブを覆い、ヴィネグレットソースも濃厚になります。

ポーチドエッグは、水かブロス、ときにはワインの中に卵を割り入れて、白身がふわりと固まりかけ、黄身には熱が通るくらいに火を入れる料理です。ポーチするゆで汁は、煮えても表面に泡が立たない程度に加熱します。こういう穏やかで静かな熱が白身をやわらかく保ち、加熱しても卵の形を崩さずに煮ることができます。とくに大切なのは、新鮮な卵を使うことです。新鮮な卵は、お皿に割ると厚いゼリーのような白身が濃いオレンジ色の黄身にくっついて、黄身は丸々と高く盛り上がります。古くなった卵は、風味が消えて白身は水っぽくなり、おいしいポーチドエッグはつくれません。

厚手の鍋は熱が均等に回るので、卵が鍋底にくっつきません。厚手の鍋がなければ火力調節器を使いましょう。浅い鍋のほうが卵を熱湯の中から取り出しやすいので、私は比較的縁の低いソースパンを使っています。鍋に水を5～8cmほど入れて、酢を少々加えてから中火にかけます。酢は白身の凝固を早め、湯の中に広がるのを防ぎます。卵に酢の味が移るので、風味の良い酢を使いましょう。私は1ℓの水に大さじ1ほどの酢を加えますが、もし、酢が効いた卵が好みなら（これもなかなかおいしいのです）、さらに入れてもいいでしょう。スープやブロスでポーチドエッグをつくるときには、酢は入れません。

黄身を崩さないように注意しながら、卵を1個づつ、カップか小さなボウルに割り入れます。これなら卵の殻のかけらが入っても簡単に取り除けて、そっと鍋に滑り込ませるのも簡単です。もし、黄身が崩れてしまったら、別の用途にとっておきましょう。湯が十分熱く、でもグツグツと煮え立たないぐらいになったら、湯と同じ高さに持ったカップから、慎重に卵を滑り込ませます。こうしてやさしく湯に入れれば、卵の形は崩れません。1分経ったら湯をゆっくりとかきまぜて、卵が鍋底にくっつかないようにします。ただし、卵は白身が固まるまではとても崩れやすいので注意が必要です。湯が煮

**割った卵の上に
殻が落ちて
まざってしまったときは、
半分に割った殻で
すくうと簡単に
取り除けます。**

立ってきたら火を弱めましょう。

　調理する時間はポーチする卵の数、大きさ、そして湯に入れる卵の温度で変わります。冷蔵庫から出してすぐのLサイズの卵1個なら平均3分ほどかかります。この時間だと白身は固まって黄身はまだやわらかいままです。黄身をもう少し固めに仕上げたいときは、最長で5分まで湯に入れておきます。できあがりは、卵を穴あきスプーンですくい、指でそっと押して、白身と黄身がどれくらい固まっているか指先で感じ取りましょう。慎重に卵を取り出し、ふきんの上にしばらく置いて水気をやさしく拭き取ります。大人数分をつくるときは、料理している間に、先にできあがったポーチドエッグはお湯やブロスを張ったボウルに浸けておきましょう。

Poached Egg with Curly Endive Salad

ポーチドエッグをのせたカーリーエンダイブのサラダ

4人分

　　カーリーエンダイブ　大2株

の外側の濃い緑色の葉を取り除き、葉を1枚ずつはがし、洗って水気をよく切ります。

　　ベーコンスライス　2枚（8mm幅に切る）

を厚手の小鍋を中火にかけ、

　　オリーブオイル　小さじ2

を温めます。切ったベーコンを入れ、カリカリにならずに焼き色がつく程度に火を入れます。鍋から取り出したら鍋に残った脂は別の容器に移して、取っておきます。

次にドレッシングをつくります。

　　赤ワインビネガー　大さじ1

　　ディジョンマスタード　大さじ1

　　塩

　　挽きたての黒こしょう

　　ガーリック　1かけ（よくつぶす）

をまぜ合わせます。

　　オリーブオイル　大さじ2杯半

　　ベーコンの脂　大さじ1杯半

をよくかき回しながらまぜ入れ、塩と酢の加減をみて味を調えます。

厚手のソースパンに水1ℓを入れ、

　　赤ワインビネガー　大さじ1杯半

を加えます。
ごく弱火で熱したら、

　　卵　割ったもの4個

をそっと鍋に滑り込ませ、3分半〜4分間ポーチします。穴あきスプーンで卵をすくい、温かく保っておきましょう。ヴィネグレットは大きめのボウルに入れ（つぶしたガーリックは取り出します）、ベーコンを加え、ボウルを熱い湯が入っているソースパンの上に置いて温めます。エンダイブを加えてよく和え、和えたエンダイブは温めておいた皿に4等分に取り分けます。卵はやさしく水気を拭い、サラダ1人分につき1つずつ上にのせましょう。仕上げに黒こしょう少々を挽いて、すぐに食卓へ出します。

バリエーション

◆ ほかの葉もの類でもおいしくつくれます。ほうれんそう、エスカロール（333ページ）、食用のタンポポの葉、またはカステルフランコやシュガーローフのようなやわらかいラディッキオ（333ページ）のなどを試してみましょう。

◆ 温かいサラダは、ポーチドエッグ抜きで出すこともできます。

◆ ベーコンを省きます。ただし、ベーコンの脂分を補うためにドレッシングに入れるオリーブオイルの量を増やしましょう。

◆ 田舎風クルトン（74ページ）をつくり、クルトンがまだ温かいうちに細かくみじん切りにしたガーリックと軽くまぜます。少量のヴィネグレットと和えて、サラダに加えましょう。

Poaching Fish
ポーチドフィッシュ

魚は、ポーチするととくにおいしくなります。ゆで汁の中でやさしく熱を加えるので、魚の上品な風味や食感がそのまま残るのです。沸騰しない程度に熱したゆで汁でポーチすれば、身はしっとりやわらかく、あっさりとした味に仕上がります。サーモン、オヒョウ、鱈、ひらめ、そして鱒などは、ポーチに向いている魚の一例です。丸ごとでも骨付きの筒切りでも、3枚におろした切り身でもポーチできます。ポーチ汁は、シンプルに塩を入れただけの水から、風味たっぷりのワイン入りの野菜のブロス（コートブイヨン・381ページ）までさまざまです。ポーチした魚は、上品な風味が引き立つよう、バターソースやマヨネーズ、あるいはサルサヴェルデのバリエーション

のようなシンプルなソースを添えるといいでしょう。

　とくにふだんの食事で魚をポーチする調理法は、魚をすべてポーチ汁に浸ける伝統的なやり方とは少し違います。私はこれを「シャローポーチング」と呼んでいますが、特別にポーチ汁用の出汁をつくらなくても、魚を鍋に入れてから食卓に出すまで数分でできて、残ったポーチ汁でおいしい即席ソースもつくれます。

　縁の低い厚手の平鍋に2〜5cmほど、または魚の半分が浸る程度に水を入れます。白ワインをたっぷり（ワインビネガーならそれよりも少なめに）加えます。パセリかフェンネル、あるいはタイムの小枝を1〜2本、または組み合わせて、塩をたっぷりひとつまみ入れます。私はレモンを1〜2切れ、浮かべることもあります。沸騰したらすぐに火を弱め、煮立っているのがわからないくらいのとろ火にします。塩をしてなじませた魚を鍋に並べ、片面を数分ポーチしたら、丁寧にひっくり返し、ゆであがるまでそのままポーチします。煮ているときに、ポーチ汁が沸騰しないよう気をつけましょう。1cm以上の厚みのある魚なら、調理時間は5〜7分、分厚い骨付きの筒切りなら、12分くらいが目安です。火の通り具合を確かめて、できあがったらフライ返しで魚を取り出し、温めたお皿に移します。

　即席ソースは、火を強めてゆで汁が半分になるまで煮つめてつくります。バターをあらかじめ小さく切って、攪拌しながら何度かに分けて入れ、鍋を揺すりながら溶かしていきます。最後のバターを加えたら火を消して、フライパンを火から下ろします。仕上げにまぜあわせるときには火は使いません。味見をして、必要に応じてレモンをしぼるか塩をひとつまみ、またはその両方を加えます。温かいうちにソースを魚にかけてサーブします。

　3枚におろしたひらめのフィレなどの身が薄い魚は、より少ない水に、バターを最初から入れてつくってもいいでしょう。厚手の平鍋に水を6mmの深

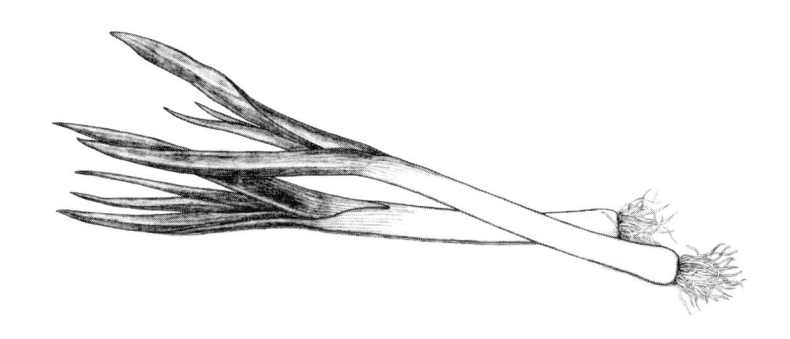

さまで注ぎ、塩を加え、新鮮なハーブを1〜2本入れます。ワインかワインビネガーを加え、バター大さじ2を入れます。フライパンを中火にかけ、ポーチ液が煮立ちはじめる直前に、下味をつけたひらめの切り身を入れてふたをします。ときどき火加減を確めながら4〜5分ポーチすればできあがりです。魚を取り出したら火を強めて、ポーチ汁を沸騰させて煮つめます。味見をし、塩・こしょうで味を調えます。できあがったソースを魚にかけて食卓に出しましょう。

Shallow-Poached Salmon
ポーチドサーモン
4人前

サーモン　3枚におろしたフィレ4枚（1枚140gのもの）、あるいは骨付きで筒切りのもの2枚（1枚340g〜400g）

を用意し、塩で下味をつけます。

厚手の平鍋に魚の厚みの半分量の水を入れて

- 白ワイン（辛口）　60cc
- パセリの小枝　2本
- タイムの小枝　2本
- 塩　たっぷりひとつまみ

を加えます。

沸騰したらすぐ、煮立った程度まで火を弱めます。魚を入れて3分半ポーチします（筒切りの場合は1〜2分ほど長めにします）。魚をひっくり返して、ゆで汁が沸騰しない程度に火を調節し、火が通るまで約3分加熱します。できあがった魚は、温めた皿にのせて食卓に出しましょう。

即席ソースをつくります。ゆで汁を半量になるまで煮つめ、

- バター　55g　（小さく切る）

を攪拌するか、鍋を揺すって回しながら溶かします。味見をして、必要に応じて、

- 塩
- レモンのしぼり汁

を加え、温かい魚の上にかけましょう。

バリエーション
- ワインの代わりに白ワインビネガー大さじ1杯半を使います。
- ポーチ汁にレモンの薄切り2枚を入れてみましょう。

◆ ハーブの種類を変えてみます。フェンネル、バジル、タラゴン、チャービル、マジョラムはどれもおいしくできます。

Simmering Meats and Vegetables
肉と野菜のとろ火煮込み

ボイルドディナー、正確にはとろ火の煮込み料理と言うのでしょうか。これは肉と野菜を一緒にやわらかくなるまで長時間、静かにとろ火で煮込んだ料理です。できあがったブロスは澄んで、風味たっぷりで、肉はフォークで切れるほどしっとりとやわらかくなっています。とろ火煮込みは、心身を労わり、養ってくれる料理です。鍋に入れる肉はいろいろ考えられますが、普通はブロスに旨みを加えるゼラチン質に富んだもの、また、コクを増す骨付き肉を使います。ポピュラーなのはショートリブ、牛肩ばら肉、牛ほほ肉、すね肉、オックステール、肩肉、牛タン、チキン（もも肉でも丸鶏でも）、そしてソーセージや挽き肉入りのロールキャベツです。ボイルドディナーは、スープを前菜に、肉と野菜をメインディッシュにと分けてサーブされることが多いのですが、私は一緒にお出しする方が好みです。深いスープ皿に肉と野菜を盛り合わせ、そこにレードルでたっぷりとスープを注ぎます。肉に添える典型的な付け合わせは、粗い海塩、ピクルス、それからパンチの効いたサルサヴェルデなどのソース、ディジョン・マスタード、ホースラディッシュ入りクリーム（すりおろしたホースラディッシュに生クリームと塩ひとつまみ、それに白ワインビネガー少々でつくります）、ほかにはケイパー入りのトマトソースなどです。

　肉は調理する数日前に手に入れて、たっぷりの塩・こしょうで下味をつけておきましょう。こうしておけば、より旨みが出ておいしくなるので、手間をかける甲斐は十分にあります。牛タンを入れるときは（私はボイルドディナーの牛タンに目がありません）、最低8時間は塩水に浸けておきましょう。これは不純物を取り除いて、下味をつけるためです。どのくらい肉を買うかを決めるときは、ブロスがたっぷり余る程度の量、と考えるといいでしょう。ブロスを使ったすばらしいスープやリゾットができ、肉はスライスし

> ボイルドディナーは冬だけの料理ではありません。季節によって違う野菜を組み合わせ、一年を通してつくるのが私の好みです。

て（温めても冷製でも）サルサヴェルデを添えたりサンドイッチに挟んだり、刻んでハッシュドビーフにもできます。

　古くから、ボイルドディナーは水でつくるものでした。でも、私はブロスによりコクと甘みが出るよう、チキンブロスか、水とチキンブロスを半々にして使うようにしています。この料理は手間はかかりませんが、時間はかかります。できあがりまでに数時間は見ておきましょう。肉はグラグラ煮立てるとパサついて筋っぽくなってしまうので、ときどき表面に泡が立つ程度のとろ火をキープします。牛タン、ソーセージ、そしてキャベツはそのまま入れるとブロスに味が強く出すぎてしまうので、あらかじめ牛肉や鶏肉とは別に煮ておきましょう。キャベツとソーセージは、ロールキャベツにしてから入れるのも素敵です。野菜は調理が終わるタイミングで加えると、新鮮さや甘み、旨みが残ります。

Boiled Dinner
ボイルドディナー
8〜10人分

　これは伝統的なイタリア料理で、ボリートミストという本格的なボイルドディナーです。牛肉のさまざまな部位や牛タン、鶏のもも肉、ソーセージ、ロールキャベツが入っています。材料をふんだんに使いますが、同じ手順でずっとシンプルに、牛肉とにんじんだけを煮るときにも応用できます。長いレシピなので、事前に準備できることはやっておきましょう。肉と牛タンは、前もって調理して煮汁に浸けておくことができます。ただしソーセージ、ロールキャベツ、それに野菜は食卓に出す時間が近くなってから料理しはじめるとよいでしょう。タイミングはそれほど問題ではありません。すべての調理が終わったら、最後には肉と野菜を全部一緒にブロスに入れて温め直し、サーブすればいいのです。

料理する1〜2日前に
　　牧草で育った牛のショートリブか肩ばら肉、または肩ロース　1.35kg
　　骨つき鶏もも肉　4本
に
　　塩
　　挽きたての黒こしょう
で下味をつけます。
　　塩　大さじ4

水　2ℓ

をまぜて塩水にし、

　　　牧草で育てた牛のタン　900ｇ

を入れて一晩置きます。

牛タンを料理するには、翌日、塩水から取り出し、厚手の鍋に移して5㎝浸るる程度の水を注ぎます。沸騰させ、それから火を弱めてとろ火で煮ます。丁寧にアクを取り、

　　　玉ねぎ　1個（厚くスライスする）

　　　にんじん　1本（皮をむく）

　　　黒こしょうの粒　小さじ2分の1

　　　オールスパイスの実　3粒

　　　タイム　4枝

　　　ローリエ　1枚

　　　白ワイン　125㏄、もしくは、白ワインビネガー　大さじ3

　　　塩　たっぷりひとつまみ

を加えます。やわらかくなるまで5時間くらいかかることもありますが、牛タンが常に煮汁をかぶっている状態になるよう、必要に応じて水を加えます。できあがったら冷まして、厚みのある外側の皮をむきましょう。煮汁は捨てます。

その間に下味をつけた牛肉を

　　　チキンブロス　2ℓ

　　　水　2ℓ

と一緒に、12ℓの容量の鍋に入れます。

5㎝くらい肉に水を浸るように。必要に応じて水を加えます。ひと煮立ちしたら火を弱め、とろ火で煮ます。アクも丁寧に取りましょう。

　　　玉ねぎ　1個

　　　クローブ　2個（玉ねぎに刺す）

　　　にんじん　1本（皮をむく）

　　　ローリエ　1枚

を加えて、とろ火で約2時間煮ます。アクはときどき取ります。

その間にロールキャベツの準備をします。

　　　サヴォイキャベツ（＊）　1玉

から葉を10枚、丁寧に取り外します。沸騰した湯に塩を入れ、やわらかく

＊サヴォイキャベツ：ちりめんキャベツ。国内産の白菜に代えても使えます。

なるまで約4分ゆでます。取り出したら水気を切って冷まします。

  生パン粉（79ページ）　125cc

  生クリーム　80cc

をまぜ合わせ、10分間おきます。

別のボウルに

  豚か鶏の挽き肉　340g

  鶏レバー　2個（掃除して、刻む）

  挽きたての黒こしょう　小さじ2分の1

  卵　1個

  塩　小さじ1

  生のタイム　小さじ1（刻む）

を入れてやさしくまぜ、パン粉と生クリーム和えたものを入れてさらにまぜます。味を見るために少量を平たく丸めて、小さいフライパンで焼いてみましょう。塩加減を確かめながら、味を調えます。

ゆでておいたキャベツの葉から固い芯を切り取ります。葉を広げて並べ、具をスプーンで葉の下から3分の1のあたりにたっぷりとのせて丸め、両側を折って包んだらたこ糸でゆるく縛ります。

牛肉は2時間ほど煮込み、鶏もも肉を加えて、さらに30分煮ます。最初に入れた玉ねぎとにんじんは取り除きます。

  にんじん　小8本、（皮をむく）、あるいは大4本、（皮をむいて半分に切る）

  西洋ねぎ　大4本、または小8本（先端や根を取って、洗う）

  玉ねぎ　中4個（皮をむき半分に切る）

  または小玉ねぎ　24個（ゆでて皮をむく）

を鍋に加えます。野菜がかなりやわらかくなるまで、しかし、煮崩れないように約30分とろ火で煮ます。煮え上がったら取り出しましょう。

肉と野菜を煮たブロスをレードルですくって、小さめのソースパンに入れます。とろ火で温め、つくっておいたロールキャベツを

  ガーリックソーセージ　4～5本

と一緒に鍋に入れ、火が通るまで約20分、とろ火で煮ましょう。ロールキャベツは鍋から取り出して保温しておきます。ゆでたブロスは別の用途に取っておいてもよいでしょう。

すべての具材を料理しおえたら、肉のブロスを目の細かい漉し網で漉し、浮いた脂をすべてすくっておきます。食卓に出すタイミングで、肉とソーセー

赤や黄色、そして白色の伝統品種のにんじんは、冬の間、生き生きとした彩りを料理に添えてくれます。

ジをスライスし、野菜、ブロスに浸したロールキャベツと一緒に温めます。大きな深皿か1人前用のスープ皿に盛りつけて、温かいブロスを上から注ぎます。好みで粗塩やサルサヴェルデ（59ページ）、そしてマスタードをテーブルで回しましょう。

バリエーション

◆ 牛肉のみを使います。オックステールやショートリブのような骨付き肉なら3.6kg、肩ばら肉やほほ肉、肩ロースなど、骨のない肉なら2.7kgが目安です。骨のない肉を使うときは、入手可能ならば骨髄を数本、鍋に入れましょう。

◆ 鶏もも肉の代わりに鶏を丸ごと1羽入れ、牛タンは省きます。鶏は約45分間とろ火で煮てから冷まします。もも肉をはずして、まだ生煮えならブロスに戻してさらに2～3分煮ます。食卓に出す準備ができたら、胸肉をスライスし、もも肉は関節の部分で2つに切り分けます。ブロスで温め直してサーブします。

◆ ロールキャベツを入れない場合は、小さいキャベツ1玉を大きくくし形に切り、ブロスか水で火が通るまでとろ火で煮ておきます。鍋から取り出し、肉やそのほかの野菜と一緒に温めて食卓へ出します。

◆ にんじん以外の根菜類も、とろ火で煮るとおいしくなります。たとえば、パースニップ、ルタバガ、かぶなども肉と一緒に盛りつけましょう。

◆ 熱々のブロスに、ゆでたパスタやトーストしたクルトンを添え、おろしたパルメザンチーズで仕上げて、コース料理の最初の一皿として出してみましょう。下準備した肉と野菜は、その次にメインとして出しましょう。

Over the Coals

炭火料理

Grilled Sirloin Steak with Herbs
Grilled Whole Fish
Ratatouille of Grilled Vegetables

ハーブ風味のグリルド・ステーキ　尾頭つき魚のグリル　グリルした野菜のラタトゥイユ

燃え盛る薪（まき）の火で食材をあぶる、それは料理の原初そのものです。火には魔法のような、食べ物の次元を変えてしまう普遍的な力があります。私や多くの料理人にとって、直火で焼くことは最も好ましい調理法なのです。それは、ガスレンジや電気やガスのオーブンで調理するのとはまったく別ものです。予測できないことが起こったり、野性味があり、ほかの料理にはない、食材が直接火に触れるという特徴があります。それらを頭に入れて、注意深く火の面倒を見なければなりません。グリルを愛する料理人は本能的に火に魅せられています。そこは暖かく、人が集まる場所で、料理をつくる匂いに包まれています。私たちは生まれながらにして炭をつつき、煙の香りを嗅ぎ、ジリジリと焼けるところを見たいという欲求を持っているのです。

Learning to Grill
グリルの仕方を学ぶ

チムニースターター（炭火おこし）は着火用燃料いらずの、とても簡単に炭を熾す道具です。

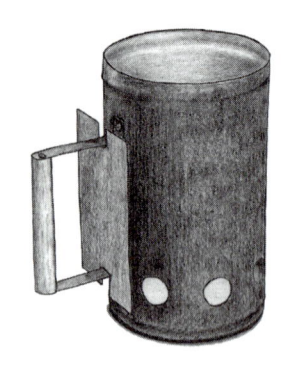

ぶどう、またはいちじくなどの果樹の枝が手に入ったら、使ってみましょう。肉、鹿や鴨などの家禽類、魚のグリルに使いましょう。独特の風味を与えてくれます。

私は炭火料理のすべてのプロセス——火を熾し、炭の面倒を見、食材を焼くことが大好きです。炭火が燃えるよい床づくりは、とても重要なポイントです。赤々と燃える炭火から放たれる熱で食べ物を料理するのですから、安定した熱を最適の温度で必要な時間だけ持続できるのが、一番いい炭火床といえます。また料理しているときに火に手が届くことは、私にはとても重要です。熱をコントロールしてきめ細かく調理するため、グリル下の炭床を自由自在に調節する必要があるからです。ですから、火に手が届かないタイプのグリルにはもどかしさを感じることもあります。

グリルを選ぶときは、しっかりしたラック付きで火までの高さが調節できて、炭床に手が届くものがおすすめです。れんがを重ねた2列の壁の間に火を熾して、その上にグリルを乗せる、というシンプルな装置でも用は足ります。

私が使っているのはトスカーナ・グリルというシンプルな鍛鉄の器具で、火にまたがった可動式のグリルを高さ3段階に調整できるものです。室内の暖炉ですが、屋外でも簡単に使えます。私はこれを自宅の裏庭のれんがを敷いた小さなスペースに置いています。この手のどっしりしたグリルなら、鋳鉄製の鍋と同じように表面を均一な高温に保ち、ムラなく調理でき、きれいな焼き目もつけられます。

私は、燃料を豆炭か薪、あるいはそのふたつを組み合わせて使っています。薪だけでは、グリルに適した炭火になるまでに40〜50分ほどかかります。豆炭は化学素材を使っていない純粋な木炭で、早く高温になり、20分ほどで調理ができる炭火になります。炭から火を熾すとき、私はいつもチムニースターターを使っています。スターターの上の仕切りに炭を置いて、下には丸めた新聞紙を数枚詰め、そこに火をつけて着火します（点火用燃料では食べ物に嫌な石油臭がついてしまいます）。豆炭の火が鮮烈な赤から灰色に変われば準備完了です。種火は一度ついたら約30分ぐらいもちます。何をどのくらいの時間調理するかにもよりますが、私は燃えている炭の一部をグリルの下に集めておいて、ほかの炭が燃え尽きた後に火を足せるようにしています。中心に置いた炭床に火が熾ったら、その周りに新しい豆炭を2〜3個ずつ置くか、チムニーライターを2つ使って、1個つけた後15〜20分後に2個目に火をつけます。よい炭火床は、深さは5cmほどで、上にのせる食材よりも3〜5cmほど幅広く作ります。

炭火が燃え広がったら、グリルを置いて熱します。熱くなったグリルは金属製のタワシでよくこすってきれいにしましょう。食材をのせる直前にグリルにたっぷりオイルを塗って、食材がくっつかないようにします。これは魚を焼くときにとくに役に立ちます。ペーパータオルか清潔なふきんにオイルを含ませてグリルの表面をこすりましょう。このときにはトングを使うと便利です。焼き始める前には、まず火の温度を確認します。調理する温度は食材によって違い、ステーキは強火で焼きつけるのがベストです。魚の切り身もかなり強火で焼きますが、鶏肉やソーセージ、ハンバーガーや野菜、スライスしたパンなどはやや強火の炭火で焼くといいでしょう。強すぎると、食材に火が通る前に焦げてしまいます。手をグリルから2.5cmほど上にかざしてみましょう。2秒しかかざしていられないようなら強火の状態です。4秒ぐらいかざしていられるなら、やや強火です。炭を動かして火を調節しましょう。火を弱めるときは炭を広げ、温度を上げるには炭を重ねるか横から集めるようにします。グリルを上下に調節すれば温度の調節ができます。食材を炭に近づけるほど、調理温度は高くなります。

Grilled Steak
ステーキのグリル

ステーキはグリルで焼くのが一番です。やわらかい霜降りを薄くカットした肉は、まさに熱い炭火で焼くためにあるような食材です。上手にグリルしたステーキは、外はこんがり焼き色がついてカリッとした食感で、中はピンク色で肉汁たっぷり。文字どおり、垂涎の極みです。グリルしたステーキとグリーンサラダ、これ以上にシンプルで手のかからない夕食がほかにあるでしょうか。しかも、うれしいことに後片づけにもほとんど手間がかかりません。

どの部位のステーキ肉もおいしいグリルになりますが、伝統的なのはリブアイ（*）、ニューヨーク（*）、フィレ（*）、ポーターハウス（*）などです。ほかにももっとリーズナブルな部位がありますが、どれも同じくらいおいしいステーキができます。肩ロース、大きな塊から取れるフラットアイロンステーキ（みすじ肉）、牛ハラミ肉のステーキ、ハンガーステーキ（さがり肉）、そしてバベット（ささ肉）はどれも旨みのある部位で、フランクやトップ・サーロイン（ランプ肉）、トライティップ（もも三角肉）も同様においしいステーキになります。ステーキは1人用にカットして焼く場合と、大きなステーキを焼いてから何人分かに切り分ける場合とがあります。グリル

*リブアイ：リブロース、*ニューヨーク：ニューヨーク・ストリップロイン。別称はサーロイン。 *フィレ：別称はテンダーロイン。*ポーターハウス：別称はTボーンステーキ。

> グリルに手をかざして
> 火の温度を
> 計ってみましょう。
> 2秒＝強火
> 4秒＝中〜強火
> 6秒＝中火

用のステーキは、2.5〜5㎝の厚さに切るといいでしょう。それよりも薄いと外側がほどよく焼ける前に中が焼けすぎ、厚すぎると中がちょうど焼き上がる前に外側が黒焦げになってしまいます。脂身を6㎜ほど残したら、ほかは切り落としましょう。脂で炎が燃え上がらないよう、あまり滴り落ちないようにしておきます。

　ステーキは、塩と挽きたての黒こしょうでシンプルに味つけするだけでも十分おいしいのですが、私はハーブをカリカリに焼いたハーブクラストを添えるのが好みです。新鮮なハーブ（タイム、オレガノ、マジョラムなど、どんな組み合わせでもいいのですが、ローズマリーは必ず入れます）をたくさんみじん切りにして、粗塩と挽きたての黒こしょうとまぜあわせます。グリルする1時間ほど前にこれに少量のオリーブオイルを加えたものを、ステーキにすりこんでから焼きます。ステーキが均一に焼き上がるよう、冷蔵庫から出して30分から1時間は室温に戻しておきましょう。

　火を熾してグリルを予熱し、金属ブラシできれいにしましょう。グリルの上に手をかざして2秒以上は熱くて耐えられない状態が、ちょうどいい火加減です。グリルにオイルを塗ってステーキを乗せます。きれいな格子模様に焼き目をつけるときは、2〜3分焼いてから最初に置いた位置から90度程度ステーキをずらして置き、さらに2〜3分焼いてから肉を返します（肉の縁に脂肪が付いているときは、裏面をグリルする前にトングでステーキを立てるようにして、約1〜2分脂身を焼きます）。反対側も2〜3分ほど焼いて、同じように90度ちょっと回転させます。さらに約2分焼いたら、人差し指かトングの先の裏側で肉を押して焼き上がりをチェックしましょう。レアのときはまだやわらかく、ミディアムレアなら少し弾力があり、ウェルダンはバネのように弾く力があります。肉を切れば焼き具合を確認できますが、2〜3回押して確かめるうちに、切らなくても判断できるようになります。望みの焼き加減より少し手前の状態で、グリルからステーキを下ろしましょう。休ませている間にもステーキには余熱でさらに火が通るからです。2.5㎝厚のステーキなら、レアは8分ほど、ミディアムレアなら10〜12分で焼き上がります。

　ステーキを焼いているときは、こまめに火加減をチェックしましょう。炭を動かして火を強めたり弱めたりして調節します。炎が上がったら肉をすぐに火から外しましょう。そうしないと、黒い焦げができて苦くなってしまいます。ステーキをグリルから下ろしたら、肉汁を落ち着かせるために、食卓

> 私にとって理想的な
> ステーキは、
> 外側はこんがり
> 焼色がついて
> ハーブがたっぷり
> まぶされていて、
> 中はレア。
> それにはほどよい
> 強火が不可欠です。

に出す前に数分間休ませます。そうすれば、切ったときに肉汁があふれ出ることもありません。すぐに食卓に出さないときは、ぴったりふたをするとさらに火が通ってしまうので、アルミホイルで軽く覆って保温しておきましょう。

Grilled Sirloin Steak with Herbs
ハーブ風味のグリルド・ステーキ
4人分

グリルしているときに肉を返すのに、私はトングを愛用しています。トングは軽くて、肉に穴を空けず、扱いやすいからです。

牧草で育った牛のサーロインステーキ肉　560ｇ（4㎝の厚さに切る）　1枚

の脂身を6㎜残して切り取ります。

みじん切りにしたハーブミックス（ローズマリー、タイム、オレガノまたはマジョラム）　大さじ3

粗塩　小さじ1杯半

挽きたての黒こしょう　小さじ1

をまぜてステーキにすりこみます。

オリーブオイル　大さじ1

を肉に回しかけ、1時間ほど室温で休ませます。

カンカンにおこった炭火床を準備します。グリルを予熱してきれいにしてからオイルを塗ります。ステーキをグリルにのせて3分ほど焼き、好みで格子模様の焼き目をつけるために110度回転させ、さらに2〜3分焼きます。ステーキをひっくり返し、同様に繰り返します。トータルで8〜10分ほどグリルしたら焼き上がりを確かめましょう。まだ焼けていなければ、ひっくり返して続けて焼きます。レアに焼き上げるにはトータルで8〜10分ほど、ミディアムレアなら10〜12分ほどが目安です。グリルから下ろしたら、食卓に出す前に5分間休ませましょう。

Grilled Fish and Shellfish
魚貝類のグリル

魚貝類は、グリルするとすばらしいごちそうになります。強い熱は身の旨みエキスを素早く封じ込め、煙は身にうっすらとスモーキーな香りをつけます。魚は3枚におろした切り身でも、筒切りにしたステーキでも、1匹丸ごとでもグリルできます。帆立や牡蠣のような貝類は殻付きでもむき身でも、海老も殻をむいてもむかなくてもグリルできます。いずれも、塩とこしょうにレモンをしぼるだけでおいしくなりますが、あらかじめオリーブオイルとハーブに漬け込んだり、桃（262ページ）やトマト（262ページ）でつ

くる酸味のあるサルサソース（262ページ）、ハーブバター（63ページ）やベアルネーズ（260ページ）、温かいバターソース（259ページ）などを合わせてもいいでしょう。

　大きな魚を丸ごと1匹焼くとき以外は、強火で焼きます。手をかざして火加減を確かめましょう。グリルの上3～5cmのところに手をかざして2秒以上耐えられないぐらいに火を熾します。グリルは予熱してきれいにしましょう。そして、ここが大事なポイントですが、グリルにのせる直前に魚にオイルを塗って、身がグリルにくっつかないようにしておきましょう。切り身や筒切りステーキには塩こしょうをし、グリルにのせる前に刷毛でオイルを塗ります。またはハーブにスパイス、レモンの皮をすりおろしたゼストをオリーブオイルに漬け込んでおきます。最低でも1時間は漬け込んで、魚に味をしみこませましょう。厚さ約2.5cmの魚の切り身なら焼き時間は6～8分です。皮つきの魚は（グリルで焼くと皮がパリパリになって美味です）、皮側を下にしてグリルに置き、皮を下にしたまま焼き上げるようにします。6分ほど経ったら焼け具合を確かめ、最後の1分でひっくり返して、焦げ目をつける程度に焼き上げます。皮のない切り身は、両面とも3～4分ほど焼けばよいでしょう。約2分焼いたら、格子模様の焼き目をつけるために回転させます。6分ほど経ったら焼け具合を確かめ、最後の1分間で反対面にも焦げ目をつけます。

　焼け具合を確かめるには、指かフライ返しで身を押すか、ナイフで切り込みを入れてみます。ちょうど火が通ったあたりで身を軽く押してみて、わずかに固さがあってしっとりした感じが残っている状態ならでき上がりです。サーモンやマグロは、外側に焦げ目がついていて中はレアで、身がつややかな半透明に焼き上がれば上出来です。グリルから下ろした後も、魚には余熱で火が入ることを忘れずに。焼きすぎると、身がパサパサになってしまいます。

　魚のステーキは、中骨と皮付きのまま、厚さ2.5cm以上の筒切りにして焼きます。グリルの方法は皮のない切り身と同じですが、5分ほど焼いたらひっくり返し、約8分たったら焼き上がりを確かめます。触って確かめるか、中骨に近い身の部分を切って中を確認しましょう。身が簡単に骨から外れて、しかも、しっとりとしていれば出来上がりです。

　丸ごと1匹の魚は、うろこと内臓を取り除きます。これは魚屋さんに頼めばやってくれます。できれば丸ごと尾頭、骨付きで焼きましょう。そのほう

がしっとりとよりおいしく焼き上がります。塩こしょうで十分に下味をつけるか、前に説明したマリネ液の中でときどきひっくり返しながらしっかり漬け込みましょう。アンチョビやいわしのような小さい魚は強火で焼くとき、返しやすいように串で刺しておきましょう（生のアンチョビをミントのみじん切りと一緒にマリネして、強火でこんがり焼いたものも私の好みです）。大きい魚はしっぽの先とヒレを切り落とします（この作業にはキッチンばさみが便利です）。お腹の空洞にはレモンの薄切りとハーブを詰めましょう。大きい魚は焼くのに時間がかかるので、やや強火で焼きます。グリルにのせた魚は、そっと転がすようにひっくり返し、皮が焦げないように何度か繰り返します。最も厚みがある魚の部分を測ってみて、2.5cmなら約10分焼くのが目安です。私の友人は、大きい魚を釣ったらきれいに掃除してうろこを取り、フェンネルの葉かハーブの枝、ときには自宅にあるレモンの木の若葉がついた枝で丸ごと包んで、湿った糸で縛ってからグリルしています。

　植物の緑のコートで魚を包むと、香りをつけながら蒸し焼きにできて、すばらしい風味になります。魚を丸ごとグリルするときは、身が簡単に骨から外れるようになればでき上がりです。葉っぱで包んだときは、葉をはがして切り身をそっと中骨から外し、身に付いてくる小骨をつまんで取り除きましょう。

　殻をむいた帆立や牡蠣やいか、そして海老（殻付きでも殻をむいたものでも）は、串に刺せば焼くのがとても簡単です。串刺しにした魚介類は下味をつけ、好みでマリネ液に漬け込んでもいいでしょう。強火で手早く焼けば、おいしい汁気を逃がさずにやわらかく焼き上がります。繰り返しになりますが、グリルを予熱してからブラシで掃除し、きちんとオイルを塗ってから魚を焼くことが、グリルにくっつかずに焼くために役立ちます。

　はまぐりやムール貝、牡蠣などの二枚貝は、洗って砂を取り除けば、そのままグリルにのせられます。たいていの二枚貝は貝殻の一方が平らで、もう一方は丸くふくらんでいます。丸みを帯びているほうを下にしてグリルにのせれば、焼けた貝から出る汁をこぼさずに残せます。貝の口が開いたら焼き上がりです。

ためらわずに魚を切りましょう。加減をチェックして、自分の想像どおりに焼けているか確認しましょう。

Grilled Whole Fish
尾頭つき魚のグリル
4人分

魚1匹から取れる身は、
重さにして
40〜45％ほどです。

とびきり新鮮な魚を
買いましょう。
その日に入荷したのは、
どの魚かを、
魚屋さんに尋ねましょう。

魚屋さんに頼んで、

> 1.3kgの魚まるごと1匹、または675gの魚2匹（めばる、クロソイ、鯛、ギンムツ、すずきなど）

のうろことはらわたを取り、尾とひれを落としてもらいます。

> 塩
>
> 挽きたての黒こしょう

を魚の腹の中と外側にたっぷり振り、下味をつけます。腹の空洞に

> レモンの薄切り
>
> 手のひらサイズの大きなフェンネルの葉（自生しているもの、または栽培もののやわらかい葉）か、そのほかハーブの枝

を詰めます。ハーブの枝から葉を数本ちぎり、魚の表面にも散らします。

> オリーブオイル

をすりこみ、1時間ほど休ませます。

火を熾して中火にし、予熱したグリルをきれいにして魚を焼く準備ができたら、オイルを布にしみ込ませてグリルに塗り、魚をのせます。皮が焦げないよう、必要に応じてひっくり返しながら焼き上げます。魚のいちばん身が厚い部分が2.5cmなら約10分の焼き時間とみておきましょう。身が骨から簡単に外れ、まだしっとりしている状態でできあがりです。竹串を刺して確かめて、竹串がスッと入るようなら、グリルから下ろして丸ごと食卓に出すか、キッチンで切り分けてサーブします。

> くし形に切ったレモン
>
> エクストラバージン・オリーブオイルを入れたピッチャー

とともにサーブしましょう。

バリエーション

◆ 魚に詰めたものと同じハーブでつくったサルサヴェルデ（59ページ）を添えます。

◆ フェンネルの葉かハーブの枝で魚全体をすっぽり包み、湿った糸でしっかり縛ってからグリルします。

Grilling Vegetables
野菜のグリル

野菜をグリルするときは、火の温度調節がとても重要です。火が強すぎると、外側は焦げ、中は生焼けになってしまいます。

　肉や魚に負けないくらい、野菜のグリルは魅力あふれる料理です。燻された香りと炭火の熱で、野菜はよりおいしくなります。シンプルにサルサヴェルデやヴィネグレットで和えても美味しく、リゾットにまぜても、ラタトゥイユやペペロナータのような煮野菜の料理のグリルバージョンに合わせてみてもいいでしょう。グリルしたじゃがいものポテトサラダなど、食欲をそそられます。そこに焼いたスキャリオン（*）を加えれば、さらにおいしくなります。

　野菜によってグリルの仕方は異なります。また、種類によって幾通りもの焼き方があります。一般的に、野菜は中火からやや強火の炭火床でグリルします。それ以上強い火では、火が通る前に野菜が焦げてしまいます。肉や魚を焼いた後、火床はちょうど野菜にぴったりの火加減になっています。また、ひとつの火床でも、温度が違う場所をつくって強火のところ、やや強火のところ、と炭を配置すれば、野菜と同時にステーキなどをグリルすることができます。手をかざして温度を計ってみましょう。もし火がやや強火なら、グリルの上に4秒ぐらい手をかざしていられるはずです。グリルを熱してきれいに掃除した後に、オイルを塗り、それから野菜をのせましょう。

　ズッキーニ、なす、じゃがいも、そして玉ねぎは6〜12mmの厚さに切り、できるだけ形をそろえます。ピーマンやパプリカは半分か4分の1に切って、ヘタと種を取ります。横切りにしたオニオンスライスは水平になるように串刺しにすれば、返しやすくなります（燃えないように串は数分間は水に浸しておくといいでしょう）。

　野菜に塩を振ります。これはあらかじめ準備できますが、塩を振ると野菜の水分が出て、グリルの準備ができた野菜の周りに水がたまりますが、問題ありません。グリルする前に、刷毛で野菜にたっぷりオリーブオイルを塗ります。みじん切りにしたハーブで和えてもいいでしょう。野菜のスライスをグリルにのせ、2〜3分経ったら網目状のきれいな焼き目がつくように、野菜を90度ちょっと回転させます。さらに数分後、野菜をひっくり返して焼き、さらに焼き目がつくようにずらして、必要に応じて返します。スライスした野菜は、やわらかくなったらすぐにグリルから下ろしましょう。ヘタに近い部分は火が通るのにいちばん時間がかかるので、ここで焼け具合を確かめます（繰り返しになりますが、トングは私の好きなグリル器具で、野菜を返すのも簡単です）。

　スキャリオンや西洋ねぎ、くし形切りにしたラディッキオ（チコリ）など

＊スキャリオン：国産の細い青ねぎに代えて使えます。

の野菜は、グリルする前に水気を与えておきましょう。オイルを塗ってから水をふりかけるか、霧吹きで湿らせます。グリルにのせたら焦げないようにこまめにひっくり返し、水をふったり霧吹きしたりしてしっとりさせましょう。金属のボウルをかぶせてグリルしながら蒸し焼きにすれば、早く調理できます。

あらかじめ熱湯で下ゆでして、グリルで焼いて仕上げたほうがいい野菜もあります。たとえばアスパラガス、西洋ねぎ、小さなアーティチョーク、丸ごとか半分に切ったじゃがいもなどです。グリルで返しやすくするために、じゃがいもとアーティチョークは串に刺します。切り口をすべて同じ向きにそろえて、均等に火が回るようにしましょう。

トマトもグリルできますが、強い火が必要です。トマトは半分に切り、切り口を下にしてグリルにすっとのせ、3分ほど焼いて表面を焼き締めたらひっくり返します。トマトを焼いた後は少し汚れるので、ほかのものを焼く前にグリルをきれいに拭きましょう。

なすやズッキーニ、ピーマンやパプリカなどの野菜は丸ごとグリルできますが、中に火が通るまでに時間がかかるので、強火よりも中火が適しています。側面に2～3か所深い切り込みを入れておけば早くグリルでき、中に水蒸気がたまって破れることもありません。とうもろこしは少し下準備してグリルすれば、とても上手く焼けます。外皮を取り除かずに下までむいて、ひげはすべて取り除きます。塩とこしょう、好みでチリペッパーやハーブ少々で下味をつけ、オイルかバターを刷毛で塗り、水を少々ふりかけます。身を保護するため再び皮に包み、中火からやや強火でときどきひっくり返しながら約10分グリルします。

大きなきのこは厚く切ってグリルします。小さいものは串刺しにして丸ごと、または半分にして焼きます。グリルする前に刷毛でオイルを塗り、塩とこしょうで味つけしましょう。キャンプファイヤーで焼いた野生きのこのおいしさは忘れられない味覚です

野菜と同じく、パンも中火からやや強火でグリルをするのが最適です。厚切りなら焼いた後にオイルを塗りますが、薄切りは焼く前にオイルを刷毛で塗るといいでしょう。グリル用のパンは、2～3時間前にスライスしてオイルを塗ってもいいですが、乾いてそらないよう、ふきんでしっかりくるんでおきましょう。

炭火で焼いた焼きたてパンにオリーブオイルをかけ、ガーリックをこすって食べると、この上ないおいしさです。

Ratatouille of Grilled Vegetables
グリルした野菜のラタトゥイユ
4人分

ラタトゥイユは、ガーリックを効かせた彩り豊かな夏野菜のシチューです。オリーブオイルと野菜から出る汁気だけで野菜を煮て、バジルで仕上げます。私のレシピは同じ夏野菜を使いますが、伝統的なラタトゥイユのつくり方とは少々違います。まずグリルして、それからひと口大に切ってガーリック、バジル、オリーブオイルと合わせるつくり方をしています。

野菜の準備をしましょう。それぞれに塩を振ります。

 西洋なす(*) 中1個
 黄色か緑のズッキーニ 中2個

はヘタを切り取り、6mmの薄切りに。

 玉ねぎ 大1個

は皮をむき、縦に切って厚さ6mmの薄切りにします。

 パプリカ 2個

は縦半分に切り、ヘタと種を取ります。

 完熟トマト 3個

は、ヘタをくりぬいてから横半分に切って種を取ります。

やや強火の炭火床を準備し、グリルを上に置いて予熱します。火がちょうどよく熾ったらグリルの汚れを落とし、ふきんかペーパータオルでオイルを塗ります。炭をグリルの下の火床の1か所に集めて温度を熱くしておきます。野菜すべてに、

 オリーブオイル

を刷毛で塗ります。

グリルでも最も熱いスポットに、切り口を下にしたトマトをのせます。そのまま3〜4分置き、ひっくり返してさらに4分焼いてグリルから下ろします。同時にほかの野菜をやや強火で両面を4分ずつグリルします。焦げないよう必要に応じて何回か返し、ヘタの付け根部分の焼き上がりを確かめましょう。やわらかく焼けていたらグリルから下ろして冷まします。すべての野菜をグリルし、手で触れる温度まで粗熱を取り、12mm角に切ってボウルに入れ、

 ガーリック 2〜3かけ (細かいみじん切りにする)
 塩
 バジルの葉 10枚 (みじん切りか細切りにする)
 エクストラバージン・オリーブオイル 大さじ3

---

*西洋なす:国産の長なすに代えて使えます。米なすよりも、長なすを選びましょう。

を加えてまぜあわせます。味見をして、必要ならさらにオイル、塩、バジル、またはガーリックを足して味を調えます。温かいうちに、あるいは室温で食卓に出しましょう。

Omelets and Soufflés

オムレツとスフレ

Cheese Omelet
Chard Frittata
Goat Cheese Soufflé

チーズオムレツ　チャードのフリッタータ　ゴートチーズのスフレ

オムレツ、それによく似たフリッタータは、つくり方がシンプルで魅力的なバリエーションがたくさんあります。新鮮な卵をかきまぜて、バターかオイルで手早く焼くだけのオムレツは、基本的にはスクランブルエッグの中に肉や野菜、チーズなどの具を包み込んでまとめたものです。一方、フリッタータは、風味よく調理した野菜を、溶き卵にまぜて焼いた卵ケーキといったもので（メキシコのではなく）、スペイン料理のトルティーヤがその一例です。スフレは、卵を卵黄と卵白に分けてつくりだすドラマチックな料理と言えるでしょう。卵黄で濃厚な生地をつくり、その中によく泡立てた卵白をまぜこみます。こうして空気をいっぱい含んだ生地を熱いオーブンに入れると見事に膨らんで、まるでタワーのようになります。甘くても、塩味のものでも、私はスフレがオーブンの中で膨らむ様子を眺めるのが大好きです。甘いスフレは温かく、軽く、そして風味豊かで、私のお気に入りのデザートのひとつです。

Omelets
オムレツ

私は、
オムレツと一緒に、
田舎風パンに
ガーリックをすりつけて
焼いた一切れと、
その濃厚な卵の味わい
とは対照的な
さわやかな
グリーンサラダを
食べるのをとりわけ
楽しんでいます。

オムレツは、手軽につくれて、しかも栄養たっぷり。朝食、昼食、夕食のどれにもよく合う手頃なおかずになります。新鮮な卵にバターを少々、そこに風味と目先を変えてチーズやほかの具を入れてつくるオムレツは、やさしく、シンプルな味わいで、ほっと心を和ませてくれます。私がよくつくるオムレツは、新鮮なハーブ（パセリ、チャイブ、ソレル、タラゴン、そしてチャービルなど）を溶き卵に入れ、焼くときにグリュイエールチーズかやわらかいリコッタチーズを少し加える、というものです。オムレツの具に向くものはほかにも数えきれないほどあります。たとえば、前日の夕食の残りの葉ものの炒め物やピーマンのローストを少し、またはラム肉のブレゼ、ソテーしたハムを一口大に切ったものを少々、と無数のバリエーションが考えられます。

有機栽培の餌で、屋外で放し飼いで育てられた鶏の産みたての卵が、おいしいオムレツをつくる秘訣なのは言うまでもありません。ファーマーズ・マーケットでは、そんな卵を売っています。食料品店では、地元で放し飼いされた鶏の、できればオーガニック認証を受けた卵を探しましょう。卵は1人当たり2〜3個使います。私の好きなオムレツは、厚すぎず、ふわっと膨らみ、生地が重なっていて、それでいて中が半熟のもの。

こう仕上げるために、私はつくりたいオムレツの大きさでフライパンのサイズを決めています。卵2個なら直径15cmのフライパン、3個分なら20cm、6個分なら25cm、12個分までは30cm。流し込む溶き卵は厚さ6mm以上にはならないようにします。フライパンは厚手で表面がなめらかなもの、あるいはフッ素樹脂加工のものを使いましょう。

卵を入れる前にフライパンをやや中火で3〜5分間熱します。これが手早く、卵がフライパンに焦げつかずにオムレツをつくる最も大切なポイントです。卵をボウルに割り入れ、焼く直前に卵1個につき塩ひとつまみを入れ（それ以前に塩を入れると卵が水っぽくなってしまいます）、フォークか泡立て器で軽くまぜます。卵がよくまざると、ふんわりとやわらかいオムレツになりますが、白身と黄身が完全にまざりすぎて均質にならないようにしてください。

熱したフライパンにバター1かけを入れます。バターが溶けて泡立ってきたら、フライパンを揺すって、バターをフライパン全体に広げます。泡がだんだん消えて、バターからナッツのような香りがしはじめたら、焦げ色がつく前に卵を流し入れます。大きいオムレツをつくる場合は、ここで火を中火

にします（小さいオムレツはその必要はありません）。溶き卵をフライパンに入れると、ジュッと心地いい音がして、卵はすぐに端から固まりはじめます（もしそうならなかったら、火を強めましょう）。フォークかへらで固まりかけたオムレツの端を真ん中に寄せ、フライパンの空いた部分に溶き卵が流れ込むようにします。こうして、オムレツの下面全体がしっかり焼けるまで、端を引き上げたりフライパンを傾けたりしながら、溶き卵をその下に流し込みます。

卵がほぼ固まってきたらチーズなどの具を散らします。さらに少し火を入れてからオムレツを半分に折って、フライパンを傾けてお皿にすべらせます。巻いてつくるオムレツは、フライパンを前方へ傾け、フライパンを揺すってオムレツを端に寄せるようにして、手前の端を向こう側にかぶせるように折り重ねます。フライパンを傾けたままオムレツを低いほうへと巻いていきましょう。それから反対の端をオムレツの上にかぶせ、継ぎ目が下になるように回転し、温めたお皿にのせます。全部で1分足らず。オムレツの上にバターを滑らせて、つややかに仕上げましょう。

Cheese Omelet
チーズオムレツ
4人分

大きなボウルに

 卵　8〜12個

を割り入れます。

 パセリ　大さじ2（みじん切りにする）

 ハーブ・ミックス　大さじ2（チャイブ(*)、チャービル、タラゴン、もしくはマジョラムなど）（みじん切りにする）

 挽きたての黒こしょう　少々

を加え、ざっくりとまぜあわせます。焼く準備ができたら、

 塩

で卵に味をつけます。直径30cmの底の厚い、またはフッ素樹脂加工のフライパンを弱火〜中火で3〜5分熱します。フライパンが熱くなったら、

 バター　大さじ1

を入れます。バターの泡が消えたら卵を流し入れます。火を中火に強めて、固まりかけた卵の端を真ん中に寄せ、火の通っていない溶き卵がフライパンの空いた部分に流し込むようにします。裏側がだいぶ固まってきても、端をつまんで、フライパンを傾け、まだ火の通っていない卵液を下に流し入れま

---

*チャイブ：国産のわけぎに代えても使えます。

す。卵がほとんど固まったら、

    グリュイエールチーズかチェダーチーズ　115ｇ（すりおろす）

を上に散らします。チーズに火が通るように、さらに少し加熱して、オムレツを半分にかぶせるように折り、大きな皿にすべらせるようにのせます。表面にバターを少し塗って、サーブします。

バリエーション

◆ グリュイエールやチェダーチーズの代わりにリコッタチーズ（115ｇ）を使います。

◆ ハーブを入れずにつくりましょう。

◆ 卵を1人あたり2～3個使って、4人分のオムレツをつくります。

Frittata
フリッタータ

フリッタータは丸くて平たいオムレツです。焼く前に具を卵にまぜ込んでおきます。私は野菜がたくさん入った、パイの中身だけのようなフリッタータが好みです。フリッタータにはいろいろなものをまぜ込めます。ソテーした玉ねぎ、炒め煮にした葉もの、ローストしたパプリカ、薄切りにしたじゃがいも、きのこ、さらにはパスタまで。フリッタータは温かくても室温でも、また、そのままでもソースを添えても、ディナーの前菜としてもメインとしても食卓に出せます。また、サンドイッチにしたり、ピクニックに持っていくのにもぴったりです。

 具材は卵に入れる前に調理しておきます。より風味を出すために野菜に焼き色をつけ、ハーブやスパイスで風味をつけましょう。レシピによっては、溶き卵を調理した野菜の上から流し込んでつくる方法もありますが、私の経験では、溶き卵にオリーブオイルと塩少々を加えてかきまぜ、調理した野菜をハーブやチーズなどの具材とまぜてから、熱したきれいなフライパンで焼くほうが、うまく裏返せる気がします。

 フリッタータは中火、またはやや強火で焼き上げます。それより強いと卵が焦げてしまいます。端が固まってきたら持ち上げてフライパンの真ん中に寄せ、火の通っていない溶き卵が流れ込むようにフライパンを傾けます。ほぼ固まったら、フライパンと同じか少し大きめのお皿を逆さまにかぶせ、皿とフライパンをしっかり押さえてフライパンごとひっくり返します（皿を抑える手はふきんか鍋つかみで保護しましょう）。フライパンに少しだけオイ

OMELETS AND SOUFFLÉS

ルを足してからフリッタータを戻します。さらに2～3分焼いて、皿に滑らせるようにのせます。火が完全に通りながら、中心はほどよく半熟のフリッタータになっているはずです。

フリッタータはオーブンで焼いてもつくれます。オーブンでも使用可能なフライパンを使いましょう。オーブンは180℃に予熱しておき、数分焼いたら、フライパンをオーブンに入れ、上面が固まるまで7～10分焼きます。

Chard Frittata
チャードのフリッタータ
4人分

  チャード(*) 1束

を洗って葉と茎を分けて切ります。茎は6㎜幅の小口切りにし、葉は粗く刻みます。

  オリーブオイル 大さじ1

を厚手の鍋に入れ、中火で熱します。

  玉ねぎ 中1個（皮をむいて薄切りにする）

を入れます。約5分炒めたら、チャードの茎を加え、

  塩

で味をつけます。

4分ほど炒めて葉を加え、しんなりするまで炒めます。鍋に水気がなくなってきたら、水をふりかけます。鍋から皿に移しましょう。

大きなボウルに、

  卵 6個

を割り入れ、

  塩
  オリーブオイル 小さじ2
  挽きたての黒こしょう
  カイエンペッパー ひとつまみ
  ガーリック 4かけ（みじん切りにする）

を加え、チャードを溶き卵に入れてかきまぜます。チャードはやさしく手で絞って水気を切りますが、絞り切らないようにしましょう。直径25㎝の厚手のフライパンかフッ素加工のフライパンをやや中火にかけてしっかり予熱します。

  オリーブオイル 大さじ2

を入れて熱し、数秒後に溶き卵を入れます。下のほうが固まってきたら端を

---

*チャード：小松菜、からし菜、かぶの葉に代えても使えます。

持ち上げ、まだ火が通っていない溶き卵がその下に流れ込むようにします。ほとんどが固まるまで焼いてから皿をフライパンにかぶせ、ひっくり返してフリッタータをお皿にのせます。

  オリーブオイル　小さじ１

をフライパンに入れ、フリッタータをフライパンに戻して、さらに２〜３分火を通したら、お皿に滑らせるようにしてのせて、温かいまま、または室温で食卓に出しましょう。

バリエーション

◆ ソレル（酸葉）１束を、チャードの葉を炒め終わる少し前に加えます。

◆ チャードの代わりにブロッコリー・ラブ（*）、マスタードグリーン（*）、セイヨウイラクサなどの青もの類を使います。

◆ 温かいまま、シンプルなトマトソース（303ページ）の上にのせて食卓へ。

◆ 軽くトーストしたパン２枚にガーリックをこすりつけ、フリッタータ１切れと薄切りのハムかトマトのスライス２〜３枚と一緒にはさむとおいしいサンドイッチになります。

Soufflés
スフレ

オーブンの中で、ドラマチックにふんわりとやわらかく膨らみ、軽い羽毛のように金色に光ってかすかに揺れるスフレは、料理の神秘に包まれています。でも、そこに隠されているのは、シンプルで見事な料理法だけなのです。スフレは、基本的には小麦粉とバター、牛乳で簡単にできるホワイトソースに卵黄を加えて、より濃厚にした生地でつくります。そこにチーズ（デザート用スフレの場合はフルーツやリキュールなど）のような風味づけの素材を加え、しっかりと泡立て何倍にも膨らんだ卵白をまぜて、生地を軽くします。オーブンに入れると卵白に含まれる空気がオーブンの熱で膨張し、スフレをさらに膨らませるのです。ここで重要なポイントは、焼き上がったら間髪入れずにスフレを食卓に運ぶ、ということです。オーブンから出したとたん、湯気が立っているスフレはすぐに冷めて、見事な膨らみもしぼんでしまうからです。

 塩味のスフレの基本的なつくり方を、もう一度おさらいしましょう。ホワイトソース、またはベシャメルソースをつくるところから始めます。底の厚いしっかりしたソースパンでバターを溶かし、小麦粉を入れてかきまぜ、１

---

*ブロッコリー・ラブ：菜の花に代えても使えます。
*マスタードグリーン：からし菜に代えても使えます。

OMELETS AND SOUFFLÉS

〜2分加熱したら（これをルーと呼びます）、牛乳を少しずつ加えて、そのたびによくまぜます。粉とバターの固まりを牛乳でゆっくりのばしていく要領です。牛乳を一度に入れると、ほとんどの場合はソースにダマができてしまいます（ダマは、漉し網に通してなめらかにします）。

　牛乳が全部入ったら、沸騰するまでまぜ続けます。小麦粉が牛乳の中で加熱されてソースにとろみがついてきます。火はできる限り弱め、ときどきかきまぜながら最低10分間加熱します。これでソースに粉っぽさがなくなります。塩、こしょう、ナツメグ、そしてカイエンペッパーで味つけして、粗熱を取ります。

　卵を黄身と白身に分けて、卵黄はひとつずつベシャメルソースにまぜていきます。卵白は大きなボウルに入れ、後から泡立てます。卵を分けるときには、黄身を壊さないよう注意しましょう。白身に黄身が少しでもまざると、泡にふくらみやしっかりとした固さが出ません。白身に目で見えるくらいの黄身がまざったら、半分に割った卵の殻ですくいとりましょう。取れなければ新しい卵を割って、失敗した卵は別の用途に使いましょう。産みたての新鮮な卵は、卵白に厚みがあって卵黄がこんもり盛り上がっていますが、何週間もたった卵は卵白が水っぽく、卵黄も壊れやすく、卵黄と卵白を分けにくいものです。

　ベシャメルソースと卵黄をまぜたものに、すりおろしたチーズ、たとえば野菜のピュレ（西洋ねぎやアスパラガス、ガーリック）などの風味づけ、細かく切った貝、またはハーブ数種類などを加えます。これをスフレのベース生地と呼びます。この生地は前もってつくって冷蔵しておけますが、ベース生地と卵白は、どちらも焼く1時間前には冷蔵庫から出して室温に戻しておきましょう。

　生地の準備ができたら、オーブンを190℃に加熱します（大きいスフレをひとつではなく、1人分を数個つくるなら205℃に設定します）。スフレはオーブンの中央で焼きます。膨らんでも大丈夫なように天パンの位置を調節するなど、上部に余裕をつくりましょう。やわらかくしたバターをオーブン皿にたっぷり塗ります。スフレは伝統的なスフレ用の容器や浅いグラタン皿、オーブン皿、または1人用の耐熱カップ、陶製のラメキン（*）で焼きます。縁のある平らな天パンでも焼けますが、スフレはそれほど高くふくらまず、表面の焼き色の部分が増えます。卵白は角がピンと立ち、それでもしっとりしてなめらかさが残るよう、金属製の泡立て器でしっかり泡立てまし

> おおよその目安
> 300ccの
> ワイトソースあたり、
> 卵4個と、
> チーズまたは、
> 野菜のピュレを
> 300cc

＊西洋ねぎ：ねぎに代えても使えます。
＊ラメキン：スフレなどに使う小さな耐熱皿。

卵白を銅製のボウルで泡立てると仕上がりが違います。卵と金属が化学反応を起こし、泡立ちがしっかりします。

ょう。電動ミキサーで簡単に泡立つので、卵白がとろりとしてきたら、こまめに止めてチェックしましょう（泡立てすぎた卵白は、目が粗い大きなダマのように見えます）。

　卵白の約3分の1をスフレのベース生地に入れてかきまぜ、生地を軽くします。ゴムべらで泡立てた残りの卵白を軽くなった生地に加え、やさしく、ふんわり合わせるようにまぜます。強く攪拌すると、せっかく膨らんだ空気が抜けてしまいます。これは大切なポイントです。卵白がスフレの膨らむ高さを左右するので、ナイフで切るようにしてまぜます。へらをボウルの真ん中から底までまっすぐに下ろす要領で底から側面へとすくって返すように動かし、へらが生地の上に出たら、また、切るような動作を繰り返します。もう一方の手でボウルを少しずつ回転させ、上下に切る作業を続け、卵白の白い筋が数本残るだけになったら、バターを塗った容器にそっと流し込み、4分の3ほどの深さまで入れます。手を触れずに、ふくらんで黄金色になるまで焼き上げましょう。大きいスフレで35〜40分、1人用の小さいものなら約10分で焼けます。上手に焼けたスフレは外側がカリッと黄金色に焼き上がり、真ん中はふんわり仕上がっています。

　甘いスフレのつくり方は少々手順が変わります。ベシャメルソースの代わりにカスタードクリーム（428ページ）をベース生地に使い、フルーツやチョコレート、またはリキュールなどの風味づけを、冷ましたクリームに加えます。焼く準備ができたらしっかり泡立てた卵白を加え、同じように焼き上げます。

Goat Cheese Soufflé
ゴートチーズの スフレ
4人分

バター　70g

を、厚手のソースパンに入れ、中火にかけて溶かします。

強力粉　大さじ3

をまぜ入れ、2分間、焦がさないように火にかけます。

牛乳　250cc

を少しずつ攪拌しながら加えます。その都度、ルーと牛乳を完全にまぜます。ソースに、

塩

挽きたての黒こしょう

カイエンペッパー　ひとつまみ

タイムの枝　1本（葉のみを使う）

を加えて味つけします。弱火でときどきかきまぜながら、約10分火を通したら、火から下ろして粗熱を取ります。

卵　4個

を卵黄と卵白に分け、卵黄をソースにまぜこみます。さらに、

マイルドなゴートチーズ（ソフトなもの）115g

を加えてまぜ、塩で味を調えます。卵白は後で加えるので、ほんの少しだけ塩気を強めにしておきます。

オーブンを190℃に熱します。1ℓのスフレ皿やグラタン皿などの耐熱容器に

バター　大さじ1（やわらかくする）

を塗ります。卵白をしっとりと角が立つまで泡立て、3分の1をスフレのベース生地にまぜこみ、しぼまないように気をつけながら、残りの卵白を加えて切るようにまぜます。バターを塗った皿に流し込んで35～40分間、または外側は黄金色にふくらんで、でも中はまだやわらかく、そっと揺すると小きざみに揺れる程度まで焼きます。

バリエーション
◆ マイルドタイプのゴートチーズ半量を、熟成したストロングタイプのゴートチーズに代えます。

◆ オーブンを205℃に熱し、1ℓのスフレ皿の代わりに、125ccのラメキン8個にバターを塗ります。4分の3の高さまで生地を流し込み、10分、あるいは黄金色に膨らむまで焼きます。

- ゴートチーズの代わりに、すりおろしたグリュイエールチーズ180ccとすりおろしたパルメザンチーズ60ccを加えます。
- ガーリックのピュレ（352ページ）60ccをチーズと一緒に加えてみましょう。
- 細かいパン粉か、すりおろしたパルメザンチーズを、バターを塗った耐熱皿に均等に散らします。

Tarts, Savory and Sweet

食事のタルト、甘いタルト

Onion Tart
Apple Tart
Chocolate Tartlets

オニオンタルト　りんごのタルト　チョコレートのタルトレット

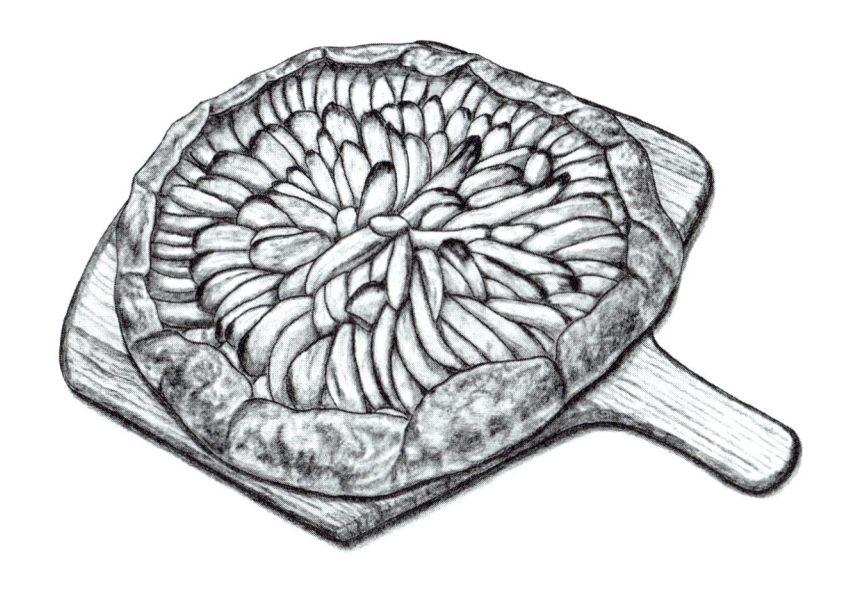

バターたっぷりの生地に塩味や甘いフィリング（具）をのせたタルトは、サンドイッチやピッツァと同じく、それだけで一食のメニューになる完璧な食べ物です。私の好きなタルトは、平らで丸くてサクッとした皮に包まれている、生地で具を覆わないタイプで、一般にガレットと呼ばれているものです。タルト皮をかなり薄くのばし、フルーツや野菜のフィリングを上にのせて（多くとも皮の2倍の高さまで）、型を使わずに焼きます。生地はカリッと黄金色、トッピングはやわらかく、味が凝縮されるまでオーブンでしっかり焼くのが、私が理想とする食感と風味のマリアージュです。

Making Tart Dough
タルト生地づくり

わかったのは、
いいタルト生地を
つくるには、
ひたすら練習あるのみ、
ということです。

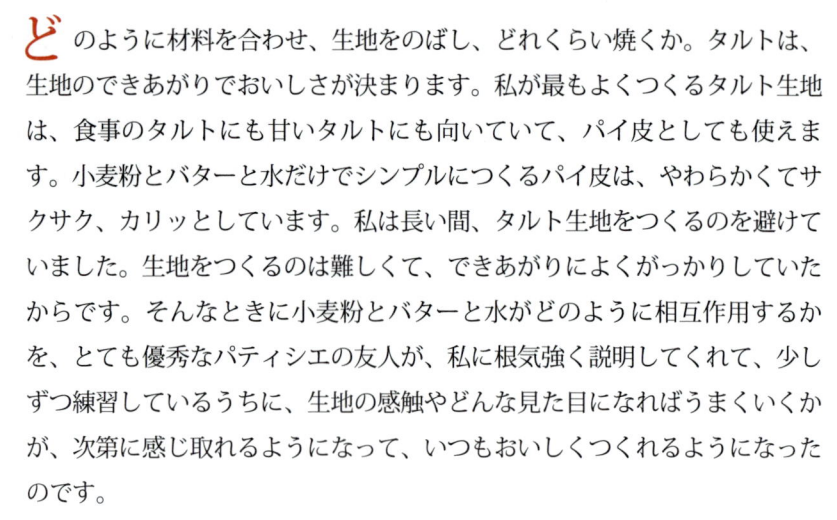

どのように材料を合わせ、生地をのばし、どれくらい焼くか。タルトは、生地のできあがりでおいしさが決まります。私が最もよくつくるタルト生地は、食事のタルトにも甘いタルトにも向いていて、パイ皮としても使えます。小麦粉とバターと水だけでシンプルにつくるパイ皮は、やわらかくてサクサク、カリッとしています。私は長い間、タルト生地をつくるのを避けていました。生地をつくるのは難しくて、できあがりによくがっかりしていたからです。そんなときに小麦粉とバターと水がどのように相互作用するかを、とても優秀なパティシエの友人が、私に根気強く説明してくれて、少しずつ練習しているうちに、生地の感触やどんな見た目になればうまくいくかが、次第に感じ取れるようになって、いつもおいしくつくれるようになったのです。

パンの項で説明したように、小麦粉にはグルテンという混合たんぱく質が含まれています。グルテンは水とまざると活性化して、分子が結合して生地に弾力を生みます。生地をまぜてこねるほどにグルテンは多く形成されます。グルテンはパンの膨張を助けるのに重要な働きをしますが、タルトにはあまりよくありません。生地をこねるほどタルトが固くなってしまうからです。ですからこねすぎないのが大切で、タルトづくりには中力粉が最も向いています。強力粉はグルテンが多すぎ、薄力粉では少なすぎます（パイがパサパサになってしまいます）。中力粉には、生地にサクサクした食感を与えるのに程よい量のグルテンが含まれています。そこにバターを加えるのです。

バターはタルトに風味とコクを加えるだけでなく、食感にも大きな影響を与えます。バターをまぜると、小麦粉が脂でコーティングされて水分がすぐ生地にしみこまず、グルテンの活動が抑えられて生地がやわらかく仕上がります。大小不ぞろいの大きさのバターを生地に残したまま平らにのばして焼くと、湯気が立ってグルテンの層と層に空気の隙間ができ、それがサクサクした食感になります。バターが多いほど生地はやわらかく、バターのかけらが不ぞろいであればあるほど、サクサクのタルトになるというわけです。

小麦粉にまぜるとき、バターは冷蔵庫内の温度にしっかり冷やしておきましょう。やわらかすぎて溶けたバターは、生地を脂っぽくしてしまいます。料理を始める前に、すべての材料を揃えておきましょう。冷たいバターは約6mm角に切り、小麦粉を量り、水は氷水ほどに冷やしておきます。バターは小麦粉に指先で手早くもみこんでいきます。ペストリー・ブレンダーという

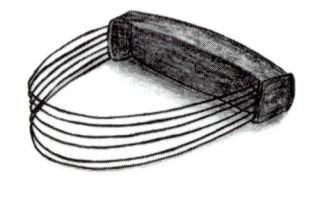

道具も便利です。いずれにしても、重要なのは手早く終えることです。バターと小麦粉を指先で軽くこすりあわせるか、ペストリーブレンダーで切り込むように1分ほどまぜます（スタンドミキサーも攪拌用のアタッチメントを取りつければ使えます。中低速で約1分まぜます）。それが終わったら、水を加えます。

　水は小麦粉に水分を与えてグルテンを活性化します。生地がポロポロでもベトベトでもなく、ようやくまとまる程度の水が適量です。水分が足りずにポロポロした生地は、のばすのが大変なうえに粉っぽい風味になり、水分が多すぎてベタベタした生地は固いタルトになってしまいます。小麦粉やバターの状態はその都度変わるので、加える水の量もそのたびに調整しましょう。レシピの分量通りに量っても、全部を一気に加えないようにしましょう。まず分量の4分の3を注いでみます。フォークで生地をかきまぜ、上下にまぜ合わせながら水をポタポタと落としましょう。生地を手でこねたり握ったりせず（スタンドミキサーは低速でかきまぜながらボウルの縁から水を注ぎ入れ、30秒以下でまぜ終えます）。生地がやっとくっつく程度まで水を加えます。ボール状に丸まってしまうなら水の入れすぎです。少量を手で握ってまとまる程度なら水分は十分で、乾いて崩れる感じならもう少し水が必要で2〜3滴ずつ水を滴らせて、軽くかきまぜながら水を加えます。

　生地がちょうどいい固さになったら、指先で素早くボール状に丸めます（掌は指先より体温が高いので指先で行います）。2個以上つくるときは、生地を等分に分けてボール状にまとめましょう。球形の生地はビニール袋で包みます（再利用のビニール袋でかまいません）。生地をビニールで包んだら、ぎゅっと握るようにまとめて、平たい円盤状に押しつぶします。このとき縁にひび割れができたら、つまんでふさぎます。ひび割れをふさいでおけば、後で生地をのばすときも楽です。ビニールに包んだ円盤状の生地は、のばす前に最低1時間は冷蔵庫で休ませましょう。その間に生地に水分が均等に行き渡り、グルテンが落ち着いて生地がのばしやすくなります。生地は冷蔵で2日間、冷凍で約2か月間保存できます。冷凍したときは、使う前に冷蔵庫で一晩かけて解凍します。

覚えておいてほしい3つのコツ。冷たい水を使うこと。小麦粉にバターをもみこむときは軽やかに素早く。水は、生地がやっとまとまるのに必要な分だけ入れること。

Tart and Pie Dough
タルトと パイ用の生地

ボール状に丸めた285gの生地2個分。これは、28cmのタルトふたつ、または22cmの2層のパイひとつをつくるのに十分です。

このレシピは、簡単に半量や倍量にできます。

冷水　125cc

を量っておきます。

無漂白の強力粉　300g

塩　小さじ1/2（有塩バターを使う場合は省く）

を合わせます。

冷たいバター　170g（6mm角のさいの目切りにする）

を加えます。ペストリーブレンダーか指先で、バターを小麦粉に切り込むか、またはもみこみます。バターの大きさは、大小不ぞろいでかまいません。この作業は1〜2分ほど（スタンドミキサーを使う場合は攪拌用の付属アタッチメントを取りつけ、中低速で1分以内）で済ませましょう。フォークでかきまぜながら、総量の4分の3量の水を注ぎ、生地をまとめます（ミキサーの場合は速度を低速に落とし、水をボウルの縁から注ぎ入れてまぜます。30秒あるいはそれ以下で）。必要に応じて水を足します。生地を2つに分けてボールのように丸め、別々にビニール袋に入れます。生地を押しつぶし、平らな円盤状にしたら、冷蔵庫に入れて1時間以上休ませましょう。

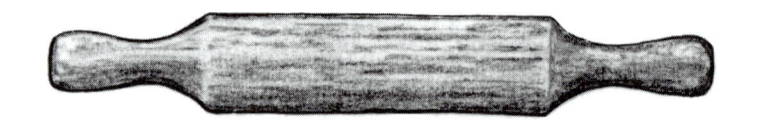

Rolling Out Tart Dough
タルト生地をのばす

タルト生地は、ある程度固い方がのばしやすいのですが、長時間冷やして生地が固くなりすぎたら、冷蔵庫から出して20分ほどおいてやわらかくします。ちょうどいい固さに戻る時間は室温にもよります。生地をのばす台は平滑で生地を自在にのばせる大きさのものを、冷たくしておきます。

準備ができたら、円盤状の生地をビニール袋に入れたまま両手でさらに平たくします。生地の縁のひび割れは両端を軽く叩くかつまんでなくします。台に均等に軽く打ち粉をして、生地を真ん中に置きます。生地の上に十分に打ち粉をしたら、麺棒で生地の上面を端から端まで数回しっかり叩きながら、円盤状の生地をさらに平たくします。麺棒は、円形の生地の中央から縁に向けて一定の力でしっかり押すように動かしましょう。2〜3回のばしたら生地をひっくり返して表面をなめらかにして、持ち上げて、さらに台に打

ち粉をします。生地が広がるときに縁にできるひび割れは、つまんで修復しましょう。麺棒の下から生地がスムーズに押し出されるようなら上出来です。円が大きくなってきたら、麺棒は前後でなく、中心から外側に向かって押すようにのばします。円い生地を自転車のタイヤにたとえるなら、中心からスポークに沿ってのばすような要領です。生地がくっつくのを防ぐため、ときどき90度回転させ、必要に応じて生地の上下に打ち粉をしましょう。

　もし、生地がくっつくようなら、お菓子用のスクレイパーを端からそっと生地に差し入れ、台からはがしていきます。生地が裂けないように気をつけて、折り返すたびに台に打ち粉をします（打ち粉は最後に払い落とせばいいのでたっぷり使っても大丈夫です）。生地を広げては少しずらし、打ち粉が十分に行き渡って生地が動くかどうかを確かめます。生地を均等にのばしたらできあがりです。厚い部分が残っていたら打ち粉をしてのばしましょう。

　底面にのみパイ皮を敷くタルトは、生地の厚さを3mm以下にします。パイや皮を具にかぶせるタルトは、それよりも少し厚めがいいでしょう。生地をのばしたら、余分な粉をやわらかい刷毛で払い落とします（キッチンタオルでも軽く触れるようにしてできます）。生地を動かすときに半分に折ってそれをさらに半分に折れば、持ち上げたときにのびたり裂けたりすることがありません。生地はクッキングシートを敷いた天パンに移して広げます（クッキングシートを使えば、タルトが天パンにくっつかないのでおすすめです）。生地を移すには、生地を麺棒に巻いてクッキングシートの上で広げるやりかたもあります。フィリングをのせて仕上げる前に、一度、生地を天パンごと冷蔵庫に戻して固め、もう一枚、生地をのばすときは、台に打ち粉を均等にはたいてから作業をします。のばした生地は重ならないよう、クッキングシートで仕切るか、別々の天パンに置きましょう。

　タルト生地やパイ生地をフィリングなしで焼くときは、タルトにアルミホイルかクッキングシートをかぶせ、その上から乾燥豆（もしくはパイ用の重石）を底が見えない程度に敷きつめます。190℃のオーブンで15分、またはパイ皮の縁が淡い黄金色になるまで焼きます。タルトをオーブンから取り出したら、アルミホイルと重石を取り除き、オーブンに戻してさらに5〜7分、均等に薄いきつね色になるまで焼き上げます。

タルトを焼く機会が多ければ、ピッツァ用の天パンか角形の天パンがあると便利です。

Savory Tarts
甘くない食事用の タルト

風味豊かな 新鮮なサラダを添えた サクサクのタルトは 立派な昼食になり、 また、軽めの夕食にも なります。

甘くない食事用のガレットのバリエーションは数多く、そのほとんどが玉ねぎを炒めることから始まります。炒めた玉ねぎは、カリッとしたバターの香りのタルト皮を引き立ててくれます。ほかの野菜と合わせてオーブンで焼いているうちに、玉ねぎが味に深みを与えます。生地を長くのばせば細長い形のタルトにもできますが、これを小さく切ってパーティーのフィンガーフードにできます。

一見同じような玉ねぎでも、種類によって性質が違います。すぐに火が通って使う前に水気を切るほど水分たっぷりのものもあれば、やわらかくなるまでに時間がかかり、水気がほとんど出ないものもあります。皮の薄い玉ねぎは甘くて水分たっぷりで、固くて色の濃い金色の皮の玉ねぎは火が通るのに時間がかかる傾向があります。どの玉ねぎも調理すればやわらかくおいしくなりますが、選べるならばデリケートな薄い皮の大きな玉ねぎをおすすめします。夏の旬に出回る玉ねぎ（甘いワラワラ・オニオン、ヴィダリア・オニオン、バミューダ・オニオン）は、焼き上がるとまるではちみつのように甘くなり、すばらしいオニオンタルトができます。春に出回る新玉ねぎは、収穫したばかりで緑色の茎がついています。皮をむいて茎を取り、厚めにスライスして火を入れ、やわらかくなったらすぐ火を止めます。新玉ねぎの風味は繊細ですが、乾燥保存した完熟玉ねぎほどには甘みがありません。

たっぷりの玉ねぎをじっくりコクが出るまで炒めるかどうかが、タルトのおいしさの決め手です。たっぷりのオイルと玉ねぎを一緒に縁が浅い厚底鍋に入れて、ハーブと一緒に甘みが出るまでゆっくりと炒めます。これには最低でも30分はかかります。パイ生地の上に広げる前に玉ねぎをよく冷まさないと、焼く前のタルト生地のバターが溶けてしまいます。玉ねぎはしっとりと、でも水分が多いと焼き上がったタルトが湿ってしまうので、余分な水気は切りましょう。その水分は捨てずに取っておいて、煮つめてちょっとしたソースとしてタルトに添えたり、ヴィネグレットに加えたりできます。

水気を切っても玉ねぎの汁気が多すぎるなら、玉ねぎをのせる前にタルト生地の上に小麦粉少々を振って（縁の部分は除きます）、焼いているうちに水分が吸収されるようにします。タルトはオーブンのいちばん下の段に入れて、裏面がカリッときつね色になるまで焼きます。スパチュラでそっと持ち上げ、裏面の焼け具合を確認しましょう。完全に焼けたら、焼き皿から外してラックの上で冷まします。焼き皿から出さずに冷ますと、蒸気でタルト皮のパリパリ感が失われてしまいます。

とりわけパリッとしたタルトをつくるために、ピッツア・ストーンをオーブンの最下段に置いて予熱し、ストーンの上に直接あるいは天パンを置いて）タルトをのせて、焼きます。

基本的な玉ねぎのタルトの作り方をマスターしたら、バリエーションを試してみましょう。たとえば、玉ねぎを半分ほど炒めてからパプリカや唐辛子を薄切りにして加えたり、ズッキーニを粗くおろして玉ねぎが炒め上がる数分前に加えたり、あるいはミニトマトを半分に切って下味をつけたものやローストして皮をむいて薄切りにしたパプリカを、冷ました炒め玉ねぎに加えてまぜてみましょう。炒めた玉ねぎをタルトに敷いて、薄切りにしたトマトか軽くグリルしたなすのスライスをのせてもいいでしょう。ローストしてみじん切りにしたいちじくを玉ねぎにまぜれば、甘みと塩味のあるタルトになります。

そのほかのバリエーションとしては、タルトに玉ねぎを広げる前におろしチーズを散らしたり、ハーブのみじん切りとオリーブオイルをまぜたものを塗ったりもでき、アーティチョークの芯をソテーして玉ねぎに加え、薄く切って焼いてから飾ることもできます。タルトをオーブンから取り出したら、ガーリックとハーブをまぜたバターを塗ってみましょう。ほとんど一年中楽しめるのが、玉ねぎにコラードグリーン（＊）やチャード（＊）、ほうれんそう、ブロッコリー・ラブ（＊）、またはマスタードグリーン（からし菜）などの炒め青菜をまぜたタルトです。焼き上がる10分前に、アンチョビと黒オリーブをトッピングしてもいいでしょう。

＊コラードグリーン：国産の小松菜やからし菜に代えても使えます。　＊チャード：国産の小松菜に代えても使えます。　＊ブロッコリー・ラブ：国産の菜の花に代えても使えます。

Onion Tart
玉ねぎのタルト
8人分

縁が浅く底の厚い鍋に
>オリーブオイルかバター　大さじ4

を入れて熱します。
>玉ねぎ　中6個　約1kg　（皮をむき、薄切りにする）
>
>タイムの小枝　3本

を加え、やわらかくしっとりするまで中火で20〜30分炒めます。
>塩

で味をつけて、さらに2〜3分炒め、ボウルに移して冷まします。玉ねぎの水分が多すぎる場合は、ボウルの上にざるを重ね、その上に玉ねぎを移して水気を切ります。出た水分は取っておきましょう。
>円形のタルトのパイ生地（194ページ）　285g

を直径35cmぐらいにのばし、余分な粉を払い、クッキングシートを敷いた天パンに移し、冷蔵庫に10分ほど入れて少し固めます。生地の上に縁のまわり4cmほどを残して、冷ました玉ねぎを（タイムの枝を取り除いて）広げます。残しておいた縁を玉ねぎの上に折るようにかぶせます。
つややかな仕上がり感を出すために
>卵　1個
>
>牛乳か水　大さじ1

を溶きまぜ、刷毛で生地の縁の部分に塗ります。
190℃に予熱したオーブンの下段で45〜50分、または底の皮がきつね色になるまで焼きます。焼けたタルトは天パンからラックに移して冷ましましょう。温かいうちに、あるいは室温で食卓に供します。

Fruit Tarts
フルーツタルト

私はデザートにフルーツをいただくのが楽しみです。シンプルに切っただけのよく熟れたフルーツがいちばんですが、フルーツタルトもとても魅力的です。1種類だけでも、いくつか組み合わせても、ほとんどのフルーツでタルトをつくることができます。りんご、洋なし、プラム、アプリコット、桃、ネクタリン、クランベリー、かりん、ラズベリー、ブラックベリー、こけももなど、どれもおいしく、ほかにもリストに上げられるフルーツはたくさんあります。

　フルーツは熟したもの（完熟していない）を使うのがいちばんです。つぶれたり表面に傷のあるフルーツも、傷んだ部分は取り除いてためらわずに使

いましょう。フルーツはベリーとさくらんぼ（たいてい丸ごとのまま種を除いて使います）以外は、切ってから調理します。アプリコットと小さいプラム（種を取ります）、いちじくは半分に切り、切った面を上にしてタルト生地にのせます。大きいプラムとネクタリンは薄くスライスするといいでしょう。桃、りんご、洋なしは皮をむき、種と芯を取って薄切りにします。マルメロやドライフルーツなどは、薄切りをシロップで煮てからタルトにのせます。ルバーブはマッチ棒サイズに切るか、薄切りにします。フルーツを薄切りにするときの厚さは6〜8mmが目安です。

　フルーツは縁から4cmほどタルト生地を残して乗せます。生地の上に均等に散らしても、円形にきれいに並べてもいいでしょう。りんごなどの水気が少ないフルーツは、重ねながら円を描くように隙間なく並べます。プラムや桃のような果汁の多いフルーツは重ねないように並べましょう。フルーツは焼いているうちに少し縮むので、一切れづつぴったりくっつけて並べます。水分の多いフルーツは焼いているとたくさんの果汁が出て、タルト生地がふやけてしまいます。これを防ぐいちばん簡単な方法は、フルーツをのせる前にタルト生地の上に大さじ1〜2杯の小麦粉をふりかけておくことです。フルーツをのせる部分にだけふり、縁にはふりません。小麦粉には砂糖やナッツ、また、風味を加えるために粉末状のスパイスをまぜてもいいでしょう。もうひとつ、タルト生地と果汁の間に膜をつくる方法は、フランジパン（アーモンドペーストと砂糖、バターをまぜたもの）をタルト生地に塗ることです。1枚のタルトに125ccほどが適量です。ジャム大さじ2〜3杯をタルト生地に塗るのもいいでしょう。これは果汁が少ないフルーツに向いています。

　生地の縁を折ってフルーツにかぶせ、折り曲げた生地の部分に溶かしバターをたっぷり塗り、砂糖を（大さじ2杯まで）ふりかけます。フルーツの上には、砂糖を少し多めにかけましょう。ほとんどのフルーツは大さじ2〜3杯ほどで十分ですが、ルバーブや酸味の強いプラム、アプリコットは、ほかのフルーツよりも多くの砂糖が必要です。フルーツをタルト生地に並べながら、味見をします。フルーツが甘ければ砂糖の量は少なくしましょう。この手順が終われば、焼くまでは冷蔵庫かフリーザーに入れておくことができます。夕食の席についたタイミングで、タルトをオーブンに入れれば、デザートのときまでにタルトが焼き上がって、オーブンから温かいまま食卓に出せます。タルトはオーブンの下段で、生地の底面がきつね色になるまで焼き上

> 私にとって、
> タルトといえば
> フルーツが主役です。
> 生地の端は
> 折るために少し残し、
> フルーツは
> できるだけたくさん
> 生地に詰め込む
> ようにしましょう。

げます。食事のタルトと同様に、タルトの底に焼き色が付き、パリッとすることが大切です。

　シンプルなフルーツタルトを美しく、おいしそうに見せる方法をいくつか紹介しましょう。タルトを焼き始めて30分ほどで、ラズベリーやこけもも、ブラックベリーのようなやわらかいベリー類を（砂糖少々をまぶしてから）散らします。こうすれば、乾きすぎずにベリーに火を通せます。カラントやサルタナなどのレーズンは、フルーツをのせる前の生地にパラパラッとふってもいいでしょう（レーズンが乾いて固くなっていたら、水とコニャックに浸けてのせる前に水分をよく切ります）。ほかには、オーブンから出したタルトに、柑橘類の皮の砂糖漬けをみじん切りにして乗せるやり方もあります。

　タルトにつやと風味を加えるには、焼き上げた後、シロップなどを塗ります。フルーツの果汁が多いときは、焼いている間にたまった果汁を刷毛でフルーツの上に塗るといいでしょう。これは肉をローストするときに出る肉汁をロースト肉に回しかけるのと少し似ています。焼き上がったフルーツタルトに、少し温めたジャムを刷毛で塗ってもいいでしょう。ジャムの果肉は漉しても漉さなくても好みで使い分けましょう。

> 次のりんごの
> タルトのレシピで、
> いろいろな
> バリエーションを
> 試してみましょう。

Apple Tart
りんごのタルト
8人分

オーブンを205℃に予熱し、

　　りんご　1.35kg（シエラ・ビューティー、ピピン、グラニー・スミス(*) が合います）

の皮をむき、芯を取り、約6mmの厚さにスライスします。

　　円形のタルトのパイ生地（194ページ）　285g

を直径35cmくらいの円盤状にのばします。余分な粉を払い、クッキングシートを敷いた天パンにのせます。冷蔵庫に入れて10分ほど生地を固めます。冷蔵庫から出し、生地の上に縁のまわり4cmほどを残して外側からりんごのスライスを並べます。次に、この円の中を埋めるように残りのスライスを重ね合わせるように同心円状に並べていきます。りんごのスライスは1.5cmの高さになるくらいまで重ね、生地の縁をりんごにかぶせるように折ります。

　　バター　42g

を溶かし、生地の折った部分に刷毛でたっぷり塗り、残りをりんごの上になでるように塗ります。

---

*シエラ・ビューティー、ピピン、グラニー・スミス：紅玉、またはジョナゴールドなど、国産の酸味のあるりんごに代えても使えます。

> 砂糖　大さじ2

をタルトの縁にパラパラとふりかけて、

> 砂糖　大さじ2〜3

もりんごの上にふりかけます。

オーブンの下段で45〜55分、皮の底面がきつね色になるまで焼きます。焼けたタルトはラックにのせて、冷まします。

バリエーション

◆ りんごのスライスの半量をかりんのシロップ煮（213ページ）に代えます。

◆ りんご2個は皮をむいて芯を取ってスライスし、水を少量加えてソースパンでやわらかくなるまで煮ます。りんごをピュレにし、冷ましたピュレをタルトの表面に広げ、（縁を4cm弱残します）。その上にりんごのスライスをのせていきます。

◆ りんごをのせる前のタルト生地に、アプリコットジャム大さじ2〜3杯を塗り、焼いた後に温めたアプリコットジャムを、つやを出すため塗りましょう。

◆ 絞ったりんご果汁250ccをとろりとシロップ状になるまで煮つめ、つやだし用のグレーズをつくります。コニャックとレモン汁で風味をつけ、食卓に出す前にタルトに刷毛で塗ります。

カルメロをポーチしたシロップは煮つめると小豆色になりりんごのタルトのつやだしとしても使えます。

Making Sweet Tart Dough
甘いタルト生地

甘いタルト生地、別名パート・シュクレは、今までご紹介してきたタルトの生地とはまったく異なります。カリカリ、サクサクではなく、甘くてポロポロとやわらかい生地です。私は、底が外れるタルト型を使って、デザート用のタルトを焼くときにこの生地を使っています。このタルト生地は、フィリングをのせずに焼いておくことが多く、そうすれば、水気の多いフィリングを乗せたときもカリッとした食感が残るのです。このタイプで私が好きなのは、レモンカード、アーモンド、そしてチョコレートのタルトレットです。

甘いタルト生地には、粉とバターのほかに卵と砂糖が入ります。これらの材料を合わせていくプロセスはパイ皮をつくるというよりもクッキー生地をつくる手順に近く、実際、この生地を小さい円盤形にして真ん中に親指でくぼみをつけ、そこにレモンカードやジャムをのせれば、サム（親指）プリン

トクッキーができます。

　甘いタルト生地がやわらかくなるのは、いくつか理由があります。まず、バターと砂糖を撹拌してやわらかくフワフワなクリーム状にするため、小麦粉に脂分がまざってグルテンの働きが抑えられ、生地はやわらかくなります。また、生地に水でなく卵黄を加えることで、グルテンはより活性化しにくくなります。とはいえ、生地を練りすぎることもあるので、小麦粉をまぜる前に卵をバターにまぜて生地に均等に広がるようにしましょう。バターは室温で15分ほど柔らかくしてからクリーム状にします。パイ皮が脂っぽくなるほど小麦粉に溶けこむ柔らかさではなく、卵黄にまぜられるくらいの固さが最適です。バターが柔らかくフワフワになるまで木のへら（またはミキサー）でかきまぜ、砂糖を加えて泡立て器で強く撹拌します。卵黄とバニラを加え、完全に一体になるまでまぜましょう。卵が冷たいと周りのバターを固くしてしまうので、卵を室温にすればずっと簡単にまざります。もし卵が冷えていたら、黄身と白身に分ける前に2〜3分、湯を張ったボウルに浸けましょう）。小麦粉をバターと卵をまぜるときは、折り込むようにまぜていきます。粉っぽいところが残らないようにすればパイ生地が割れません。生地はやわらかくベタつくので（砂糖が入るためです）、のばす前に最低でも4時間は冷蔵庫に入れて固めておきましょう。生地をボール状にまとめ、ビニール袋で包み、平らに押しつぶした円盤状にして冷やします。この生地は冷蔵で2日、冷凍で2か月まで保存できます。解凍するときは、一晩、冷蔵庫で戻してから使いましょう。

　のばす準備ができたら、生地を冷蔵庫から取り出します。固いようなら20分ほど室温で置いて柔らかくしましょう。生地は本来、やわらかくてベタつきやすいので、2枚のクッキングシートかワックスペーパーで挟んで上からのばせば、扱いやすくなります。

　シートは、35cm四方ほどの正方形に切ったものを2つ、用意します。下側のシートに打ち粉をし、ラップを外した生地を真ん中にのせます。生地の上面にも打ち粉をして、もう一枚のシートを上にのせます。生地を中央から外側へとのばして直径30cmほどの円形にします。生地がシートにくっついたらシートをはがし、生地にもう小麦粉を振りましょう。シートを戻し、全体をひっくり返して反対側にも打ち粉をします。のばしている間に生地がやわらかくなりすぎたら、シートごとそのまま天パンにのせ、冷凍庫で2〜3分冷やして固めます。

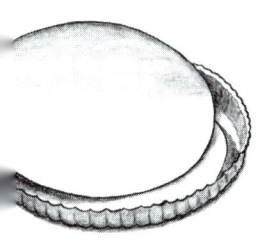

必要に応じて打ち粉をしながら、生地がおよそ3mmの厚さになるまでのばします。のばしたタルト生地は、使う前に2〜3分、冷蔵庫で休ませましょう。直径30cmの円形の生地を23cmのタルト型に入れ（底の取れるタルト型を使えば、焼いたタルトを取り出すのはとても簡単です）、円形の生地からシートをはがし、具をのせずに焼く場合は、全体を軽くフォークで突いて穴を空けます。これはドッキングといって、空気の抜け道をつくって焼いている間にパイ皮が膨らまないようにするものです。生地をタルト型の上にひっくり返し、そっと底面の隅のほうに向けて生地を押して、もう一枚のシートをはがします。余分な生地は、親指でタルト型の縁の上を外方向にこすって切り落とします。生地を切り落とした後、側面を押しつけてから上に押し上げるようにします（こうすれば焼いている間に側面の生地が縮むのを防いでくれます）。ひび割れや穴があれば余った生地でつぎあてをします。生地は焼く前に最低15分は冷やしましょう。小さなタルトをつくるときは、使う型の直径より1cmほど大きめに切ります。スパチュラで生地を型に移し、底や側面に生地を均一に押しあて、余分な生地を取ってから側面を仕上げます。余った生地は、クッキーにもできます。

焼く前にフォークで穴を空けて、冷蔵庫で休ませておけば、生地は縮まず、フィリングなしで焼くときの重石も必要ありません。冷やしたタルト生地は180℃に予熱したオーブンで15分、または均等に薄い金色になるまで焼き上げます。焼いている間、タルトをオーブンから取り出してみましょう。気泡ができていたら軽く押して空気を出し、冷ましてからフィリングを詰めます。タルトを型から外すときも、必ず冷ましてから行いましょう。

Sweet Tart Dough (Pâte Sucrée)
甘いタルト生地

315gの生地、
22cmのタルト型1個分、
または10cmの
タルトレット型で6個分、
クッキーで30個分

バター　112g

砂糖　65g

をクリーム状になるまでかきまぜ、

塩　小さじ¼

バニラエッセンス　小さじ¼

卵黄　1個

を加え、完全に一体になるまでよくまぜます。

無漂白の強力粉　185g

を加えてかきまぜ、折り畳みながら、乾いたところがなくなるまでよく合わせます。固まるまで最低4時間、あるいは一晩冷やしてください。

バリエーション
- 小麦粉にシナモン小さじ1をまぜます。
- サム（親指）プリントクッキーをつくるときは、生地を2.5cm大に丸めます。丸めた生地を砂糖の上で転がしてクッキングシートを敷いた天パンに2.5cm間隔で置きます。親指でクッキーの上を押して、くぼみをつくりましょう。180℃に予熱したオーブンで12分焼いたら、レモンカードかジャムをくぼみに詰めます。さらに5分、または薄い金色になるまで焼き、冷ましてから食卓へ出しましょう。

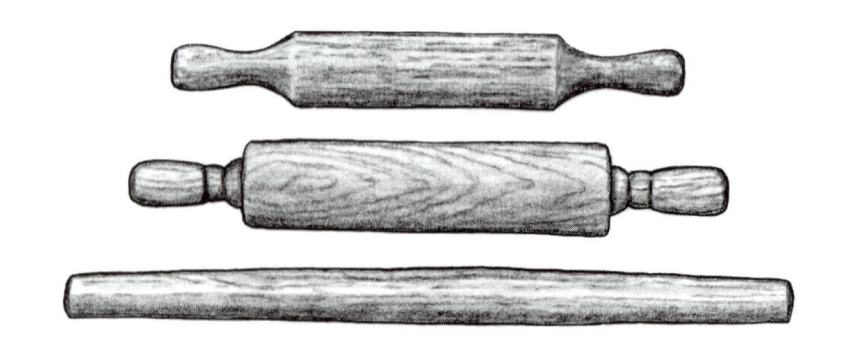

Chocolate Tartlets

チョコレートの タルトレット

10cmのタルトレット型 6個分、または 4cmのミニタルト型 18個分

シンプルで、この上なくリッチで、ほろ苦いチョコレートタルトレットは、表面はつややかで、タルトレットの金色の皮が美しいスイーツです。あらかじめ焼いたタルトレットの型に、温めたクリームとビタースイートチョコレートでつくったガナッシュを詰めます（ガナッシュを冷やして、とろりとさせればチョコレートトリュフの材料になります）。

甘いタルト生地　1枚（204ページ）

を直径30cmほどの円形にのばします。生地全体をフォークで軽く突いて穴を空け、13cmほどの円形を6枚（10cmのタルトレット型の場合）、または5cmの円形に18枚（4cmのタルトレット型の場合）切り取ります。生地を10cm、または4cmのタルトレット型に移し、型に押しつけます。親指でタルト型の縁の上を外側に押して余分な生地を切り落とし、生地を切り取った後に側面を押しつけてから上に押し上げます。ひび割れや穴は余った生地でつぎあてします。準備ができたら冷凍庫で最低10分は休ませます。180℃のオーブンで15分、または均等に軽くきつね色になるまで焼きます。半分焼けたところでパイ皮の焼け具合を確かめ、気泡が出ていたら軽く押しつけて空気を抜きます。冷まして、型から抜き、ガナッシュ用に、中くらいの耐熱ボウルに

ビタースイートチョコレート　170g　（細かく刻む）

を入れます。

生クリーム　250cc

を火にかけて沸騰する直前まで熱します。それをチョコレートの上に注ぎ、30秒ほどおいてチョコレートが溶けるまでかきまぜます。ただし、かきまぜすぎると気泡が出てしまうので気をつけましょう。まだかなり温かい液状のうちにタルトに注ぎ、傾けたり回しながらフィリングを平らにします。固まるまで、室温で最低1時間ほど休ませましょう。

おいしいオーガニックチョコレートを選びましょう。タルトのフィリングになるガナッシュは選んだチョコレートの味がそのまま出てしまいます。

バリエーション

◆ このレシピで大きなタルトもつくることもできます。23cmのタルト型にフィリングなしの生地を入れて焼き、同じ要領でガナッシュを詰めます。

◆ 温かいクリームをまぜたチョコレートに、小さじ2のコニャックかブランデー、ラム酒を加えます。

◆ ホイップクリームを添えて出しましょう。ホイップクリームはタルトの縁に沿って絞ると、美しく仕上がります。

Fruit Desserts

フルーツのデザート

Peach Crisp or Cobbler
Poached Pears
Tangerine Ice

ピーチクリスプ、またはピーチコブラー　洋梨のシロップ煮　タンジェリンオレンジのアイス

よく熟れた一切れのフルーツほど季節感を伝えてくれるものはありません。フルーツは食卓に新鮮さと甘美なひとときを運んでくれますが、まして地元で穫れたものなら、その土地とのつながりも強く意識させてくれます。かつて砂糖のたっぷり入ったデザートなどめったになかった時代、デザートは熟したフルーツそのものを意味していました。今でも私の食事のしめくくりは、新鮮で風味豊かな自然な甘さのフルーツで、それ以上のデザートはありません。

わずかしか収穫できない伝統種や消えゆく珍しい種類のフルーツをいろいろ見つけだすのは、本当にわくわくすることです。ファーマーズ・マーケットは、希少なフルーツを育てている生産者が、その価値をわかる人々に提供できる場所で、なんといっても私にとって、食べ頃の完熟フルーツに出会える楽しさが、ファーマーズ・マーケットならではの魅力です。完熟したフルーツは梱包して配送するのには耐えられないほどデリケートで、商業ベースにのせることができません。どの土地にもそれぞれ、そこでしか穫れない種類のフルーツがありますが、そんなフルーツで食事をしめくくることができたら、その一食は本当に特別なものになるでしょう。食べ方は問題ではありません、シンプルにそのまま食べてもいいし、温かいコブラー（*）にしても、さっぱりしたシャーベットにしてもいいのです。

＊コブラー：深皿で焼くフルーツパイの一種。ビスケット生地にフルーツをトッピングします。

Fruit for Dessert
デザートに フルーツを

　フルーツはさっと水洗いして、ボウルや小皿、大皿にそのまま美しく盛りつけ、あとはテーブルに置くだけです。もし、ぶどうやいちじくの葉があれば数枚敷いて、より美しく盛りつけることもできます。フルーツの茎に生き生きとした葉っぱが2〜3枚付いていて、果実の間から葉のついた枝がのぞく静物画を思わせるような美しいフルーツがテーブルに運ばれてきたら、誰もがハッと手を止めて見入ることでしょう。そして、それぞれのお客さまの前に小さなお皿を置くだけでいいのです。必要なら、ナイフを添えましょう。

　好みでカットした季節のフルーツを盛り合わせても、1種類だけスライスしてお皿に並べてもいいでしょう。カットしたフルーツに砂糖やオレンジジュース、またはワインを少しだけかけてみましょう。オレンジジュースにいちごを浸したり、桃のスライスを赤ワインに漬けて冷やせば、とても優美なデザートになります。新鮮ないちじくを半分に割って、ラズベリーをぱらぱらと散らし、はちみつをほんの少しかけた一皿もまた格別です。そして、滴り落ちる官能的な甘いしずくのメロンも忘れられないデザートです。メロンにはたくさんの種類があり、味わいもそれぞれ違います。何種類ものメロンを別々に、あるいは一緒に盛りつければ、少しずつ色合いの違うパステルカラーがそれぞれの美しさを引き立てます。やわらかいベリー類や、桃や杏のように果肉の中央に固い種のある夏のストーンフルーツは、さまざまな組み合わせができます。たとえば桃とブラックベリー、プラムとラズベリー。洋梨とりんごなど、別々でも一緒に出してもいいでしょう。冬の夜長には、熟した柑橘類となつめが、フルーツを育む豊穣な大地の明るさを食卓に運んでくれます。タンジェリンオレンジ（*）となつめは、昔からおなじみの組み合わせです。ナッツは、ローストしてもしなくてもフルーツとの相性がいいものです。たとえば、くるみはいちじくと洋梨、アーモンドはりんごとなつめ、というように。チーズも素晴らしいデザートです。フルーツはどんなチーズともよく合いますが、私がチーズに合わせるフルーツは、洋梨とりんごです。でも、たとえば、いちじくやデーツなど、ほかのフルーツでも試してみてください、

　旬に収穫された完熟したフルーツは、その季節やその瞬間を映し出す鏡のようです。その日にマーケットに並んだ中から、見た目も味もすばらしいフルーツを選ぶ、それが最高なのです。よく熟れて、ぶつかった痕や傷みがなく、斑点も少ない、香り高いものを選びましょう。香りをかいでみてくださ

＊タンジェリンオレンジ：国産のみかんに代えても使えます。

い。そしてお店の人に試食させてもらいましょう。洋梨は例外ですが、石のように固い、熟していないフルーツは、日が経っても熟れません。熟したフルーツは、すぐに食べたいものです。やむを得ないときは冷蔵庫で熟れすぎないように保存しますが、なんでも冷蔵庫に入れてしまうのは考えものです。フルーツは室温でこそ香り高く、最高の風味を味わえるのですから。たとえば、よく熟れたいちごなどは、摘みたてが最高です。香りもよく、最もおいしく味わえるのは摘んだその日だけ。そんなフルーツを冷蔵庫に1〜2日入れれば、香りはすっかり消えてしまいます。

Preserving Fruit
フルーツの保存法

品種のフルーツを種類、食べ比べてみましょう。のまま食べるならがいちばん好きで、調理用にはどれがちばん向いているでしょう？

フルーツはたくさん出回る旬のものがいちばんおいしく、いちばんお得です。こういう時期に、冬に備えてフルーツを保存します。近所の果樹のフルーツが摘まれずに残っていたら、頼んでもがせてもらったり、りんご狩りなど自分で収穫できる果樹園へ出かけてもいいでしょう。さらにいいのは、自分の庭に実ったフルーツを収穫することです。もしそういうことができたら、素晴らしいですね。子供たちはフルーツをとるのが大好きです。さくらんぼがたわわに実った木に登ったり、熟した実で小枝がしなったラズベリーの茂みの中を歩き回ったり、子供たちにとってこれほどワクワクすることはありません。

　フルーツの保存には、数日間、あるいは数か月保存する場合など、いろいろな方法があります。最も簡単な方法は、冷凍することです。ベリー類はいずれも冷凍に向いています。カビがないかひとつずつ確かめ、トレーに重ならないように広げて、1〜2時間冷凍します。凍ったベリーは密閉容器かビニール袋に入れれば、冷凍庫で3か月は保存できます。ストーンフルーツと呼ばれる固い種のある桃などは、砂糖を少し加えて、軽く煮てピュレ状にして冷凍しておけば、後でスフレやアイスクリームなどに使えます。ピュレは数か月間、冷凍保存できます。フルーツの食べ頃が過ぎて大急ぎでなんとかしなければならなくなったら、細かく切って砂糖を少し加え、汁気が出るくらいに火を入れます。このフルーツコンポートは、私の家族が好きなデザートで、そのまま出したり、アイスクリームにかけたりしています。また朝食のパンケーキの上にのせたり、オートミールのボウルにまぜたりするのも、家族が好きな食べ方です。このコンポートは冷蔵庫で1週間ぐらい保存が効きます。

フルーツシロップやジャム、ゼリーは、調理に時間はかかりますが、長く保存できます。少量つくってもいいし、あるいは友人たちと数種類をまとめてどっさりつくるのもいいでしょう。食料庫にフルーツが入った広口瓶やジャム、ゼリーなどの瓶が並ぶ光景は、おいしそうなだけでなく、美しいものです。

フルーツペーストは、フルーツチーズとも言い、フルーツのピュレの水分を飛ばしてかなり濃厚になるまで煮つめ、たいていは型に入れて冷まします。かりんやりんごでつくったペーストのスライスに一切れのチーズを添えれば、食事のすてきなしめくくりになります。冷蔵すればフルーツペーストは何か月も保存できます。家族で食べきれないくらいつくっても、フルーツペーストや自家製ジャムは、誰からも喜ばれる贈り物になります。

Crisps and Cobblers
クリスプとコブラー

**クリスプなら
りんごと洋梨、
りんごとこけもも、
ネクタリンと
ブラックベリー、
桃とラズベリー、
ルバーブ、
いちごとルバーブ、
りんごとブランデーに
漬けたカラント、
プラム、
オライリーベリー、
りんごとかりん
が向きます。**

甘さをひかえたクリスプやコブラーは、風味豊かで素朴なデザートです。幾重にも積み重ねたフルーツの上にサクサクとしたクリスプトッピング生地やクリームビスケット生地をのせて焼くデザートで、パイ皮をかぶせて深皿で焼くパイによく似ています。季節ごと、旬のフルーツでつくります。秋から冬にはりんごや洋梨、春にはルバーブやいちご、そして夏には、固い種のあるストーンフルーツとベリーなど。

フルーツにのせるクリスプ生地は、小麦粉とブラウンシュガー、ナッツ、スパイスをざっくりとまぜあわせ、そこに細かく刻んだバターをもみこんでつくります。生地は量が多くても、少量つくるのと同じように簡単で、冷凍しておけば2か月間は保存できます。たくさんつくって冷凍庫に常備しておけば、不意の来客があっても、手早くデザートがつくれて便利です。

ビスケット生地でトッピングをつくるコブラーは、クリスプほど甘くなく、汁気の多いフルーツでつくるのに向いています。私は、シンプルなクリームビスケット生地を、バターを粉にまぜ込んでベーキングパウダー少々を加え、ヘビークリーム（*）でしっとりさせています。生地は厚めにのばし、好みの形に切ります。この生地は切った後、焼く前に1～2時間は冷蔵庫に入れておきましょう。

クリスプやコブラーをつくるときは、フルーツを高く盛りましょう。フルーツは一口サイズ（厚さ8mmのスライスか、2.5cm角）に切り、フルーツパイのフィリング（具）をつくる要領で小麦粉少々と砂糖少々をまぶしておき

＊ヘビークリーム：乳脂肪分が36％以上の生クリーム。

FRUIT DESSERTS

コブラーなら
杏とラズベリー、
杏とチェリー、
ミックスベリー、
ブルーベリー。

ます。クリスプトッピング生地はとても甘いので、フィリングの砂糖は控えめにします。ルバーブは酸味が強く、かなりの砂糖が必要ですが、りんごはそれより少なく、桃のような甘いフルーツには砂糖を入れなくてもいいほどです。フルーツを切って味見をして、砂糖をまぶした後にも味見をしましょう。あとから砂糖を加えることはいくらでもできます。小麦粉は果汁にとろみをつけて、水っぽくなるのを防いでくれるので、おおよそ大さじ1～2杯、フルーツにふりかけます。

　クリスプやコブラーは、焼いて皿のまま食卓に出すので、すてきな耐熱皿を選びたいものです。金属はフルーツの酸に反応するので、セラミックの皿が最適です。焼き皿はたっぷりとフルーツを重ねて入れられる7.5cmほどの深さが必要です。果汁があふれても受け止められるように焼き皿は天パンの上に置きましょう。クリスプは、濃いきつね色になって、端からグツグツとフルーツが煮え立つくらいまで焼きます。コブラーはビスケットに火が通って、黄金色になるまで焼きます。もしフルーツに火が通る前にクリスプのトッピングに焼き色がついてきたら、アルミホイルを上にのせて焼けすぎないようにしましょう。最後の2～3分でホイルを外し、もう一度トッピングをカリッと焼きます。できたての熱々をすぐに食卓に運びますが、時間が経ってから出すときは、2～3分オーブンで温め直しましょう。コブラーとクリスプはそれだけでもおいしいものですが、冷たい生クリームを少量添えると、よりいっそうおいしくいただけます。

ach Crisp or Cobbler
ーチクリスプ
または
ーチコブラー
8人分

　　　熟した桃　1.8kg

桃は沸騰している湯に10～15秒浸し、それから皮をむきます。半分に切って種を取り、8mmの厚さにスライスします。約1.75ℓの量ができるはずです。味見をして、

　　　砂糖　大さじ1（必要に応じて）

　　　強力粉　大さじ1 1/2

をまぶします。

7.5cmの深さのある容量約2ℓの耐熱皿に桃のスライスを重ね入れ、

　　　クリスプトッピング生地　750cc（次ページのクリスプトッピングのレシピ

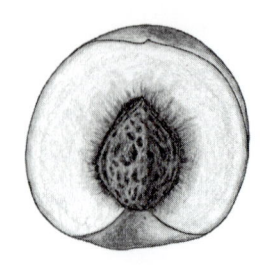

を参照）

または、クリームビスケット生地（315ページ）　焼いていないもの8枚

を桃の上にかぶせます。

190℃に予熱したオーブンで、40〜55分焼きます（均等に焼き色がつくように1〜2回、皿の向きを変えます）。または、クリスプトッピングやクリームビスケット生地がきつね色になり、フルーツが皿の中でグツグツ煮えるまで焼き上げます。

バリエーション

◆ 桃は1.35kgをスライスして、ラズベリーかブラックベリー、またはこけもも250〜500cc分とまぜましょう。

◆ 白桃と黄桃をまぜて使います。または、ネクタリンを使います。

◆ 泡立てたホイップクリームやピッチャーに入れた冷たい生クリーム、またはアイスクリームを添えて食卓に出しましょう。

Crisp Topping
クリスプトッピング
750cc

ナッツを入れたくなければ、省いてクリスプトッピングをつくってもかまいません。

ナッツ（ピーカンナッツかくるみ、アーモンド）　160cc分

190℃のオーブンで6分焼きます。冷ましてから粗く刻み、刻んだナッツをボウルに入れて、

強力粉　185g

ブラウンシュガー（*）　大さじ6

グラニュー糖　大さじ1 1/2

塩　小さじ1/4（有塩バターを使用するときは省きます）

シナモンパウダー　小さじ1/4（好みで）

を加え、よくまぜてから

バター　170g（小さく刻む）

を加えます。指かペストリーブレンダー、またはアタッチメントをつけたスタンドミキサーで、生地にバターをもみこみます。全体にようやくまとまって、ぽろぽろした質感になるまでまぜましょう。砂のように細かく均一になるのはまぜすぎです。生地は、使う直前まで冷蔵しておきましょう。クリスプトッピングは前もってつくっておくこともでき、冷蔵庫で約1週間、冷凍で約2か月間保存できます。

＊ブラウンシュガー：国産の三温糖に代えて使えます。

Poaching Fruit
フルーツのポーチ煮

フルーツをシンプルにポーチしてみましょう。薄めのシロップにフルーツを浸し、火がやっと通る程度までゆっくりと煮れば、フルーツの形はそのままで、風味が出てきます。煮汁にはスパイスや柑橘類の皮を入れて香りをつけたり、ワインで風味づけをしてもよいでしょう。洋梨、桃、杏、かりん、チェリー、金柑、そして杏やレーズン、カラント、プルーン、チェリーなどのドライフルーツは、いずれもポーチに向いています。シロップで煮たフルーツは、スライスしてサーブするだけでもすばらしいデザートですが、バニラアイスクリームを添えたり、クッキーと一緒に出したり、ラズベリーやチョコレートソースを添えれば、特別な席にもふさわしいちょっとおしゃれなデザートになります。シロップたっぷりのフルーツ数種のポーチ煮を取り合わせたコンポートは、季節感あふれるすてきなデザートですが、シンプルなケーキを華やかに飾ったり、タルトにトッピングして焼いたりできます。

ポーチするフルーツは火を通しても形が崩れないよう、あまりやわらかすぎないものを使います。実際にまだ完熟していないフルーツや少し傷のあるものもポーチすれば使えます。そうすれば数日間保存がきくので、使い切れないほどたくさんのフルーツがあるときには便利です。フルーツによってはポーチする前に下ごしらえが必要なものもあります。洋梨は皮をむきます。私は飾りとしてヘタと芯も取らずに、丸ごと使います。芯を取って半分か4分の1に切ってもいいでしょう。洋梨の中でもボスク種、バートレット種、アンジュー種はポーチに適した品種です。桃や杏などは丸ごとポーチしても、ポーチした後に半分に切って皮をむいてもいいでしょう。小さくて平たい白桃は、丸ごとポーチするととても素晴らしいものです（種を割って中の仁を取り出し、いくつかシロップに入れれば、アーモンドエッセンスのような香りが加わります）。さくらんぼは種を取っても取らなくてもいいですし、りんごは芯を取り、皮は好みでむいてもむかなくてもいいでしょう。ポーチに適したりんごの品種（＊）をいくつか挙げると、ゴールデンデリシャス、ピピン、シエラビューティー、そしてグラニースミスです。かりんはシロップに入れる前に皮をむいて芯を取りますが、それでも煮るのは長い時間かかります。ドライフルーツは、直接シロップに入れましょう。

シロップは、普通、薄めの砂糖水をさしますが、砂糖65ｇに水250ccからはじめて、自分の好みと使うフルーツによって甘さを調整します。タルト用なら甘みを加えましょう。フルーツが完全に沈むくらいシロップはたっぷ

＊ポーチに適したりんごの品種：国産では、紅玉やジョナゴールドなど酸味のあるりんごがポーチするのに向いています。

り用意しましょう。シロップとフルーツがゆったり入る大きさの、重い厚手の耐酸性の鍋を選びます。水と砂糖を鍋に入れて、沸騰したら砂糖が溶けるようにかきまぜ、弱火にします。この段階で香りづけに使うフレーバーをすべて加えます。私はレモン汁とレモンゼスト数切れを入れるのが好きで、どんなフルーツをポーチするときにも加えます。ほかにはバニラビーンズを縦半分に割ったもの、シナモンスティック、粒こしょう、クローブ、そのほかのスパイス類、それにローズマリーやバジル、タイムのようなハーブ類から選んで使っています。ミントやレモンバーベナのようなデリケートなハーブは煮上がる直前に加えれば、繊細な風味を残すことができます。しょうが、オレンジの皮、また紅茶の葉を加えても芳しい香りが加わります。ワインは果実味と酸味を加えてくれ、甘口、辛口、赤、白、いずれも使えます。ワイン2に対して、水1の比率で加えてみてください。ポートやソーテルヌなどの甘いワインを使うときは、シロップに入れる砂糖の量を減らします。はちみつやブラウンシュガー、メープルシロップで甘みをつけると、シロップの色は濃くなり、風味は強くなります。ほかにラズベリーやブラックカラントのようなベリーからつくったフルーツピュレをシロップに加えることもできます。

　シロップの準備ができたら、下ごしらえしたフルーツを入れます。洋梨やかりんなど、フルーツによっては空気に触れるとすぐに色が黒ずむものもあります。この種のフルーツは皮をむいたらすぐにシロップに入れましょう。鍋を火にかける前に、丸く切って数か所穴を空けたクッキングシートでフルーツを覆います。煮ている間中、フルーツが完全に煮汁に浸っているようにするためです。煮汁の上にフルーツが出ていると、その部分が変色したり、火の通りにムラが出たりします。煮ているときは、ときどきシートを上から押してフルーツが煮汁に浸るようにしましょう。フルーツはやわらかく、でも煮崩れしない程度までごく弱火で煮ます。よく切れる果物ナイフか楊枝でフルーツのいちばん厚いところを刺してみて、抵抗をほとんど感じなくなればできあがりです。煮る時間はフルーツの種類によって異なります。熟れ具合によっても異なり、熟しているフルーツほど早く煮えます（調理時間は非常に幅があるので、早い段階からフルーツをチェックして、どれくらい時間がかかりそうか見計らいましょう）。2種類以上のフルーツをポーチするときは、1種類ずつ別々に（同じシロップで）煮るといいでしょう。

　フルーツが煮えたら鍋を火から下ろし、シロップに浸したまま冷ましま

スパイスやそのほかのピリッとする強い香りづけをシロップに加えるときは、少しずつ時間をかけて行ってください。とくにドライフルーツの凝縮した味わいと組み合わせるときはなおさらです。

す。ちょっと煮えすぎたと思ったら、余熱でさらに火が入らないようにフルーツをシロップから引き上げ、シロップとは別に冷ましてフルーツが冷めてからシロップに戻します。ポーチしたフルーツはすぐ食卓に出すこともできますが、シロップに浸したまま密閉容器に入れれば冷蔵庫で1週間ほど保存できます。フルーツはシロップに浸けておくと味が濃くなります。ポーチしたフルーツは冷やして、またはシロップ少々と温めてから食卓に出しましょう。

　ポーチした後のシロップでソースをつくることもできます。厚手の耐酸性の鍋にポーチ汁を漉して入れ、濃いシロップになるまで煮詰めます。レモン汁をひとしぼり、またはワインを少々加えて風味を引き立てます。

Poached Pears
洋梨のシロップ煮
4人分

残ったシロップを煮つめるとタルトやペイストリーの焼きだし用に使えます。

水　1ℓ
砂糖　250g

を底の厚い鍋に入れて沸騰させます。砂糖が溶けたらごく弱火にして、

レモン1個分の皮と果汁

を加えます。

洋梨（ボスク種、バートレット種、アンジュー種など）　中4個

のヘタを残したまま皮をむきます。それぞれの洋梨のお尻の部分を取りのぞき、弱火で加熱したシロップに入れます。シロップに洋梨が完全に浸るよう、必要に応じて水を足します。洋梨が半透明でやわらかくなるまで（やわらかくなりすぎないよう）15～40分間煮ます。煮る時間は品種や熟れ具合で異なります。洋梨のいちばん厚い部分をよく切れる果物ナイフで刺して煮え具合をチェックし、火から下ろして冷まします。温めるか冷やしてからシロップをかけてサーブします。その際、シロップは、煮つめても煮つめなくてもいいでしょう。残ったフルーツはシロップに浸けたまま、冷蔵庫で保存しましょう。

バリエーション
◆ 水1250cc分の代わりに辛口でフルーティーな白ワインか赤ワインを使います。

◆ レモンのしぼり汁を皮と一緒に、また、シナモンスティック½本を割ったもの、長さ5cmのバニラビーンズのさやを縦半分に切ったものを加えます。

- ◆ 砂糖の代わりにはちみつ180〜250ccを使います。
- ◆ 洋梨を4等分にカットします。皮をむいて芯を取り、ヘタから伸びる長い筋をすべて取り除きます。ポーチ汁に浸して10〜20分、またはやわらかくなるまで煮ます。
- ◆ 洋梨の代わりにかりんを使いましょう。4等分し、皮をむいて芯を取り、厚さ6mmから1.2cmの厚さの薄切りにして、やわらかくなるまで約45分ポーチします。
- ◆ 泡立てた生クリームかクレームフレーシュ（＊）、温かいチョコレートソース、またはラズベリーソースを添えてサーブします。生のラズベリーを飾ってもいいでしょう。

Ice and Sherbet
アイスとシャーベット

アイスとシャーベットは、フルーツのピュレやジュースを凍らせてつくるデザートです。両方ともフルーツのエキスそのものの、力強くてすっきりした風味が持ち味です。アイスは、グラニータ（＊）とも呼ばれますが、ザクザクした心地いい粗さの食感が味わえます。一方、シャーベットやソルベと呼ばれるものは、アイスクリームメーカーで凍らせて、ベルベットのようななめらかな口当たりが特徴です。

　シャーベットとアイスの基本になる材料は、フルーツと砂糖です。バニラエッセンスかリキュールを少々、それに塩をほんのひとつまみ加えるとさらに味が引き立ちます。フルーツは完熟した風味豊かなものを使いましょう。マーケットで味をみて、厳しく吟味しましょう。風味のないフルーツからは風味の乏しいソルベやアイスしかできません。ジュースやピュレにできるフルーツならどんなものでも、アイスやシャーベットもつくれます。やわらかいフルーツは生のままフードミルかフードプロセッサーでピュレ状にし、漉して種を取り除きます。私はベリー類なら、たいてい少量の砂糖を加えて、

＊クレームフレーシュ：国産のサワークリームに代えて使えます。また、牛乳とヨーグルトを半量づつまぜてつくれます。　＊グラニータ：シャーベット状の氷菓。

果汁が出はじめるまで少しだけ加熱してからピュレにしています。洋梨やかりんのような堅いフルーツはピュレにする前にやわらかくなるまで煮る必要があります。柑橘類の果汁は必ずしも漉す必要はありません。種は手で取り除きますが、繊維質は食感と風味を増すのでそのままにしておきましょう。

　砂糖は甘みを加えるだけではなく、砂糖を加えることでシロップが凍る温度を下げて氷の結晶ができるのを抑えてくれます。これはベルベットのようになめらかな食感のシャーベットをつくるときにとくに大切なことです。冷やしたり、凍らせると、砂糖の甘みを弱く感じるので、凍らせたときにちょうどよい甘さになるよう、室温では甘すぎると感じるくらいに砂糖を加えましょう（それを理解するための実験は、ピュレかジュースを大さじ1ずつ3杯取って、それぞれ異なる量の砂糖を加えて凍らせてから甘さと食感の違いを味わってみること）。

　アイスは文字どおり、フルーツのジュースまたはピュレを凍らせたものです。フルーツのピュレやジュースに甘みを加え、浅い硬質ガラスかステンレス製のバットに注いで冷凍庫で凍らせます。砂糖を加えるときは一度にたくさん入れず、味見しながら小さじで必要な量ずつ足していきます。全部を凍らせる前に試しに少量だけ凍らせてみて、凍ったらどんな味になるか確かめてもいいでしょう。冷凍庫に入れたらときどきかきまぜて氷の結晶を壊し、分離しないように注意します。凍らせている途中でかきまぜるほどに結晶は細かくなります。私は、まずアイスの上面と側面が凍りはじめたらかきまぜ、それから全体がみぞれ状になったらもう一度かきまぜるようにしています。そしてそのあとアイスを突いてみて、固まってはいてもまだ完全に硬く凍結していない状態になったら、冷凍庫から出して砕きます。フォークで全面を上から底までかいていくか、菓子用のスクレイパーを使ってバットの中を上下左右に切り込んで、アイスが完全に砕かれて、つぶつぶの氷がふわっとした状態になるようにします。そして、食卓に出す前にアイスをもう一度凍らせましょう。食卓に出すときに軽くかいてふわっとさせ、フォークですくってボウルまたはカップに入れます。アイスに使ったフルーツは、砂糖少々をまぶすかポーチして添えれば、味と食感の美しいコントラストが楽しめます。

　シャーベットはアイスとほぼ同じ手順でつくりますが、アイスクリームメーカーを使って凍らせます。大きな違いは、やわらかい食感を出すためにシャーベットはより甘くする、という点です。どのくらいの甘さが必要か、ま

グラニータやアイスを凍らせるためにアイスクリームメーカーは必要ありません。

ず試しに少量だけ凍らせて味見しましょう。これを何度か繰り返すうちに勘が働いてくるはずです。フルーツのピュレやジュースは、アイスクリームメーカーで凍らせる前に十分に冷やしておきましょう。そうすれば早く凍って氷の結晶は小さくなります。シャーベットは、何種類かを取り合わせてサーブすれば、すばらしいおもてなしになります。相性のよいフルーツを数種、または同じフルーツでも違う品種のシャーベット数種類を一緒に盛りつけましょう。

Tangerine Ice
タンジェリンオレンジ（みかん）のアイス
4人分

マイクロプレーン社のゼスターは、普通の西洋スタイルのおろし金ですが、柑橘類の皮からゼストを取るときの切れ味は抜群です。

タンジェリンかマンダリンオレンジ（＊） 1.35kg

は洗って乾かします。

タンジェリンオレンジ2個分の皮をすりおろし、ソースパンに入れて、果汁を絞ります。約600ccの果汁が取れるはずです。果汁125ccを皮と、

砂糖　65g

と一緒にソースパンに入れて、

かきまぜながら加熱し、砂糖が溶けたらすぐに火を止め、残りのジュースを加えます。味見をしてから、

レモンのしぼり汁　ひとしぼり（好みで）

塩　ほんのひとつまみ

を加えます。

　さらに味見をして、必要に応じて砂糖を加えましょう。耐酸性のバットなどに注いで凍らせます。1時間後、または側面と上面に氷の結晶ができてきたらかきまぜ、2時間後、あるいは全体がみぞれ状になったら、再びかきまぜます。氷が固まって、それでもまだ硬くはなっていない状態で砕いてから、冷蔵容器に移します。

バリエーション
- シャーベットをつくるには、砂糖を100gに増量してよく冷やします。手持ちのアイスクリームメーカーで凍らせます。
- アルマニャックかコニャックを小さじ1杯ほど加えてまぜましょう。
- 半分に切ったタンジェリンオレンジは、果汁をしぼったあと取っておき、中身を全部かきだして凍らせます。そこに凍ったシャーベットや砕いたアイスをすくって入れ、食卓に出すまで凍らせておきましょう。

＊タンジェリンオレンジ、マンダリンオレンジ：国内産のみかんに代えて使えます。

Custard and Ice Cream

カスタードとアイスクリーム

Vanilla Pouring Custard
Lemon Curd
Strawberry Ice Cream

バニラ風味のカスタードソース　レモンカード　ストロベリーアイスクリーム

卵 というやわらかでなめらかな食材を使ってつくる、甘い濃厚なデザートをご紹介しましょう。シンプルで繊細なプロセスのレシピは、簡単にマスターできるものばかりです。いったん基本的なテクニックを覚えれば、卵をベースにしたカスタード・プディングやデザートソース、そしてアイスクリームなど、数えきれないほどのデザートをつくることができます。アイスクリームとカスタードをつくれるということは、どんなに変わったフレーバーのものでも自分で応用してつくれるということです（私は、はちみつとキャラメル、フレッシュミントのフレーバーでつくるのが好きです）。そしてもちろん、新鮮な地元産のオーガニックな卵を使えばいっそうおいしくできるのです。

Pouring Custard
カスタードソース

　ソースパンで牛乳と卵黄、砂糖を一緒にゆっくり加熱すれば、シンプルなカスタードソース、クレーム・アングレーズ（イギリス風デザートソース）ができます。クレーム・アングレーズは、冷たいカップに入れてサーブすれば、手軽でおいしいデザートにもなりますが、たいていは味の引き立て役としてスライスした新鮮なフルーツ、焼いたりワイン煮にしたフルーツやケーキに添えるソースとして使います。

　カスタードソースは卵黄だけでつくります。ゆっくり加熱すれば黄身が固まって、牛乳にコクととろみが出てきます。おおよその目安は卵黄2個に牛乳250ccの比率です。卵を黄身と白身に分け、卵白は別の料理に使うために取っておきましょう。卵黄は小さなボウルに入れ、軽くほぐれる程度にかきまぜます。ただ、まぜすぎると泡立ったソースになるので注意しましょう。砂糖と縦に裂いたバニラビーンズを牛乳に加えて、底の厚い鍋で加熱します（バニラビーンズがなければバニラエッセンス使えますが、バニラビーンズほど風味はなく、カスタードに浮く小さな黒い種がないので見た目も単調です）。

　牛乳を温めると、砂糖が溶けてバニラビーンズの香りが立ってきて、卵黄でとろみがつきます。鍋の縁に小さい泡が立って、牛乳から湯気が立つぐらいまで温めます。沸騰はさせないように。熱した牛乳を卵黄とまぜるときは、最初、卵黄の入ったボウルにレードル1杯分の牛乳を加えて溶きます。鍋に入れた熱い牛乳をかきまぜながら、その中に溶いた卵黄を注ぐようにします。

　そして、いちばん肝心なのは、火を通しすぎると卵黄が煮えてスクランブルエッグのように牛乳と分離してしまうので、中火でずっとまぜ続けることです。私は先が平らなへら状の木製のスプーンを好んで使っています。鍋底全体をまんべんなく8の字を描くようにまぜましょう。最も火が強く当たるところから鍋底全体に熱がまわるように、底の厚い鍋を使うことが大切です。鍋底と側面の境目をこそげることも忘れないようにしましょう。カスタードがスプーンの背にくっつくぐらいのとろみが出てきたら、すぐに火からおろします。色の濃い木のスプーンを使うとわかりやすいでしょう。スプーンの背に指を縦に走らせた線が、流れてくるカスタードによってすぐに消えない粘度になればできあがりです。カスタードは約77℃でこの状態になります。または、水が沸騰するときに湯気が一気に出るように、カスタードからたくさん湯気が出はじめたら、それができあがりのサインです。カスター

ドをかきまぜながら、よく観察しましょう。しばらく同じ状態が続いていても、ある温度に達すると突然、全体がとろっとしてくるはずです。

　料理を始める前に、漉し網とボウルを用意しておきましょう。カスタードがとろりとしてきたら、すぐに火から下ろします。1〜2分間しっかりとまぜてからボウルにのせた漉し網で漉します。カスタードはさらにまぜてから冷まし、それ以上熱が入らないようにします。漉し網からバニラのさやを取って種をかきだしてカスタードに入れれば、たくさんの種から風味が出てきます。できあがったカスタードはすぐに食卓に出すか、冷やしましょう。冷えてからラップでしっかり覆います。カスタードは冷えるとよりとろみが増します。食卓に出す前には、よくかきまぜましょう。

　カスタードソースやクレーム・アングレーズは、フルーツのピュレ、エスプレッソ、キャラメル、チョコレート、またはラムやコニャックやそのほかのリキュールで風味づけをすれば、たくさんのバリエーションが楽しめます。また、風味をつけたカスタードソースは、生クリームを加えてアイスクリームメーカーで凍らせればアイスクリームになります。卵黄をさらに一個増やせばカスタードはよりこってりとします。また牛乳の代わりに、または適量のハーフアンドハーフ(*)に変えれば、より濃厚な味わいになります。

　カスタードは、鍋にかけて温める代わりにオーブンで焼いてつくることもできます。そのひとつがポッド・クレームという濃厚なカスタードで、これは卵黄2個に生クリーム（または生クリームにハーフアンドハーフか牛乳をまぜたもの）250ccの比率でつくります。卵黄と生クリームをまぜたものを耐熱陶器のオーブン皿に入れ、カスタードに直接オーブンの熱が当たらないようするため、熱湯を入れたオーブン皿に器を並べて焼きます。この調理法をバン・マリーといいます。180℃のオーブンで、カスタードの縁が固まって、真ん中がまだやわらかくふるふると揺れる状態になるまで焼きましょう。焼き上がったカスタードは、お湯から取り出してよく冷まします。

　フランなど、焼いた後に型から外すカスタードは、卵黄と全卵でつくります。卵白が入るとカスタードがしっかりして、型から出してもそれ自体の重みでつぶれません。伝統的にフランは牛乳でつくるので、軽い口当たりになります。フランは、卵黄1個と全卵1個に対して牛乳250ccが一般的な比率です。

＊ハーフアンドハーフ：牛乳と生クリームを同量合わせてつくります。

Vanilla Pouring Custard (Crème Anglaise)

バニラ風味のカスタードソース（クレーム・アングレーズ）

550cc分

生クリームでつくったクレーム・アングレーズは、アメリカで、「フレンチバニラアイスクリーム」として知られるアイスクリームの素になります。

　全卵　4個

は卵黄と卵白に分け、卵白は別の用途に取っておきましょう。卵黄はかきまぜてほぐします。底の厚い鍋に

　牛乳　500cc
　砂糖　大さじ3

を入れます。

　バニラビーンズ　5cmの長さのもの

その縦半分に切り目を入れ、種をかきだして牛乳に加えます。別の耐熱性のボウルの上に漉し器をセットしておきます。牛乳を中火で温め、ときどきかきまぜながら砂糖を溶かします。熱くなったら牛乳少量を卵黄にまぜ、その後に温めた牛乳に卵黄をまぜ込んでいきます。中火で加熱して、ソースがスプーンの背を覆うくらいの濃度になるまで、かきまぜながら熱を加えます。そのときに沸騰しないように注意しましょう。火から下ろしたら、素早く漉し器で漉します。温かいまま、または冷やしてサーブします。

バリエーション

◆ 牛乳の全部、または一部をハーフアンドハーフに変えれば、さらに濃厚なカスタードになります。

◆ 卵黄1個分を加えると、よりとろみのあるカスタードになります。

バニラビーンズの代わりに、バニラエッセンス小さじ1をカスタードが冷えてから加えましょう。

Fruit Curd
フルーツカード

　フルーツカードのなかでも代表的なものは、レモンカードです。フルーツのカスタードの一種ともいえますが、牛乳も生クリームも入れずにつくります。レモン汁とレモンゼスト、砂糖、卵、バターをまぜて、とろりとするまでじっくりと加熱します。カードは冷めるとパンなどに塗れる固さになります。レモンカードは濃厚でおいしく、レモン独特の新鮮な風味があって、昔からトーストやスコーンのトッピングとして使われていましたが、ほかにもさまざまな用途があります。甘いタルト生地に詰めて焼けば、すばらしいレモンタルトになります。このタルトにさらにメレンゲをのせて焼いてもいいでしょう。また、クッキーやケーキ、ペイストリーのフィリング（具）にもなりますし（私はマイヤーレモンのエクレアが大好きです）、できあがったばかりのフレンチ・バニラアイスクリームにマーブル状にまぜこんでもおいしいものです。

　レモンは昔からカードづくりに使われますが、カードの具はレモンだけというわけではありません。ライム、オレンジ、グレープフルーツ、タンジェリンオレンジなど、どんな柑橘類でもつくれますし、ラズベリーやブラックベリーのようなベリー類のピュレも使えます。柑橘類のゼストと果汁をまぜたカードには、ゼストは果汁と同じくらい風味づけに大切です。また、ベリー類のピュレに砂糖と卵とバターをまぜて、あとはエッグカスタードと同じ要領でつくります。底の厚い鍋に材料を入れ、中火にかけて絶え間なくかきまぜ、カードがスプーンの背をとろりと覆うようになるまで加熱します。卵が固まってしまうので沸騰させないように注意しましょう。できたら、ボウルかガラス容器に入れて冷まします。カードは冷めてくると、さらにぽってりと重くなります。しっかりふたをした容器に入れて冷蔵庫に保存すれば、最長で約2週間もちます。

Lemon Curd
レモンカード
500cc分

レモン　4個

は水で洗って乾かします。
レモン1個分の皮を目の細かいおろし器でおろし、レモン4個分の果汁を絞ります。約125ccのジュースが取れるはずです。

卵　2個
卵黄　3個
牛乳　大さじ2

砂糖　65g

　　　塩　小さじ1/4（有塩バターを使用するときは省く）

をよくまぜ、

レモンのしぼり汁とレモンゼストを加え、

　　　バター　85g（小さく刻む）

をさらに加えます。

小さな耐酸性の鍋に入れ、中火にかけて絶えずかきまぜながら、スプーンの背を覆う程度の濃さになるまで火を通します。沸騰させると卵が固まってしまうので注意しましょう。十分な濃度になったら、ボウルかガラス容器に移して冷まし、ふたをして冷蔵庫に入れましょう。

バリエーション

◆ マイヤーレモン（*）は、甘い果汁と皮の香りが素晴らしいフルーツで、とてもすばらしいカードになります。このレシピを、普通のレモン1個とマイヤーレモン3個の果汁、マイヤーレモンのゼスト2個分でつくってみましょう。

◆ フロスティング（*）をつくるには、甘みをつけたホイップクリームをレモンカードに軽くまぜこみます。私はいつも、同量のホイップクリームとレモンカードをまぜています。

◆ レモンカードのタルトをつくるには、23cm径の甘いタルト生地（204ページ）を具をのせずに焼き、レモンカード500cc分を詰めます。カードを平らにならして、190℃に予熱したオーブンで15〜20分、またはレモンカードが固まるまで焼きます。

Making Ice Cream
アイスクリームづくり

アイスクリームは、世界中の人から愛されるデザートです。アイスクリームマシンでつくったばかりの自家製アイスクリームは、市販のどんなアイスクリームよりも魅力的です。アイスクリームは基本的には2種類あります。ひとつは、甘く風味づけした生クリームを凍らせたもの、もうひとつは生クリームと卵黄でつくったカスタードクリームを凍らせた、よりコクがあってなめらかなアイスクリームです。どちらもそれぞれのおいしさがありますが、強いて言えば、私はカスタードベースのものが好みです。

アイスクリームはどんな生クリームでも、また生クリームとハーフアンド

＊マイヤーレモン：国産のレモンライムに代えても使えます。
＊フロスティング：ケーキ全体を覆うように塗るクリームやソースのこと。

ハーフ、そして生クリームと牛乳をミックスしたものでもつくることができます。ハーフアンドハーフか牛乳をまぜて軽くすれば、アイスクリームの香りがぐっと引き立ちます。生クリームを温めて、砂糖（またははちみつ）を溶かします。この段階で、バニラビーンズやコーヒー豆、ハーブ、あるいはローストして細かく刻んだナッツなどの風味付けをクリームに加えてもいいでしょう。風味付けはクリームに20分ほど浸して、それを漉して取り除いてから冷やしましょう。フルーツのピュレやエッセンスはクリームが冷めてから加えます。細かく刻んだフルーツやナッツ、削ったチョコレートはアイスクリームが凍ってからまぜこむとよいでしょう。早い段階でまぜると凍りにくくなります。カスタードベースのアイスクリームをつくるには、温かい生クリームから風味付けを漉して、卵黄をまぜてとろりとするまで火にかけ岩塩を入れるようになっています。塩は水が凍る氷点を下げ、アイスクリームを早く凍らせます。キャニスターには、手動か電動の攪拌器が取り付けられています。上手につくるには、アイスクリームを入れる前に攪拌器とキャニスターを十分に凍らせておくことです。小さめのマシンでは、キャニスターの壁が二重になっていて、冷却剤の入ったものもあります。この種のキャニスターを使うときは冷却剤を冷凍庫で完全に凍らせておきましょう。準備ができたらキャニスターに材料をまぜたものを入れて、攪拌フィンを回すモーターを取り付けます。二重壁のキャニスターは便利ですが、凍るまでにかなり時間がかかります。もしスペースに余裕があれば、キャニスターはいつも冷凍庫に入れておいて必要なとき、すぐ使えるようにしておくとよいでしょう。

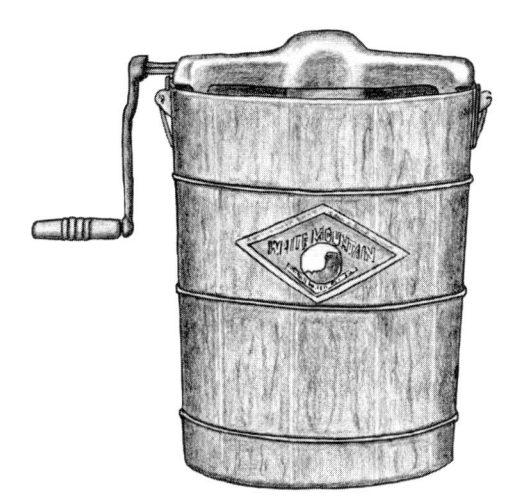

材料をまぜたものは、キャニスターの中に入れる前によく冷やし、凍る前にキャニスターの冷却剤が融けてしまわないように注意しましょう。まぜたものは凍ると膨らむので、入れる量はキャニスターの3分の2ほどにしておきます。アイスクリームマシンを使えば約30〜35分でできあがります。

　できたてのアイスクリームは、ナッツやフルーツの砂糖漬けのような固形の材料をまぜこめるくらいのやわらかさです。小さいキャニスター付きのマシーンにはこの用途のために、ふたに大きな穴が空いていますが、古いアイスクリームマシンは機械を止めてふたを開けるようになっています。できたアイスクリームはすぐ食卓に出せますが、さらに2〜3時間冷やして固めてもいいでしょう。古いマシーンは、アイスクリームの入ったキャニスターを氷を詰めたバケツの中に置いて（上からさらに氷をのせて冷やします）固めますが、冷却剤を入れた二重壁のキャニスターマシンにはさほど冷却力がなく、そのままではアイスクリームは固まりません。別の容器を冷やして、まだやわらかいアイスクリームを移して冷凍庫に入れましょう。空気が入らないように隙間なく詰めれば、アイスクリームの中に氷の結晶ができません。アイスクリームのおいしさは1週間ほど保てますが、その間にもなめらかな舌ざわりはどんどん失われていきます。アイスクリームが固く凍っていたら、食卓に出す2〜3分前に冷凍庫から出しておけば、食べやすくなります。

Strawberry Ice Cream
ストロベリー・アイスクリーム
約1ℓ分

　　卵黄　3個

を小さなボウルに入れ、ほぐす程度にさっとかきまぜて、
底の厚い鍋に

　　ハーフアンドハーフ（*）　200cc

　　砂糖　100g

を量って入れます。
別の耐熱ボウルの上に漉し網をセットしておきます。ハーフアンドハーフを中火にかけ、ときどきかきまぜながら砂糖を溶かします。温まったら、卵黄にハーフアンドハーフを少量加えて溶いて鍋に入れます。中火で絶えずかきまぜながら、スプーンの背を覆うクリームが流れないくらい、とろみがつくまで火にかけます。沸騰しないように加熱し、火から下ろしたら、用意しておいた漉し網ですばやく漉します。

*ハーフアンドハーフ：牛乳と生クリームを同量合わせてつくります。

　　　　生クリーム　180cc

を加えて、

ラップで覆い、冷やしましょう。

　　　　いちご　750cc

は洗って水気を切り、ヘタを取ります。

ポテトマッシャーでつぶすか、フードプロセッサーでピュレ状にします。

　　　　砂糖　50g

を加えて、いちごから果汁が出て砂糖が溶けるまで、ときどきかきまぜながら、しばらくおきます。冷やしたカスタードにいちごを加え、

　　　　バニラエッセンス　2〜3滴

　　　　塩　ひとつまみ

で風味をつけます。

しっかり冷やしてから、マシンの説明書に従ってアイスクリームマシンで凍らせます。

バリエーション
◆ さらに風味をよくするには、小さじ1〜2杯のキルシュ（さくらんぼの蒸留酒）をバニラと一緒に加えましょう。
◆ ラズベリーやブラックベリー、桑の実（私のいちばん好きなベリーです）などやわらかいベリーを、いちごの代わりに約700ccピュレ状にして、漉して種を取り除きます。ラズベリー以外のベリーは、ピュレにする前に果汁が出るまで火にかけましょう。必要に応じてレモン汁をひとしぼり加えます。
◆ いちごの代わりに皮をむいてつぶした桃か、ネクタリンを375cc使います。
◆ いちごの代わりにプラムか洋梨のピュレ375ccを使います。スライスしたプラムか洋梨を、砂糖と少量の水でやわらかくなるまで火を入れます。
◆ このレシピは卵黄なしでもつくれます。あっさりとしたアイスクリームになりますが、食感は多少ざらっとして、なめらかさは減ります。

Cookies and Cake

クッキーとケーキ

Ginger Snaps
Anise-Almond Biscotti
1-2-3-4 Cake

ジンジャースナップス　アニスとアーモンドのビスコッティ　1・2・3・4ケーキ

誰にも誕生日がありますが、その特別な日には、手づくりのバースデーケーキや少なくとも手づくりのクッキーでお祝いをするべきじゃない？　と私は思います。誕生日は、愛情をこめて家で手づくりのケーキを焼きたいという気持ちをかきたてられる特別な日です。子供にとっても、お菓子づくりはキッチンに立つすばらしいきっかけになります。準備したり、材料を量ったり、まぜたり、オーブンで焼いたり、そして片づけをするという基本的なことを教われるからです。家でクッキーを焼いたのがきっかけで、一生涯の料理への情熱に火がついた料理人はたくさんいます。ふだんはお菓子づくりに尻込みしている人たち（つまり私のような人）にとっても、クッキーとケーキづくりの短いレッスンは必要なのです。

Making Cookies
クッキーづくり

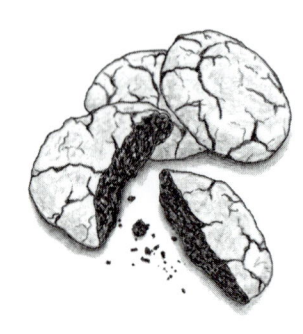

クッキーのレシピは数えきれないほどありますが、すべてたったひとつの公式からできています。バターと砂糖をまぜあわせ、卵を加えて生地をやわらかくし、最後に小麦粉を入れるというものです。できあがったクッキーの生地には、のばしてナイフで切れる固さのものから、スプーンですくって直接天パンに落とすぐらいやわらかいもの、さらに卵白だけ加えてチューブで絞り、ナイフで天パンに薄くのばす水気の多いゆるい生地もあります（ラングドシャーや猫の舌と呼ばれるすてきなクッキーは、このタイプの生地でつくります）。

バターと砂糖を合わせて、ふんわりと白っぽくなるまで攪拌することを「クリーム状にする」といいます。砂糖を加え、生地が再び白っぽくふわっとするまでかきまぜますが、バターをクリーム状にするというのは、バターに空気を含ませるということです。文字どおり、空気をバターの生地に入れ込んでいくのです。焼いているときに空気が膨らんで、クッキーは軽くサクッと仕上がります。バターをクリーム状にするのは手でもミキサーでもよいでしょう。ミキサーを使うときは、バターと砂糖は一緒に加えてもかまいません。中高速で２〜３分まぜましょう（スタンドミキサーの場合は、フィンをつけます）。途中、ミキサーを１〜２度止めて、ボウルの内側についた砂糖をそぎ落としてバターに均等にまざるようにします。いざとなれば冷たいバターでも使えます。ミキシングボウルの中にバターだけを入れて、やわらかくなるまでよくかきまぜ、それから砂糖を加えます。なめらかなクリーム状にするには、バターがやわらかくなっていることが大切です。

バターと砂糖がまざってクリーム状になったら、卵を加えて、さらによくまぜます。ミキサーなら、必要に応じてボウルの内側をこすって落としましょう。卵を室温に戻しておくのもとても大切なポイントです。冷たいままの卵を加えるとバターが固まり、空気の泡がしぼんで生地によくまざらなくなります。バニラエッセンスやリキュール、糖蜜、そしてはちみつなどの液状の風味付けや甘味料は、卵と一緒に加えます。

小麦粉は、いちばん最後に加える材料です。毎回同じやり方で小麦粉を量るようにしましょう。そうすればできあがりが安定して、失敗も少なくなります。私のおすすめの量り方を紹介しておきましょう。まず小麦粉をまぜてふんわりとさせます。計量カップは、縁が平らでその縁までいっぱいに量るタイプの乾いたものを用います。小麦粉はカップですくっても、スプーンで入れてもいいでしょう。へらかナイフで盛り上がった小麦粉を縁のところで

小麦粉をふんわりかきまぜて分量をきちんと量ることを覚えてから私のお菓子づくりの腕が上がりました。

擦り切り1カップを量ります。ただし、カップをトントンと叩くと小麦粉が詰まってかさが減るので注意しましょう。

　バターと卵を合わせたものを、粉に完全にまざるようにします。でもまぜすぎないようにしましょう。まぜすぎると小麦粉のグルテンが活性化して、クッキーが固くなってしまいます。塩やパウダー状のスパイス、そしてベーキングパウダーや重曹は小麦粉にまぜてから生地に加えます。風味をつけるナッツのみじん切りやチョコレート、ドライフルーツなど固形のものは、小麦粉をまぜた後にそっと生地にまぜ込みます。

　スプーンですくって落とすタイプのクッキー生地は、つくってすぐ焼いても、冷やしておいて後で焼いても大丈夫です。手で形をつくったりのばしたりするクッキーは、生地が固まるまで冷やす必要があります。クッキー生地の多くは円柱状にのばして、冷やしてスライスしてから焼くと、形のそろったクッキーができます。円柱状の生地は、断面を楕円形や正方形や長方形などにして、さまざまな形のクッキーにできます。生地は冷凍して2か月保存がきき、焼く前にスライスすれば解凍する必要はありません。必要なだけクッキーをスライスし、残りは次に使うために冷凍庫に入れておきましょう。

　クッキーを上手に焼くために、厚手のベイキングシートを1～2枚購入する価値は十分にあります。そういう天パンならクッキーは均等に焼けますし、とくに裏だけが焼けすぎになるのを防いでくれます。オーブン用の温度計は、オーブンの実際の温度を計るのに役立ちます。私はベイキングシートにクッキングシートかシリコン製のマットを敷くのが好みです。どちらもクッキーが天パンにくっつくのを防ぎ、後片づけがとても楽になります。しかも、クッキングシートは何度でも使えます。

　クッキーは予熱したオーブンの中央で焼きます。必要に応じてラックの高さを調整しましょう。どのオーブンにもほかよりも早く焼けるスポットがありますが、それを避けるために、焼いている間にベーキングシートを回転させましょう。天パンの前側を後ろに、上段を下段に、またオーブンラックの位置も変えてみましょう。もしクッキーの裏に早く焼き色がついてしまうようなら、熱くなっている天パンの下にもう一枚天パンを滑り込ませましょう。端に置いたクッキーが早く焼けてしまうときは、焼き上がったものを取り出して、残りをオーブンに戻して焼き上げます。クッキーは完全に冷ましてから、保存容器に入れるようにしましょう。

プロ仕様のハーフサイズの天パンを使うと、クッキーの裏が焦げることなく驚くほどムラなく焼けます。

Ginger Snaps
ジンジャースナップス
5cmのクッキー30枚分

ジンジャースナップスで、おいしいアイスクリーム・サンドがつくれます。

オーブンを180℃に加熱します。

- 強力粉　300g
- 重曹　小さじ1/2
- 塩　小さじ1/2
- シナモンパウダー　小さじ2
- ジンジャーパウダー　小さじ1 1/2

を量ってボウルに入れ、まぜあわせておきます。

- バター　155g（室温でやわらかくする）

を別のボウルに入れて、やわらかくふんわりするまでまぜ、

- 砂糖　135g

を加えて、軽くふんわりしたクリーム状にします。

- バニラエッセンス　小さじ1/2
- 糖蜜　60cc
- 卵　1個（常温に戻す）

をよくまぜてから、クリーム状にしたバターに加え、まぜあわせます。合わせておいた粉にバターを入れます。完全に材料がまざるように、でもまぜすぎないように注意しましょう。生地をラップで包み、約2時間冷蔵庫で寝かせます。軽く打ち粉をした台に、生地を3～6mmの厚さにのばします。抜き型にも打ち粉をして生地を型抜きし、クッキングシートかシリコン製のマットを敷いた天パンに、3～4cmの間隔で並べます。生地がふくらんで火が通るまで、約10分焼きましょう。クッキーは天パンから取り出す前に1～2分おいて冷まします。

バリエーション
- 直径3.5cmの円柱状にした生地を2本つくり、まとめてラップで包んで冷蔵庫で最低2時間、または冷凍庫で30分間冷やします。冷えたら厚さ6mmのコイン形にカットし、シートを敷いた天パンに3.5cm間隔で並べて焼き上げます。焼く前にグラニュー糖をまぶしてもよいでしょう。
- 生地を直径約2.5cmに丸め、シートを敷いた天パンに7.5cm間隔で離して置き、グラニュー糖をまぶした底の平らなコップで押してのばします。
- よりスパイシーなクッキーにするには、挽きたての黒こしょう小さじ½を小麦粉に加えましょう。

Biscotti
ビスコッティ

プレーンまたはビタースウィートチョコレートをかけたビスコッティをボウル1杯のさくらんぼかンジェリンオレンジと一緒に出せば、食事のすばらしいめくくりになります。

ビスコッティはイタリア語で「二度焼き」という意味です。最初に楕円形のパンのような形に焼き、それをスライスして厚いクッキーにしてから軽く焼き色がつくまで焼いてつくります。ビスコッティはカリッと乾いていて保存が効き、甘すぎないところが私は好きです。ナッツやチョコレート、スパイス、リキュール、そしてドライフルーツなどさまざまな材料を風味づけに加えます。私がつくるビスコッティは、軽くトーストしたアーモンドとアニスシードで風味づけしたもので、コーヒー、紅茶、ワインのいずれにもとてもよく合います。

私が最もよくつくるビスコッティのレシピではバターは入れません。卵と砂糖をふんわりと白っぽいリボン状になるまで攪拌します。泡立て器や攪拌器を持ち上げたとき、生地がリボン状にゆっくり、とろりと落ちていくまで泡立てましょう。卵が温かければかきまぜてこの状態になるまで約3〜4分、冷たいと10分ほどかかります。もし卵を冷蔵庫から出しておくのを忘れたら、熱めのお湯を入れたボウルに、卵を殻のまま2〜3分入れて温めましょう。

卵をかきまぜたときに抱き込んだ空気はビスコッティの食感を軽くしてくれます。小麦粉を加えるときは、さっくりまざった程度で止めるように気をつけましょう。その後にほかの材料もそっと畳み込むようにして、卵の中の空気の泡をつぶさないようにしましょう。クッキングシートを敷いた天パンの上で生地を楕円形の長いローフ形にします。生地はとても湿ってべたついているはずです。手にくっつかないよう、生地に触れる前に手を濡らしておきましょう。スプーンと手を使って円柱状にした生地の表面をなめらかにし

て、黄金色にしっかり固まるまで焼き上げます。オーブンから取り出したあと、冷えるまではとても壊れやすいので注意しましょう。クッキングシートにのせたままそっと持ち上げ、そのまま冷却用のラックに移します。冷えたらのこぎり状の歯がついた長いパン用ナイフでスライスして（長めのクッキーをつくるには斜めに切ります）、天パンに広げ、再び黄金色に焼き色がつくまで焼けばできあがりです。ビスコッティは、密閉容器で約1か月間保存できます。

Anise-Almond Biscotti
アニスとアーモンドのビスコッティ
クッキー約40個分

オーブンを180℃に熱し、

 粒アーモンド　375cc分

を天パンに広げ、オーブンで約5分焼きます。
冷ました後、粗めに刻みます。

 無漂白の強力粉　335g

 ベーキングパウダー　小さじ1

 アニスシード　小さじ 3/4

を量ってまぜます。
別のボウルに

 卵　3個（室温に戻す）

 砂糖　200g

 レモンゼスト　小さじ 1/4（おろしておく）

を合わせます。

リボン状になるまで強く泡立てたら、合わせておいた粉をざっくりとまぜこみ、さらにアーモンドを静かに加えてまぜます。

クッキングシートを敷いた天パン上に、7.5cmの長いローフ状にした生地を7.5cm間隔で2本並べます。手を湿らせて、表面をなめらかにしておきましょう。約25分、または薄い金色になるまで焼き、焼き上がったらオーブンから取り出して約10分間冷まします。そしてオーブンの温度を150℃に下げて、冷めた生地を厚さ1.3cmのクッキー形に切り、切り口を上にして天パン2枚にのせます。約10分焼いたらクッキーをひっくり返し、さらに10分、金色になるまで焼き上げましょう。

バリエーション

◆ アーモンドの代わりにレーズン250cc分とくるみ250cc分を加えます。この分量は、ほかのナッツやドライフルーツでも同じです。

◆ みじん切りにした柑橘類の皮の砂糖漬け（125cc分）を加えてみましょう。

◆ スパイスはアニス以外にフェンネルや香菜なども使えます。またはスパイスの代わりに、レモンゼストを小さじ1に増やします。

Making a Cake
ケーキづくり

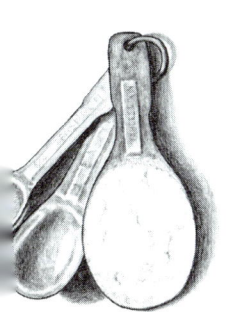

1・2・3・4
1カップのバター
カップ（400g）の砂糖
カップ（450g）の小麦粉、
そして、4つの卵

バターをたっぷり使った昔ながらの繊細なケーキを一からつくる手順を覚えるのは、充実感があります。1・2・3・4ケーキは、伝統的なレシピで、バター、砂糖、小麦粉、そして卵という素材の割合がケーキの名前になっています。このケーキには、すばらしい風味としっとりとしたやわらかさというケーキの持つふたつのおいしさが備わっています。何も飾りつけせずに新鮮なフルーツを添えるだけで、お茶の時間のシンプルなケーキになります。デコレーションをすれば、バースデーケーキからウエディングケーキ、小さなカップケーキまで、どのようにも応用できます。

　お菓子づくりには、ほかの料理よりずっと正確さが求められます。始める前に材料をそろえ、慎重に計量することがとても役立ちます。ケーキを焼く最初のステップは、ケーキ型を用意して、オーブンを予熱し、材料をそろえること。ケーキ型を用意したら、最初に型の内側にバターの包み紙や刷毛、または指でやわらかくしたバターを薄く均等に塗ります。ケーキが底に焼きついてしまわないよう、クッキングシートを底に敷きましょう。ペーパーに型の底の大きさを写し取って切り抜き、底に敷きます。クッキングシートにも同じようにバターを塗りましょう。レシピによってはその上から小麦粉を振るよう書いてあるかもしれません。その場合は、小麦粉（チョコレートケ

ーキの場合はココア）が均等にバターの上につくよう、丁寧に型を回しながら大さじ2〜3杯ふりかけます。バターが小麦粉に覆われたら、型をひっくり返して余分な粉をはたいて落とします。

予熱したオーブンでケーキを焼きましょう。焼きはじめの2〜3分で、ケーキがどうふくらむかが決まります。オーブンが十分な温度に達していなければ十分ふくらまなくなってしまいます。オーブンは最低でも15分は予熱して、ケーキを入れる前に、オーブン用の温度計で温度をチェックしましょう。

始める前にすべての材料を量って室温に戻しておけば、それからの手順がスムーズで楽に進み、間違いが起きません。材料を室温にしておくことが大切です。冷たい材料を加えると、生地が縮んだりしぼんだりしてケーキの軽い食感が失われ、重く固くなってしまいます。バターはやわらかくしておくことが大切で、少なくとも30分前に冷蔵庫から出して室温にしておきましょう。小さく切っておけばすぐにやわらかくなります。早めに牛乳を量ったり、卵を卵黄と卵白に分けたりしておけば、つくりはじめるまでに室温になるはずです。

小麦粉には塩とベーキングパウダーか重曹をまぜます。軽くて繊細なケーキをつくるときは、ケーキ用の小麦粉を使うことです。これは軟質の小麦からつくられ、たんぱく質の含有量が少なく、とても細かく挽いてあるものです。その次に適しているのはパイ用の小麦粉です。普通の中力粉も使えなくはありませんが、ケーキのできあがりはきめが粗く、重くなります。使う小麦粉の種類によってできあがりがまったく違ってくるのです。小麦粉の最も正確な量は重さで計りますが、アメリカのレシピのほとんどは「かさ」で表記してあります。ケーキに入れる小麦粉の量でできあがりの食感に大きな違いが出るので、常に同じ状態に焼きあがるよう、小麦粉は毎回同じやり方で量るようにしましょう。繊細なケーキをつくるには、小麦粉を量る前にレシピの分量以上の小麦粉をふるいにかけることをおすすめします。ふるいにかければ小麦粉に空気が含まれてまぜやすくなり、ケーキが軽くなります。小麦粉は計量カップですくうかスプーンで縁の上まで入れ（縁が平らで注ぎ口の付いていない乾いたカップを使います）、へらかナイフでカップの縁を平らに擦り切りにします。カップをとんとん叩いたり、押し込んだりすると小麦粉が詰まりすぎてしまいます。ふるいにかけて量った小麦粉に、ほかの乾いた粉末状の材料をまぜるようにしましょう。乾いた材料を一緒にふるいに

ベーキングパウダーは水分と熱に反応して、二酸化炭素を出す膨張剤で、これがバターをクリーム状にする過程で生地の空気を膨らませてケーキを膨らませます。ベーキングパウダーは半年から1年で効果がなくなるので、買うときには日付をチェックするか、自分で日付を書いておくようにしましょう。

かけるレシピも多いのですが、後でまぜたほうが材料がよくまざります。

　生地づくりの最初のステップは、やわらかくしたバターに砂糖を加えてクリーム状にすることです。バターと砂糖は、やわらかくふんわりと白っぽくなるまで強めにかきまぜます。電動ミキサーを使う場合ははじめからバターと砂糖をまぜてもいいのですが、手でまぜるときは砂糖を加える前にバターだけを強めに撹拌してクリーム状にします。バターと砂糖がクリーム状になるまでに5～10分かかります。手抜きをせずにまぜることが大切です。これがふんわりやわらかくふくらんだケーキをつくるポイントです。砂糖を加えるとバターはやわらかくなり、しだいに空気をたくさん抱き込んで量が増えます。こうして空気を含んだ生地がケーキのベースになります。室温に戻した卵黄は1個ずつまぜこんで、しっかり生地に合わさった後に次の卵黄を加えるようにしましょう。すべての卵黄を入れたあたりで、黄身が凝固したように見えるかもしれませんが、心配ありません。小麦粉を加えればうまく仕上がります。

　次に、小麦粉と牛乳（室温にしたもの）を交互に入れていきます。最初と最後が小麦粉になる順番で交互に入れましょう。うまく焼くために、小麦粉は、ふるいか目の細かいざるを使って3回に分けて加えましょう。牛乳を加える前には粉が完全に生地にまざらず、牛乳と小麦粉がようやくまざる程度にしておきます。牛乳は小麦粉の中のグルテンと反応して、まぜすぎるとケーキが固くなってしまうのです。卵白はピンと角が立つまでしっかり、しっとりと泡立てます。卵白の3分の1を生地に練り込んで生地をゆるめてから、残りをそっとまぜて、用意しておいた型に生地を流し込みます。ケーキが膨らむことを考えて、生地を入れるのは3分の2の高さまでにしておきましょう。

　ケーキはオーブンの中央で焼けば、きれいに焼き上がります。必要に応じてラックの位置を調整しましょう。焼きはじめの15分はケーキをそっとしておきます。オーブンを開けると温度が急激に下がり、その温度の変化でふくらみかけたケーキがしぼんでしまうからです。この最初の段階を過ぎれば、ケーキのベースがしっかりできて、ずっと安定します。ケーキがしっかり膨らんで黄金色になり、縁が型から離れてきたら、焼け具合をチェックしましょう。竹串をケーキの中央に刺してみてください。引き抜いたときに生地が串についてなければできあがりです。ケーキを冷まして、型から取り出します。

このⅠ・2・3・4ケーキは、とてもしっとりしていて、前日につくっておくことができます。ただし、型に入れたまましっかり覆いをして保存して、サーブするその日に、型から出してデコレーションをしてください。ケーキを型から外すには、型の内側に沿ってナイフを回し、お皿を逆さにして、ケーキをのせてひっくり返します。クッキングシートをはがし、ケーキをテーブル用の皿に、焼き目を上にしてのせましょう。

1-2-3-4 Cake
1・2・3・4ケーキ

23cmの円形のケーキ
2個分

このレシピは
簡単に半量
または倍量にできます。
1段のケーキを
つくるとき、
私はたいてい
半量のレシピで
つくっています。

オーブンを180℃に予熱します。
2つのケーキ型にバターを塗り、底にクッキングシートを敷きます。シートにもバターを塗り、小麦粉少量をふりかけてから、余分な粉を払いましょう。

  卵　4個

は卵黄と卵白に分け、

  牛乳　250cc

を量ります。

  薄力粉　450g

をふるいにかけてから量り、

  ベーキングパウダー　小さじ4

  塩　小さじ1/2（有塩バターの場合は小さじ1/4）

をまぜます。
別のボウルで、

  バター　225g（やわらかくする）

をふんわりと白っぽくなるまで強めにまぜます。

砂糖　400g

を加えて、
白っぽくふんわりとクリーム状になるまでかきまぜます。卵黄4個を1つずつ強めにかきまぜながら加え、その後

　　　バニラエッセンス　小さじ1

を加えます。
よくまざったら、小麦粉と牛乳を交互に加えます。小麦粉は3分の1ずつ、ざっくり合わせる程度にまぜます。別のボウルに卵白を角が軽く立つまで泡立てておき、3分の1を生地にまぜてから、残りをそっとまぜこみます。用意しておいた型に生地を流し込んで、中心部に刺した楊枝に何もついてこなくなるまで、30〜40分焼きます。

バリエーション
◆ この生地はケーキ型を3つに分けて3層のケーキにすることもできます。また、バターを塗って小麦粉をコーティングしたマフィン型を使ってカップケーキ24個分、または紙製の型を使ってカップケーキ30個分をつくることもできます。さらには30×45cmのハーフサイズの天パンを使って薄い長方形のケーキにもできます。カップケーキや厚みのないケーキは約20分で焼き上がります。

◆ レモンケーキにするには、細かくおろしたレモンゼスト大さじ1とレモン汁小さじ2を加えます。レモンカードとホイップクリームを同量合わせたものでコーティングしましょう。

◆ オレンジケーキにするには、細かくおろしたオレンジゼスト大さじ1とオレンジの果汁小さじ2を生地に加えます。ホイップクリームといちごのスライスをはさんで仕上げます。

Part II:
At the Table
Recipes for Cooking Every Day

毎日の料理

A Little Something...
何か、もう一皿

ハーブ風味のローストアーモンド 244

温かいオリーブ 244

チャードのマリネ 245

タプナード 245

パプリカのロースト 246

ハーブ風味のオリーブオイル漬けチーズ 246

なすのキャビア 247

ゆで卵の詰めもの 247

ワカモレ（アボカドのディップ） 248

浅漬けピクルス 248

チーズパフ 249

そば粉のパンケーキ（ブリニ） 250

生牡蠣、焼き牡蠣 251

SEE ALSO

クルトン 74

Roasted Almonds with Herbs
ハーブ風味のローストアーモンド
375cc分

オーブンは190℃に予熱しておきます。ボウルに、

 熱湯　小さじ1 1/2

 塩　小さじ1/2

を入れ、よくまぜて塩を溶かし、そこに、

 生のアーモンド　375cc

 タイムの小枝の葉　3本分

 ウィンターセイボリーの枝の葉　1本分

を加え、まぜます。

アーモンドが重ならずに広げられる大きさの鋳鉄のフライパン、または耐熱皿に入れて15〜20分オーブンでローストします。5分おきに返しながら、中が金色になるまで焼きます（カットして、ときどき中の色を見ます）。ナッツは色がつきはじめるとすぐに焦げるので、気をつけましょう。オーブンから出してボウルに入れ、ナッツが熱いうちに、

 オリーブオイル　小さじ2

をふりかけて和えます。必要に応じて塩を足しましょう。

バリエーション
◆ マジョラムの葉や刻んだセージの葉など、ほかのハーブも試してみてください。

◆ くるみ、ヘーゼルナッツ、ピーカンナッツなど、ほかのナッツもおすすめです。

◆ 塩水に浸けずにローストし、後でオリーブオイルとともに塩をふりかけましょう。

Warm Olives
温かいオリーブ
250cc分

オリーブは、水洗いして少し温めるだけで風味が生き返ります。温めるときにハーブとガーリックを加えたり、レモンゼストを加えれば、さらに気の利いた一皿になります。

 種つきオリーブ　250cc　（いろいろな色、味のものを取り合わせて）

を、ざるにとって流水で洗い、水を切ります。厚手の小鍋に、

 オリーブオイル　小さじ2

を入れて熱し、水切りをしたオリーブとともに、

 ガーリック　1かけ（皮をむいて四つ切りにする）

 赤唐辛子　1本（ドライか生）

 タイムまたはセイボリーの小枝　3本

 オレンジまたはレモンの皮　2切れ

を入れて、ときどきかきまぜながら、弱火で5分ほどオリーブの芯が温かくなるまで火を通します。火を止めて数分おいてから、できれば温かいうちにサーブします。冷めてしまったら温め直しましょう。

バリエーション
◆ タイム、セイボリーの代わりにほかのハーブを使ってみましょう。

◆ フェンネル、クミン、キャラウェイ、黒マスタードシードなどを粒ごと入れてみましょう。

◆ カイエンペッパーまたはパプリカをふりかけます。

Marinated Chard
チャードのマリネ
3〜4人分

この調理法は葉もの類なら、菜の花、からし菜、ビーツの葉、ほうれんそう、ルッコラ、ケールなど何にでも応用できます。いくつかの種類の野菜を使うときは、火の通る時間がまちまちなので、別々にゆでます。ケールのように固い葉の野菜は、いちばん時間がかかります。種類の違う葉を別々にゆでたら、シンプルなマリネ液で一緒に和えます。温かいうちにクルトンをのせたり、冷やしてから生ハムで巻いてもおいしくいただけます。

 洗ったチャード(*)の葉　1束（約360g分）

は、茎を片手に持ち、反対の手で茎から葉をはがします（残った茎はグラタンなどに使いましょう）。葉の部分を5cmくらいの大きさに切ります。厚手の鍋を中火にかけ、

 オリーブオイル　大さじ1

を入れ、葉を入れたら、

 塩

を加えて、ゆっくりかきまぜながら5分ほど炒めます。普通は洗ったときの水分で十分ですが、足りなければ少し水を加えます。火から下ろして冷まし、余分な水気をしぼってボウルに入れます。次の材料でマリネ液をつくります。

 オリーブオイル　大さじ1
 ガーリック　1かけ（みじん切りにする）
 レモンのしぼり汁（ひとしぼり）
 赤唐辛子粉　少々

チャードをマリネ液で和えて味を調えます。

Tapenade
タプナード
160cc分

 黒オリーブ（ニソワーズ種、ニーオンス種、ドライオリーブなど）125cc分（種を取り、粗めのみじん切りにする）
 塩漬けのケイパー　大さじ1（洗って水切りし、粗めのみじん切りにする）
 塩漬けアンチョビ　2尾（塩抜きをして骨をとり、みじん切りにする）
 ガーリック　1かけ（薄皮を取り、割って芽を除き、みじん切りまたは叩きつぶしてピュレにする）
 セイボリーの葉　1本分（みじん切りにする）
 ブランデー　小さじ1/2（好みで）
 オリーブオイル　60cc

まぜ合わせたら味をみて、必要に応じて、

 塩

を足します。
味がなじむまで室温で30分ほどおいてからサーブします。

バリエーション
◆ ローストしたアーモンドを細かく刻み、大さじ2杯ほど加えてまぜます。
◆ すり下ろしたオレンジゼストを小さじ4分の1を加えます。
◆ 黒オリーブの代わりにグリーンオリーブを使ってみましょう。

---

*チャード：フダンソウ。国内産の小松菜、からし菜、かぶの葉などに代えて使えます。

Roasted Sweet Peppers
パプリカのロースト
4人分

オーブンを230℃に予熱します。

  生のパプリカ　3個

を洗って、水を拭き取ります。

縁のある天パンに1cm間隔でパプリカを並べてオーブンに入れ、全体がまんべんなく焼けるよう、5分おきに向きを変えながらローストします。表皮が火ぶくれして黒く焦げて中がやわらかくなり、それでも形が崩れないくらいに35分ほど焼きます。もし皮が焦げて中身がまだ固いときは、ふた付きの容器に入れてさらにオーブンで焼きます。オーブンから出したら冷ましましょう。

パプリカを半分に切り、種とワタを取ったら、皮をむいて、1cm幅に切るか、手で裂きます。次の材料をまぜ合わせたものでマリネします。

  ガーリック　小1かけ（叩きつぶしてピュレ状にする）
  オリーブオイル　大さじ1
  ビネガー　小さじ1
  生のマジョラム　小さじ1（みじん切りにする）
  挽きたての黒こしょう
  塩

前菜のひとつとして常温で出すか、または温めて、グリルした肉や鶏の付け合わせとしてサーブします。

バリエーション
- オーブンの代わりに中火の炭火で焼けば、燻製の風味が楽しめます。

Marinated Cheese with Herbs and Olive Oil
ハーブ風味のオリーブオイル漬けチーズ
約180g

やわらかくてマイルドな白いチーズなら、どれでも合う料理です。棒状か円形の新鮮なゴートチーズ、フェタチーズ、またはラブネのような固いヨーグルトチーズでもつくれます。カナッペに塗ったり、サラダの上から散らしたりして使います。

1cm片に切った、

  ゴートまたはフェタチーズ　180g

を耐酸性のボウルに入れ、さらに、

  オリーブオイル　180cc
  タイムの小枝　3〜4本
  ローリエ　2〜3枚

を入れて密閉して、1日から1週間、冷蔵庫で寝かせます。

バリエーション
- ローズマリー、マジョラム、オレガノ、セイボリー、ヒソップなど、ほかのハーブも使いましょう。
- 赤唐辛子を少し入れて、ピリッとさせましょう。
- 黒こしょう、フェンネル、アニス、クミン、コリアンダーなどのスパイスを粒（種）のまま入れます。
- 洗って水切りしたニソワーズ種のオリーブ60cc分をハーブと一緒に加えます。
- 皮をむいて半分に切ったガーリック2〜3かけを、レシピのオリーブオイルの半量でやわらかくなるまで弱火で炒めます。冷ましてから、残ったオイルとともにチーズの上にかけます。
- オイルからチーズを取り出して、ペーパータオルで拭き、生パン粉をつけて、予熱したオーブンで5〜10分きつね色になるまでトーストします。ガーリック味のサラダに添えて食卓へ出しましょう。

Eggplant Caviar
なすのキャビア
500cc分

オーブンを205℃に予熱します。

> なす 中サイズ 2個

縦に半分に切り、切り口に、

> 塩
>
> 挽きたての黒こしょう
>
> オリーブオイル

をふります。

なすは切り口を下にして天パンにのせ、オーブンでローストします。茎に近い部分の焼け具合をときどき確かめながら、なすがやわらかくなるまで焼きます。オーブンから取り出して冷ましたら、スプーンで中身を取り出してボウルに入れ、ピュレ状になるまでしっかりかきまぜます。その中に、

> レモンの絞り汁 大さじ2
>
> オリーブオイル 60cc
>
> 塩
>
> 挽きたての黒こしょう
>
> ガーリック 1かけ（ピュレ状にする）
>
> パセリまたは香菜 大さじ2〜4（みじん切りにする）

を加えてよくまぜます。味見をし、必要に応じて塩とレモン汁を加えましょう。

バリエーション

◆ パセリ、香菜の代わりにミントのみじん切りを大さじ2加えます。

◆ 煎ってから、つぶしたコリアンダーシードを小さじ½加えます。コリアンダーシードは厚手の鍋に入れ、中火で薄茶色になるまで煎って、すり鉢でするか、重い鍋の底でつぶします。

◆ 赤唐辛子を少量加えてみましょう。

◆ スモーク（燻製）の風味をつけるには、なすを1個だけ切らずに丸のまま直火であぶり、中がやわらかくなるまで焼いたら、冷まして半分に切ります。皮から中身を取り出して、ほかの材料をまぜましょう。

Stuffed Eggs
ゆで卵の詰めもの
半分に切った卵12個分

伝統的なスタッフドエッグをシンプルにつくりましょう。使うスパイスは少ないほうが卵本来の味がするので、私の好みです。食卓に出す直前にみじん切りのハーブを散らします。

中サイズの鍋に水を入れ、沸騰したら、室温に戻しておいた

> 卵 6個

を入れて、9分間、弱火でゆでます。お湯を捨て、卵を氷水に入れて冷ましましょう。殻をむいて縦半分に切り、白身を壊さないように注意しながら黄身だけをボウルに取り出します。白身の切り口を上にしてお皿にのせ、

> 塩
>
> 挽きたての黒こしょう

を振ります。黄身をフォークでほぐしながら

自家製マヨネーズ（61ページ）　大さじ3

ディジョンマスタード　小さじ1

塩

挽きたての黒こしょう

を加えてまぜましょう。もし黄身をまぜたものが固すぎるようなら、冷水をスプーンで少しずつ、ちょうどいい濃度になるまで加えます。味をみてから、白身のくぼみに詰めて完成です。もし1時間以内にサーブしないときは、冷蔵庫に入れておきましょう。食卓に出す直前に、チャイブやパセリのようなやわらかいハーブのみじん切りを散らします。

バリエーション

◆ マヨネーズの代わりに、やわらかくしたバターとオリーブオイルを使います。

◆ 黄身のまぜものにパプリカの粉末を加えます。白身に詰めてからふりかけても、両方にかけてもいいでしょう。

◆ 黄身のまぜものに、パセリ、チャービル、チャイブ、ミント、タラゴン、香菜などのハーブのみじん切りを加えます。

◆ つぶしたガーリックを黄身のまぜものに加え、白身に詰めた後、アンチョビのフィレをひとつひとつの卵の上に飾ります。

◆ ケイパーまたはオリーブを刻んで黄身に加えます。

Guacamole
ワカモレ（アボカドのディップ）
4人分

アボカドにはいろいろな種類がありますが、このレシピはどの種類のアボカドでもつくれます。中でもハス種のものが理想的です。濃厚な味わいの果肉は香りがよく、ハーブのような風味があります。日持ちも良く、皮がむきやすくて種が取り出しやすいのも特徴です。アボカドは、親指でそっと押してへこむくらいが食べ頃です。

アボカド（熟したもの）　2個

を半分に切り、種を取ってスプーンで中身をすくいだします。すり鉢に入れて軽くつぶし、その中に、

絞りたてのライムジュース　大さじ1

玉ねぎ　大さじ2（細かいみじん切りにする）

香菜　大さじ2（みじん切りにする）

塩

を入れ、ざっくりとまぜます。味見をして、必要に応じて塩とライムジュースを加えます。

バリエーション

◆ スパイシーなワカモレにするには、ハラペーニョかセラノーペッパーの種を取って、細かく切ってまぜます。

Fresh-Pickled Vegetables
浅漬けピクルス

いろいろな野菜をおいしく食べる方法のひとつとして、ビネガーに漬ける即席ピクルスがあります。数週間から数か月かけて発酵させるピクルスと違って、こちらは数分でできあがり、冷蔵庫で1週間ほどもちます。即席ピクルスの食べ方はさまざまですが、ハムやソーセージの盛り合わせとして彩りを添えたり、パテのつけ合わせに、そのままオードブルとしてつまんだりと、あると便利な一品です。

ピクルス液をつくるには、下記の材料を全部合わせて煮立たせます。沸騰している液に野菜を1種類ずつ入れて、少し加熱して固めに煮えたら取り出し、そのまま冷まします。すべての野菜を煮終えて冷めたところで、室温程度に冷めたピクルス液にすべての野菜を入れて、広口瓶やふた付きの容器に保存します。ピクルス液は野菜全体が隠れるぐらいひたひたになるまで注ぎ、ふたをして冷蔵します。

このやり方でカリフラワーの花房、薄切りのにんじん、四つ切りにしたパールオニオンやチポリンオニオン、半分に切ったオクラ、茎の緑を少し残してくし形に切った小かぶ、丸ごとのいんげん豆、小口切りにしたセロリなどを即席ピクルスにできます。私はよくこれをつくりながら、薄くスライスした赤玉ねぎに沸騰したピクルス液をかけておきます。冷めるころにはちょうどいい生煮え状態になっていて、これがスモークした魚や新じゃがにとてもよく合います。

ピクルス液の材料は自由に変えてみてください。白ワインビネガーの代わりに赤ワインビネガーを使ったり、サフランや赤唐辛子を入れてもいいでしょう。また、生のハラペーニョのスライスを入れてピリッとさせてもよいでしょう。

約850ccのピクルス液をつくります。

    白ワインビネガー　375cc
    水　430cc
    砂糖　大さじ2 1/2
    ローリエ　1/2枚
    タイムの小枝　4本
    ドライカイエンペッパー　1/2本　または赤唐辛子を少々
    コリアンダーシード　小さじ1/2
    クローブ　2個
    ガーリック　1かけ（半分に切る）
    塩（たっぷりひとつまみ）

を合わせて沸騰させます。

Cheese Puffs (Gougères)
チーズ・パフ
小さいパフ40個分、または大きいパフ20個分

フランスのバンドル出身の私の友人、ルルがよくつくる料理です。たいていアンチョビ入りのチーズパフ・バージョンですが、オーブンから出したばかりの熱々は、よく冷えたロゼワインととてもよく合います。

底の厚いソースパンに

    水　125cc
    バター　大さじ3（小さく切る）
    塩　小さじ1/2

を入れ、沸騰させないように火にかけます。
バターが溶けたら、

    強力粉　75g

を一度にさっと入れます。強くかきまぜて、次第に中身がまとまって鍋の縁から離れるようになったら、さらに1分ほど火を入れてかきまぜ、ボウルに移して冷まします（かきまぜるほどに早く冷めます）。そこに

    卵　2個

を割り入れます。1個目を入れてよくかきまぜてから2個目を加えましょう。さらに、

    グリュイエールチーズ（すりおろしたもの）85g

を加えてよくまぜます。オーブンを205℃に予熱し、2枚の天パンにクッキングシートを敷き（なく

てもできますが、あれば後で洗うのが簡単です)、パフ生地をスプーンですくって直径2.5〜5cmになるように、3〜4cm間隔でのせていきます。または絞り袋に1cmの口金を付けて絞り出してもいいでしょう。

最初に約10分焼き、温度を190℃に下げて、もう15分焼きましょう。外側が金色にカリッと焼き上がったら、よく切れるナイフの先でまだ温かいパフに小さな切れ目を入れ、蒸気を外に逃がします。こうすればパフがすぐに湿気ません。温かいうちに食卓に出しましょう。もし冷めても190℃のオーブンで3分焼けばカリッとした食感に戻ります。

バリエーション
◆ チーズの代わりに塩漬けのアンチョビを2〜3尾、塩抜きして骨を取り、細かく切って加えてもおいしくいただけます。

Buckwheat Pancakes (Blinis)
そば粉のパンケーキ（ブリニ）
4人分

2段階に分けて生地をつくります。まずスポンジ生地は、牛乳、粉類、卵黄、砂糖をまぜたものにイーストを入れて発酵させ、深みのある味にします。一次発酵の後に牛乳と粉類を加えていきます。

　　牛乳　大さじ6

を人肌に温め、その中に

　　ドライイースト　小さじ3/4

を入れてまぜます。
大きなボウルに、

　　そば粉　35g
　　強力粉　35g
　　砂糖　小さじ1
　　塩　小さじ1/4

を入れて、合わせておきます。
最初につくったイースト入りの温かい牛乳に、

　　卵黄　2個分

を加えてまぜます。これを粉の入ったボウルに入れてよくかきまぜます。湿らせたふきんでボウルを覆い、温かいところに置いて二次発酵させます。約1時間で2倍の量に膨れたものがスポンジ生地になります。そこへ

　　そば粉　35g
　　強力粉　35g

を合わせ、膨らんだスポンジ生地にまぜ込んでいきます。そのときに、

　　牛乳　大さじ6（室温にする）

と交互に少しずつ加えるようにします。生地が均一になるまでよくまぜたら、そのまま1時間ほどおけば、さらに2倍ほどに膨らみます。生地は涼しいところなら4〜5時間はもちます。
パンケーキを焼く直前に、

　　卵白　2個分

を角が立つ程度にゆるやかに泡立て、生地全体にさっくりとまぜ込みます。

熱したフライパンにバターを薄く引き、スプーンで生地を落とし、パンケーキを焼きます。このそば粉パンケーキは普通のパンケーキよりずっと早く焼けるので、プツプツと表面に立つ泡が弾ける寸前、端が少し乾きはじめたあたりで裏返します。ここまで

2〜3分もかかりません。裏面も少し色がつく程度に焼きましょう。

このそば粉パンケーキ・ブリニは、伝統的に溶かしバターやクレームフレーシュを、温かいうちにかけてサーブします。トッピングにはスモークサーモン、からすみ、キャビア、チャイブなどが合います。またアップルソースやジャムをのせてもおいしくいただけます。

バリエーション
▶ ブリニは朝食にぴったりです。生地を前日につくり、二次発酵後に冷蔵します。翌朝、生地を室温に戻してから、泡立てた卵白をまぜて焼き、温かいアプリコットジャムを添えてサーブします。

Oysters, Raw and Cooked
生牡蠣、焼き牡蠣

最もおいしいのは、水揚げしたばかりの生きている新鮮な牡蠣です。そういう牡蠣は、海の純粋な生命力あふれる味がします。海が最も冷たい季節に獲れたものはとても美味です。夏になって海が暖まるにつれて、繁殖期に入って身の色も変わり、味も落ちます。牡蠣の殻は、買ったときはしっかりと閉じていますが、袋や容器に入れて冷蔵庫で保存するときは、呼吸できるよう、密閉しないようにしましょう。

生牡蠣を殻にのせてサーブするときは、食べる直前に殻から出します。自分で剥くときは、手を怪我しないように注意しましょう。タオルを巻くか厚い手袋をして、牡蠣専用のオイスターナイフを使います。決して鋭いナイフで代用しないでください。安定した台にふきんを広げて、殻の膨らんだ方を下にして牡蠣をのせ、タオルで先端をつかんで、ちょうつがいのところからナイフを差し込みます。ナイフを前後に動かしながら、ちょうつがいがポンと外れるように開きます。口が開いたらナイフを上側の殻と身の間に差し込み、前後に動かして貝殻をつなぐ貝柱を切ります。このとき、ナイフは薄い方の殻に沿って当たるように動かし、牡蠣の身を傷つけずに貝柱だけを切るように注意しましょう。上側の殻は捨て、身と下側の殻の間にナイフを入れて、切り離しておきます。砕いた氷をのせた皿を用意して、氷の上に牡蠣を殻ごとのせます。このとき、貴重な牡蠣のジュースをこぼさないように気をつけましょう。氷を砕くには、アイスキューブを入れた袋をハンマーで叩くか、フードプロセッサーを使います。私は生の牡蠣を、くし形に切ったレモンとミニョネット・ソースで出すのが好みです。ミニョネット・ソースは、小さなエシャロットをみじん切りにして白ワインビネガー大さじ3、ドライタイプの白ワインまたはシャンパン大さじ3を合わせて黒こしょうをふったものです。

オーブンで焼くときは、生で食べるときのように、まず上側の殻を取り除きます。殻を安定させるために耐熱皿に岩塩を敷き、その上に牡蠣を並べて焼きます。焼き牡蠣はさまざまな味つけができます。スパイシーなサルサをひとさじさじのせる。ハーブバターをのせる。ガーリックバターと生パン粉、また細かく切ったベーコンとチャイブなどもよく合います。簡単にできる私のお気に入りのレシピは、みじん切りのエシャロット、バター、挽きたての黒こしょう、パセリ、それにレモンゼストとレモンの果汁をまぜたものです。これをスプーン1杯ずつ牡蠣にかけ、205℃のオーブンで6〜8分、身がしっかりするまで焼きます。オーブンから取り出したら、すぐにサーブします。焼きたてのパンかクルトンを添

えましょう。

牡蠣は、グリルで焼いて（157ページ）殻を開けることもできます。焼き上がったらそのまま殻からはずして食べましょう。また、むいた身に生パン粉（79ページ）をつけてフライにしてもおいしくいただけます。

Sauces
ソース

タルタルソース 255

ホワイトソース（ベシャメルソース）255

パングレイビー 256

ビーフブロスを煮つめたソース 256

ボローニャ風ソース 257

きのこのラグー 258

ブールブラン（温かいバターソース）259

ベアルネーズソース 260

バーニャカウダ 260

ペスト（バジルソース）261

グレモラータとペルシャード 261

フレッシュトマトサルサ 262

ピーチサルサ 262

トマティージョサルサ 263

きゅうりのヨーグルトソース 263

アリッサ 264

(CONTINUED)

チェルモーラ 264

クレームフレーシュ 265

SEE ALSO

ヴィネグレット 58

サルサヴェルデ 59

アイオリ（ガーリックマヨネーズ） 62

ハーブバター 63

トマトソース 303

Tartare Sauce
タルタルソース
250cc分

牡蠣や平目のフライによく合います。

ボウルに、
- 卵黄　1個分
- 白ワインビネガー　小さじ1
- 水　小さじ1/2
- 塩　少々

を入れて、泡立て器でよくまぜます。そこに、
- オリーブオイル　180cc

を泡立て器でかきまぜながら少しずつ垂らします。オイルを入れて少し経つと、液体は固まってきて、薄い乳白色になります。そのようになったら入れるオイルの量を少し増やして、さらに泡立てます。マヨネーズが固くなりすぎるようなら、水かビネガーでゆるめます。オイルをすべて入れたら、
- ケイパー　大さじ1（みじん切りにする）
- コルニション（＊）、またはガーキン（＊）などのきゅうりのピクルス（甘くないタイプ）大さじ1（みじん切りにする）
- パセリ　大さじ1（みじん切りにする）
- タラゴン　小さじ1（みじん切りにする）
- チャイブ　小さじ1（みじん切りにする）
- チャービル　大さじ1（みじん切りにする）

を入れて、
- 塩
- 挽きたての黒こしょう

で味を調えます。
好みでビネガーを足しましょう。できあがったら30分ほどそのままにしておけば、味がなじみます。

バリエーション
- 白ワインビネガーの代わりに、レモンの絞り汁小さじ2と、すりおろしたレモンゼスト小さじ4分の1を使います。

White Sauce (Béchamel Sauce)
ホワイトソース（ベシャメルソース）
500cc分

ラザニアや野菜のグラタン、セイボリースフレ（＊）に使う基本的なホワイトソースです。

厚底の鍋で、
- バター　大さじ3

を溶かします。そこに、
- 強力粉　大さじ3

を入れてまぜ、中火で3分ほど火を通して、
- 牛乳　500cc

を少量ずつ、絶えずかきまぜながら加えていきます。
牛乳を少量入れてはよくかきまぜ、滑らかになったらさらに加えるようにして、ダマができないようにします。もし、ダマができてしまったら、牛乳をすべて加えた後、網で漉し取って火にかけ、ゆっくりかきまぜながら弱火で沸騰させましょう。火を弱めてとろ火（必要なら火力調節器を使って）にし、ソースが焦げつかないよう、ヘラでときどき鍋底をかきまぜながら20～30分煮ます。
- 塩
- ナツメグ　少々（好みで）
- カイエンペッパー　少々（好みで）

で味を調えます。
できあがったソースはすぐに使うか、温めておきま

＊コルニション：コルニションはヒマラヤ原産の小粒キュウリで主にピクルス用に使われます。
＊ガーキン：ピクルスに向く小ぶりのきゅうりの品種。　＊セイボリースフレ：（食事用の）甘くないスフレ。

しょう（冷えると固まります）。

バリエーション
- スフレ用にさらに濃厚にしたいときは、粉を増やし、牛乳を減らします。バター大さじ4、強力粉大さじ4、牛乳375ccの割合です。
- 野菜グラタンをつくるときは、500ccのうち半量を野菜のゆで汁（野菜をゆでた汁か、ゆでた葉ものを絞った汁）に代えます。

Pan Gravy
パングレイビー
375cc分

パングレイビーは、肉をローストしたときに出る肉汁でつくるのが最も簡単で、牛、ラム、豚、鶏、ターキーなど、どんなローストからもおいしいソースができます。

ロースト肉をオーブン皿から取り出し、温かいところに置いておきます。オーブン皿に残った肉汁の

    脂　大さじ1杯分

を残して、後はとり除きます。そのまま弱火にかけ、

    無漂白の強力粉　大さじ1

を加えてまぜ、2〜3分まぜ続けます。その中に、

    ブロスまたは水　375cc

を少量ずつ注ぎ、ダマができないようかきまぜ続けます。煮立ったらできあがりです。オーブン皿にこびりついた肉のエキスは、こそげてソースにまぜると、豊かな風味が加わります。

    塩
    挽きたての黒こしょう

で味を調えます。ダマが残っていたら、網で漉しましょう。

Beef Reduction Sauce
ビーフブロスを煮つめたソース
250cc分

いろいろな部位の牛の骨を使えば、さらにおいしくなります。膝関節の軟骨や筋はソースにコクを出し、すねや首の骨は肉らしい風味を加えてくれます（骨から削ぎだすすね肉は炒めてソースに加えましょう）。肉も骨も惜しまずに十分な量を用意してください。それがこのソース独特の味と香りを引き出してくれます。

厚手の天パンまたはオーブン皿に、

    牛の骨1.35kg（肉が多くついた骨や関節が混ざったもの）

を並べ、205度のオーブンで表面がきつね色になるまで、約40〜50分焼きます。

骨をローストしている間に、厚手の深鍋を中火にかけ、熱くなったら、

    オリーブオイル　大さじ2
    牛肉　225g（すね肉、もも肉、肩肉などを2.5cmの角切りにする）

を入れ、肉をかきまぜながら火を入れます。十分に炒まったら、底に溜まった脂を捨て、

    にんじん　1本（皮をむき、大きめに切る）
    玉ねぎ　1個（皮を取り、大きめに切る）
    セロリ　1本（大きめに切る）
    塩　少々

を入れて、野菜がしんなりするまで炒めます。焦げつかないように気をつけましょう。そこに、

    粒の黒こしょう　小さじ1/4
    クローブ　丸のまま1個
    オールスパイスの実　2個
    タイムの小枝　3本

パセリの茎　数本

赤ワイン（辛口）250cc

を加え、焦げつかないよう、鍋底に木べらを当てながらよくまぜて、十分に煮つめます。そこにオーブンで焼いた骨と、

チキンまたはビーフのブロス1.25ℓ

を加え、一度沸騰させてから火を弱めて、とろ火で煮ながら、浮いてくるアクを取ります。

骨を焼いたロースト皿に溜まった脂は取り除きますが、こびりついた粒状のうまみエキスは、少量のブロスを入れて、こすり落として再び鍋に加えます。そのまま3〜4時間とろ火で煮込みます。網で漉し、網に残った肉や野菜はつぶして汁を絞りましょう。表面に浮いた脂はすべてすくい、ブロスを浅い鍋に移して、250cc程度になるまで強火でさらに煮つめます。仕上げに塩・こしょうで味を調えます。

バリエーション

赤ワインの代わりに、白ワインを使います。

牛骨と牛肉の代わりに、ラムの骨1.35kg（うち450gは肉が多く付いた首の骨）と110gのラム肉を使いましょう。

牛の代わりに、豚肉1.35kgと豚肉225gを使いましょう。

牛の代わりに、鶏がら1羽分と鶏もも肉2〜3本を使います。旨みを十分に出すため、鶏がらはきつね色に焼き上げる前に細かく叩き割ります。

牛の代わりに、鴨のがら1羽分と、肉が多く付いているテンダーロインやもも肉225gを使います。がらはきつね色に焼き上げる前に、細かく叩き割りましょう。

Bolognese Sauce
ボローニャ風ソース
750cc分

時間がかかるソースなので、多めにつくっておけば、あとで重宝します。自家製のエッグヌードル（104ページ）やラザニア（309ページ）にとてもよく合います。

底の厚い大鍋に、

オリーブオイル　大さじ1

を入れて火にかけます。そこに、

パンチェッタ　60g

を細かなさいの目切りにして加え、軽く焼き色がつくまで中火で5分ほど炒めます。その中に、

玉ねぎ　小1個（細かいさいの目切りにする）
セロリ　1本（細かいさいの目切りにする）
にんじん　1本（細かいさいの目切りにする）
ガーリック　2かけ（みじん切りにする）
セージの葉　5枚
タイムの小枝　2本
ローリエ　1枚

を入れ、中火でときどきかきまぜながら、やわらかくなるまで約12分炒めます。

野菜を炒めている間に、できれば別の鋳鉄製の底の厚いフライパンに、

オリーブオイル　大さじ1

を入れて火にかけます。やや強火で、

はらみ肉　450g（3mm角のさいの目切りにする）
豚肩肉の粗挽き　130g

を2回に分けて炒めます。茶色にほどよくこんがりと炒めたら、

白ワイン（辛口）250cc

を注ぎ入れ、鍋底についた粒状のエキス分をこすり

落としながら、ワインが半量になるまで煮つめます。これを最初に野菜を炒めた大鍋に加え、

  トマトペースト　大さじ2
  塩

を加えます。さらに、

  ビーフまたはチキンブロス　500cc
  牛乳　375cc

を合わせ、鍋の肉や野菜にかぶる程度まで注ぎ入れます。そのまま弱火で1時間半、肉がやわらかくなるまで煮込みます。途中、煮汁が少なくなったら、残りのブロスと牛乳を合わせた液を足し、表面に浮いてくる脂をときどきすくいます。肉がやわらかくなったら火から下ろし、塩が足りなければ加え、

  挽きたての黒こしょう

で味を調えます。

バリエーション

◆ 野菜のさいの目切りと一緒に水で戻して絞ったドライポルチーニ60ccを細かく刻んで入れます。

◆ はらみ以外の部位の肉も使えます。肩ロースやさがり（横隔膜の厚い部分）などはソースに向いています。ただし、さがりを使うときは、このレシピより最低でも1時間は長く煮ないとやわらかくならないので、肉が乾かないよう、ブロスと牛乳を合わせたものを煮汁に加える必要があるかもしれません。

Mushroom Ragù
きのこのラグー
500cc分

ボロネーズソースに似た、深い味わいのパスタソースですが、ボロネーズソースと違うのは、肉を入れずに作ることです。

底が厚い大きめのスキレットを火にかけ、

  オリーブオイル　大さじ2

を入れて加熱します。その中に、

  イエローオニオン(*)　大1個（細かいさいの目切りにする）
  にんじん　大1本（皮をむき、細かいさいの目切りにする）
  セロリ　2本（細かいさいの目切りにする）
  塩

を入れ、すべてがやわらかくなるまで炒めたら、焦げ色がつく前に、

  タイムの葉　6枝
  パセリの葉　6枝（みじん切りにする）
  ローリエ　1枚

を加えて約1分炒めます。

  トマト　125cc（さいの目切りにする）

を加えて、約5分炒めます。火からおろし、

  きのこ　900g（2〜3種類のきのこを選ぶ）

を、汚れをよくふいてからスライスします。きのこが汚れているときは水洗いしましょう（食べているときにガリッと砂や土を噛まないように）。きのこは洗うと多少水を吸いますが、熱い鍋の中ですぐに水気を出します。炒めると水分がどんどん出てくるので、蒸発させるか、量が多ければすくっておきましょう。きのこが薄いきつね色になるまでさらに炒め、その際にオイルかバターを必要に応じて加えます。きのこのブロスは、水やブロスを加えるときに一緒に鍋に戻しましょう。

  きのこは種類ごとにそれぞれ、

  オリーブオイルと少量のバター

でやわらかく、淡いきつね色になるまで炒めます。炒めたきのこを野菜と同じぐらいの大きさに切ったら、スキレットに入れ、

---

*イエローオニオン：国内産の玉ねぎに代えても使えます。

生クリーム　125cc（またはクレームフレーシュ(*)）

水またはチキンブロス　250cc

を加え、煮立ったら弱火にして、約15分経ったら塩で味を調えます。もしソースが濃厚になりすぎたら、水かブロスでゆるめましょう。

バリエーション

◆ グリーンピースを125cc分、またはゆでた青もの類（ほうれんそう、ルッコラ、チャードなど）をブロスかクリームと一緒に加えます。

Beurre Blanc (Warm Butter Sauce)
ブールブラン（温かいバターソース）
250cc分

底の厚い小鍋に、

エシャロット　2個（みじん切りにする）

白ワインビネガー　60cc

白ワイン（辛口）　125cc

粒の黒こしょう　2～3粒

塩　ひとつまみ

を入れて沸騰させ、水分がほとんどなくなるまで煮つめます（水分が減るのにあわせて火を弱めます）。エシャロットが鍋底で、しっとりと水気を保っている状態で火から下ろします（ここまでは事前に済ませておけます）。

鍋をごく弱火にかけ、

バター　約200g（細かく切る）

を少量ずつ加え、泡立て器でかきまぜながら溶かします。バターが溶けてソースとなじんでから次を入れるようにします。ソースの温度に注意しながら、すぐにバターが溶ける程度の温かさで、しかし熱すぎない温度に保ちます。温度が上がりすぎるとソースは分離しますが、なぜか温度が低すぎても分離してしまいます。バターが全部溶けてソースがなめらかになったら、塩加減をみて、必要に応じてバターを足します。ワインかブロス、水を少量加えてもいいでしょう。これらの液体がソースを分離せずに軽くします。好みでソースを漉してもいいでしょう。できあがったら、すぐに食卓に出すか、サーブするまでに間があれば、湯せんにかけておきます。湯せんには、熱湯ではなく温めた魔法瓶に入れておくのも一案です。

バリエーション

◆ みじん切りにしたハーブやケイパー、ナスタチウムで、ソースに風味をつけましょう。

◆ 粒こしょうや香菜やフェンネルの実などのスパイスを粒のまま入れて煮ます。

◆ より簡単につくるには、大さじ3のワインかレモンの絞り汁、または水を鍋で沸騰させ、泡立て器でかきまぜながら、バター55gを小さく切って加えて、塩で味を調えます。

Béarnaise Sauce
ベアルネーズソース
125cc分

ベアルネーズは、エシャロットとタラゴンで風味をつけた贅沢なソースです。ほのかに酸味が効いて、これをかければステーキやローストビーフが普通のおいしさから、絶品に変わります。

厚手の小鍋に、

エシャロット　1個（みじん切りにする）

チャービル　大さじ2（みじん切りにする）

タラゴン　大さじ2（みじん切りにする）

クレームフレーシュ：国内産のサワークリームに代えても使えます。

塩　少々
　　粒の黒こしょう　3〜4粒
　　白ワインビネガー　大さじ3
　　白ワイン（辛口）　大さじ6

を入れて沸騰させ、大さじ2杯分になるまで煮つめます。網で漉してボウルに入れ、素材から完全に水分を絞りながら漉して、残りカスは捨てます。耐酸性のボウル（中サイズ）に、

　　卵黄　2個

を入れ、漉して煮つめた液を加え、よくかきまぜます。これを（沸騰していない）熱湯の上で、ボウルの底が湯につかないようにかざしながら、約1分間泡立て、さらにかきまぜながら、

　　無塩バター　85g　（溶かしたもの）

を少しずつゆっくりと流し込みます。ソースが濃くなりすぎたらぬるま湯でゆるめましょう。ソースは温かく、しかし熱すぎないように注意します。熱すぎると分離したり卵黄が固まってしまいます。バターがすべて入ったら、

　　タラゴン　大さじ1〜1 1/2　（みじん切りにする）
　　カイエンペッパー　少々

を加えます。味をみて、必要に応じて塩を足します。

そのまま食卓に出しますが、すぐに出さないときは、熱すぎない湯せんをするか、温めた魔法瓶に入れておきましょう。

バリエーション
◆ タラゴンの代わりにほかのハーブ（ミント、バジル、チャイブなど）を使います。
◆ オランデーズソースをつくるには、タラゴンとエシャロットを煮つめる手順は省き、卵黄に湯大さじ1、レモンの絞り汁小さじ2を加えてよくかきまぜます。溶かしバターをゆっくり少量ずつ加え、塩と

レモンの絞り汁で味を調えましょう。

Bagna Cauda
バーニャカウダ
250cc分

バーニャカウダはイタリアの方言で「温かいお風呂」という意味です。アンチョビの強烈さに驚かないでください。ガーリックとアンチョビの強い風味が温かいバターとオリーブオイルの中で絶妙なバランスを保っているのです。生野菜にぴったりのディップとしてはもちろんのこと、グリルした野菜や魚のソースとしても楽しめます。

　　塩漬けのアンチョビ　5尾

を水に約5分浸して戻します。骨を取り除いて刻めば、大さじ2くらいの量になります。

湯せん用の二重鍋の下段、または小鍋でお湯を沸かしておきます。アンチョビを二重鍋の上に置いた耐酸性のボウル（中サイズ）に入れて湯せんにかけ、

　　バター　85g
　　エキストラバージン・オリーブオイル　80cc
　　ガーリック　3かけ（薄皮をむいて薄切りにする）
　　レモンの皮　1個分
　　挽きたての黒こしょう　小さじ1/4

を加えます。
バターが溶けるまで火にかけ、
味をみて、必要に応じて

　　塩

を足します。

Pesto
ペスト（バジルソース）
375cc分

ペストづくりは、私のお気に入りです。材料をつぶし、鼻腔を刺激する香りをかぎ、そして味見をする。ペストづくりは、五感を目覚めさせてくれる行程です。パスタソースとしてだけではなく、スライスしたトマトにかけてもおいしく、野菜のディップソースやピザソースに、またグリルしたチキンや野菜など、いろいろな料理に使えます。

　　生のバジル　1束

の葉を摘み取り、約250ccになるように計量します。乳鉢に、

　　ガーリック　1かけ

の薄皮をむいたものと、

　　塩

を一緒にペースト状になるまでつぶし、そこに、

　　松の実　60cc（軽くローストする）

を加えてさらにつぶし、

　　おろしたパルメザンチーズ　60cc

をまぜあわせて、別のボウルに移しておきます。粗く切ったバジルの葉を先ほどの乳鉢に入れ、ペースト状になるまで葉をすりつぶします。ボウルに移しておいたものも乳鉢に戻して、バジルとよくまぜあわせます。すりつぶしながら、

　　エキストラバージン・オリーブオイル　125cc

を少量ずつ注ぎ入れます。手を休めずにかきまぜ、加減をみて、味を調えます。

バリエーション
　バジルの代わりまたは一部に、パセリかルッコラを使ってみましょう。
　パルメザンチーズの半量をペコリーノチーズに代えます。

◆ 松の実の代わりにくるみを使います。

Gremolata and Persillade
グレモラータとペルシャード

グレモラータは、みじん切りにしたパセリとガーリック、それにレモンゼストをまぜたもので、ペルシャードは、パセリとガーリックのみじん切りです。厳密にはソースではありませんが、ローストやブレゼした肉、パスタ、そのほかのグリル料理のとき、私は、料理の仕上げに、上から散らして色鮮やかに仕上げます。

　グレモラータをつくるには、
　　パセリ　大さじ3（みじん切りにする）
　　レモンゼスト　小さじ1（みじん切り、またはすりおろす）
　　ガーリック　2かけ（みじん切りにする）
をまぜあわせます。
ペルシャードは、イタリアンパセリとガーリックだけでつくり、レモンゼストは入れません。

Fresh Tomato Salsa
フレッシュトマトサルサ
250cc分

簡単にできて、お店で売っているどんなサルサよりもはるかにおいしいソースがつくれます。夏の旬の新鮮な完熟トマトか、それ以外の季節には缶詰のホ

ールトマトを使います。

  完熟トマト　中2個
  または缶のホールトマト4個

を粗いさいの目切りにしてボウルに入れ、

  ガーリック　1かけ（みじん切りにする）
  玉ねぎ、または赤玉ねぎを　1/2個（みじん切りにする）
  香菜　6枝（葉と茎をみじん切りにする）
  ライムの絞り汁　1/2個
  塩

を加えて、静かにまぜあわせます。好みで塩、ライムの絞り汁を足してもいいでしょう。風味が出るまで5分ほどおいてから、サーブします。

バリエーション

◆ ハラペーニョかセラーノ・チリ（*）1個をみじん切りして加えます。

◆ 煎ったクミンシード小さじ1/4を砕いて入れます。

◆ アボカド1/2個を、粗いさいの目切りにして加えます。

Peach Salsa
ピーチサルサ
375cc分

新鮮な風味のサルサです。グリルした魚や、魚のタコスによく合います。

  完熟した桃　2個

の皮を湯むき（沸騰している湯の中に10〜15秒浸します）して、種を取り、粗いさいの切りにします。それに、

  赤玉ねぎ　小1/2個（みじん切りにする）
  セラーノチリまたはハラペーニョチリ1個（種と筋を取り除き、細かくみじん切りにする）
  ライムの絞り汁　1個分
  塩
  香菜　大さじ1〜2（みじん切りにする）

をまぜあわせ、好みで塩、チリ、ライムで味を調えます。

バリエーション

◆ 桃の代わりにパパイヤ、マンゴー、メロンなどでもおいしくつくれます。

◆ 赤玉ねぎの代わりに、わけぎを使いましょう。

◆ アボカド小1個の種を取り、大きめのさいの目切りにして加えてみましょう。

Tomatillo Salsa
トマティージョサルサ
500cc分

この軽い風味のソースは、グリル料理のすばらしい付け合わせになります。ステーキ、チキン、えび、野菜など、グリルしたものならなににでも合い、トルティーヤチップスのおいしいディップにも、タレのソースにもぴったりです。

  中サイズのトマティージョ（*）　12個（約500g）

は表面の薄皮を取ってソースパンに入れ、ひたひたになる程度に水を注ぎます。塩をひとつまみ入れて沸騰させ、弱火に落として4〜5分、やわらかくなりすぎない程度に煮ます。水切りし、煮汁はとっておきましょう。

  煮汁125cc

をミキサーに入れ、その中に、

---

*ハラペーニョ、セラーノ・チリ：国内産の青唐辛子に代えて使えます。

ハラペーニョまたはセラノーチリ　2個（種を取り、薄切りにする）
香菜の葉と茎　250cc（みじん切りにする）
ガーリック　1かけ（薄切りにする）
塩

を加えます。煮えたトマティージョも加えてミキサーに軽くかけ、粒が残る程度の粗さのソースに仕上げます。塩加減を調え、風味が出るまで少し置いてから使います。冷えて味が濃くなったら、煮汁で薄めて使いましょう。

バリエーション
◆ さらに辛くするには、ハラペーニョかセラノ・チリを1個追加します。
◆ 中サイズのアボカドをつぶして入れてもおいしくいただけます。
◆ トマティージョを生のまま使い、煮汁に代えて水を入れます。
◆ 入手可能なら、珍しい紫色のトマティージョを使います。生のものはほのかな甘みがあり、すばらしい味になります。

Cucumber-Yogurt Sauce
きゅうりのヨーグルトソース
375cc分

このソースはライタ（インドのヨーグルト）の一種で、クミンシード、シナモン、カイエンペッパーなどが入った、さわやかな東南アジアのヨーグルトソースです。レモンきゅうり、アルメニアン、ジャパニーズなど、さまざまな種類のきゅうりで試してみてください。種が大きいときは縦に半分に切り、スプーンで種を取ってから使います。寒冷期には苦みのあるきゅうりもあるので、1本ずつ味をみてから使いましょう。苦いきゅうりは、ソースが台無しになります。

きゅうり　中1本（皮をむき、半月形に切る）

をボウルに入れ、塩ひとつまみで和えます。10分ほどおいて、出てきた水気を切り、その中に、

ヨーグルト　180cc
ガーリック　1かけ（ピュレ状によくつぶす）
オリーブオイル　大さじ1
ミント　2枝（葉だけを細いリボン状に切る）

を入れます。

バリエーション
◆ よりなめらかにしたいときは、きゅうりはスライスせずに線切りにします。
◆ 少しピリッとさせるには、マラッシュやカイエンペッパーなど、赤唐辛子のパウダーを加えます。

Harissa
アリッサ
180cc分

この北アフリカの調味料は、パプリカと唐辛子のピュレからつくります。スープ、ローストした肉、グリルした野菜などの料理をピリッと引き締めてくれます。サンドイッチのスプレッドとしてパンに塗ったり、米やクスクス料理のソースとしても使えます。

乾燥アンチョ・チリ（*）　5個（約55g）

を熱いオーブンか熱したグリルで、プクっと膨れて香りがよくなるまで、焦がさないように気をつけて焼きます。焼けたら取り出してヘタと種を取ります。小さなボウルに熱湯を注いで、チリを20分ほど浸してから、お湯を捨てます。

＊トマティージョ：南米産の食用ほおずき。

赤いパプリカ　1個（大き目のもの）

を直火で、表皮が黒く焦げて皮がむけるぐらいまで焼きます。ふきんで包むか紙袋に入れて口を閉じて5分置きます。こうすれば蒸気で皮がむきやすくなります。皮をむいてから、ヘタと種を取り除きます。

ミキサーかフードプロセッサーに、水に浸けたアンチョチリと皮をむいたパプリカを加え、

　　　ガーリック　4かけ（皮をむく）
　　　塩
　　　オリーブオイル　180cc
　　　赤ワインビネガー　小さじ1

を加えます。

濃厚でなめらかなペースト状になるまで、ミキサーにかけます。必要に応じて水を少し加えてゆるめましょう。表面にオイルを薄く注げば、冷蔵で約3週間保存できます。

バリエーション

◆ カイエンペッパーを加えれば、よりスパイシーになります。

◆ ローストしてから挽いて粉にしたクミン、コリアンダーシードの種、各小さじ1/2と、キャラウェイシード小さじ1/4を加えます。

　　　セラーノチリ　1個（種と芯を取る）
　　　エキストラバージン・オリーブオイル　125cc
　　　塩

を、滑らかになるまでミキサーにかけます。さらに、

　　　パセリの葉　80cc
　　　香菜の葉と茎　120cc

を加え、さらにミキサーにかけて葉の歯ごたえがわずかに残るぐらい細かくします。

これをボウルに移し、

　　　レモンの絞り汁　1/2個分
　　　ガーリック　1かけ（ピュレ状にする）

で味つけします。塩と酸味をみて、味を調えます。風味がなじむまで10分ほどおきましょう。

バリエーション

◆ ジンジャーとチリをミキサーにかけるときに、玉ねぎ1/2個も粗く刻んで加えます。

◆ 魚、鶏などのマリネ液に使う場合は、オリーブオイルを60ccに減らします。

◆ 煎って、粉末にしたクミンかコリアンダーシードを小さじ1/2加えます。

Chermoula
チェルモーラ
180cc分

これは北アフリカの調味料のバリエーションです。香菜の香りがたちこめ、野菜や魚に添えたサフラン・ライスをおいしくしてくれます。

　　　生のジンジャー　2.5cmのかけら1個（皮をむく）

＊アンチョ・チリ：プエブラというメキシコ産の唐辛子を乾燥させたもの。

Crème Fraîche
クレームフレーシュ
250cc分

クレームフレーシュ（*）は、生クリームを活きた酵素で発酵させて濃厚にしたクリームです。アメリカのバターミルクにも同じような酵素が入っています。濃厚でなめらかな舌触りと、酸味があります。このクリームのすばらしいところは（サワークリームと違って）、煮立てても分離しないことです。また、クレームフレーシュは簡単にできて、驚くほど用途が広く、さまざまな料理に使えます。

たとえばヴィネグレットに加えれば、クリーミーで酸味を感じるドレッシングに、またハーブと塩少々をまぜてスープに浮かせれば、完璧な仕上がりになります。パスタやブレゼのソースにとろみをつけて味を深めることもでき、ポテトグラタンも、クレームフレーシュでつくれば絶品になります。また、砂糖、蜂蜜、メープルシロップを加えて甘くすれば、デザートソースにもなります。軽く泡立てて、ふわっとしたホイップクリームにしてもいいでしょう（ただし、粒状にならないよう、生クリーム同様に泡立てすぎないように気をつけましょう）。溶かしたチョコレートと混ぜればすばらしいデコレーション用のクリームにもなり、おいしいアイスクリームのベースとしても使えます。

きれいに洗ったガラスの広口瓶に

生クリーム　250cc

を入れます。クリームは必ず高温熱処理をしていないものを使いましょう。その中に、

バターミルク（*）　大さじ1

を加えます。瓶に軽くふたをして室温で24時間ほど、またはクリームが濃くなるまで置いておきます。実際にかかる時間は室温によっても変わります。クリームが固まりはじめたら、きちんとふたをして冷蔵しましょう。クレームフレーシュは冷蔵庫の中でも発酵が進み、やがてどろっと固まって酸味が出てきます。その場合は、かきまぜてさらっとさせます。濃すぎるときは牛乳か水で薄めます。クレームフレーシュの賞味期限は、冷蔵保存で約10日間です。

---

*クレームフレーシュ：国内産のサワークリームに代えても使えます。
*バターミルク：牛乳とヨーグルトを半量ずつまぜてつくります。

Salads
サラダ

パルメザンチーズ入りのロケットサラダ 269

ロメインレタスのクリーミードレッシング 269

シーザーサラダ 270

チキンサラダ 271

きざみサラダ 271

ヒカマ芋のサラダ、オレンジとコリアンダー風味 272

柿とざくろのサラダ 272

グレープフルーツとアボカドのサラダ 273

スライストマトとバジルのサラダ 274

いんげん豆とミニトマトのサラダ 274

ニース風サラダ 275

西洋ねぎのヴィネグレット 276

セロリルートのレムラード 276

ビーツのマリネサラダ 277

コールスロー 278

ポテトサラダ 278

(CONTINUED)

キャロットサラダ 279

モロッコ風しょうが入りキャロットサラダ 279

削ぎ切りにしたフェンネルのサラダ 280

オリーブとケイパーの入ったカリフラワーサラダ 281

きゅうりのミント風味クリームドレッシングのサラダ 281

レンズ豆のサラダ 282

タブーレサラダ 282

SEE ALSO

ガーデンレタスサラダ 67

ギリシャ風サラダ 69

オレンジとオリーブのサラダ 71

ポーチドエッグをのせたカーリーエンダイブサラダ 159

Rocket Salad with Parmesan
パルメザンチーズ入りのロケットサラダ
4人分

ロケットとルッコラはどちらもエルカ・ヴェシカリアという苦みのあるサラダ菜の一般名です。濃い緑色で縁に切れ込みのあるこの葉っぱには、ナッツのような風味とこしょうのような辛みがあります。

固い茎などを取り除いた

  ロケット　たっぷり4つかみ

を水で洗い、サラダスピナーにかけて水を切って冷やしておきます。
次にヴィネグレットをつくります。

  赤ワインビネガー　大さじ1（シェリービネガーをまぜてもよい）
  塩
  挽きたての黒こしょう

をまぜ、そこに、

  エキストラバージン・オリーブオイル　大さじ3〜4

を泡立て器でかきまぜながら加えていきます。最初は少なめにオイルを入れて味見をし、その後でオイルと塩で味を調えます。サーブする直前にヴィネグレットとロケットをよく和えて、

  パルメザンチーズやペコリーノチーズのようなハードタイプのチーズ

を、刃の鋭い野菜用ピーラーで削り、カールした薄いかけらをサラダの上に散らします。

バリエーション
180℃のオーブンで60cc分のヘーゼルナッツをきつね色になるまでローストします。オーブンから取り出してキッチンペーパーの上にのせ、もむようにして皮を取り、粗く刻んでサラダに散らしましょう。松の実、くるみ、ピーカンナッツでもおいしくいただけます。

◆ 柿（272ページ）を1〜2個、皮をむいて薄切りにし、ロケットの間に差し込むように飾りつけましょう。

Hearts of Romaine with Creamy Dressing
ロメインレタスのクリーミードレッシング
4人分

このサラダをおいしくつくるには、ロメインレタスを丸ごと使います。外側の大きな葉を数枚取り除き、芯のまわりの薄緑色のやわらかい葉だけを使います。リトルジェムやウィンター・デンシティと呼ばれる種類のロメインレタスは、葉が小ぶりでやわらかく、サラダにするととてもおいしいので、ファーマーズ・マーケットで探してみてください。

  ロメインレタス　2個

外側の濃いグリーンの葉を取り除き、茎と根を切り落とし、葉を外してからよく洗って数回に分けてスピナーで水切りします。
大きなボウルに

  白ワインビネガー　大さじ1
  レモンゼスト　1個分
  レモンの絞り汁　大さじ1
  塩
  挽きたての黒こしょう

を入れ、ドレッシングをつくります。
味を見て調え、

  エキストラバージン・オリーブオイル　大さじ3

生クリーム　大さじ3

を加え、泡立て器でかきまぜます。塩、酸味を調え、ロメインレタスの葉が1枚ずつドレッシングでコーティングされるように軽く和えます。

バリエーション
◆ 塩漬けのアンチョビを2尾、水で洗って骨を取り、みじん切りにして加えれば、ドレッシングが一層おいしくなります。
◆ バジル、チャービル、チャイブ、タラゴンなどのハーブを数種、またはすべてをみじん切りにして、サラダの上に散らします。
◆ このドレッシングは、エンダイブ、ラディッキオなどの小型のサラダ菜にもよく合います。

Caesar Salad
シーザーサラダ
4人分

ロメインレタス　2個

外側の濃いグリーンの葉を取り除き、内側の薄緑のやわらかい葉だけを残します。茎と根を切り落として葉をはずし、芯のそばの小さな葉は芯に付けたまま、大きな葉は適当な大きさに手でちぎります。水でよく洗い、数回に分けてスピナーで水切りして、ドレッシングで和えるまでは冷やしておきます。

一日おいた田舎風パン（カンパーニュ）　85g（1cmのさいの目切りをおよそ20個）

これを、

エキストラバージン・オリーブオイル　大さじ1 1/2

塩

と一緒にボウルでまぜ合わせて天パンに並べ、180℃のオーブンで10〜12分、ときどきかきまぜながら均等なきつね色になるまで焼きます。

赤ワインビネガー　大さじ1
レモンの絞り汁　大さじ1
ガーリック　2かけ（ピュレ状につぶす）
塩漬けのアンチョビ　2〜3尾（細かく切る）
塩
挽きたての黒こしょう

を小さなボウルに入れて、ドレッシングをつくります。

その中に、

エキストラバージン・オリーブオイル　60cc

を泡立てながら加えます。サラダを出す直前に

パルメザンチーズ　125cc（おろしたもの）

を用意します。

ドレッシングの中に、

卵黄　1個

を加え、さらに粉チーズをひとつかみ入れて、濃厚になるまで泡立てます。レタスに少しつけて味をみて、塩と酸味を調えましょう。

大きなボウルにロメインレタスを入れ、ドレッシングの4分の3量を注いで和えます。再び味見をして、足りなければ適量を加えます。粉チーズは少量残してボウルに入れ、さらに軽く和えて大きめの皿に盛りつけます。カリカリに焼いたクルトンをボウルに残っているドレッシングを吸わせるようにまぜてからサラダの上に散らします。残った粉チーズと挽きたての黒こしょうをふりかけて仕上げます。

Chicken Salad
キンサラダ
00cc分

まず、マヨネーズをつくります。大きめのボウルに、

　卵黄　1個分
　白ワインビネガー　小さじ1/4
　塩　少々

入れて泡立て器でよくまぜ合わせます。
の中に、

　オリーブオイル　180cc

泡立て器でまぜながら、ゆっくりと一定のスピーで加えていきます。できたマヨネーズに、

　鶏肉の身　500cc（ローストするかゆでたものを約6mmのさいの目切りにする）
　チャイブまたは細い長ねぎ　大さじ2（細かく刻む）
　セロリ　2本（みじん切りにする）
　ケイパー　大さじ1（塩抜きしてみじん切りにする）
　塩
　挽きたての黒こしょう

合わせます。
現をして塩を調えます。サンドイッチにしたり、ンプルなヴィネグレットで和えたレタスの葉にのてサーブします。

リエーション

カイエンペッパーをふりかけ、少しスパイシーに上げてみましょう。
セロリの代わりに、きゅうりを使います。
固ゆで卵を細かく刻んで加えましょう。
ガーリックをつぶして、マヨネーズに加えます。
種を取り粗く切ったグリーンオリーブを入れてみしょう。

◆ チャービル、パセリ、タラゴン、バジルなどのやわらかい葉のハーブを、みじん切りにして加えます。

Chopped Salad
きざみサラダ

きざみサラダは、薄切りか粗く刻んだレタスに野菜、卵、チーズ、肉、魚などを合わせて、ヴィネグレットで和えたものです。有名なのはコブサラダで、アボカド、ベーコン、鶏肉、ブルーチーズ、トマト、卵などが入りますが、絶対に必要なのは、パリッと新鮮なレタスの葉です。ロメイン、リトルジェム、エスカロール、ラディッキオ、またはアイスバーグなどのレタスでもつくれます。緑の濃いほうれんそうやロケット、クレソンなどでつくってもいいでしょう。

葉は水で洗っておきますが、ドレッシングと合わせるまでは刻まないようにします。赤ワインビネガーにマスタード少々を加え、少しとろみをつければ具によくなじみます。少量の生クリームかクレームフレーシュを加えると、ドレッシングにコクが出て、苦みのある濃いグリーンの葉によく合います。つぶしたガーリック、アンチョビ、ケイパーなどを加えてもおいしくなります。

きざみサラダの素材でドレッシングの味つけを決めましょう。春なら薄切りにしたフェンネル、スナップえんどう、それにくるみやアーモンドを少々入れたサラダを、軽くクリーミーなドレッシングがさわやかに仕上がります。夏なら、トマト、きゅうり、パプリカ、アボカドがきざみサラダのいい材料になります。夏野菜の熟した味わいには、赤ワインビネガーとつぶしたガーリック、バジルとミントの

葉をちぎって入れるくらいがよく合います。さいの目切りにしたピンクビーツやゴールデンビーツはきざみサラダによく映えますが、レッドビーツは色が出て、ほかの材料をみな赤く染めてしまいます。刻んだゆで卵もきざみサラダによく合うもので、全体にまぜても、上から散らしてもおいしくいただけます。

きざみサラダをつくるときには、レタス以外の刻んだ材料をまとめてヴィネグレット、塩、こしょうで和え、それからレタスの葉を刻んでボウルに入れて、さらにドレッシングを加えてほかの材料と合わせるようにします。味をみて、調味料で調えてからサーブしましょう。

を泡立て器でよくかきまぜてドレッシングをつくり、オレンジとヒカマ芋にかけます。上に、

　　香菜　大さじ1（みじん切りにする）

を散らしてできあがりです。

バリエーション
◆ ラディッシュの薄切り60cc分を入れます。味みて、好みでライムの絞り汁を適量加えます。

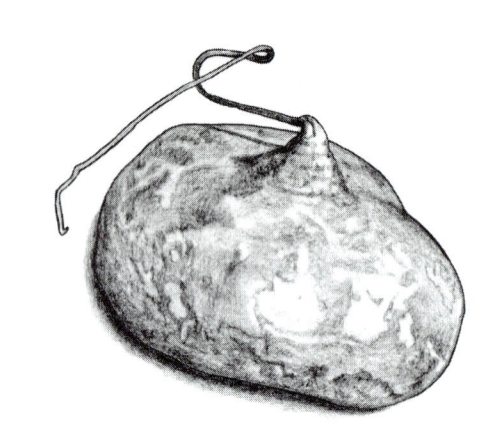

Jicama Salad with Orange and Cilantro
ヒカマ芋のサラダ、オレンジとコリアンダー風味
4人分

　　ヒカマ芋　小1個（約225g）

皮をむいて縦半分に切り、6mm幅にスライスして短冊に切ります。

　　オレンジ　2個

をよく研いだナイフで、外皮と薄皮を一緒にむき、6mm幅の円形に切って種を取ります。
皿の上にヒカマ芋とオレンジを並べ、上から、

　　パプリカ、またはアンチョ・チリやグアジロなどのチリパウダー

をふりかけます。

　　ライムの絞り汁　1個分
　　塩
　　エキストラバージン・オリーブオイル　大さじ2

Persimmon and Pomegranate Salad
柿とざくろのサラダ
4人分

ファーマーズ・マーケットには富有柿（ふゆうがき）と蜂屋柿（はちや）の種類の柿が出回ります。富有柿は丸く、平たく、ごたえがあるうちがおいしい柿で、彩りがいい味い深いサラダになります。蜂屋柿は細長く先がとっていて、完熟してやわらかくなるまでは渋みがります。

　　富有柿　中3個

はヘタを取って皮をむきます。種を取り、薄くスイスするか、くし形切りにしてお皿に並べます。

---

*ヒカマ芋：メキシコ原産の伝統的な野菜。塊茎状の根の皮をむき、白くシャキシャキした部分をスライスして生食か火を通して食べます。日本では、大和芋を代わりに使います。

> ざくろ　1/2個

は、切り口を下にして、ボウルの上から大きいスプーンで強く叩いて種を落とし、一緒に落ちた白いワタを取り除きます。

　ざくろの種を柿の上に散らしたら、シンプルなヴィネグレットをつくります。

> シェリーか赤ワインビネガー　大さじ1
> 塩
> 挽きたての黒こしょう

をまぜ合わせ、塩が溶けたところで、

> エキストラバージン・オリーブオイル　大さじ3

を泡立て器でかきまぜながら加え、塩気と酸味を調えます。ヴィネグレットをスプーンで柿の上に回しかければできあがりです。

バリエーション
◆ レタスの葉（ルッコラ、フリゼ、エスカロール、ラディッキオ、チコリなどがよいでしょう）を4人分用意し、ヴィネグレット半量で和えます。お皿の上にレタスを敷いて柿とざくろをのせ、残りのヴィネグレットを回しかけ、仕上げにローストしたくるみを散らします。

Grapefruit and Avocado Salad
グレープフルーツとアボカドのサラダ

4人分

> 中サイズのルビー・グレープフルーツ　2個

を、よく切れるナイフで果肉に当たるまで刃を入れて、外皮と薄皮を一緒にむきます。次に房の間の薄皮に沿って注意深くナイフを入れて果肉を取り出し、残った薄皮をまとめて果汁を絞ります。大さじ1杯ほどの果汁は小さめのボウルに入れ、その中に、

> 白ワインビネガー　小さじ1
> 塩
> 挽きたての黒こしょう

を加え、

> エキストラバージン・オリーブオイル　大さじ2

を泡立て器でかきまぜながら加えます。塩と酸味を調えたら、

> アボカド　中2個

を半分にカットし、種を取って皮をむき、6mm厚に切ります。軽く塩をしてから、皿にグレープフルーツとアボカドを交互に並べ、スプーンでヴィネグレットを回しかけます。

バリエーション
◆ 仕上げにクレソンやチャービルを散らします。
◆ ヴィネグレットの量を2倍にします。ルッコラ軽く4つかみ分を半量のヴィネグレットで和えてから皿にのせ、その上にグレープフルーツとアボカドを交互に並べて、残りのヴィネグレットをかけます。
◆ アボカドの代わりに、アーティチョーク大2個か小4個を使います。ガクをはずし、中央にある羽のような芯（ハート）の部分をスプーンでかきだし、芯を塩を入れた湯でやわらかくなるまでゆでます。スライスしてスプーン2〜3杯のヴィネグレットでマリネします。
◆ 小さい春玉ねぎ（葉玉ねぎ）を薄切りにして、スプーン大さじ1のヴィネグレットでマリネします。それをサラダの上に散らしてドレッシングで仕上げます。

Sliced Tomatoes with Basil
スライストマトとバジルのサラダ
4人分

トマトの最盛期の9月に、ファーマーズ・マーケットでさまざまな色、サイズ、味のトマトを探してみましょう。スライスしたりくし形に切って一緒にお皿に盛れば、目の覚めるような彩りの美しいサラダができます。

  トマト　中4個

を洗って芯を取り、6mmの薄切りにして、皿に並べて

  塩

を振ります。

  バジルの葉　5枚

をきれいに重ねて筒状に巻き、はさみかナイフで細長くカット（シフォナード）します。トマトの上にバジルを散らし、

  エキストラバージン・オリーブオイル　大さじ2～3

を回しかけます。

バリエーション
- 生のモッツァレラチーズ225g、またはフェタチーズかケソ・フレスコを薄く切り、トマトのスライスの間に挟んで、バジルとオリーブオイルで仕上げます。
- オリーブオイルの代わりにヴィネグレットを使います。赤ワインビネガー大さじ1、塩、挽きたての黒こしょう、枝のままのバジル1本、みじん切りにしたエシャロットの球根1玉をまぜ、15分くらい浸してやわらかくします。バジルは取り出し、オリーブオイルを大さじ3～4を泡立て器でかきまぜながら加えます。
- バジルの代わりに、サマーセイボリー、ミント、マジョラム、パセリなどのハーブを使います。
- ミニトマトを半分に切り、塩とオイルまたはヴィネグレットで味つけし、スライスしたトマトの上にバジルと一緒に散らします。

Green Bean and Cherry Tomato Salad
いんげん豆とミニトマトのサラダ
4人分

ミニトマトといんげん豆には、さまざまな大きさや色があります。種類の違うものを一緒にまぜて使ってみましょう。シェルビーンズを入れてもいいでしょう。いんげん豆は、前もってゆでて冷やしておくことができます。

  いんげん豆　225g

は、ヘタを取り、塩を入れてやわらかくなるまでゆでます。湯を捨てたら天パンか皿の上に広げて冷まします。

  ミニトマト　225g

のヘタを取り、半分に切ります。
大きなボウルに、

  エシャロット　小1個（みじん切りにする）
  赤ワインビネガー　大さじ1
  塩・挽きたての黒こしょう

をまぜて味を調え、15分ほどおいて味をなじませます。その中に、

  エキストラバージン・オリーブオイル　60cc

を加えながら泡立て器でかきまぜます。トマトといんげん豆を入れ、

  バジルの葉　6枚分（線切りにする）

を加えます。ざっくりとまぜ合わせ、味をみて、塩、ビネガーを必要に応じて足します。

バリエーション
◆ 黒オリーブを粗く刻んでドレッシングに入れてみましょう。
◆ さやいんげんだけでもおいしいサラダになりますが、バジルやパセリのみじん切りを多めに入れれば、よりおいしくいただけます。
◆ ミニトマトの代わりにローストしたパプリカのスライスを使ってみましょう。

Niçoise Salad
ニース風サラダ
4人分

このコンポーズド・サラダは、フランス・プロヴァンス地方のレシピをもとにしています。充実したランチに、また軽めの夕食にもなります。アンチョビの刺激的な風味と固ゆで卵のコクが、夏野菜を引き立てます。

　　塩漬けのアンチョビ　3尾

を水で戻し、切り身を縦に細長いひも状にスライスして、オリーブオイル少々に漬けておきます。

　　完熟トマト　350g

を洗って芯を取り、くし形に切り、

　　塩

をします。

　　いんげん豆　115g

はヘタを取り、塩を入れたお湯でやわらかくなるまでゆでます。水を切り、広げて冷ましておきましょう。

　　赤いパプリカ　1個

は半分に切り、中の種とワタを取り除いて細長く切りそろえます。

　　きゅうり　中2本　または大1本

は皮をむき、一口サイズの乱切りか薄切りにします。

　　卵　2個

を中火で約5分ゆで、冷水に入れて冷まします。小さなボウルに

　　赤ワインビネガー　大さじ1 1/2
　　塩
　　挽きたての黒こしょう
　　ガーリック　1かけ（薄皮をむいてつぶす）

をまぜ合わせます。
塩が溶けて、味がなじんだところで、

　　エキストラバージン・オリーブオイル　大さじ4
　　バジルの葉　5枚（みじん切りにする）

を加え、泡立器でよくかきまぜて、塩気と酸味をみて味を調えます。
卵は殻をむいて4つにくし切りにします。きゅうり、パプリカ、いんげんに塩をして、ヴィネグレットの4分の3量で和えて皿に盛りつけましょう。残りのヴィネグレットでトマトをざっくり和え、野菜の周りに並べます。仕上げに、ゆで卵とアンチョビをトッピングします。

バリエーション
◆ よりボリュームのあるサラダにするには、新鮮なまぐろの切り身350gをグリルするかフライパンでレアに焼いて、身をほぐしてからヴィネグレット少量をかけて、ほかの野菜と一緒に皿に並べます。
◆ レタスまたはルッコラの葉を敷いた上にサラダを盛りつけましょう。
◆ パプリカはローストしてもおいしくいただけます。

Leeks Vinaigrette
西洋ねぎのヴィネグレット
4人分

西洋ねぎは、レタスが出回らない冬場に旬を迎えます。このマスタード風味のヴィネグレット・ドレッシングでおいしい冬のサラダになります。

西洋ねぎ(*)　小12本（直径2.5cm以下）または中6本

の端を切り落とし、水で洗います。
塩を入れたお湯で7〜12分、やわらかくなるまでゆでます。やわらかくなったかどうか、よく切れる包丁で試してみましょう。根に近いいちばん太い部分を刺して、すっと通れば十分です。ゆであがったねぎは、ばらばらにならないように慎重に取り出し、水気を切って冷ましておきます。

赤ワインビネガー　大さじ1
ディジョンマスタード　小さじ2
塩
挽きたての黒こしょう

を小さなボウルでまぜて、ヴィネグレットをつくります。

エキストラバージン・オリーブオイル　60cc

を泡立て器でかきまぜながらボウルに加えます。味見をして、塩と酸味を調えましょう。
冷ました西洋ねぎをやさしく絞り、余分な水分を切ります。大きいねぎは縦に半分、または4つに切り、塩少々をふりかけてなじませましょう。食卓へ出す準備ができたら皿に並べて、上からヴィネグレットをスプーンで回しかけます。上下をひっくり返してヴィネグレットがまんべんなくからむようにしましょう。仕上げに

パセリまたはチャービルのみじん切り大さじ1

を散らします。

バリエーション
◆ 粗く切った固ゆで卵1個半を、パセリと一緒にトッピングしましょう。
◆ 塩漬けのアンチョビ4尾のフィレを粗めに刻んで、パセリと一緒に散らします。
◆ ゆでた西洋ねぎにオイルと調味料をかけ、直火で焼いてヴィネグレットで和えてもおいしくいただけます。

Celery Root Rémoulade
セロリルートのレムラード
4人分

ビーツのマリネ、キャロットサラダ、ルッコラサラダなどの小さいサラダと一緒にサーブします。

セロリルート　中1個（約450g）

の変色した部分や小さな根を切り落として、水ですすぎます。よく切れる包丁か野菜スライサーで3m幅にスライスし、さらにマッチ棒サイズに切ります（この調理法をジュリエンヌと呼びます）。これを、

塩

---

*西洋ねぎ（リーキ）：国産のねぎに代えて使えます。

白ワインビネガー　小さじ1

で和えます。

　小さなボウルで次の材料をまぜ合わせます。

　　　クレームフレーシュ（*）　大さじ2
　　　ディジョンマスタード　小さじ2
　　　レモンの絞り汁　1/2個分
　　　エキストラバージン・オリーブオイル　小さじ2
　　　塩・挽きたての黒こしょう

をよくまぜてから、セロリルートにかけて和えます。塩と酸味を調えたら、すぐに食卓に出すこともできますし、冷蔵庫での1日保存しておけます。

バリエーション

◆ ルタバガ、にんじん、ラディッシュなどの根菜類のジュリエンヌを一緒に和えます。

◆ パセリ、チャービル、ミントなどのみじん切りを仕上げに散らしましょう。

◆ ロケットサラダにまぜましょう。

◆ クレームフレーシュ（P265）の代わりに卵黄1個とオリーブオイル大さじ3をよくかきまぜて使います。

Marinated Beet Salad
ビーツのマリネサラダ

4人分

色の違うビーツを数種類つかえば、とても美しいサラダになります。ただし赤ビーツはほかの食材がすべて赤く染まってしまうので、別にドレッシングで和えて後で合わせましょう。

　　　赤、キオッジャ、ゴールデン、白などのビーツ
　　　450g

を、茎、根元から1〜1.5cmほどで葉を切り落としてよく洗います。

オーブン用の耐熱皿にビーツを並べ、3mmの深さに水を注いで全体に

　　　塩

をふります。しっかりふたをしたら180℃のオーブンで、ナイフがすっと入るくらいやわらかくなるまで焼きます。焼き時間は、ビーツの大きさによりますが30分から1時間ほどです。焼き上がったらふたを取り、冷ましておきます。茎と根を切り落とし、皮をむいて小さいくし形か6mmのさいの目切りにします。

　　　ワインビネガー（赤、白どちらでも）またはシェリービネガー　小さじ1
　　　塩

で味つけし、数分置いて味をなじませます。味見をして塩と酸味を調え、そこに、

　　　エキストラバージン・オリーブオイル　小さじ1〜2

を加えて和えます。このままか、ほかのサラダと一緒にサーブしましょう。

バリエーション

◆ ビネガーの一部をオレンジジュースに代え、オレンジゼストを加えて和えます。

◆ ミント、タラゴン、香菜などのみじん切り大さじ1を一緒に和えましょう。

◆ オリーブオイルにすりおろししょうが小さじ1/2を加えます。

◆ ビーツを焼くときに、フェンネルかクミンシード小さじ1を上からふりましょう。

◆ オリーブオイルの代わりにナッツオイル少量を使って和えます。くるみのオイルはビーツと相性がよく、とてもおいしくなります。

クレームフレーシュ：国内産のサワークリームに代えても使えます。

Coleslaw
コールスロー
4人分

グリーンキャベツ、レッドキャベツ、ちりめんキャベツ、白菜などでつくれます。それぞれおいしく、それぞれ違った風味のサラダになります。

  キャベツ　小1個

は、外側の硬い葉を取り除きます。4等分して芯を取り除いたら、切り口を下にして、横に薄く線切りにします。大きなボウルに入れて、

  赤玉ねぎ　小1/2個（できるだけ薄く切る）
  塩

とまぜ合わせます。

  りんご酢またはワインビネガー　大さじ1
  塩
  挽きたての黒こしょう

を合わせてヴィネグレットをつくります。よくかきまぜて塩を溶かし、そこに

  オリーブオイル　大さじ4

を泡立て器でかきまぜながら加えて、塩と酸味を調えます。キャベツと赤玉ねぎの上にヴィネグレットをかけ、よくまぜ合わせたら味見をして、味を調えます。

すぐに食べても、しばらく味をなじませてキャベツがしんなりやわらかくなってからでもおいしくいただけます。

バリエーション
- りんごを1個、四つ切りにして皮と芯を取り、薄切りまたはさいの目切りにして、キャベツと玉ねぎにまぜましょう。
- パセリやほかのハーブのみじん切り大さじ2〜3を上から散らします。
- セロリルートのジュリエンヌを60cc分入れます。
- ハラペーニョまたはセラーノチリの薄切りを2〜3個分加え、（種と茎は取り除く）、ビネガーの代わりにライムの絞り汁を使って、仕上げに香菜のみじん切り大さじ1を加えます。
- オリーブオイルの代わりに自家製マヨネーズ（62ページ）を60cc加えて合わせます。

Potato Salad
ポテトサラダ
4人分

イエローフィンやユーコンゴールド種（＊）などの黄色いじゃがいもは、ポテトサラダ向きの風味と食感です。ベークドポテトに使うルセット種（＊）などは煮崩れしやすいので避けましょう。

  イエローフィン種、ユーコンゴールド種、レッドクリーマー種などのねっとりしたじゃがいも　675g

を塩を入れたたっぷりの湯でやわらかくなるまでゆでます（よく切れるナイフがすっと通るぐらい）。水を切り、冷ましてから皮をむき、一口サイズに切って、ボウルに入れておきます。室温にしておいた

  卵　2個（常温にする）

を9分間中火でゆでます。水で冷やして殻をむきます。

  ワインビネガー、りんご酢または米酢　大さじ1
  塩
  挽きたての黒こしょう

をかきまぜてじゃがいもにふりかけ、軽く和えて？分ほど味をなじませ、その中に、

  赤玉ねぎ　1/2個（薄切りか小さいさいの目切り

＊イエローフィン、ユーコンゴールド：国産のメイクイーンに代えて使えます。
＊ルセット種：国産の男爵いもに代えても使えます。

にする）

  エキストラバージン・オリーブオイル　60cc

を加えます。丁寧にまぜたら味をみて、塩と酸味を調えます。ゆで卵を細かく刻んでじゃがいもと軽く和え、チャイブとパセリをみじん切りにして、各大さじ1を上から散らします。

バリエーション

◆ オリーブオイルの代わりに自家製マヨネーズ80ccを使いましょう。

◆ オリーブオイルの代わりにクレームフレーシュ60ccを使います。

◆ 塩抜きしたケイパー大さじ2を、刻んで加えましょう。

◆ じゃがいもは、熱いうちに皮をむいて切り、塩とビネガーで和えます。ベーコン2〜3枚を小さく切ってソテーし、ベーコンから出た脂大さじ1をオリーブオイルの代わりにじゃがいもの上にかけます。仕上げにベーコン、ハーブを散らして、温かいうちにサーブします。卵は使わなくても、飾りとして使ってもいいでしょう。

Carrot Salad
キャロットサラダ
4人分

私の娘はこのサラダが大好きで、彼女のお弁当にほんとうによくつくったものです。チーズのおろし金でにんじんを粗くおろしたり、ピーラーで削ぎ切りにしたり、マッチ棒形やスライスにしたりと変化をつけていました。

  にんじん　450g

皮をむき、細切りにします。

小さいボウルに、

  赤ワインビネガー　小さじ1
  レモンの絞り汁　小さじ2
  塩
  挽きたての黒こしょう

をまぜ入れて、ヴィネグレットをつくります。そこに、

  オリーブオイル　60cc

を泡立て器でかきまぜながら加えます。味見をして塩と酸味を調えたら、にんじんの上に回しかけ、

  パセリ　大さじ2（みじん切りにする）

と和えます。10分ほど寝かしてから、もう一度味見をして、必要に応じて塩、レモンの絞り汁、オイルで味を調えましょう。

バリエーション

◆ にんじんを細かい線切りか薄切りにします。

◆ オレンジの絞り汁大さじ2を加えましょう。

Moroccan Carrot Salad with Ginger
モロッコ風しょうが入りキャロットサラダ
4人分

おいしくするコツは、にんじんにスパイスの風味を、時間をかけて十分しみこませることです。

  にんじん　大4本

は皮をむき、長さ5cm、幅6mmの拍子木切りにします。塩を入れた熱湯で軽く芯が残る程度にゆでます。お湯を切って、塩で味つけします。

小さいボウルで、

クミンシード、コリアンダーシード　それぞれ小
　　　さじ½（煎ってからすり鉢で細かくする）
　　　しょうが　1かけ（皮をむき、すりおろす）
　　　カイエンペッパー　ひとつまみ
をまぜ合わせます。
まだ温かいにんじんにドレッシングをかけて軽く和え、室温で2～3時間、または冷蔵庫で一晩寝かせます。
食卓に出す直前に、
　　　ライムの絞り汁　½個分
　　　エキストラバージン・オリーブオイル　大さじ2
　　　香菜かパセリ　大さじ2（みじん切りにする）
を泡立て器でまぜ合わせてにんじんにかけて、軽く和えます。味見をして、必要に応じて塩、ライムのしぼり汁を加えましょう。

バリエーション
◆ グリーンオリーブや黒オリーブをトッピングします。

◆ 香菜やパセリの代わりにミントを使ってみましょう。

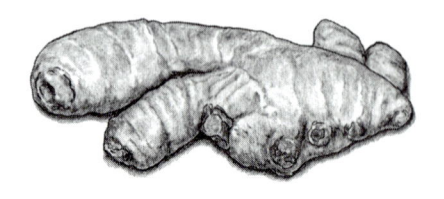

Shaved Fennel Salad
削ぎ切りにしたフェンネルのサラダ
4人分

フェンネルは、紙のように薄くカットすれば、とても繊細でおいしいサラダになります。包丁で薄く切るのは難しいので、私は日本製のプラスチックのスライサーを使っています。でも指先には気をつけて。必ずプロテクターを使いましょう。

　　　フェンネル　2株
は葉と茎、根を切り落とし、球根の部分だけを使います。緑の細い葉はトッピング用に少しとっておきます。球根の外側が変色したり乾いてしまっていれば、その部分を取り除きます。
　　　レモンの絞り汁　大さじ2
　　　レモンゼスト　¼個分
　　　白ワインビネガー　小さじ1
　　　塩
　　　挽きたての黒こしょう
をまぜ合わせてドレッシングをつくります。
その中に、
　　　エキストラバージン・オリーブオイル　大さじ3
を泡立て器でかきまぜながら加えます。味見をして、必要に応じて塩とレモンのしぼり汁を足しましょう。サーブする準備ができたら、フェンネルをできるだけ薄く切り、ドレッシングと和えて味を調えます。好みで彩りに、
　　　フェンネルの葉　小さじ1（みじん切りにする）
を散らせばできあがりです。

バリエーション
◆ 野菜用ピーラーでスライスしたパルメザンチーズもすばらしいトッピングになります。

◆ 手に入るなら、マイヤーレモンを使いましょう。そのときはゼストの量を倍にしましょう。

◆ グリーンオリーブのみじん切り大さじ1杯半をドレッシングに加えます。

◆ パセリのみじん切り大さじ2をフェンネルにまぜましょう。

◆ パプリカ、セロリ、ラディッシュを（1種類でも全部でも）薄切りにしてフェンネルとまぜます。

Cauliflower Salad with Olives and Capers
オリーブとケイパーの入ったカリフラワーサラダ

4人分

真冬に、いただくとおいしいサラダのレシピです。

　カリフラワー　中1個

は、葉と軸を切り落とします。房を小さく切り分けて、塩を入れた熱湯でゆでて、水気を切って冷まします。

大きなボウルに

　レモンの絞り汁　1個分
　塩
　挽きたての黒こしょう

を入れてまぜ、

　エキストラバージン・オリーブオイル　大さじ3

を泡立て器でかきまぜながら少しづつ加えます。そこにカリフラワーを入れてドレッシングで和え、味をみながら、必要に応じて塩とレモンのしぼり汁を足します。

さらに

　オリーブ　60cc分（種を取って粗く刻む）
　パセリ　大さじ2（みじん切りにする）
　塩漬けのケイパー　大さじ1（塩抜きして刻む）

を加えて、軽くまぜ合わせればできあがりです。

バリエーション
◆ ケイパーの代わりにラディッシュの薄切り60cc分を入れます。
◆ パセリの代わりに、（または加えて）マジョラム、バジル、ミントなどを入れてもよいでしょう。

Cucumbers with Cream and Mint
きゅうりのミント風味クリームドレッシングサラダ

4人分

きゅうりにはさまざまな種類があり、それぞれに独特の風味と食感があります。私はアルメニア種、日本種、レモンきゅうりが特に好みです。

　きゅうり　2本

は、皮をむいてスライスします。種が大きくて硬い場合は縦に半分に切り、スプーンで種を取ってからスライスしましょう。中ぐらいのボウルに移し、塩をふります。

別のボウルに、

　生クリーム　60cc
　オリーブオイル　大さじ3
　レモンの絞り汁　1/2個分
　挽きたての黒こしょう

を入れてよくかきまぜ、きゅうりから出た水分を切ってからきゅうりにかけます。

　ミントの葉　3枝分

を粗めに刻んで加え、味をみて必要に応じて塩を足します。よく冷やして食卓へ供しましょう。

バリエーション
◆ ドレッシングにつぶしたガーリックを加えます。

◆ オイルとビネガーのドレッシングで和えたビーツを添えてサーブしましょう。
◆ きゅうりをすりおろしたり、さいの目切りにしてみましょう。グリルしたサーモンのソースにぴったりです。
◆ ミントの代わりにパセリ、チャービル、バジル、香菜を使ってみましょう。
◆ 生クリームの代わりにヨーグルトを使います。
◆ ドレッシングにクミン、コリアンダー、マスタードシードなどのスパイスを加えてみましょう。

Lentil Salad
レンズ豆のサラダ
4人分

フレンチグリーンという緑のレンズ豆、またはブラックベルーガという黒のレンズ豆が、このサラダには向いています。これらの種類のレンズ豆は、風味豊かで、煮崩れしません。

  レンズ豆　250cc

のゴミを取り除き、水で洗います。豆の7〜8cm上まで水を入れて、火にかけて沸騰させます。沸騰したら火を弱め、豆がやわらかくなるまで弱火で30分ほど煮ます（必要に応じて水を足しましょう）。煮汁は125ccほど残してあとは捨てます。
煮えたレンズ豆に
  赤ワインビネガー　大さじ1
  塩
  挽きたての黒こしょう

を和えて、5分ほどなじませます。味をみて、必要に応じて塩またはビネガーを足します。
その中に、

エキストラバージン・オリーブオイル　大さじ3
細い長ねぎ　60cc（薄切りにする）
またはエシャロット　大さじ3（みじん切りにする）
パセリ　大さじ3（みじん切りにする）

を加えて、よくまぜ合わせます。もし汁気が少なくてまぜにくい場合は、残しておいた煮汁を適量加えましょう。

バリエーション
◆ きゅうりのさいの目切り125ccを加えます。
◆ それぞれ60ccほどのにんじん、セロリ、玉ねぎを細かいさいの目切りにして、オリーブオイル大さじ2〜3杯でやわらかくなるまで炒めます。冷ましたら、長ねぎかエシャロットに代えて、サラダに入れて合わせましょう。
◆ ほぐしたゴートチーズまたはフェタチーズ125ccを上からふりかけます。
◆ 煎ったクミンシード小さじ1/2を砕いてサラダに入れます。パセリの代わりに香菜を使ってもおいしくいただけます。
◆ 香りの強いパプリカ60ccをさいの目切りにして塩を振り、しばらくおいてしんなりしたら、長ねぎかエシャロットと一緒にサラダに入れましょう。

Tabbouleh Salad
タブーレサラダ
4人分

タブーレはバルガー小麦に、刻んだハーブ、トマトを入れたレバノンのサラダです。麦よりもハーブが多いフレッシュで青々とした華やかなサラダです。バルガー小麦は、全粒小麦を湯通しするか蒸して乾燥させた粗挽き小麦のことで、湯で戻すだけで食べ

られます。

　　バルガー小麦　120cc

をボウルに入れ、3cmほど上まで水を加え、20分ほど浸して小麦が膨らんだら、ざるにあげて水を切ります。水に浸している間に、次の材料を用意しておきます。

　　パセリ　1束半（360cc分を刻む）
　　ミント　1束　80cc分（刻む）
　　長ねぎ　青い部分と白い部分の両方　1束（250cc分を刻む）

大きなボウルにこれらのハーブと、

　　完熟トマト　中2個（ヘタを取り、さいの目切りにする）

を合わせます。バルガー小麦は両手でできるだけ水気を絞ってから、

　　レモンの絞り汁　1個分
　　塩
　　エキストラバージン・オリーブオイル　60cc

を加えて、よくまぜます。味見をして、必要に応じて塩、レモンの絞り汁、オイルを足します。サーブするまで、約1時間はバルガー小麦に味をなじませましょう。レタスでサラダをすくって食べるようにおすすめして、ロメインレタスを添えてサーブします。

Soup
スープ

ビーフブロス 287

新ガーリックとセモリナ粉のスープ 287

セージとパセリの入ったガーリックブロス 288

トルティーヤスープ 288

チキンヌードルスープ 289

ケールが入ったターキースープ 290

カーリーケールとポテトのスープ 291

かぶとかぶの葉のスープ 292

豆とパスタのスープ 292

白豆とバターナッツスクウォッシュのスープ 293

スパイシーなカリフラワースープ 294

西洋ねぎとじゃがいものスープ 294

春のグリーンピースのスープ 295

赤いパプリカのスープ 296

スイートコーンスープ 296

スパイシーなズッキーニスープ、ヨーグルトとミント添え 297

(CONTINUED)

ガスパチョ 298

トマトスープ 299

オニオンパナド 299

SEE ALSO

チキンブロス 84

キャロットスープ 86

ミネストローネ 88

Beef Broth
ビーフブロス
約3ℓ

ブレゼやシチュー、スープに水分を加えるのに最適な、シンプルなビーフブロスです。

しっかりした天パンまたはロースト用の皿に、

**牛骨（肉付きの骨や関節の骨など、数種類の骨）
1.8kg**

を並べます。205℃のオーブンで茶色になるまで、約25分ローストします。骨をひっくり返し、

にんじん　1本（皮をむき、大きく乱切りにする）
玉ねぎ　1個（皮を取り、大きく乱切りにする）
セロリ　1本（大きめの乱切り）

を加えて、さらに25分ローストします。骨と野菜を大きな鍋に移し、

黒こしょう　2～3粒
タイムの小枝　3本
トマト　中2個（四つ切りにする）
パセリ　数本

に水4ℓを加えて火にかけます。沸騰したら火を弱め、浮いてくるアクを取りながら、6時間ほど弱火で煮込みます。ブロスが減って骨が見えるようになってきたら、水を足しましょう。できあがったブロスは漉して、上澄みに浮いた脂を取り除きます。冷めてからふたをすれば、冷蔵庫で1週間、冷凍庫なら2か月間、保存できます。

New Garlic and Semolina Soup
新ガーリックとセモリナ粉のスープ
約2ℓ；4～6人分

セモリナ粉は、デュラム小麦を粗く挽いたもので、自家製のチキンブロスに入れれば、お腹を満たす口当たりがなめらかなスープになります。

底の厚い大鍋に

チキンブロス　約2ℓ
ブーケガルニ　タイム、パセリ、ローリエなどのハーブ数本（たこ糸で縛る）
塩

を加え、沸騰させます。
泡立て器で絶えずかき回しながら、

セモリナ粉　125cc

をスープの上にパラパラと散らすように加えて火を弱め、セモリナ粉が沈まずに浮かぶようになるまで、約5分掻き回し続けます。その中に、

新ガーリック　3本（球根と茎緑の部分は取り除き、みじん切りにする）

を加え、ときどきまぜながら、約20分とろ火で煮ます。ブーケガルニを取り出し、塩味を調え、熱いうちにいただきます。

バリエーション
◆ 食卓に出すときに、加熱して刻んだほうれんそうをスープ皿に加えます。

◆ 削ったパルメザンまたはペコリーノチーズをスー

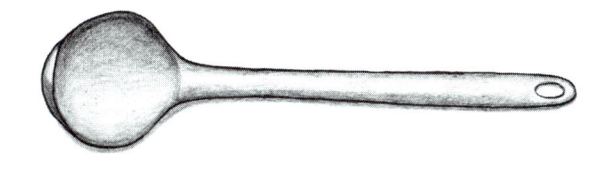

プに浮かせます。

◆ ハーブバターをスープに浮かせます。

◆ グリーンピースまたはスナップエンドウ250cc分を薄切りにして加熱し、13分経ったら加えます。

Garlic Broth with Sage and Parsley
セージとパセリの入った ガーリックブロス

ガーリックとハーブの活力で体を回復させてくれる、昔ながらのスープで、チキンブロスか水からつくります。「ガーリックはお母さん10人分の愛情」ということわざ通りのスープです。

春先のまだ球根がふくらみきらない青いグリーンガーリックや、初夏にかけて、収穫されたばかりの球のしっかりしたものでもつくってみましょう。

ガーリックは皮をむいてスライスします。

　　量の目安は、チキンブロス250ccに対して、
　　グリーンガーリック　小さじ2～3（スライスする）、あるいはガーリック　1～2かけ

です。

適量の薄めのチキンブロスに、新鮮なセージの葉を数枚入れて沸騰させ、沸騰したらセージを取り出します（セージを煮すぎると苦みが出て色が黒ずみます）。ガーリックと塩を加えてさらに約5分火を入れます。固くなった前日のパンをトーストしてオリーブオイルをかけ、スープ皿に入れましょう。その上からガーリックブロスを注いで、パセリを上に散らしてから食卓へ供します。ボリュームを出したいときは、ブロスの中で卵をポーチして、パンの上にのせましょう。

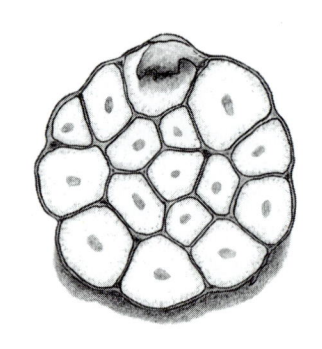

Tortilla Soup
トルティーヤスープ

約2ℓ；4～6人分

メキシコの伝統的なスープです。スープと一緒にいろいろな薬味をテーブルに並べて、好きなものを入れて楽しみましょう。

　　チキンブロス　約1.5ℓ

を温めます。その中に、

　　鶏の胸肉　1枚（骨と皮付きのまま）

を入れて、弱火で鶏肉に火が通るまで20分ほど煮たら、火から下ろします。鶏肉は皿に移して冷まし、骨と皮を外して身をほぐします。

直径20cmの厚手のフライパンを中火にかけ、

　　ピーナッツオイルまたはベジタブルオイル 125cc

を入れます。その中に、

　　コーントルティーヤ　4枚（幅1cmのひも状にする）

を少量ずつ入れて、カリッと黄金色になるまで揚げます。ペーパータオルの上に広げて油を切り、塩で味つけします。

大きなスープ鍋に

　　オリーブオイル　大さじ2

を入れて熱し、を入れて熱し、

- アナハイム・グリーンペッパー　1個（種を取って細切りにする）
- 玉ねぎ　中1/2個（薄切りにする）
- ガーリック　2かけ（薄切りにする）
- 塩

を入れて、やわらかくなるまで約5分間炒めます。そこに熱いスープを注ぎ、

- トマト　2個（皮をむいて種を取り、さいの目に切る）
- またはホールトマト　3個（ざく切りにして汁も加える）
- チポーレ（ハラペーニョの薫製）　1個（種を取る）
- 塩

を加えます。沸騰したら火を弱め、弱火で約30分煮ます。ほぐした鶏肉の身をスープに加え、沸騰させないように熱しながら塩加減をみましょう。スープ皿に揚げたトルティーヤとスープを入れて、

- 香草　125cc（みじん切りにする）
- ライム　6個（くし形に切る）
- ケソフレスコチーズ　115g（よくほぐす）
- またはモントレーチーズ（すりおろす）
- ヒカマ芋　125cc（皮をむいて刻む）
- ラディッシュ　125cc（線切りにする）
- アボカド　1個（さいの目切りにする）

などの薬味を添えて食卓に供します。

バリエーション

生のメキシカンオレガノ小さじ1 1/2を刻んでスープに入れます。

ハラペーニョピクルスや赤玉ねぎも薬味としてよく合います。

ブラックビーンの煮豆とソテーしたチャードを入れれば、ボリュームのあるスープになります。

Chicken Noodle Soup
チキンヌードルスープ

約1.5ℓ；4人分

私は気分がすぐれないとき、このスープが欲しくなります。軽くさっぱりした味で、風味も豊かです。

大きなスープ鍋に、

- 鶏の胸肉　1枚（風味を良くするために骨と皮付きで）
- チキンブロス　約1ℓ

を入れ、沸騰させたら火を弱めて、表面のアクを取りながら弱火でゆっくり煮ます。

- 玉ねぎ　中1/2個（皮をむき、スライスする）
- にんじん　1/2本（皮をむき、スライスする）
- セロリ　1/2本（端を切り落とし、スライスする）
- パースニップ　1/4本（皮をむき、スライスする）
- パセリ　1枝

を加えます。

弱火で40分煮たら火から下ろし、鶏の胸肉をそっと引き上げて冷まします。スープを目の細かい網で漉して、野菜は取りのぞき、浮いている脂をすくい取ってから塩味をつけます。鶏肉の皮と骨をはずして一口サイズに切ります。ボウルに入れて乾かないように、上からスープを大さじ1～2杯かけておきます。

別の鍋で塩水を沸騰させ、

- フェットチーネ　約30g（一口サイズに折る）

を入れてやわらかくなるまで煮たら、ざるにあげて冷水ですすぎます。

大鍋にチキンブロス500ccと、

- 玉ねぎ　大さじ3（さいの目切りにする）
- にんじん　大さじ3（さいの目切りにする）
- セロリ　大さじ3（さいの目切りにする）

パースニップ　大さじ２（さいの目切りにする）
　　　塩

を入れ、弱火でやわらかくなるまで約15分煮ます。野菜が煮えたら、残りのスープとフェットチーネ、ほぐした鶏肉を加えます。味見をして、必要に応じて塩を足します。スープ皿に注いだら

　　　生のディル　小さじ１（みじん切りにする）

を上から散らします。

Turkey Soup with Kale
ケールが入ったターキースープ
約３ℓ；６〜８人分

サンクスギビング（*）の翌日にどうぞ。

　　　ローストターキーの残り　１羽分

の肉をすべて骨から外して粗めに切ります。がらはバラバラにして、大きなスープストック用の鍋に、

　　　玉ねぎ　1/2個（皮をむく）
　　　にんじん　1/2本（皮をむく）
　　　セロリ　1/2本
　　　タイムの小枝　６本
　　　イタリアンパセリの小枝　３本
　　　ローリエ　１枚
　　　水　約３ℓ

をすべて一緒に入れます。いったん沸騰させたら、火を弱めてアクをすくいながら、２時間ほど煮ます。
別の大きなスープ鍋に、

　　　オリーブオイル　大さじ２

を入れて熱し、その中に、

　　　玉ねぎ　１ 1/2個（皮をむき、さいの目切りにする）
　　　にんじん　１ 1/2本（皮をむき、さいの目切りにする）
　　　セロリ　１ 1/2本（さいの目切りにする）
　　　塩

を入れて、やわらかくなるまで中火で炒めます。別の鍋に水と塩を入れて沸騰させ、

　　　ケール　１束（洗って、茎から葉をちぎり、ざく切りにする）

を５分から10分、やわらかくなるまでゆでて水を切っておきます。野菜を炒めた大鍋の上にざるを置き、ターキーのブロスを漉しながら注ぎます。10分ほど弱火で煮てから、ターキーの身とケールを入れましょう。味見をして必要ならば、味を調え、熱いうちにいただきます。

バリエーション
◆ ソテーしたきのこ（特にポルチーニ）をサーブする直前に加えると、つつましいスープが豪華な風味に変わります。

◆ ケールの一部をガーリックと少量の乾燥唐辛子でソテーします。スープにトーストしたパンを浮かべ、その上にのせて出しましょう。

◆ スープ鍋で野菜をソテーする前に、パンチェッタ少量をさいの目切りにして炒めましょう。

＊サンクスギビング：感謝祭。ローストターキーで祝う。

Curly Kale and Potato Soup
カーリーケールとじゃがいものスープ

約2ℓ；4～6人分

ケール（カーリーまたはロシアン） 1束

は固い茎を取り除き、洗ってからよく水を切って粗く刻みます。

大きなスープ鍋を火にかけ、

エキストラバージン・オリーブオイル　60cc

を入れ、そこに、

玉ねぎ　2個（薄くスライスする）

を入れて、ときどきまぜながらしんなりとやわらかく、少し焼き色がつくまで約12分、中火で炒めます。

玉ねぎを炒めている間に、

じゃがいも（イエローフィンまたはユーコンゴールド(*)）　約450g

の皮をむき、半分に切ってから6mm幅にスライスします。玉ねぎを炒め終えたら、

ガーリック　4かけ（みじん切りにする）

を入れてさらに2～3分炒めて、じゃがいもとケールを加えます。

塩

をふり、ときどきまぜながら5分ほど炒め、

チキンブロス　1.5ℓ

を入れて強火にします。沸騰したらすぐに火を落として、弱火で約30分、じゃがいもとケールがやわらかくなるまで煮ます。味見をして、必要に応じて塩を加えましょう。スープ皿に注いで、

エキストラバージン・オリーブオイル

おろしたてのパルメザンなど、ハードタイプのチーズ

を添えて、熱々でサーブします。

バリエーション

◆ リングイサ、チョリソなどのスパイシーなガーリックソーセージ約225gをスライスして、オリーブオイルで玉ねぎの前に炒めます。

◆ いったん取り出してから、ケールと一緒にスープに加えましょう。

◆ クルトンを添えましょう。1cmのさいの目切りにしたパンに、オリーブオイルと塩をまぶし、180℃のオーブンで約12分きつね色になるまで焼き上げます。

◆ ゆでておいた白いんげん豆375ccを、スープができあがる10分前に鍋に入れます。

---

*イエローフィン、ユーコンゴールド：国産のメイクィーンに代えて使えます。

Turnip and Turnip Greens Soup
かぶとかぶの葉のスープ
約2ℓ；4〜6人分

緑の葉がついた若いかぶは、春と秋に出回ります。葉とかぶの実で、おいしいスープとサイドディッシュをつくりましょう。

  かぶ　2束（葉つきの新鮮なもの）

は、葉とかぶを切り分け、茎を取ります。葉を洗って水気を切り、約1㎝幅に切ります。ひげ根は切り落としましょう。皮が固ければ（食べてみて判断します）皮をむいてから薄切りにします。底の厚い鍋を中火にかけ、

  バターまたはオリーブオイル　大さじ3

を熱し、そこに

  玉ねぎ　1個（薄切りにする）

を入れて、やわらかくなるまで12分ほど炒めたら、かぶの薄切りと

  ローリエ　1枚
  タイムの小枝　2本
  塩

を加え、ときどきかきまぜながら5分ほど火を通します。

  チキンブロス　1.5ℓ

を入れて沸騰したら火を弱めて、約10分煮ます。かぶの葉を入れてさらに約10分、葉がやわらかく煮えたら、味をみて塩加減を調えましょう。

バリエーション
- かぶ、ハーブと一緒にプロシュートかスモークしたベーコン少量を刻んで加えます。
- スープを皿に注ぎ、すりおろしたパルメザンチーズを散らしましょう。
- チキンブロスの代わりに水も使えますが、そのときはコクを出すために、バターかオリーブオイルを仕上げで足しましょう。

Bean and Pasta Soup
豆とパスタのスープ
約2ℓ；4〜6人分

イタリアの国民的料理「パスタとファジョッリ」は、生のシェルビーンズをおいしく食べられるシンプルな料理です。ほとんどの種類の豆を使えますが、伝統的にはクランベリー豆かカネリーニ豆を使います。

  さやつきの新鮮な豆　約900g

は、さやから豆を出して鍋に入れ、豆に4㎝ほどかぶる程度、水を加えます。一度沸騰させてから火を弱め、豆が煮崩れない程度にやわらかく煮こみます。約20分火を入れたら煮え具合を確かめ、やわらかくなったところで、

  塩

を加えます。
豆を煮ている間、スープ鍋を火にかけて、

  オリーブオイル　80cc

で野菜とハーブを炒めます。

  玉ねぎ　80cc（細かいさいの目切りにする）
  にんじん　60cc（細かいさいの目切りにする）
  セロリ　60cc（細かいさいの目切りにする）
  乾燥赤唐辛子　少々
  生のセージ　小さじ2（みじん切りにする）

中火でときどきかきまぜながら、やわらかくなるまで約12分炒めます。その中に、

  ガーリック　4かけ（みじん切りにする）
  塩

を加えてさらに数分炒めてから、

熟れたトマト　450g（皮と種を取り、さいの目切りにする）または、缶のホールトマト1缶（約350g／汁を捨てて乱切りにする）

を入れます。さらに5分ほど炒めたら、煮汁ごと豆を加えます。煮汁は具がひたひたになるくらいが適量です。ときどきまぜながら、弱火で豆が完全にやわらかくなるまで、約15分煮ます。煮ている間、別の鍋で水に塩を入れて沸かし、

パスタ　約115g（フェットチーネかショートパスタを折る）

をゆでます。

豆の約3分の1量を鍋から取り出してすりつぶすか、フードミルにかけてピュレ状にし、ゆで上がったパスタと豆のピュレをスープに入れて5分ほど煮ます。スープが濃ければ豆の煮汁で薄めましょう。味をみて、塩加減を調え、スープ皿によそったら、

エキストラバージン・オリーブオイル

を回しかけます。さらに、

おろしたパルメザンチーズ

を振りかけたら、できあがりです。

バリエーション
→ 生のシェルビーンズの代わりに、乾燥豆250ccを煮てから使います。

White Bean and Butternut Squash Soup
白豆とバターナッツスクウォッシュのスープ

約2ℓ；4～6人分

乾燥白豆（カネリーニ、アリコブラン、ネイビービーンズなど）　250cc

を1ℓの水に一晩浸しておきます。水を切って、大きな鍋に入れ、

チキンブロス　750cc

水　1ℓ

を加えて火にかけます。沸騰したら弱火にして、豆がやわらかくなるまで煮ます。45分ほど経ったら豆の煮え具合を確かめて、やわらかくなっていれば塩で味つけをします。

底の厚い鍋を火にかけ、

オリーブオイルか鴨の脂　大さじ2

を熱し、

玉ねぎ　2個（薄切りにする）

セージの葉　3～4枚

ローリエ　1枚

を入れて、中火で約15分、しんなりするまで炒めます。

バターナッツスクウォッシュ（*）　中1個（皮をむいて1cm角のさいの目切りにする）

塩

---

*バターナッツスクウォッシュ：国産のかぼちゃに代えて使えます。

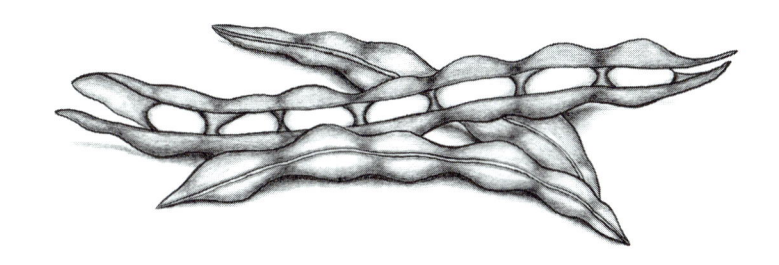

を加えて5分ほどさらに炒め、その中に豆の煮汁1.5ℓを注いで弱火で煮ます。煮えてきたら豆を入れて、スクウォッシュがやわらかくなるまでさらに煮ます。仕上げに味を調えて、サーブしましょう。

バリエーション
◆ 厚切りの田舎風パンに鴨の脂かオリーブオイルを刷毛で塗り、カリッときつね色にトーストします。それをスープ皿に入れて、上からスープを注ぎましょう。

Spicy Cauliflower Soup
スパイシーなカリフラワースープ
約2ℓ；4〜6人分

とてもスパイシーで風味豊かなスープです。刺激の強い香辛料は、好みで調節しましょう。

底の厚いスープ鍋を火にかけ、
 オリーブオイル　60cc
を入れて熱し、
 玉ねぎ　1個（皮をむき、さいの目切り）
 にんじん　1本（皮をむき、さいの目切り）
 コリアンダーシード　小さじ1（つぶす）
 クミンシード　小さじ1（つぶす）
 チリパウダー　小さじ1
 ターメリック　小さじ1/4
 乾燥赤唐辛子　小さじ1/4
 塩
 挽きたての黒こしょう
を入れて、中火で炒めます。
やわらかくなったら焼き色がつく前に、
 コリアンダー　6枝（粗いみじん切りにする）
 カリフラワー　大1個（約1.5ℓ／葉を取り、乱切りにする）
 チキンブロス　750cc
 水　750cc
を入れます。火を強めてときどきかきまぜながら沸騰させ、沸騰したら弱火にしてカリフラワーがやわらかくなるまで30分ほど煮ます。スプーンか泡立て器で強くかきまぜてスープを粗いピュレ状にしましょう。スープが煮つまってきたら、チキンブロスか水で薄めます。味をみて調えたら、
 ヨーグルト
 香菜またはミントのみじん切り
 ライムのしぼり汁　ひとしぼり
を添えて、熱いうちに食卓へサーブします。

バリエーション
◆ スープを濃厚にするときは、チキンブロスだけを使います。ベジタリアン向けのあっさりしたスープにしたいときは、水だけでつくりましょう。

Leek and Potato Soup
ねぎとじゃがいものスープ
約2ℓ；4〜6人分

 西洋ねぎ　約900g
西洋ねぎは根と上の方の固い緑の葉を切り落として、縦に半分に切ってから薄切りにします。ボウルにとって水でよくすすぎ、取り出して水気を切ります。
底の厚い鍋を中火にかけ、
 バター　大さじ3
を入れて溶かします。そこに西洋ねぎと一緒に、
 タイムの小枝　3本
 ローリエ　1枚
 塩

入れて、やわらかくなるまで約10分炒めます。

　じゃがいも（イエロー種）　約450ｇ（皮をむき、半分または4等分にしてスライスする）

を鍋に入れて4分ほど炒めたら、

　水　1.5ℓ

を加えて、一度沸騰させてから火を落とし、じゃがいもと野菜が煮崩れしない程度のやわらかさになるまで、30分ほど弱火で煮ます。煮えたら、

　クレームフレーシュまたは生クリーム　80cc

を加えてよくまぜます。クリームを入れてからは沸騰させないように注意しましょう。味をみて、必要に応じて塩を足します。タイムとローリエは食卓に出す前に取り除いておきましょう。

バリエーション

仕上げに挽きたての黒こしょうとチャイブのみじん切りを散らしましょう。

より濃厚なスープにするには、水の代わりにブロスを使います。

クリームを入れる前にローリエとタイムを取り出し、スープをピュレ状にします。

クリームを入れずにスープをピュレ状にし、パセリバター（63ページ）をのせて、サーブしましょう。

Spring Pea Soup
春のグリーンピースのスープ
約2ℓ；4～6人分

ブロスでつくるよりも水のほうがおいしい、と思うスープのひとつです。水でつくるほうが甘くデリケートな豆の風味が活きています。

底の厚いスープ鍋に

　バター　大さじ3

を入れて火にかけます。

　玉ねぎ　大1個（薄切りにする）
　塩

を加え、よくかきまぜながら中火で炒めます。しんなりやわらかくなったら、きつね色になる前に、

　水　1250cc

を入れ、沸騰してきたら、

　新鮮なグリーンピース　750cc（さやから出したもの）

を加えます。弱火で軽く沸騰させながらかきまぜ、豆がやわらかくなるまで5分ほど煮たら、何回かに分けてミキサーでピュレ状にします。このとき、ミキサーから熱い汁が飛び散るのを防ぐため、ミキサーの下3分の1ほどの深さに入れます。味見をして調味料で調えたら、熱いうちにサーブしましょう。時間を置く場合は、ピュレしたスープをボウルに入れて氷水で冷やしましょう。こうすれば、豆の美しい緑色をそのまま保つことができます。温め直すときは焦がさないよう、丁寧によくかき回しましょう。

バリエーション

◆ ピュレ状にした後、裏漉しするかフードミルにかければ、より口当たりのなめらかなスープになります。

◆ このスープは、熱くても冷たくてもおいしくいただけます。クレームフレーシュ（*）やヨーグルトとミントの葉、バター風味のクルトン、チャービル、タラゴン、チャイブなどを添えてもよいでしょう。。

Red Pepper Soup
赤いパプリカのスープ
約2ℓ；4～6人分

赤だけでなく黄色のパプリカもおいしくつくれますが、緑色のものは甘さが足りません。赤と黄色の2種類のスープを別々につくってスープ皿に注ぎ、2色の陰陽の模様のような効果をつくることもできます。

底の厚いスープ鍋に、
    オリーブオイル　大さじ1
を入れて熱します。
    玉ねぎ　大1個（薄切りにする）
    赤のパプリカ　2個（半分に切って種とわたを取り、スライスする）
    塩
を加えて、よくかきまぜながら中火で炒めます。やわらかくなったら、
    ガーリック　2かけ（みじん切りにする）
    タイム　6本（葉のみを使う）
を加え、さらに4分ほど炒めたところで、
    米　60cc
    チキンブロス　1ℓ
    水　500cc
    赤ワインビネガー　小さじ1
を加えて火を強め、ときどきかきまぜながら沸騰させます。沸騰したら弱火にして、米がやわらかくなるまで20分ほど火を入れます。やわらかくなったら火から下ろし、粗熱を取ってからミキサーでベルベットのようになめらかなピュレにしましょう。スープが濃すぎるときは、水かブロスで薄めて味を見ます。必要に応じて味を調え、熱いうちにいただきます。

バリエーション
◆ 乾燥または生の赤唐辛子をスープに加えましょう。
◆ クレームフレーシュとチャイブ、バジル、パセリなどのハーブのみじん切りをスープに散らします。
◆ パプリカを中くらいのさいの目切りにして、米を入れずにチキンブロスだけでつくります。ピュレにしないで食卓に出しましょう。

Sweet Corn Soup
スイートコーン・スープ
約1.5ℓ；4人分

新鮮な生のスイートコーンを使えば、失敗なしのスープです。私は夏の間中、トッピングをいろいろと工夫してつくっています。

底の厚い鍋に、
    バター　大さじ4
を入れて中火で溶かします。その中に、
    玉ねぎ　1個（さいの目切りにする）
を入れ、焼き色がつかない程度に15分ほど炒めて、やわらかくなったら、
    塩
を加えます。
その間に、
    とうもろこし　5本
の皮をむいて包丁で実をそぎ落とし、その実を玉ねぎに加えて鍋で2～3分炒めてから、
    水　約1ℓ
を注いでふたをします。一度沸騰させたら、すぐに火を落とし、弱火で約5分、とうもろこしにちょうど火が通るくらいまで煮ます。火から下ろし、ミキサーで何回かに分けてピュレにします（熱いスー

＊クレームフレーシュ：国産のサワークリームに代えて使えます。

ミキサーにかけるときは、十分注意してください。蒸気が逃げるよう、ふたについている口を開けておきましょう)。中くらいの粗さのこし網でスープを漉します。固い皮の部分は取り除きましょう。味を見て、塩加減を調えたら、サーブしましょう。

バリエーション

セイボリーのみじん切りと塩とこしょうで味つけしたクレームフレーシュ(*)をのせます。

みじん切りにしたナスタチュームの花びら、またはナスタチュームバター(花びらをみじん切りにしてやわらかいバターに塩・こしょうとまぜたもの)をのせて仕上げます。

ローストしたパプリカかチリペッパーをバターかクリームで味つけし、ピュレ状にしてのせます。

Spicy Summer Squash Soup with Yogurt and Mint
スパイシーなズッキーニスープ、ヨーグルトとミント添え

約2ℓ；4〜6人分

底の厚いスープ鍋で

 オリーブオイル　60cc

を熱します。

 玉ねぎ　大1個 (薄切りにする)
 サフラン　少々
 クミンシード　小さじ1
 コリアンダーシード　小さじ1
 ターメリック　小さじ1/4
 スウィートパプリカ　小さじ1
 カイエンペッパー　小さじ1/2
 ガーリック　3かけ (皮をむき、スライスする)

を入れて、中火でよくかきまぜながら炒めます。やわらかく、でも焦げ目がつかない程度に炒めましょう。もし、玉ねぎやガーリックが焦げつくようなら、火を弱めて水を少々加えます。

玉ねぎを炒めている間に

 ズッキーニ (またはイエロースクウォッシュ(*))
 中5本

を水で洗い、厚さ2cmほどに切ります。玉ねぎに火が通ったらズッキーニを入れ、

 塩

をして、約2分炒めます。

 チキンブロス　750cc
 水　750cc

を注ぎ入れ、沸騰したら火を弱めて、ズッキーニがやわらかくなるまで約15分煮ます。

煮ている間にヨーグルトソースをつくりましょう。

 ミント　4本 (葉のみ)

を線切りにします。半分はすり鉢でペースト状にして、残りのミントに、

 オリーブオイル　大さじ2
 ヨーグルト　160cc
 塩

を加えてよくまぜます。

ズッキーニのスープは粗熱をとり、ミキサーでなめらかなピュレ状にします (スープが熱いので、蒸気が出る口を開けておきます)。再び火にかけ、必要に応じて少量の水で薄め、味をみて塩で味を調えます。熱々のスープに、ミント入りヨーグルトソースをスプーン1杯分加えて食卓へ供します。好みで、

 ライム (くし形に切る)

をしぼってもよいでしょう。

---

* イエロースクウォッシュ：国産のズッキーニに代えて使えます。

Gazpacho
ガスパチョ
約3ℓ；6〜8人分

このレシピは、伝統的なガスパチョとは少し違いますが、おいしい完熟トマトで〝飲むサラダ〟と言えるような、夏らしいキリッとした味のスープができます。たくさんの材料をすって、たたいて、さいの目切りにしましょう。夏の軽い夕食にするときは、えびを２〜３尾か魚介類を加えてもいいでしょう。

    乾燥アンチョチリ　１本

を熱湯に15分ほど浸します。水気を切り、中くらいのすり鉢でペースト状にしてすり鉢から出しておきます。

別のボウルに、

    １日置いた田舎風パン　500cc（固い皮を取り、さいの目切りにする）

を冷水に約２分浸してから水気を切ります。すり鉢で

    ガーリック　２かけ
    塩

をペースト状にし、湿らせたパンを入れて、なめらかにまざるまですりつぶします。

    完熟トマト　2.25kg

を横半分に切り、チーズおろし器の中サイズの穴で皮だけ残るまですりおろします。残った皮は捨てます。こし網で種を取ってもいいでしょう。

これにアンチョチリとパンのペーストを加え、さらに、

    エキストラバージン・オリーブオイル　60cc
    塩

を加えてから冷蔵庫でよく冷やします。より早く冷やしたいときは、大きいボウルに氷水を張り、トマトスープの入った器を浮かべましょう。味を見て、足りなければ塩を加えます。

次に、スープに風味と彩りを添える薬味を用意します。

    ミニトマト　225g（半分に切る）
    きゅうり　１本（皮をむいて、さいの目切りにする）
    黄パプリカ　１個（種を取って、さいの目切りにする）
    赤玉ねぎ　½個（さいの目切りにする）
    チャービルとバジル　適量（みじん切りにする）
    赤ワインビネガー　大さじ２
    エキストラバージン・オリーブオイル　60cc
    塩
    挽きたての黒こしょう

冷たいスープを６〜８皿に分けて、それぞれにたっぷり大さじ１杯分の薬味を加えていただきます。

Tomato Soup
トマトスープ
約1.5ℓ；４人分

夏の真っ盛り、完熟したトマトがふんだんに穫れるときにつくるスープです。

底の厚い鍋を熱し、

    オリーブオイル　大さじ２
    バター　大さじ１
    玉ねぎ　中１個（薄切りにする）
    ねぎ（白と薄緑の部分のみ）　小１本（薄切りにする）
    塩

を入れます。
ふたをして、やわらかく、焼き色がつかない程度に炒めます。必要なら水を加えて焦げないようにしましょう。そこに、

  ガーリック　2かけ

の皮をむいて薄切りにしたものを入れて2分ほど炒め、

  熟したトマト　中10個（約900ｇ/洗って芯を取り、スライスする）
  米　軽く大さじ1
  塩　多めにひとつまみ
  ローリエ　1/2枚
  セイボリー、タイムまたはバジルの小枝　1本

を、中火でときどきかきまぜながら、トマトが煮崩れるまで火を入れます。

  水　250cc
  バター　大さじ1

を加えたら、米がやわらかくなるまでさらに10分ほど火を入れます。ハーブを取り除き、スープがなめらかになるまで何回かに分けて、約1分間ミキサーにかけます。1回に入れる量はミキサーの3分の1程度にしましょう。ピュレにしたスープをこし網で漉し、皮や種を取り除きます。塩加減を調えて、もし濃すぎるときは水で薄めましょう。

バリエーション
→ 軽いスープに仕上げたいときは、米を省きます。
→ クレームフレーシュとミント、またはバターを塗ったクルトン、あるいはオリーブオイルと手でちぎったバジルの葉、細かいみじん切りにしたチャイブなどを仕上げに浮かべましょう。

Onion Panade
オニオンパナド
4人分

パナドは、パン、野菜、チーズなどを層状に重ねたものにブロスや水を注いで、黄金色になるまで柔らかく焼いた濃厚なスープです。このオニオンパナドは、玉ねぎの甘みを感じる家庭的な料理です。

  玉ねぎ　675ｇ

を皮をむいてスライスします。底の厚い鍋に

  バターまたはオリーブオイル60cc

を入れて火にかけ、玉ねぎを加えて、

  タイムの小枝　2～3本

と一緒に中火でやわらかくなるまで約30分炒めます。火を少し強め、ときどきかきまぜながら、玉ねぎが黄金色になるまでさらに15分ほど炒めます。

  塩

を加えて、
玉ねぎを炒めている間に、

  1日置いた田舎風のパン　直径20cmのものの1/3量

をスライスします。天パンに並べて180℃のオーブンで5分ほど、焼き色がつかない程度に火を入れて乾かします。

パルメザンチーズ80cc

　　　グリュイエールチーズ60cc

をすりおろしてまぜあわせます。

材料を並べます。まずオーブン皿（1.5ℓのサイズ）の一番下にパンの1/3量を敷き、その上に玉ねぎ1/2量を重ね、さらにすりおろしたチーズ1/3量を散らします。その上にもう一段パンをのせ、残りの玉ねぎと1/2量のチーズを順に重ねていきます。最後にパンとチーズをもう一度重ねましょう。

　　　ビーフブロスまたはチキンブロス　750cc～1ℓ

を温めて、パンの横から注ぎ入れます。層が崩れないように気をつけましょう。いちばん上のパンが浮く程度までブロスが入ったら、

　　　バター　大さじ2

を細かく切ってパンの上に散らします。

アルミホイルなどでカバーして180℃のオーブンで約45分焼き、カバーをはずしてからさらに20～30分、表面がこんがりときつね色になるまで焼き上げます。

バリエーション

◆ バターナッツスクウォッシュ（*）小1個、またはデリカタスクウォッシュ（*）2個の皮をむいてスライスし、パンの間にはさみます。

◆ 水で戻した乾燥きのこを刻んで、熱いブロスに入れます。

◆ シンプルなオニオンスープは、きつね色に炒めた玉ねぎだけをブロスに入れて、約15分煮てから味を調えます。好みでバターたっぷりのクルトンとすりおろしたグリュイエールチーズを散らしましょう。

*バターナッツスクウォッシュ、デリカタスクウォッシュ：国産のかぼちゃに代えて使えます。

Pasta

パスタ

トマトソースのパスタについて 303

シンプルなトマトソース 303

生トマトのパスタソース 304

ベーコンと玉ねぎ入りトマトソース 304

ケイパーとアンチョビとオリーブ入りスパイシー・トマトソース 305

なすとリコッタ入りトマトソースのフジッリ 305

ボローニャ風ソースのパッパルデッレ 305

青もの類とソーセージのフジッリ 306

パスタ・アル・ペスト 307

クラムソースのリングイネ 307

いかのスパイシースパゲッティーニ 308

ズッキーニとくるみ、ハーブ入りフェデリーニ 309

ほうれんそうのラザニア 309

リコッタとハーブ入りラビオリ 311

チーズとパスタのグラタン 312

(CONTINUED)

SEE ALSO

生パスタ **104**

オリーブオイルとガーリックのスパゲッティーニ **108**

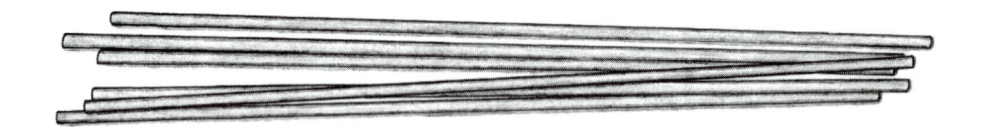

Pasta with Tomato Sauce
トマトソースのパスタについて

　トマトソースのパスタは、手軽につくれる料理のひとつです。ひと口にトマトソースといっても、生のトマトでつくったシンプルなものから、ベーコン、ケイパー、アンチョビ、チリ、ハーブなどの複雑な風味のものまでさまざまです。しかし、とりわけ大切なのは、おいしい（オーガニックの）トマトを使うことです。新鮮な完熟トマトはジューシーで、トマト本来の味がします。そういうトマトが手に入らなければ、むしろ缶入りのホールトマトを使いましょう。

　トマトソースのレシピには、ほとんど必ずといっていいほど、「湯むきして種を取ったトマトを使う」と書いてあります。沸騰したお湯に、芯を取ったトマトを15秒〜1分ほど入れて、すぐに氷水に浸ければ、皮はスルリと簡単にむけます。トマトを横半分に切って種をボウルにかきだしたら、ストレイナーでジュースを漉して使いましょう。

　450ｇのパスタ（6人分または大盛りで4人分）をゆでるには、水約4リットルに十分な塩を入れて沸騰させます。パスタを入れて、強火で、ほどよい固さになるまでゆでて、ざるにあけます。このとき125ccほどゆで汁を残しておきましょう。ゆであがったパスタには500ccのトマトソースを和えますが、そのときにパスタがくっついたり、ソースが濃すぎるときは、このゆで汁でソースをのばします。味見をして、塩加減を調えましょう。お皿に盛ったら、好みで粉チーズやハーブを添えます。ゆで上がったパスタにオリーブオイルと粉チーズを加えてさっと和え、お皿に盛って、トマトソースをかけてサーブしてもよいでしょう。

Simple Tomato Sauce
シンプルなトマトソース
500cc

　これはパスタ用のシンプルなソースですが、さまざまな料理のベースにもなります。トマトがふんだんに出回る時期にこのソースをたくさんつくって、冷凍するか瓶詰めにしておきましょう。ソースをつくった後で裏漉し器にかけるときは、皮や種を取る必要はありません。

　　　　熟したトマト　約900ｇ

の皮を湯むきし、種を取ってさいの目切りにします。種を取り除いた果汁も使いましょう。

　　　　ガーリック　大5かけ

の皮をむき、つぶしてから粗いみじん切りにします。

　底の厚い鍋を中火にかけ、熱くなったところで、

　　　　エキストラバージン・オリーブオイル　60cc

と、ガーリックを加え、鍋が音を立てはじめたらすぐにトマトとトマトジュースを加えて、たっぷりひとつまみ塩を入れます。弱火で15分ほど煮ればできあがり。ソースをなめらかに仕上げたいときは、裏漉し器にかけましょう。

バリエーション
◆ ソースができあがる数分前に、パセリかマジョラム、オレガノのみじん切り、また、バジルのシフォナード（葉を巻いて千切りにしたもの）を入れます。

◆ ガーリックを入れる前に、玉ねぎのさいの目切りをソテーします。

◆ 旬のトマトが手に入らない時期は、缶入りのトマトを使います。800ｇのホールトマト缶（皮むき）から実だけを取り出し、ざく切りにして、実から出

たジュースと一緒に調理します。
- 丸ごと、または粗く切った乾燥赤唐辛子を入れて、スパイシーに仕上げましょう。

Raw Tomato Sauce
生トマトのパスタソース
500cc

完熟した味の濃いトマトでつくりましょう。

    完熟トマト　約900g

の芯を取り、粗いさいの目切りにします。ボウルに入れ、

    塩
    バジルの葉をちぎったもの　60cc分
    エキストラバージン・オリーブオイル　80cc

とまぜ、ぴったり覆いをして、最低1時間おきましょう。ゆでたてのパスタと和えていただきます。

バリエーション
- 乾燥赤唐辛子をひとつまみ加えてスパイシーにしましょう。
- トマトの皮と種を取り、さいの目切りにすれば、さらに上品なソースになります。漉したジュースも加えましょう。

Tomato Sauce with Bacon and Onion
ベーコンと玉ねぎ入りトマトソース
500cc

ブカティーニにつかう古典的なソースです。

厚手の鍋を中火にかけ

    オリーブオイル　大さじ2

を入れます。次に、

    ベーコン（またはパンチェッタ）3切れ

を6mm幅に切り、ベーコンから脂が十分に出て焼き色がつくまで炒めます。ベーコンを取り出して、鍋に残った脂で、

    玉ねぎ　大1個（皮を取り、薄切りにする）

をやわらかくなるまで、約10分炒めます。そこに、

    トマト　中6個（皮をむいて、種を取り、ざく切りにする）または、缶のホールトマト　8個（水を切り、ざく切りにする）
    塩

を加えます。
弱火で10分ほど煮つめたら、取り出したベーコンを鍋に戻し、さらに2〜3分火を入れます。味見をして、必要に応じて塩を足したらできあがりです。

バリエーション
- トマトの代わりに、シンプルなトマトソース375ccを使い、約4分煮ます。
- 玉ねぎを炒め終えたら白ワイン80ccを加え、水分がほとんどなくなるまで中火で煮つめます。トマトを加え、あとは同じ手順で仕上げましょう。
- 仕上げに、パセリのみじん切りかバジルのシフォナードをそえましょう。

Spicy Tomato Sauce with Capers, Anchovies, and Olives
ケイパーとアンチョビとオリーブ入り スパイシー・トマトソース
500cc

ナポリの名物料理、パスタ・ア・ラ・プッタネスカのソースです。

底の厚い鍋を中火にかけ、
- オリーブオイル　80cc
- ガーリック　6かけ（みじん切りにする）

を入れて、火が通ってきたら
- シンプルなトマトソース　250cc
- 塩漬けケイパー　大さじ3（塩抜きしてみじん切りにする）
- 黒オリーブ　60cc（種を取り、粗切りにする）
- 乾燥赤唐辛子　小さじ1/4（粗いみじん切りにする）
- パセリ　60cc分（みじん切りにする）

を加えて5分間火を入れて、
- 塩漬けのアンチョビ　3尾（塩抜きして骨を取って刻む）

を加え、さらに1～2分煮ます。味をみて塩加減を調えます。

Fusilli with Tomato Sauce, Eggplant, and Ricotta Salata
なすとリコッタ入り トマトソースのフジッリ
4人分

- なす　500cc

は、ヘタを取り、薄切りにして塩をふり、15分ほどおいて水気を出します。

底の厚い鍋を火にかけ、
- オリーブオイル　125cc

を入れて、なすの水を拭きとって、こんがりと揚げ焼きにします。鍋から取り出し、オイルを切って塩をしておきます。大きなソースパンに、
- シンプルなトマトソース　500cc分（303ページ）
- バジルのシフォナード　60cc分）（線切りにする）

を合わせて温めます。

塩を入れたたっぷりの湯で
- フジッリ　350g

をゆで、ゆで汁を125cc残してざるに上げます。パスタにトマトソースとなすをからませて味見をし、必要なら塩を足して、ゆで汁で好みの濃さに調えます。

- おろしたリコッタサラータまたはペコリーノチーズ　110g

をふりかけてサーブします。

リコッタサラータ：

Pappardelle with Bolognese Sauce
ボローニャ風ソースのパッパルデッレ
4人分

パッパルデッレと呼ばれる幅広の手づくりのエッグヌードルは、伝統的にラグーやレシピのようなしっかりとした味のソースで食べます。

    生パスタ（104ページ）　4人分

をつくり、薄すぎない程度にのばして2cm幅に切ります。皿か天パンにのせ、小麦粉をふってタオルで覆い、冷蔵庫に入れておきます。
大鍋に塩を入れてお湯を沸かし、

    すりおろしたパルメザンチーズ　55～85g

を用意しておきます。別の小鍋を弱火にかけ、

    ボロネーゼソース（257ページ）　500cc

を温めます。沸騰した湯でパスタを3～4分、アルデンテにゆでます。パスタをゆでている間に、大きなソテーパンに、

    バター　大さじ2～3

を入れ、溶けたら火を止めます。
　パスタがゆで上がったら、少量のゆで汁を残して水気を切り、溶けたバターの鍋に入れてまぜ、パルメザンチーズ全量の2/3を入れてまぜます。

    塩

適量を加えて味を調えます。ぱさつくようならパスタのゆで汁少量を加えて、しっとりさせましょう。
パスタは取り皿に分けるか温めた大皿に盛り、ソースをスプーンで回しかけ、残りのチーズと

    パセリ　大さじ1（みじん切りにする）

をふりかけて、熱いうちにサーブします。

バリエーション
◆ パスタをバター、チーズ全量の2/3で和えるとき、ボロネーゼソース半量を加えます。残りのソースは皿に盛ってからかけましょう。
◆ ボロネーゼソースの代わりに、きのこのラグー（258ページ）でも、おいしくいただけます。

Fusilli with Greens and Sausage
青野菜とソーセージのフジッリ
4人分

私は、ガーリック風味のソーセージとブロッコリーラブ(*)のような青野菜の取り合わせが好みです。フジッリ以外に、ペンネリガーテ、オレキエッテなど、ちょっと大きめで歯ごたえのあるパスタがこのソースはよく合います。

    ブロッコリー・ラブまたはチャード(*)やケール　1束

は、茎の固いところを切り落としてよく洗います。大きめのザク切りにし、塩を効かせた湯でやわらかくなるまでゆで、水気をよく切っておきます。そのゆで汁でパスタをゆでてもいいでしょう。

    フェンネルソーセージまたはイタリアンソーセージ　225g（皮を取る）

底の厚い鍋を中火にかけ、

    オリーブオイル　大さじ2

でソーセージに焼き色がついて火が十分通るまで6～8分炒めます。ソーセージを鍋から取り出し、同じ鍋に、

    玉ねぎ　大1個（スライスする）

を入れてやや強火で炒めます。ときどき鍋を揺すてまぜながら、玉ねぎがやわらかく、あめ色になるまでよく炒めましょう。

    塩

---

*ブロッコリー・ラブ、チャード：国産の菜の花や小松菜、からし菜に代えて使えます。

挽きたての黒こしょう

乾燥赤唐辛子　ひとつまみ

を加え、そこに青野菜とソーセージを入れて、かきまぜながら2〜3分炒め、味をみて調えます。

大きな鍋に、塩を入れた湯を沸かし、

フジッリかオレキエッタまたはペンネリガーテ　350g

をアルデンテにゆでます。ゆであがって湯を切ったパスタは、塩少々と

エキストラバージン・オリーブオイル　少々

でよく和えます。

パスタを皿に取り分け、上からソースをかけて、オリーブオイルを垂らし、

ペコリーノまたはパルメザンチーズ　125cc（すりおろす）

をふりかけたら、すぐにサーブしましょう。

バリエーション

◆ ソーセージを入れずに、玉ねぎを炒めるオリーブオイルの量を増やします。

◆ 青野菜はゆでずに玉ねぎを炒めた後に加え、少量の水を足してやわらかくなるまで火を入れます。

Pasta al Pesto
パスタ・アル・ペスト
4人分

ペストソースのパスタを上手につくるコツは、ソースをゆるめるときにパスタのゆで汁を使うことです。これだけで味が一変します。

塩を十分入れた熱湯で

乾燥パスタ（リングイネ、スパゲッティ、フェデリーニ、トロフィエなど）　350g、または自家製パスタ（104ページ）

をアルデンテにゆで、ゆで汁250ccを残してざるにあげます。

パスタを同じ鍋か、大きな温めたボウルに入れ、

ペスト　375cc

塩

で和えます。このときに残しておいたゆで汁の半分も加えます。よくまぜ合わせたら、味見をして必要に応じて塩とゆで汁を足します。皿に盛りつけ、

おろしたてのパルメザンチーズ

を添えて、すぐにサーブしましょう。

バリエーション

◆ 皿に塩をふり、完熟トマトのスライスを並べた上にパスタを盛りつけます。

◆ いんげん225gのヘタを取り、塩水で別に下ゆでします。パスタがゆで上がる1分前に鍋に入れて、パスタと一緒にペストで和えましょう。

◆ じゃがいも225gの皮をむき、小さなさいの目に切りにして、下ゆでしておきます。パスタがゆで上がる1分前にパスタの鍋に入れ、パスタと一緒にペストで和えます。

Linguine with Clams
クラムソースのリングイネ
4人分

あさりなど小さめのクラム（貝）は殻付きのままで、また、はまぐりなど大きなものは、蒸して身を刻んだものを使いましょう。

  殻付きのあさり 900g

を水道の蛇口の下でよく洗い、たっぷりの冷水に30分浸けて砂を吐かせて水をよく切ります。
パスタ用に大きな鍋に塩を入れた多めの湯を沸かしておきます。
底の厚い鍋を火にかけ、

  エキストラバージン・オリーブオイル 大さじ1

を入れて十分熱したら、

  ガーリック 5かけ（みじん切りにする）
  乾燥赤唐辛子 多めにひとつまみ
  白ワイン 125cc

を一緒に加え、ふたをして、やや強火で貝の殻が開くまで約6～7分煮ます。
パスタ用に沸騰させておいたお湯で、

  リングイネ 350g

をアルデンテにゆでます。あさりの口が開いたら、

  パセリ 大さじ1（みじん切りにする）
  エキストラバージン・オリーブオイル 大さじ3

を加えてください。
パスタの湯をよく切り、ソースと和えます。味見をして塩加減を調えたらサーブしましょう。

バリエーション
◆ あさりの代わりにムール貝を使います。
◆ あさりを鍋に入れる前に、フェンネルの株中1個をみじん切りにして入れ、ふたをして中火でやわらかくなるまで約5分煮ます。そこにあさりとほかの材料を加え、ワインは入れずにシンプルなトマトソース（303ページ）を125cc入れましょう。
◆ はまぐりなど、大きな貝を使うときは、蒸して殻から身を外し、細かく刻みます。殻に溜まった汁や身から出た水分は、パセリを入れるとき、一緒にソースに加えましょう。

Spicy Squid Spaghettini
いかのスパイシー・スパゲッティーニ
4人分

  いか 675g

は洗って、下ごしらえをします。足をはずして、胴の部分を7mm程度の輪切りにして、

  塩
  挽きたての黒こしょう

を振ります。大きな鍋で塩を効かせたたっぷりの湯を沸騰させ、

  スパゲッティーニ 350g

をアルデンテにゆでます。
パスタがゆであがる数分前に、厚手の大鍋を中火にかけ、熱くなったところで

  オリーブオイル 大さじ2

を加え、鍋を回しながら、まず、いかの足を30秒炒めます。火を強めたら輪切りにしたイカを入れ、ときどき揺すりながら約2分炒めましょう。そこに、

  ガーリック 3かけ（みじん切りにする）
  乾燥赤唐辛子 小さじ1/4
  パセリまたはバジルのみじん切り 大さじ2
  エキストラバージン・オリーブオイル 大さじ2

を加えたら、鍋を火から下ろします。

  レモンのしぼり汁

をかけ、味をみて、塩とレモンの加減を調えます。

パスタはゆで汁を少し残して湯切りしてから、塩、オリーブオイル、いかと和えます。必要に応じてゆで汁を加えてソースをゆるめます。

バリエーション
◆ トーストしたパン粉125ccをできあがったパスタに振りかけます。
◆ ケイパーのみじん切り大さじ1をガーリックと一緒に加えましょう。
◆ スライスした玉ねぎをオリーブオイルでやわらかくなるまでソテーし、炒めたいかに加えます。
◆ 皿に盛ってから、水で少し薄めたアイオリマヨネーズをかけます。
◆ ソテーしたいかは、オードブルにもなります。

Fedelini with Summer Squash, Walnuts, and Herbs
ズッキーニとくるみ、ハーブ入りフェデリーニ
4人分

色の異なるズッキーニを取り合わせてつくれば、鮮やかな一皿になります。

オーブンを180℃に予熱し、

 くるみ　60cc分

を8〜10分、軽くローストします。冷まして、粗く刻みます。

 イエローズッキーニ　約450g

の両端を切り落とし、包丁または野菜スライサーでジュリエンヌ（マッチ棒のような細切り）にします。
享手の鍋を火にかけ、

 オリーブオイル　大さじ2

を熱し、そこにジュリエンヌにしたズッキーニを入れて、やや強火で鍋を揺すりながら、軽く色づくまでソテーします。

 塩
 挽きたての黒こしょう
 マジョラムかバジルやパセリ　大さじ3（みじん切りにする）

をふっておきます。
大鍋に塩を入れたたっぷりの湯を沸かし、

 フェデリーニ　350g

をゆでます。ゆで汁を少量残してお湯を切り、ソテーしたズッキーニとゆで汁少々をパスタに加えてまぜ、ローストしたくるみを加えます。味を調え、必要に応じてゆで汁を足します。皿に盛りつけ、

 おろしたてのパルメザンチーズ

を振りかけます。

バリエーション
◆ ハーブの代わりにペスト大さじ2〜3杯を使いましょう。

Spinach Lasagna
ほうれんそうのラザニア
8人分

おいしいラザニアをつくる秘訣は、絹のようになめらかな、生のパスタを使うことです。

 生パスタ生地（104ページ）　4人分
 シンプルなトマトソース（303ページ）　500cc
 ホワイトソース（ベシャメルソース／255ページ）　375cc

を用意します。

 ほうれんそう　1把または225g

は太い軸を取り、よく洗って水を切ります。
フライパンを中火にかけ、

   オリーブオイル　小さじ1

を熱して、ほうれんそうを入れ、

   塩

を振ります。しんなりするまで炒めたら、

   ガーリック　1かけ（みじん切りにする）

を加え、さらに1～2分炒めます。火から下ろして冷まし、手でほうれんそうを絞って余分な水を捨て、細かく刻みます。

   リコッタチーズ　225ｇ
   オリーブオイル　大さじ1
   塩　適量

とまぜあわせます。
次にボウルにホワイトソースを入れ、

   おろしたてパルメザンチーズ　60cc
   おろしたてのナツメグ　少々
   塩

をまぜあわます。
自家製パスタを長さ13～15cmにのばし、たっぷりの湯でアルデンテにゆでます。水を切って冷水ですいだら、すぐボウルに入れ、パスタ同士がくっつかないよう、パスタ全体に

   オリーブオイル　大さじ1

を振りかけましょう。
25×30cm大のラザニア用の耐熱皿にオイルをふりかけ、ラザニアをつくります。まず、スプーン数杯分のホワイトソースを皿の底に塗ります。そこにパスタ生地を1枚広げ、皿からはみ出た部分は切り取ります。リコッタチーズの3分の1量をパスタ生地の上に散らし、2枚目のパスタ生地を重ね、その上にトマトソースの半分量を広げます。3枚目のパスタ生地を重ねて、そこにホワイトソースの半分量をかけ、4枚目のパスタ生地を広げます。この要領でパスタ生地を7枚、リコッタを3層、トマトソースを2層、ホワイトソースを2層重ねたら、最後にパスタ生地を1枚のせて、オリーブオイルを垂らし、アルミホイルで覆いをしてから、205℃のオーブンで約20分焼きます。覆いを外し、

   おろしたてのパルメザンチーズ　大さじ2

を振りかけ、さらに10～15分、表面がグツグツときつね色になるまで焼きあげ、オーブンから取り出します。サーブするまで5分ほどおきましょう。ラザニアは、前もってつくっておいて後から焼くこともできますが、そのときは、オーブンに入れる約1時間前には、冷蔵庫から出しておきましょう。

バリエーション

◆ トマトソースの代わりにボロネーゼソース（257ページ）、または、きのこのラグー（258ページ）を使いましょう。

◆ ほうれんそうの代わりにチャード、エスカロール、ロケット（＊）などを使います。

◆ リコッタチーズの層にモッツァレラチーズのスライスを加えましょう。

◆ 夏には、トマトソースの代わりに、熟した生のトマトをスライスして使いましょう。ほうれんそうの代わりにペストソースをリコッタに加えてまぜます。

◆ トマトソースとチーズだけで、もっと簡単にラザニアのような焼きパスタをつくることができます。パスタは大きな正方形に切り、ゆでたら、トマトソースを敷いた耐熱皿にパスタを広げ、リコッタとパルメザンチーズをのせて三角に折ります。この要領で三角形のパスタをずらしながら重ねていき、最後にトマトソースとパルメザンチーズをたっぷりかけて、230℃に熱したオーブンで15～20分、ソース

＊チャード、エスカロール、ロケット：国産の菜の花、小松菜、からし菜、かぶの葉などに代えて使えます。

Ricotta and Herb Ravioli
リコッタとハーブ入りラビオリ
4人分

このレシピは、カネロニやズッキーニの花の詰めものとしても使えます。ズッキーニの花の詰めものは、ゆでてもオーブンで焼いてもいいでしょう。

ボウルで、

 リコッタチーズ　250cc

 ガーリック　2かけ（みじん切りにする）

 エキストラバージン・オリーブオイル、またはやわらかくしたバター　大さじ1

 卵　1個

 おろしたてのパルメザンチーズ　80cc

 マジョラム、バジル、タイム、セイボリー、パセリ、セージなどのハーブ　大さじ2（みじん切りにしてミックスする）

 塩

 挽きたての黒こしょう

をまぜあわせ、味をみて調えます。

 生パスタ（104ページ）　4人分

をのばします。ラビオリをつくるには、生地をかなり薄くのばし、35cmほどの長さに切ります。切った生地はくっつかないよう、生地の間に小麦粉を十分振って重ね、乾かないように上からふきんをかけておきましょう。ここから1枚ずつ取り出しながら、丁寧に作業をします。

絞り袋かスプーンを使って、大さじ1杯を目安にリコッタの詰めものをパスタ生地の下3分の1に3〜4cm間隔でのせていきます。のせ終えたパスタは、霧吹きで湿り気を与え、上側の端を下側の端に合わせて折ります。指で折った部分から空気を押し出しながら、2枚のパスタ生地をくっつけます。形が整ってピタッと密閉できたら、ローリングカッターで、まずいちばん下の端を切り落とし、次に詰めものの同士の間を切り離せば正方形のラビオリができあがります。くっつかないように、ひとつひとつ天パンにのせ、十分に小麦粉を振って、ふきんかクッキングシートをかけて調理の直前まで冷蔵庫に入れておきましょう。ゆでる寸前まで冷蔵すれば、詰めものの水分がにじみません。水分が出ると、天パンにくっつくので注意しましょう。ラビオリはたっぷりの湯でゆでましょう。弱火で5〜6分ゆでたら、水を切り、大皿または各々の皿に盛りつけ、小鍋に、

 バターを大さじ1〜2

を溶かし、パスタの上に回しかけます。さらに、

 おろしたてのパルメザンチーズ

をふりかけて、熱々でサーブします。

バリエーション
◆ チャードかほうれんそう1把をよく洗い、茎を取ります。バターでやわらかくなるまで炒め、冷ましてから余分な水分を絞り、細かく刻んでリコッタのまぜものに加えます。その場合、ハーブは小さじ2に減らします。

◆ ソースのバリエーションとして、バターにセージの葉を数枚加えて火にかけ、バターをうっすらと焦がして葉をパリッとさせましょう。

- 溶かしバターに代えて、シンプルなトマトソース（303ページ）を使います。
- ボウルに入れて、上から熱いブロスをかけて食卓に出しましょう。
- カネロニをつくるには2分の1量のレシピでパスタ生地をつくり、7×10cmの長方形にします。パスタ生地をゆで、冷水に通してふきんの上に並べましょう。大さじ2〜3杯分の詰めものを絞り袋かスプーンで長辺の下側3分の1に沿ってのせ、上半分をかぶせて詰めものをくるみます。継ぎ目を下にしてバターを塗った耐熱皿に並べ、シンプルなトマトソース（303ページ）375ccを上からかけ、205℃のオーブンで約20分焼き上げます。

Cheese and Pasta Gratin
チーズとパスタのグラタン
4人分

別名「マカロニ&チーズ」と呼ばれるこのグラタンは、いろいろなチーズの半端が残ってしまったときにつくってみましょう。ただし、加熱すると糸をひくモッツァレラや風味の強すぎるブルーチーズなどは向きません。私はグリュイエールを入れるのが好みです。チェダーチーズやモントレージャック、カンタルなどもおいしくいただけます。

厚手のフライパンに、

 バター　大さじ3

を溶かし、そこに、

 強力粉　大さじ3

を入れて泡立て器でかきまぜながら、弱火で約3分熱します。ルーが泡立ってきたら、

 牛乳　625cc

を少量ずつ加えて泡立て、ソースがクリーム状になるまでまぜ続けます。そこに

 塩　適量

を味見をしながら加え、中火にして、木のへらでソースが煮立つまでかきまぜます。弱火にしてさらに10分、ときどきかきまぜながら煮つめます。
　オーブンに入る大きさのスキレットに

 バター　大さじ1

を溶かし、

 生パン粉（79ページ）　375cc

を入れてバターを吸わせ、180℃に熱したオーブンで10〜15分焼きます。5分おきにかきまぜて、淡いきつね色になるまで火を入れましょう。
ホワイトソースの入った鍋を火から下ろし、

 粉チーズ　240g

を加えてまぜます。
塩を入れたたっぷりの湯を沸かして、

 マカロニ、フジッリ、ペンネなどの短いパスタ　350g

をゆでます。ゆであがったら水気をよく切り、パスタをバターを塗ったグラタン皿に入れて、チーズを入れたホワイトソースをパスタにからませます。味見をして塩気を調えましょう。上にトーストしたパン粉を散らし、205℃に熱したオーブンで約15分、パン粉が黄金色に、ソースはグツグツと泡立つまで焼きます。

バリエーション
- パスタとソースをからめて、オーブンで焼かずにそのままサーブします。
- さいの目切りのハムやプロシュートを入れてみましょう。

Bread and Grains

パンと雑穀料理

コーンブレッド 314

ソーダブレッド 314

クリームビスケット 315

スコーン 315

バターミルク・パンケーキ 316

全粒粉のワッフル 317

クスクス 317

すし飯 317

エシャロットとパセリ入りのファッロサラダ 318

SEE ALSO

ハーブブレッド、あるいはピザ生地 76

生パン粉 79

ポレンタ 111

ポレンタ・トルタ 112

プレーンライス 116

赤いピラフ 118

白いリゾット 121

Cornbread
コーンブレッド
直径20〜22cmの円形か角形のコーンブレッド

オーブンを220℃に予熱しておきます。20cmまたは22cmのオーブン皿かスキレット（＊）にバターを塗りましょう。
500ccの計量カップに

  コーンミール　180cc
  無漂白強力粉　150g
  砂糖　大さじ1（好みで）
  ベーキングパウダー　大さじ1
  塩　小さじ3/4

を入れてまぜあわせます。
次に、別のボウルに、

  牛乳　250cc

を入れ、その中に、

  卵　1個

を落として、泡立て器でかきまぜます。
粉類をまぜあわせたものの中央にくぼみをつくり、そこに牛乳と卵の液を流し込み、泡立て器などでよくかきまぜてなめらかな生地にします。さらに

  溶かしバター　大さじ4

をまぜこんで、用意しておいたベーキング皿に生地を移し、オーブンで約20分焼きます。表面がこんがりときつね色になり、竹串を刺してもきれいに抜けるようになったら焼きあがりです。

バリエーション
◆ バターを塗ったマフィン型12個に生地を入れて12〜15分焼きます。

◆ どっしりとした食感のコーンブレッドは、コーンミールと小麦粉の分量を逆にするか、コーンミールだけでつくりましょう。

◆ 表面をよりカリッと仕上げるには、予熱しているオーブンにスキレットを置いて、バター大さじ1（より風味を出すならベーコンの脂大さじ1）を入れます。フライパンが熱くなったらオーブンから取り出し、傾けながらバターを均等に回し、その後で器に生地をのばしましょう。

◆ バターミルク（＊）のコーンブレッドをつくるには、牛乳の代わりにバターミルク310ccを、ベーキングパウダー大さじ1の代わりにベーキングパウダー小さじ2と重曹小さじ1/2を使います。

Soda Bread
ソーダブレッド
1個

ソーダブレッドは、アイルランドの国民食のようなパンで、イーストの代わりに重曹を使ってふくらませます。伝統的には暖炉やダッチオーブン（大きな鋳鉄鍋）でつくりますが、このレシピは、1時間もかからずにできあがります。

オーブンを230℃に予熱しておきます。

  無漂白の強力粉　565g
  塩　小さじ1
  重曹　小さじ1

を大きなボウルに入れ、まぜ合わせます。

  バターミルク　500cc

を用意します。
ボウルに入れた粉の山にくぼみをつくり、そこに375ccのバターミルクを注いでまぜ合わせます。粉の状態を見ながら、少しずつバターミルクを足していきましょう。生地はやわらかく、でもべとつかない程度にします。打ち粉をした台の上に生地をのせ、全体がほどよくまとまる程度にこねます。ひっ

＊スキレット：柄のついた厚手の鋳鉄製フライパン。
＊バターミルク：ヨーグルト1と牛乳1を合わせて代用できます。

り返して4cmくらいの厚みの円形にし、天パンに
のせて、真ん中にナイフで十字に切り込みを入れま
す。しっかりと端から端まで深めに切り込みを入れ
るようにしてください。そうすることで生地がきち
んとふくらみます。オーブンで約15分焼いてから、
温度を205℃に下げ、さらに約30分焼きます。焼
けたかどうかは底を軽く叩いて確かめます。焼けて
いれば、中が空洞になっている音がします。

バリエーション

ブラウン・ソーダブレッドをつくるには、全粒粉
450gと無漂白強力粉115gを使います。

Cream Biscuits
クリームビスケット
直径4cmのビスケット8個

クリームビスケットは、口の中でとろけるおいしさ
が持ち味です。朝食にもなれば、フライドチキンや
味わいのあるシチューに添えてもよく、果汁たっぷ
りのフルーツと一緒に焼けば、デザートのコブラー
にも、またクラシックないちごのショートケーキの
ベースとしても使えます。

オーブンを205℃に予熱しておきます。
大きなボウルに

    強力粉　225g
    塩　小さじ1/4
    砂糖　小さじ4（好みで）
    ベーキングパウダー　小さじ2

をまぜあわせます。この中に、

    冷たいバター　85g、（小さくカットする）

を入れます。指かペストリーブレンダーで粉の中の
バターをつぶし、豆粒ほどの大きさにします。

    生クリーム　180cc

を用意して、大さじ1杯分だけ残して粉に加え、フ
ォークで軽くかきまぜながら生地をまとめます。こ
ねすぎないよう注意しながら、ボウルの中で軽く2
〜3回こね、打ち粉をした台の上に生地をのせて厚
さ2cmほどにのばします。4cm径の丸形に抜くか四
角に切りますが、切り落としはもう一度まとめて使
いましょう。
クッキングシートを敷いた天パンに抜いた生地を並
べ、残しておいた生クリームを刷毛で軽く塗りま
す。生地の中まで火が通り、表面が黄金色になるま
で、オーブンで17分ほど焼き上げます。

Scones
スコーン
8個

このスコーンの生地は数分でつくれます。しかも驚
くほど軽くておいしいので、学校帰りの子供のおや
つや、アフタヌーンティーのお伴にぴったりです。

オーブンを205℃に予熱します。
大きなボウルに

    薄力全粒粉　300g
    ベーキングパウダー　小さじ2 1/2
    塩　小さじ1/2
    砂糖　50g

を量って入れ、まぜあわせます。そこに、

    生クリーム　325cc

を流し込み、生地がまとまりはじめる程度にこねま
す。このときは生地はまだベタベタしているはず
です。打ち粉をした台に生地をのせ、さらにざっくり
とこね、直径20cmの円形にまとめます。表面に、

> バター　大さじ2（溶かす）

を刷毛で塗り、

> 砂糖　大さじ1 1/2

を振ります。

円形の生地をナイフで放射状に8等分し、くさび形になったものをクッキングシート、または（ベーキング用）シリコン・マットを敷いた天パンに2.5cm間隔で並べます。オーブンで17分、黄金色になるまで焼きましょう。

バリエーション

◆ 粉類をまぜあわせた中に、刻んだドライフルーツ（杏、桃、洋梨など）や、丸ごと干したチェリー、クランベリー、レーズン、カラントなどを125cc入れます。

◆ レモンかオレンジゼスト1個分を加えましょう。

◆ くさび形にする代わりに、丸型で抜いてみたり、もっと小さいサイズに切ってみましょう。

◆ 全粒の薄力粉の代わりに、無漂白の強力粉を使いましょう。

Buttermilk Pancakes
バターミルク・パンケーキ
4～6人分

異なった種類の粉を使って、いろんな味のパンケーキをつくってみましょう。好みで粉を数種類まぜあわせるときは、全体の半分の量をお菓子用の全粒の薄力粉にし、軽く仕上げましょう。

大きなボウルに、

> 全粒の薄力粉　115g
>
> 穀物の全粒粉（全粒の中力粉、スペルト小麦粉、コーンミール、ライ麦粉、そば粉など）　115g
>
> ベーキングパウダー　小さじ1
>
> 重曹　小さじ1
>
> 砂糖　大さじ1（好みで）
>
> 塩　小さじ1

をまぜあわせます。

> 卵　2個

を割り、黄身と白身に分けておきます。

大きい計量カップに

> バターミルク　425cc

を量り、その中に卵黄を入れて泡立てます。粉の入ったボウルの中央にくぼみをつくり、泡立てたバターミルクを流し込み、ちょうどまざりあったところで

> バター　85g（溶かす）

を流し入れて、よくまぜます。

別のボウルで、先端がふんわり立つ程度に卵白を泡立て、生地にさっくりまぜあわせます。生地が固すぎるときはバターミルクを足しましょう。

予熱しておいたグリドル（またはフライパン）でパンケーキを焼きます。最初に1枚焼いてみて、グリドルの温度がちょうど良いかを確認します。パンケーキの下面がきつね色に焼けたら、ひっくり返して反対側も同じく焼きます。

バリエーション

◆ バターミルクの代わりに、ヨーグルトと牛乳をまぜます。牛乳だけでつくるときは375cc、重曹に代えてベーキングパウダー小さじ2を加えます。

◆ パンケーキをやわらかく仕上げたいときは、バター大さじ4にサワークリームかクレームフレーシュを60cc使います。

◆ 全粒粉の代わりに無漂白の中力粉を使いましょう。

◆ バナナの皮をむいて粗めに切り、できあがった生地にまぜます。またはブルーベリー250ccをまぜます。

Whole-Grain Waffles
全粒粉のワッフル
約8枚分

大きいボウルに

    全粒粉の薄力粉　150g

    穀物の全粒粉（強力粉、スペルト小麦粉、コーンミール、ライ麦粉、そば粉など）　150g

    ベーキングパウダー　小さじ1 1/2

    重曹　小さじ1

    塩　小さじ1/2

    砂糖　大さじ1（好みで）

を量り、まぜあわせます。別のボウルに、

    バターミルク（*）　500cc

    卵　3個

を入れ、泡立て器でよくかきまぜます。粉の中に流し入れ、さらにまぜあわせます。そこに、

    バター　112g（溶かす）

を加え、必要に応じてバターミルクで生地をゆるめます。生地は、スプーンですくって落とすとゆっくりと垂れるくらいがちょうどよい固さです。熱しておいたワッフル焼き器でパリッと黄金色になるまで焼きましょう。

バリエーション
・普通の牛乳を使うときは、重曹の代わりにベーキングパウダーを小さじ2 1/2加えましょう。

Couscous
クスクス

クスクスは、沸騰した湯を加えるだけでできますが、モロッコの人々がつくるように、蒸した方がより食感が良く、おいしく仕上がります。

1人分60ccの乾燥クスクスを用意して、たっぷりの水でよく洗います。ざるに上げて水を切り、浅くて広い容器に広げて15分ほどおきます。塊ができたら手のひらでこすりあわせて崩しましょう。

蒸し器を用意して、水にしょうが、ガーリック、ハーブ、スパイスなど香りが立つものを好みで入れてください。4人分で250ccのクスクスを蒸し器のざるに入れ（もしざるの穴が大きい場合は布を敷いて）、ふたをして約20分蒸します。蒸し上がったクスクスは容器に戻し、ダマはスプーンの背でつぶします。水125ccと小さじ1/2の塩を振り、指を熊手のようにしてかきまぜます。バター小さじ1を加え、再び手でまぜて15分おいたら、また15〜20分蒸します（バターを加えたあと、しばらくは蒸さずにおいておくこともできます）。蒸し上がったら、クスクスが乾かないように、湿ったふきんで覆っておきましょう。塊があれば再び指で崩します。

Sushi Rice
すし飯

私は、手巻き寿司のディナーが大好きです。すし飯を大きなボウルに入れてテーブルに置き、焼き海苔、薄くスライスした魚や野菜、それにガリ（甘酢しょうが）とわさびを並べます。そして、めいめいが自分の好きなものを巻いて食べます。

*バターミルク：ヨーグルトと牛乳を半量ずつまぜます。

日本の短粒種の米　500cc

は、何回か水を替えながら冷水で研ぎます。よく水を切ってから、底の厚い鍋に入れ、

　　水　560cc

を入れて、きっちり閉まるふたをして沸騰させます。沸騰したら、すぐに弱火にして約15分加熱します。火を止めたら、そのまま約10分蒸らしましょう。

ご飯を炊いている間に、すし酢をつくります。

　　米酢　大さじ1
　　塩　小さじ1/4
　　砂糖　小さじ1

を砂糖が溶けるまで、よくまぜます。

ご飯が炊けたらボウルに移して、すし酢をご飯の上に回しかけます。木べらでご飯を切るように、そっとまぜましょう。ご飯全体に酢が均等に行き渡るまでまぜ続けます。すし飯は、冷ましてから使いましょう。

Farro Salad with Shallots and Parsley
エシャロットとパセリ入りのファッロサラダ

4人分

ファッロはナッツのような味わいのおいしい穀物で、小麦と大麦の中間のような風味があります。簡単に（米と同じくらい早く）調理でき、ゆでてもそのままでも、またマリネにしてもサラダにしてもおいしくいただけます。リゾットのように料理してもいいでしょう。私はいつも1回に375ccのファッロをつくって、半分を温かいサイドディッシュとしてサーブし、残りの半分は翌日にサラダにしています。

　　塩を入れた水　1.5ℓ

を沸騰させます。

　　ファッロ　180cc

を入れて弱火で20〜25分、やわらかくなるまでゆでます。ざるに上げてお湯を切り、ボウルに移し、

　　赤ワインビネガー　大さじ1
　　塩

を加えてかきまぜます。味見をし、必要に応じて塩とビネガーで味を調えます。そこに、

　　エシャロット　1個、または小ねぎ2本（みじん切りにする）
　　パセリ　大さじ2（みじん切りにする）
　　エキストラバージン・オリーブオイル　大さじ3
　　挽きたての黒こしょう

を加えてまぜ、室温のままか冷やしてサーブしましょう。

バリエーション
◆ 全粒小麦とスペルト小麦でも、同じようにつくれますが、全粒小麦はゆでるのに時間がかかります。50分以上かかることもあるので、20分ほどゆでたら、ゆで加減をチェックしましょう。
◆ 香菜、バジルをパセリの代わりに使いましょう。
◆ 旬の時期には、乱切りにしたきゅうりや半分に切ったミニトマトを加えてもいいでしょう。
◆ シェリービネガーまたはレモンの絞り汁を赤ワインビネガーの代わりに使います。または一部を換えて使います。

Eggs and Cheese
卵とチーズ料理

固ゆで卵と半熟卵 320

目玉焼き 320

スクランブルエッグ 320

エッグサラダ 321

メキシコ風ケサディーヤ 321

グリルドチーズ・サンドイッチ 322

オニオンカスタードパイ 322

SEE ALSO

ポーチドエッグ 158

チーズオムレツ 183

チャードのフリッタータ 185

ゴートチーズのスフレ 189

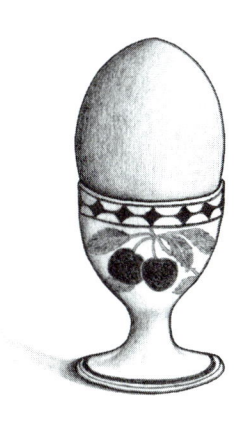

Hard-Cooked and Soft-Cooked Eggs
固ゆで卵と半熟卵

〝固ゆで卵（Hard-boiled Eggs）〟は必ずしも固いものではなく、正確にはグラグラとゆでたものでもありません。私は〝固めに調理した卵（Hard-Cooked Eggs）〟と呼ぶほうが好きです。私が好きな調理法なら、卵の黄身がちょうど金色に固まりかけ、中はしっとりと仕上がります。湯を沸かす前に、卵を冷蔵庫から出して室温に戻しておきましょう。湯が沸騰したら弱火にして、穴あきスプーンに卵をのせて静かに湯に下ろします。火加減を調節し、煮立つ手前で9分間煮ます。取り出した卵はすぐに氷水に取り、触れる温度まで下がったら殻全体にヒビを入れてむきましょう。9分は信頼できる目安ですが、調理時間は、使う卵の大きさや温度によって変わることを忘れないでください。

〝半熟卵（Soft-Cooked Eggs）〟も同様に調理します。ゆで時間は5分くらいで、温かいうちに、殻から直接スプーンですくって食べます。

Fried Eggs
目玉焼き

おいしい目玉焼きをつくるコツ、それは、フライパンを選ぶことです。私が愛用しているのは、よく油がなじんだ直径33cmの鋳鉄製のもので、きちんと手入れしています。使った後はきれいに拭き、取れない焦げつきは水で洗い、洗剤も食洗機も使いません。そしてよく乾かします。

鋳鉄製のフライパンを中火にかけて1分ほど温めたら、火を弱めてバター1かけかオリーブオイルを入れます。フライパンを傾けてぐるりと回し、バターやオイルが底面全部に行き渡るように広げて、卵を静かにフライパンに割り入れます。軽く塩こしょうをして、白身がほぼ固まるまで焼きましょう。卵の下にフライ返しをそっと差し込み、黄身を崩さないように気をつけながら、卵をひっくり返します。ゆっくりと焼いた卵をスムースに返すのは、黄身がまだやわらかいので、かなり難しいものです。再び塩こしょうをしますが、黄身を半熟にするなら、あと数秒でできあがりです。少し固めの黄身が好みなら、さらに1分ほど待ちましょう。黄身をドロッとさせたくないときは、卵を裏返す直前に、黄身を崩してから返して、火を止めて、余熱でじっくり熱しましょう。

Scrambled Eggs
スクランブルエッグ

1人あたり2個の卵をボウルに割り入れます。溶き卵が約1cmの深さになる大きさのフライパンを選びましょう（卵12個分で25cm径のフライパンがちょうどよい大きさです）中火で2～3分、しっかりと熱します。ポイントは、十分に熱することです。そうすればフライパンに卵がくっつきにくくなります。熱している間に卵を軽く溶きましょう。かきまぜすぎるとこしのないスクランブルエッグになってしまいます。かきまぜた溶き卵に塩こしょうをします（好みでハーブのみじん切りも入れましょう）。卵2個につき、塩はひとつまみ強。フライパンが熱くなったら、卵2個につき、人差し指大のバターを入れます。バターが泡立だなくなってきたら、卵を

流し入れ、一瞬おいて固まりかけたら、卵をへらでフライパンの周囲に押しやって、溶き卵がフライパンの底に流れるようにします。火から下ろしても余熱で火が入るので、好みの固さになる直前に（私はしっとりとやわらかい程度で）お皿に取り、すぐにサーブしましょう。

Egg Salad
エッグサラダ
4人分

細かく刻んでサラダに入れるなら、固めにゆでると卵の食感が残って、よりおいしくなります。

 卵　6個（室温に戻す）

を弱火で約10分ゆでます。氷水で冷やして殻をむいたら、卵を粗く刻み、

 ケイパー　小さじ2（洗って水を切り、刻む）
 パセリ　大さじ1（みじん切りにする）
 小ネギ、スプリングオニオン、またはエシャロット　大さじ2（みじん切りにする）
 塩
 挽きたての黒こしょう
 カイエンペッパー　ひとつまみ
 自家製マヨネーズ（61ページ）　80cc

をまぜあわせます。
刻んだ卵も入れて、よくまぜあわせたら、味をみて調味料で調えます。好みで

 ビネガーかレモンの絞り汁

を2〜3滴加えてもよいでしょう。

バリエーション
ディジョンマスタードを小さじ2加えます。
自家製マヨネーズの代わりに、アイオリマヨネーズを使いましょう。

◆ セロリかきゅうり、また、両方をさいの目切りにして、125cc加えます。

Quesadillas
メキシコ風ケサディーヤ
4人分

ケサディーヤは、チーズ入りのトルティーヤです。外皮はパリッと、中はとろけるように焼き上げるシンプルでボリュームのある料理です。学校帰りのおなかを空かせた子供にもぴったりで、サルサ、ライス、ビーンズなどを添えれば、充実したランチやディナーにもなります。

 コーンまたは小麦粉のトルティーヤ　8枚
 マイルドな味の溶けるチーズ（モントレージャック（*）など）　250cc（粗くおろす）

を用意します。
トルティーヤ4枚を広げてチーズを散らし、残りのトルティーヤ4枚をその上にかぶせます。厚手のフライパンを中火にかけ、

 バター　小さじ1/2

を入れて溶かします。フライパンが熱くなったら、ケサディーヤ1枚を入れ、焦げ目がついたらひっくり返し、反対側にも焦げ目がついてチーズが溶けるまで焼きます。ケサディーヤをすべて焼き終えるまで、できあがった分はオーブンで保温しておきましょう。

バリエーション
◆ トルティーヤを重ねる前に、すりおろしたチーズに香菜のみじん切りを散らします。また、ローストしたパプリカや唐辛子のスライスをチーズと一緒に

はさみましょう。

- 焼いたケサディーヤにサルサ（マイルドでもスパイシーでも）、サワークリームまたはワカモレ（248ページ）をスプーン1杯分のせます。
- 好みで、トルティーヤはバターを加えずに焼いてもよいでしょう。

Grilled Cheese Sandwich
グリルドチーズ・サンドイッチ

おいしいパンにグリュイエールチーズをはさんで、新鮮なバターでグリルした、グリルドチーズ・サンドイッチは、サンドイッチの中でも格別のおいしさです。

パンドカンパーニュをスライスし、グリュイエールチーズをスライスして3枚に重ね、パンにはさみます。厚手のフライパン（鋳鉄が最適です）をやや弱火にかけて熱します。やわらかいバターかオリーブオイルをサンドイッチの片面に塗り（バターが固いときは、薄く切って散らすように置きます）、フライパンが十分熱くなったら、バターを塗った面を下にして、黄金色になるまで焼き上げます。チーズが溶ける前にパンが焦げそうなら、火を弱めましょう。上のパンにバターかオリーブオイルを塗って裏返します。反対側もチーズが溶けるまでこんがりと焼きましょう。バターの上にセージの葉を数枚のせて焼くのが、私の好みです。葉はパリッとして、パンにぴったりくっつきます。カリッと焼き上がったら、ガーリックの皮をむいて半分に切り、焼いたパンにこすりつけます。

Onion Custard Pie
オニオンカスタードパイ
直径22cmのパイ1台分

これは、ピクニックの朝食にぴったりのパイです。

パイ生地（194ページ）　300g

を用意します。生地を直径30cmの円形にのばし、22cmのパイ皿に敷きます。端を折り返してパイ皿に沿って二重にし、側面をしっかり押さえたら、フォークを刺して生地一面に穴をあけます。冷蔵庫で1時間ほど冷やしておきます。

オーブンを190℃に予熱します。焼いている間にパイ皮が縮まないよう、生地をアルミホイルかクッキングシートでぴったりと覆い、上に乾燥豆などの重石を一面に敷きつめます。この方法を「ベイキング・ブラインド（空焼き）」と呼びます。15分後、生地の縁に焼き色がついてきたらオーブンから取り出し、重石をホイル（クッキングシート）ごと取ってオーブンに戻し、さらに5〜7分、全体に軽く焼き色がつくまで焼きあげます。

底の厚いフライパンを火にかけ、

バター　大さじ4

を入れます。バターが溶けたら、

玉ねぎ　4個（薄切りにする）

を加え、中火でやわらかく黄金色になるまで20〜30分炒めます。

塩
挽きたての黒こしょう

で味を付け、火から下ろしたら玉ねぎを皿に広げて冷ましましょう。

ハーフアンドハーフ（*）　375cc
卵　2個
卵黄　2個分

＊ハーフアンドハーフ：牛乳と生クリームを同量合わせてつくります。

グリュイエールチーズ　125cc（すりおろす）

塩

挽きたての黒こしょう

カイエンペッパー　少々

をまぜます。

冷めた玉ねぎをタルトの中に広げて溶き卵を注ぎ、190℃のオーブンで35〜40分、表面がプクッと膨らみ、黄金色になるまで焼き上げます。

バリエーション

◆ 玉ねぎをソテーするとき、タイム、セイボリー、マジョラムなどのハーブの小枝を数本を加えましょう。

◆ ベーコン4枚を小さく切り、カリッとするまで焼いてから脂を切り、玉ねぎをのせる前にタルトのいちばん底に散らします。

◆ グリュイエール以外のチーズを使ってみましょう。

◆ 玉ねぎの量を半分にして、代わりに葉もの類500ccをソテーして刻み、溶き卵にまぜましょう。

Vegetables

野菜料理

アーティチョークをゆでる、蒸す 329

アーティチョークのブレゼ 329

玉ねぎ、ガーリック、ハーブとソテーしたアーティチョーク 330

アスパラガスの調理方法 331

アスパラガスとレモンのリゾット 332

マジョラム風味のロマノビーンズ 333

生のシェルビーンズといんげん豆のラグー 334

アーモンドとレモンで和えたいんげん豆 335

フムス 335

煮豆のマッシュ 336

蒸したブロッコリー、ガーリックとレモン風味のバターソース 336

ブロッコリーのピュレ 337

芽キャベツのグラタン 337

ベーコンと玉ねぎ入り芽キャベツのソテー 338

サヴォイキャベツのブレゼ 339

自家製のザワークラウト 340

(CONTINUED)

キャベツのバター煮 340

にんじんのバターグラッセ 341

キャラウェイとクミン風味のにんじんのピュレ 341

カリフラワーのロースト 342

蒸したカリフラワー 342

セロリのブレゼ 343

セロリルートとじゃがいものピュレ 344

コーン・オン・ザ・コブ 345

コーンハッシュ 345

サコタッシュ 346

なすのロースト 347

カポナータ 347

焼きなす 348

空豆のラグー 349

フェンネルのブレゼ 350

ソテーしたフェンネル 350

フェンネルのグラタン 351

ローストしたガーリック 352

ガーリックのピュレ 352

玉ねぎが入ったチャードの炒め煮 353

チャードのグラタン 354

チャードとパルメザンチーズ 354

ガーリックと赤唐辛子風味のブロッコリー・ラブ 355

ベルジャン・エンダイブのブレゼ 355

グリルしたラディッキオのガーリック・ヴィネグレット和え 356

ほうれんそうのクリーム煮 356

マッシュルームのソテー 357

焼きオニオン 358

グリルド・オニオン 359

パースニップや根菜のピュレ 359

グリーンピースとアスパラガスのラグー 360

バター味のグリーンピース 361

ケイパーとパプリカのソテー 362

ポテトのグラタン 363

ポテトのフライパン焼き 364

マッシュポテト 364

ライム風味のさつまいも 365

さつまいものモロッコ風サラダ 365

トマトのコンフィ 366

(CONTINUED)

ベークド・トマトの詰めもの 367

ラタトゥイユ 367

冬トマトのロースト 368

かぶのバター煮 369

かぶとかぶの葉の蒸し物 369

冬かぼちゃのピュレ 370

バターナッツスクウォッシュのロースト 370

サマースクウォッシュのグラタン 371

ベーコンとトマトが入ったズッキーニのラグー 371

ジュリエンヌにしたズッキーニのソテー、マジョラム風味 372

SEE ALSO

ローズマリーとガーリック風味の白豆 96

クランベリービーンズのグラタン 97

空豆のピュレ 100

根菜のロースト 132

カリフラワーのソテー 135

グリルした野菜のラタトゥイユ 179

玉ねぎのタルト 198

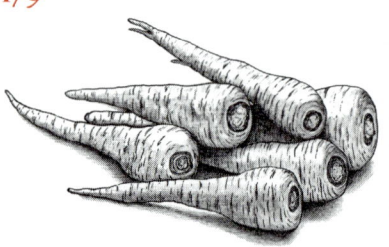

◆ Artichokes
アーティチョーク
旬：春と初秋

アーティチョークは栽培用に品種改良されたアザミ科の植物のつぼみです。丸くて大きな緑色のものと、すみれ色や紫色の小さなもの、葉先に鋭いとげがあるものやとげのないものもあり、種類によって風味も異なります。いずれにしても若いうちに収穫された新鮮なものが良く、育つとチョーク（内側の芯にはえた繊毛）は大きく固くなります。きれいな緑色で穂先がしっかり閉じ、茎の切り口がしなびていない新鮮なものを選びましょう。

アーティチョークは丸ごと調理する場合と、がくを取って中心の色の薄いハートと呼ばれる芯だけを調理する場合があります。大きいアーティチョークは、まず小さな固い部分（じつは花びらです）をすべてはぎとり、よく切れるナイフで穂先を2㎝ほど切り落とします。さらに小さめのナイフで、茎の表面の固い皮をむいて半分に切り、スプーンで中心のチョークをえぐります。すぐに調理しないときは、切り口にレモンを切ってすりつけるか、レモンの絞り汁かビネガーを入れた水に浸けて、酸化して黒ずむのを防ぎましょう。

小さなアーティチョークも同じように下ごしらえします。外側の固いガクを取り、明るいグリーンの部分の上側の色の濃いところを切り落とし、固い茎の皮もむきます。固い部分は繊維質で煮てもやわらかくならないので、思い切って取り除きましょう。料理するまでは必ずレモンをすりこむか、ビネガーの入った水に浸けておきましょう。

Artichokes Boiled or Steamed
アーティチョークをゆでる、蒸す

茎の切り口ととげがついたガクの先を切り落とします。はさみを使えば簡単です。たっぷりの湯を沸かして塩を入れ、強火でアーティチョークがやわらかくなるまでゆでましょう。大きいもので30分ほどかかります。やわらかくなったかどうか、根元部分にナイフか竹串を刺して確かめます。蒸すときも同様に、下ごしらえしたアーティチョークを強火の蒸し器で、きっちりふたをして蒸します。サーブするときは、溶かしバターや自家製マヨネーズ（62ページ）を小鉢で添えましょう。マヨネーズはそのままでも、またレモン、ガーリック、ハーブなどで風味づけしてもよいでしょう。

Braised Artichokes
アーティチョークのブレゼ
4人分

アーティチョークとグリーンガーリック、色のきれいな新玉ねぎ、そして花盛りの時期のタイムを組み合わせて、とてもおいしいブレゼができます。

アーティチョーク 極小のもの12個、または中4個（約675g～900g）

アーティチョークは上部の約3分の1を切り落とし、外側の固いガクをはぎとって、内側のやわらかい薄緑色の部分だけ残します。色が濃くて固い根元や茎の皮をむいたら、縦に四つ切りにし（大きいものは八つ切りにします）、チョークを取り除きます。黒く変色しないように、切り口には、

レモン

を切ってすりつけておきます。

グリーンガーリック 1本
新玉ねぎ 1個

の根と固い緑の部分を切り落とし、縦半分に切り、薄い小口切りにします。
中サイズのソースパンを弱火にかけ、

オリーブオイル 大さじ3

を熱します。次にガーリックと新玉ねぎ、

タイムの枝 3～4本

をまるごと入れます。弱火でゆっくり5分ほど炒めてからアーティチョークを加え、まぜながら、2～3分さらに炒めます。

塩
挽きたての黒こしょう

を加え、そこに、

白ワイン 60cc
水 60cc

を注ぎ、ふたをして約20分、ときどきかきまぜながら、煮汁が煮つまってアーティチョークがやわらかくなるまでゆっくりと煮ます。味見をして、塩加減を調え、仕上げに、

エキストラバージン・オリーブオイル 大さじ2

を回しかけてできあがりです。

Sautéed Artichokes with Onions, Garlic, and Herbs
玉ねぎ、ガーリック、ハーブとソテーしたアーティチョーク

4人分

底の厚い鍋を中火にかけ、

オリーブオイル 大さじ1 1/2

を入れます。熱くなったら、

玉ねぎ 小1個（さいの目切り）

を入れて、やわらかくなるまで7分ほど炒めて鍋から取り出します。
玉ねぎを炒めている間に、

アーティチョーク 極小のもの12～15個（約675g）

の固いガクを取って薄くスライスします。
玉ねぎを炒めた鍋に、

オリーブオイル 大さじ1 1/2

を入れて熱し、スライスしたアーティチョークを加えて中火で炒めます。焼き色がついてやわらかくなるまで、ときどきかきまぜながら約10分炒めたら、玉ねぎを鍋に戻して、さらに、

ガーリック 3かけ（みじん切りにする）
ハーブ（タイムまたはマジョラムなど） 大さじ3（みじん切りにする）
塩
挽きたての黒こしょう

を加えて、さらに2分ほど炒めます。味見をして、必要に応じて塩を足し、味を調えましょう。

バリエーション

◆ ガーリックと一緒に、塩抜きしてみじん切りにしたケイパー大さじ2を入れます。少し辛みをつけたければ、乾燥唐辛子をひとつまみかふたつまみ入れましょう。

VEGETABLES

◆ 大きなアーティチョーク3個を、きれいに下ごしらえしてから薄切りにします。やわらかくなる前に焦げそうになったら、少量の水を加えましょう。

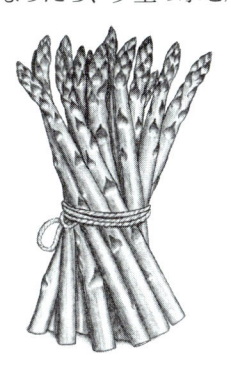

◆ **Asparagus**
アスパラガス
旬：春

アスパラガスには緑、紫、そして白の3色があります。緑と紫のアスパラガスはほぼ同じ味で、紫のものも火が入れば濃い緑に色が変わります。ホワイトアスパラガスは、太陽の光を遮って育てるので、白くなります。珍しいため高価ですが、緑色のものよりもマイルドな風味です。アスパラガスは穂先が開いていないものがよく、穫れたてはとても甘くておいしいものです。穂先が小さく、色鮮やかで、切り口がまだ新鮮なもの（乾いていないもの）を選びましょう。

アスパラガスは、煮ると柔らかくなる部位で自然にポキッと折れるので、根元に近い部分を折り曲げて、折れたところから下は捨てます。細いものより太いアスパラガスのほうが、皮をむいて調理をしたときに青臭さがなく、より甘みを感じるので、私の好みです。ピーラーを使えば薄くきれいに皮がむけます。茎が細いものや小さく切って使うときには、薄皮をむく必要はありません。穂先の2～3cm下から根元へ向けてピーラーを動かすようにしましょう。

Cooking Asparagus
アスパラガスの調理方法

アスパラガスは、根元の固い部分でポキッと折り、ピーラーで皮をむきます。塩の効いたたっぷりの湯で柔らかくなるまで約3分半（細いものはより短時間で）、ふたをせずにゆでます。湯を切って熱いうちに、または室温で（冷ますときはタオルの上に並べましょう）サーブします。

蒸すときは、薄皮をむいて蒸し器で約3分、やわらかくなるまで蒸します。ゆでたアスパラガスにオリーブオイルを薄く塗って塩・こしょうをし、中火の炭火で、ときどき引っくり返しながら、中が温かく表面が少し焦げる程度に焼いても美味です。

オーブンでローストするには、薄皮をむいた生のアスパラガスを天パンに並べて、オリーブオイルと塩を振り、アスパラガスを前後に転がしながら、全体にオイルと塩をなじませます。205℃に予熱したオーブンでやわらかくなるまで、何度かアスパラガスを引っくり返しながら、約9～11分ローストします。アスパラガスは温かいうちに、または室温にさまして、ハーブマヨネーズ（62ページ）、ヴィネグレット（58ページ）、サルサヴェルデ（59ページ）、ブールブラン（259ページ）を添えてサーブしましょう。また、エキストラバージン・オリーブオイルをたらして、固ゆで卵のみじん切りとカリカリに焼いたパンチェッタや、おろしたパルメザンチーズをかけてもよいでしょう。アスパラガスはリゾット（332ページ）に入れても、またほかの野菜と一緒に調理（360ページ）しても、とてもおいしくいただけます。

Asparagus and Lemon Risotto
アスパラガスとレモンのリゾット
4人分

リゾットの詳しいつくり方は、119ページを参照してください。

　　アスパラガス　450g

の根元の方を折って取り除き、約6mm幅に斜めにスライスにします。

　　レモン　1個

は皮をおろしてゼストを取り、半分に切ってレモン汁を絞ります。

2～3ℓ入る底の厚いソースパンを中火にかけ、

　　バター　大さじ2

を溶かし、

　　玉ねぎ　小1個（みじん切りにする）

を入れて、やわらかく透き通ってくるまで約10分炒めます。そこに、

　　リゾット専用米（イタリア米のアーボリオ、カルナローリ、バルドー、ヴィアローネナノなど）
　　375cc

を加え、かきまぜながら、米が透き通ってくるまで約4分炒めます。焦がさないように注意しましょう。

　　その間に、

　　チキンブロス　1.25ℓ

を沸騰させて、火を止めておきます。
リゾットの鍋にレモンゼストを入れ、

　　白ワイン（辛口）　125cc

を注ぎます。かきまぜながら、米がワインを吸収するまで煮詰めたら、チキンブロス（84ページ）250ccを入れ、さらにときどきかきまぜて、中火で煮立たせます。リゾットに粘り気が出てきたら、さらにチキンブロスを125cc加え、塩で味を調えます（スープの塩分で加える塩の量が変わるので注意しましょう）。リゾットが煮つまってきたら、その都度スープを125ccずつ加えます。焦げつかないように注意しながら12分ほど煮て、アスパラガスを加えます。米の芯が少し残るくらいの固さに仕上げるのに、20～30分かかります。できあがる間際に、レモンの絞り汁1/2量と、

　　バター　大さじ1
　　パルメザンチーズ　80cc

を加えて勢いよくかきまぜ、リゾットに粘り気を出してから、塩とレモンの絞り汁で味を調えます。火から下ろし、ふたをせずに2分おいてからサーブします。粘りが強すぎるときは、スープ少量を足してゆるめましょう。

バリエーション
- サーブする前に、チャービルやパセリのみじん切り大さじ2～3をリゾットに加えます。
- 帆立の貝柱450gを洗って、貝柱の横にある足を取り除きます。貝柱が大きければ、横半分にスライスして、リゾットができあがる5分前に加えましょう。
- 生のグリーンピース450gをさやから取り出し、リゾットができ上がる10分前に加えます。
- チャービルのみじん切りか、スペアミントの細切りを振って仕上げましょう。
- スクウォッシュのリゾットには、レモンは使い

せん。小さめのバターナッツスクウォッシュ（*）半個の皮をむいて種とワタを取り、小さなさいの目切りにします。底の厚い鍋にバター大さじ2を熱し、バターナッツスクウォッシュとセージの葉2～3枚を炒め、塩・こしょうをしたら、やや弱火でスクウォッシュがちょうどよい固さになるまで火を通します。煮えすぎないように注意しましょう。スクウォッシュはできあがる5分前にリゾットに加えます。また、玉ねぎをセージと一緒に炒めて、さいの目切りにした生のスクウォッシュを、2回目にブロスを入れるときに加えましょう。

▶ じゃがいもとパンチェッタのリゾットでもレモンは使いません。大きめのじゃがいも2個を小さめのさいの目に切り、玉ねぎとパンチェッタと一緒にソテーして、2回目にブロスを足すときにリゾットに加えます。

▶ グリルしたラディッキオのリゾットもレモンは使わず、サーブする直前にグリルして刻んだラディッキオ500ccを加えてまぜます。

▶ Beans
豆

乾燥豆と生豆についての知識、選び方、洗い方、切り方などについては「豆、乾燥豆と生豆」（91ページ）を参照してください。

▶ Green Beans
いんげん豆

旬：初夏から秋にかけて

いんげん豆は、中の豆がまだ未熟でさやごと食べられるほどやわらかいうちに収穫した豆です。さやいんげんには本当においしいものがたくさんあります。ブルーレイク、ケンタッキーワンダー、幅広のロマノビーンズ（*）（黄色と緑色の種類があります）、イエロー・ワックスビーンズ、紫とクリーム色のまだら模様のドラゴンタン、それにアリコヴェールと呼ばれるフランス原産の細くてやわらかいものなど。豆は新鮮で色鮮やかで、張りのあるものを選びましょう。さやを曲げるとポキッと折れ、中に小さい豆が並んでいるものがよく、おいしく食べるコツは、新鮮なうちに料理することです。下ごしらえは、さっと洗ってヘタを摘み取るかナイフで切り落とします。さやのお尻は、固くなければ取る必要はありません。

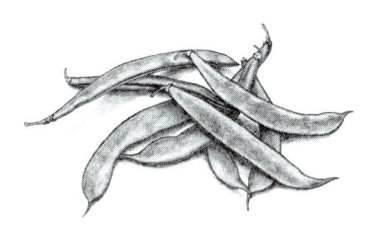

Romano Beans with Marjoram
マジョラム風味のロマノビーンズ
4人分

夏が来るのが楽しみになる野菜のひとつに、大きくて平たいロマノビーンズがあります。その豆らしい風味は食べはじめたら止まりません。ハーブの強い香りがロマノビーンズの風味を引き立ててくれるので、マジョラムはふんだんに使いましょう。

ロマノビーンズ（さやえんどう）　450g

はヘタを取り、2.5cmの長さに切りそろえます。少し斜めに切ると見た目がきれいです。塩の効いたたっぷりの湯でやわらかくなるまでゆで、水を切って、

塩

---

*バターナッツスクウォッシュ：国内産のかぼちゃに代えて使えます。
*ロマノビーンズ：日本ではモロッコいんげんという名称で売られています。

エキストラバージン・オリーブオイル
生のマジョラム　60cc（みじん切りにする）

とまぜあわせ、味をみて塩加減を調えてからサーブします。

バリエーション
◆ 仕上げにレモンを絞りましょう。
◆ オリーブオイルの代わりに、バターを使います。
◆ ほかの種類のさやの柔らかいいんげん豆やスナップエンドウ、さやえんどうなども使ってみましょう。

Fresh Shell Bean and Green Bean Ragout
生のシェルビーンズといんげんのラグー
4人分

さまざまな種類のいんげん豆（アリコヴェール、イエローワックス、またはブルーレイク）を取り合わせれば、この料理はより美しく、おいしくなります。豆の種類によってゆであがる時間が違うので、豆は同じ湯で別々にゆでましょう。イエローワックス・ビーンズは、豆の黄色を保つために、最初にゆでます。シェルビーンズもそれぞれ別々にゆでましょう。

生のシェルビーンズ（クランベリー豆、カネリーニ豆、フラジオレット豆など）　450g

のさやをむき、豆を取り出します。
少なめの塩を入れて湯を沸かし、豆がしっとりとやわらかくなるまで火を入れます。15分経ったらゆで加減をチェックし、ほどよい固さで火を止めて、ゆで汁に浸して冷まします。

豆をゆでている間に
さやいんげん　340g

のヘタとお尻と筋を取ります。約2.5cm幅に切り、塩を入れて沸騰させた湯でやわらかくなるまでゆでます。ゆで上がったら水を切り、ベーキングシートか皿の上に広げて冷まします。
底の厚い鍋を中火にかけ、

オリーブオイル　大さじ2

を熱し、その中に、

玉ねぎ　1個（さいの目切りにする）

を入れて透き通るまで10分ほど炒めます。そこに、

ガーリック　2かけ（みじん切りにする）
セイボリー、マジョラム、パセリなど　小さじ2（みじん切りにする）
塩
挽きたての黒こしょう

を加えて、さらに4分ほど炒めます。
湯を切り（ゆで汁はとっておきます）、玉ねぎを炒めた中にゆで汁180ccと豆を加え、火を強めて沸騰させます。いんげん豆を入れて、再び沸騰したら火を弱め、火が通るまでさらに1分少々加熱します。最後に味見をして、塩味を調え、

オリーブオイル

をたらしてサーブしましょう。

Green Beans with Toasted Almonds and Lemon
アーモンドとレモンで和えたいんげん豆
4人分

ソテーした魚の付け合せにとてもよく合います。

いんげん豆　450g

はヘタを取ります。
底の厚い鍋を中火にかけ、

バター　大さじ3

を溶かして、泡が立ちはじめたら、

アーモンドの薄切り　60cc

をこんがりと色づくまでかきまぜながら炒めます。
火から下ろしたら、

レモンの絞り汁　1/2個分
塩

を加えましょう。

塩を入れた湯で、さやいんげんがやわらかくなるまでゆでてから水を切り、アーモンドとレモンのバター1/2を加えてよく和えます。味をみて塩加減を調えましょう。

バリエーション
◆ アーモンドの代わりに、みじん切りにしたピーカンナッツまたはヘーゼルナッツを使いましょう。
◆ さやいんげんの代わりに、ロマノビーンズやドラゴンタンを使います。
◆ さやいんげんを入れる前に、バターにガーリックのみじん切りを入れましょう。

Hummus
フムス
500cc分

フムスは自宅でも簡単につくれます。タヒニというごまペーストがなくても、オリーブオイルを少し多めに加えれば、ひよこ豆のピュレだけで十分おいしくできます。

乾燥ひよこ豆　180cc

を8時間、または一晩、水に浸けておきます。
水を切り、新しい水で1〜2時間、やわらかくなるまで煮ます。60ccほど煮汁を残して湯を切ります。次にフードミルかプロセッサーまたはミキサーで豆をピュレにし、

タヒニ（ごまのペースト）　60cc
レモンのしぼり汁　60cc
ガーリック　2かけ（ピュレ状にする）
エキストラバージン・オリーブオイル　大さじ1
塩

を加えます。
なめらかになるまで、煮汁を加えながらまぜあわせましょう。

バリエーション
◆ クミンパウダーとカイエンペッパー小さじ1/4を風味づけに加えます。
◆ クミンパウダーとカイエンペッパーで風味づけしたオリーブオイルを垂らしましょう。
◆ フムスをよりなめらかにしたいときは、ひよこ豆をゆでてから、薄皮をむいて使いましょう。

Refried Beans
煮豆のマッシュ
4人分　500cc

ショートニングではなく、豚の脂でつくったラードを使うのが、伝統的な調理法です。南米食材のお店で捜してみてください。

厚手の鍋を中火にかけ、

> ラード　大さじ3〜4

を溶かし、熱くなったら

> 玉ねぎ　中半個（さいの目切りにする）

を入れて、7分ほどやわらかくなるまで炒めます。その中に、

> ピント豆またはブラックビーンズ　500cc（煮る）
> 豆の煮汁　60cc
> 塩

を入れて、数分間煮ます。

次にビーンマッシャー、またはポテトマッシャーを使って豆をつぶします。つぶした煮豆は時間が経つと固くなるので、必要に応じて煮汁を足し、ややゆるい程度にしておきましょう。塩加減を味見してから、サーブします。

バリエーション

◆ この豆にはラードやベーコンの脂がよく合いますが、オリーブオイルに代えてもよいでしょう。

◆ 豆を加える前に、みじん切りにしたガーリック2〜3かけを、炒めた玉ねぎに加えます。

◆ Broccoli
ブロッコリー
旬：初春、秋と遅い冬

私たちがブロッコリーとして食べている野菜は、実は花が開く前のブロッコリーという植物の花のつぼみです。つまり、開く前の塊花を食べているのです。一般的な品種はかなり大きな緑色のものですが、中にはスプラウト・ブロッコリーという濃い緑色の小さなつぼみを一本一本収穫するものもあります。ロマネスコというブロッコリーは、薄黄緑色のつぼみが螺旋状に尖った、この世のものとは思えない形をしています。また房がコンパクトにまとまった、ブロッコリーというよりカリフラワーに見える紫色のブロッコリーもあります。色鮮やかで房がしっかりしたものを選びましょう。しおれていたり、黄ばんだもの、花が咲いているものは避けます。茎から花房を好みで切るなり、折るなりして、食べやすい大きさにします。茎は端の固い部分を切り落とし、大きいものは皮をむいてから、スライス、またはスティック状に切って調理します。

Steamed Broccoli with Garlic, Butter, and Lemon
蒸したブロッコリー、
ガーリックとレモン風味のバターソース
4人分

ブロッコリーの花房と茎を切り離し、茎は皮をむいて適当な大きさに切ります。花房は小さな房に切り分け、やわらかくなるまで蒸します。その間にバター大さじ2〜3を厚手の小鍋で溶かし、ガーリック2〜3かけをみじん切りにして加えて、塩をします。バターが泡立ってきたら火を止め、上からレモンをひとしぼりしましょう。ブロッコリーを蒸し器から深皿に移してガーリック風味のバターをかけます。ちょっと変化をつけるなら、マジョラムやオレガノのみじん切りをバターにまぜてもいいでしょう。また、バターの半量をエキストラ・オリーブオイルに代えてもいいでしょう。

Long-Cooked Broccoli
ブロッコリーのピュレ
625cc

ブロッコリーは長時間煮ることで、粗いピュレ状になります。薄切りのバゲットにのせても、パスタのソースでも、また、そのままでもおいしいサイドディッシュになります。

 ブロッコリー　1個（675g）

大きな茎と花房を切り離します。茎は端を切り落とし、皮をむいて薄切りにします。花房も小分けにしておきます。

底の厚い鍋を中火にかけ、

 オリーブオイル　大さじ6

を熱して、そこに小分けにしたブロッコリーと、

 ガーリック　6かけ（薄切りにする）
 赤唐辛子　少々
 塩

を入れて、数分間ときどきかきまぜながら炒めて、

 水　250cc

を加えます。沸騰したら火を弱めてふたをして、とろ火でかきまぜながら、煮崩れるまで1時間ほど煮ます。途中、水気が足りないようなら水を足し、ブロッコリーが完全にやわらかくなったところで、勢いよくかきまぜて房をバラバラにします。

 レモンの絞り汁　1個分

を加え、味をみて、必要に応じて塩、レモンの絞り汁、オイルで味を調えましょう。

◆ Brussels Sprouts
芽キャベツ
旬：秋と冬

芽キャベツは、その形のとおりキャベツの一種です。紫と緑の品種があり、緑のものが圧倒的に多く出回っています。がっしりと背が高い茎に鈴なりになっているものがファーマーズ・マーケットなどでそのまま売られているのは、なかなか壮観です。小ぶりで葉がしっかり堅く巻いている、色鮮やかなものを選びましょう。葉が黄色くなったものは避け、よく締まって、見た目より重く感じるものを選びます。

外側の傷んだ葉を取り、茎から切り離して下ごしらえをします。芽キャベツは丸ごとか切って、あるいは葉を全部切り離して調理します。水でさっと洗い、よく水を切ってから使いましょう。

Brussels Sprouts Gratin
芽キャベツのグラタン
4人分

 芽キャベツ　450g

外側の傷んだ葉を取り、茎の端を切り取ります。塩が効いたたっぷりの湯でやわらかくなるまで10～12分ゆで、水をよく切って、ざく切りにします。底の厚い鍋を中火にかけ、

 ベーコン　2枚、またはパンチェッタ　3枚

を細かく刻み、脂が十分出てしんなりするまで炒めます。そこに切った芽キャベツを入れ、

 塩
 挽きたての黒こしょう

を振ります。さらに2～3分まぜながら炒め、バターを塗ったグラタン皿に芽キャベツとベーコンを入れて広げます。その上から、

 ハーフアンドハーフ(*)　125cc
 またはハーフアンドハーフとヘビークリーム(*)

＊ハーフアンドハーフ：牛乳と生クリームを同量合わせてつくります。
＊ヘビークリーム：乳脂肪分36％～40％の生クリーム。

のミックス125cc

を注ぎ、さらにその上に、

生パン粉　80cc

バター（細かく刻む）

を散らします。205℃のオーブンで約20〜25分、パン粉が金色になり、クリームが泡立つまで焼き上げます。

バリエーション

◆ ベーコンを炒めるときにタイムとガーリックのみじん切りを加えましょう。

Sautéed Brussels Sprouts with Bacon and Onions
ベーコンと玉ねぎ入り
芽キャベツのソテー
4人分

芽キャベツ　450g

外側の傷んだ葉を取り、茎の端を切り取ります。小ぶりなら半分、普通サイズなら四つ切りにします。塩の効いたたっぷりの湯でやわらかくなるまでゆで、水をよく切ります。
底の厚い鍋を中火にかけ、

オリーブオイル　大さじ1

を熱し、

ベーコン　2枚

を2cm幅に切って入れます。ベーコンから脂が出て茶色くなるまで炒めたら、脂は残してベーコンを取り出します。
ベーコンの脂に、

玉ねぎ　小1個（さいの目切りにする）

タイムまたはセイボリーの枝　2本

を加え、玉ねぎがしんなりするまで炒めたら、

塩

レモン　ひとしぼり（好みで）

で味をつけます。
火を強めの中火にして、水切りした芽キャベツを加えてかきまぜ、軽く火が通って焼き色がつく寸前まで炒めます。ベーコンを鍋に戻し、味をみて塩加減を調えましょう。

バリエーション

◆ ベーコンを省いてつくってみましょう。

◆ 芽キャベツを加える前に、ガーリックのみじん切り2かけ分を、玉ねぎと一緒に炒めます。

◆ できあがったら、生のタイムの葉を刻んで振りかけましょう。

◆ 芽キャベツの葉をバラバラにして、芯は薄切りにします。玉ねぎを炒めて塩をした後に、鍋に生の葉を入れて2分ほど炒めます。チキンブロスを深さ6mmまで注ぎ、ふたをして、葉がやわらかくなるまで、弱火で約10〜15分煮ます。

◆ Cabbage
キャベツ
旬：一年中、秋と冬がベストシーズン

キャベツは、丸くて表面がなめらかな緑色の葉のものが一般的ですが、ほかにもいろいろな種類があります。葉も、緑色、紫色、丸形、円錐形、平たいものまでさまざまです。それぞれ味も違い、食感も異なります。紫キャベツはほかと比べて味も強く、葉も厚くて固く感じられ、サヴォイキャベツ（*）は丸くてライトグリーンの縮れた葉で、ブレゼに最適です。ナパキャベツ（白菜）は薄緑の長い形で、肉厚のやわらかな色の薄いひだがあります。ナパキャベツは早く煮えるので、コールスローに最適です。

---

*サヴォイキャベツ：ちりめんキャベツ。国内産の白菜に代えても使えます。

東洋系のキャベツもありますが、チンゲンサイ、ターツァイ、水菜などは葉が巻いていない種類で、濃い緑色をしています。水菜はサラダにしてもおいしく、そのほかのキャベツは調理に向いています。キャベツを選ぶときは、色鮮やかで葉がしっかり巻いているものを探しましょう。手に取ったときにずっしりと重く感じるものを選びましょう。葉が巻いていない無結球種のキャベツは黄ばみがなく、しおれていないものを選びます。外側の傷んだ葉は取り除きます。普通のキャベツは、芯を取りますが、無結球種は、その必要はありません。

Braised Savoy Cabbage
サヴォイキャベツのブレゼ
4人分

ブレゼしたサヴォイキャベツは用途が広く、冬の食卓を輝かせる野菜料理です。そのままサーブしても、鴨やチキンのブレゼや、炒めたソーセージに添えてもよいでしょう。

  サヴォイキャベツ　大1個、または小2個

外側の固い葉を取り、半分または4つ切りにします。芯を取って、幅広の短冊形に切ったら、

  塩
  挽きたての黒こしょう

を振ります。底の厚い鍋を熱し、

  オリーブオイル　大さじ2

を入れ、

  にんじん　1本（皮をむき、小さなさいの目切りにする）
  玉ねぎ　1個（小さなさいの目切りにする）
  セロリ　1本（小さなさいの目切りにする）

を入れます。
中火で約7分、やわらかくなるまで炒め、そこに、

  ローリエ　1枚
  タイムの枝　1本
  ガーリック　2かけ（みじん切りにする）
  塩

を加えてさらに1分火を入れて、塩をしたキャベツを入れた鍋に、

  白ワイン　125cc

を注ぎます。ふたをして、ワインがほとんどなくなるまで、約8分間煮ます。

  チキンブロスまたは水　125cc

を加え、沸騰したら弱火にして、ふたをしてキャベツがやわらかくなるまで約15分煮ます。煮ている間に、キャベツを2〜3回かきまぜましょう。味をみて、必要なら塩、白ワインビネガーで味を調えます。

バリエーション
◆ 野菜を入れる前に、細かく切ったベーコン2枚を焼き色がつくまで炒めます。

◆ ポークソーセージを4本煮て、できあがる5分前に鍋に入れましょう。

◆ じゃがいも4個の皮をむき、塩を入れた水でやわらかくなるまでゆで、キャベツができあがる5分前に加えます。

◆ 四つ切りにしたキャベツをくさび形に切り、鍋にオイルを入れて片面が色づくまで炒めます。にんじん、玉ねぎ、セロリの代わりに、ハーブ、ガーリック、塩、ワイン、ブロスを入れて、やわらかくなるまで火を入れます。味にコクを出したいときは、バターを大さじ2〜3加えましょう。

Homemade Sauerkraut
自家製のザワークラウト
1ℓ広口瓶分

ザワークラウトを自分でつくったことがない人も、家で簡単につくれる「目からうろこ」の経験になると思います。作ってから発酵が進むほどに、キャベツはやわらかく、風味は増していきます。味つけの目安はキャベツ450gに塩小さじ1.5の割合です。

　　緑または紫キャベツ　大1個（ずっしり重いもの）

外側の傷んだ葉を取り除きます。縦に半分に切って芯を取り、さらに半分に切って線切りにします。およそ1.2ℓの千切りキャベツができます。ボウルに入れ、

　　海塩　小さじ3 1/2
　　キャラウェイ・シード　小さじ1　（好みで）

を振り、キャベツから水分が出てくるまで手でよくもみこみます。キャベツを広口ガラス瓶のような、耐酸性の2ℓほどの容器に入れます。そのときキャベツをギュッと上から押し込み、キャベツから出た水分にキャベツが浸るようにしましょう。もし水分が少ないようなら、

　　きれいな水　250cc
　　塩　大さじ1

を足します。キャベツが十分に水に浸るように重石をして、容器の口をふきんで覆い、そのまま室温で1週間ほどおいてキャベツを発酵させます。アクが浮いてきたらすくい、その都度味見をします。ちょうどいい味になったら重石を取り、ふたをして冷蔵庫に移しましょう。まだ早ければ、さらに発酵させます。このザワークラウトは、冷蔵庫で6週間保存できます。

（注）重石は清潔で重みがあるものならなんでもかまいません。瓶の口より一回り小さい皿に石を載せてもよく、水を入れた広口瓶かビニールの袋も（水が漏れないように注意）利用できます。大切なのはキャベツが塩水に浸るようにすることです。

Buttered Cabbage
キャベツのバター煮

緑でも紫でも、サヴォイ種でもナパ種（白菜）でもつくれます。まず、外側の傷んだ葉を取り除きます。半分に切って芯を取り、さらに半分にして線切りにします。鍋に刻んだキャベツを入れ、たっぷりのバター、塩、水を12mmくらいの深さまで入れて火にかけます。沸騰したらふたをして火を落とし、弱火でキャベツがやわらかくなるまで煮込みます。味見をして、必要に応じて塩、バターを足しましょう。

◆ Carrots
にんじん
旬：一年中、特に春と秋がよい

にんじんはキッチンの常備野菜です。そして、セロリや玉ねぎとともに味の基礎をつくる三大香味野菜として、ブロス、ブレゼ、シチューづくりには欠かせません。一年中出回っていますが、地域によって旬が違います。ここカリフォルニアでは、遅い春と秋に採れるにんじんが最も甘く、水気をたっぷり含んでいます。お店で新鮮なにんじんを探しましょう。地元で栽培され、収穫したばかりの葉付きのものです。そういうにんじんと、皮がむかれて小さく切られてビニール袋で売られているものには、大き

な違いがあります。新鮮なにんじんは見た目も鮮やかで、調理すると一層豊かな風味が広がります。にんじんにはさまざまな種類があり、オレンジ色でないものもあります。近所のファーマーズ・マーケットで、地元で栽培されるにんじんにはどんな種類があるかを調べてみましょう。葉つきのにんじんを買ったときは、長持ちさせるために冷蔵庫に入れる前に緑の葉は取っておきましょう。

Glazed Carrots
にんじんのバターグラッセ

ここでは、どう素材を扱い、料理するかを説明したいと思います。

にんじんの皮をむき、スライスかスティック状に切ります。厚手の鍋、またはフライパンににんじんを入れ、にんじんのかさの半分まで水を入れます（にんじんのかさは2.5cm以上にならないようにしましょう。2.5cm以上になるときは一回り大きい鍋を使います）。1人分につき、塩をひとつまみとバター小さじ2〜3杯を加えます。沸騰させてから火を落とし、弱火でふたをして柔らかくなるまで煮ます。にんじんがやわらかくなったらふたを取り、煮汁を煮つめてバターソースがにんじん全体にからむまで火を入れます。できあがったら、すぐににんじんを鍋から取り出しましょう。バターソースが余熱でどんどん煮つまって、ソースが分離してしまうからですが、もし分離しても、水を少し加えれば戻ります。バターの代わりにオイルを使ってもいいですが、バターのような照りは出ません。サーブする直前に、香菜、パセリ、バジルなどのみじん切りを大さじ1ふりかけます。

Carrot Purée with Caraway and Cumin
キャラウェイとクミン風味のにんじんのピュレ

4人分

アルジェリアのこの料理は、色鮮やかでおいしいオードブルになります。トーストしたバゲットやピタブレッドに、マリネしたオリーブを添えて室温でサーブします。温めればベークした魚やチェルムーラによく合います。

  にんじん　約675g（皮をむき、約1cmの厚さにスライスする）

大きめの鍋に水を入れ、たっぷりの塩を入れて沸騰させ、にんじんと、

  ガーリック　2かけ

を入れます。にんじんがやわらかくなるまで煮て、湯を切ります。

  厚手の小鍋を火にかけ、

  オリーブオイル　小さじ2

を熱し、

  玉ねぎ2分の1個（みじん切りにする）

を入れ、やわらかくなるまで7分ほど炒めます。すり鉢で、

  パウダークミン　小さじ1/2
  パウダーキャラウェイ　小さじ1/4

をつぶして粉末にして、玉ねぎのソテーに加え、

  塩

を振ります。

ゆでたにんじんとガーリックを入れて、さらに1〜2分炒めます。火から下ろしたらポテトマッシャーかフォークで粗いピュレ状につぶします。

  レモンの絞り汁　小さじ1〜2

を加え、味をみて塩で調えたら、好みで、

  香菜　適量（みじん切りにする）

を散らします。

◆ Cauliflower
カリフラワー
旬：春と秋

カリフラワーは、こんもりとした球状の花茎の塊で、食用にするのは花蕾（からい）という部分です。カリフラワーは、ふつう乳白色ですが、緑色や紫色のものもあります。新鮮かどうかは葉を見れば一目瞭然です。色鮮やかな緑の葉と、きめ細かく詰まった花蕾のものを探しましょう。茶色のしみがあったり、ザラザラした表面のものは、収穫してから時間が経っている証拠です。カリフラワーはよく洗って傷んだ葉は取り除きますが、きれいな葉はそのまま付けておきましょう。この葉がなかなかおいしいのです。

Roasted Sliced Cauliflower
カリフラワーのロースト

ヘタや傷んだ部分を取り除き、よく洗います。房全体を6mmほどの厚さにスライスしてオーブンの天パンに敷きつめ、オイルを塗って、塩・こしょうをします。205℃のオーブンで、カリフラワーがやわらかく、端が少し焦げるくらいまで、約20分ローストします。塩・こしょうするときに生のハーブのみじん切りや乾燥スパイスをふりかけて、違った風味も楽しみましょう。

Steamed Cauliflower
蒸したカリフラワー

丸のままでも、房を切っても蒸すことができます。丸ごと蒸すときは、よほど小さいもの以外は、芯を取ってから蒸しましょう。カリフラワーをまな板に逆さに置き、大きな茎の周りによく切れる小型ナイフで円錐形の切り込みを入れて芯を取ります。カリフラワーをやわらかく蒸したものは、さまざまな味つけができます。

厚手の小鍋でエキストラバージン・オリーブオイルを熱し、

  つぶしたガーリック　2かけ

  塩抜きしたケイパー　小さじ1

  生のマジョラムかオレガノ、パセリ（または全部をまぜたもの）

  小さじ1（みじん切りにする）

  塩

  挽きたての黒こしょう

を加えて、ガーリックに軽く火が入る程度に炒めます。炒めたら、温かいカリフラワーの上にかけましょう。

バリエーション
◆ 蒸したカリフラワーを温かいまま、または室温でバーニャカウダソース（260ページ）を添えてサーブします。

◆ 蒸したカリフラワーをグラタン皿に並べ、溶かしバターをスプーンで回しかけ、チーズ（グリュイエール、チェダー、もしくはフレッシュペコリーノなど）のスライスをのせて、180℃に予熱したオーブンで焼きます。チーズがカリフラワーの上でとろっと溶けるまで焼きましょう。

◆ Celery and Celery Root
セロリとセロリルート
旬：セロリは一年中　セロリルートは秋と冬

セロリとセロリルートは元々同じ植物から派生したものですが、今ではこのふたつは異なる野菜として扱われています。セロリはキッチンの常備野菜のひとつで、スープやブロス、ブレゼの香りづけに使われます。また、火を通してもおいしく、サラダに加えればシャキシャキした食感も楽しめます。葉にはとくに強い香りがあり、ブロスなどに入れすぎると風味を損なうので、量を加減して使いましょう。セロリは、茎が新鮮で色鮮やかなものを選びます。外側の茎は風味づけに、内側の柔らかい茎はそのまま食べるのに向いています。

セロリルートは別名セルリアックと呼ばれ、茎と葉が数本ついているだけの大きなボール型のでこぼこした根菜です。生でも煮ても食べられます。風味はマイルドで、甘みがあります。小さめでもずっしり重く、フレッシュで生き生きとした茎が付いているものを選びましょう。茶色く錆びたようなしみや傷があるものは苦いことが多く、避けるのが賢明です。セロリルートは、上下を切り落とし、固い皮を切り取ります。すぐに料理しないときは、湿らせたふきんに包み、茶色く変色しないよう保存しましょう。

Braised Celery
セロリのブレゼ
4人分

　　セロリ　1株

外側の固い茎を取り、根元と葉のついた茎の上部を切り落とします。茎を一本ずつ外し、芯に近い部分は縦に4等分に切ります。外した茎は一列に並べて、半分の長さに切っておきます。

厚手の鍋を中火にかけ、

　　オリーブオイル　大さじ2
　　玉ねぎ　小1個（薄切りにする）
　　タイムの枝　2〜3本

を入れて、約5分炒めます。そこにセロリを入れ、さらに5〜7分、セロリと玉ねぎがうっすら色づくまで炒めたら、

　　塩

をして、

　　チキンまたはビーフブロス　250cc

を加えます。沸騰したら火を落とし、ふたをして、セロリがやわらかくなるまで、弱火で煮ます。ソースにとろみがついて、セロリ全体にからむ程度に火を入れましょう。ソースがさらっとしているときは、ふたを取って火を強め、さらに煮つめます。味をみて、塩加減を調えます。

バリエーション
◆ 香りを和らげたいときは、塩の効いた湯でセロリを7分ほどゆでてから炒めるとよいでしょう。

Celery Root and Potato Purée
セロリルートとじゃがいものピュレ
4人分

セロリルートとじゃがいもの香りはとても相性がよく、一緒に調理すると、ほかにはないすばらしい風味が生まれます。ピュレそのものもおいしく、グラタンはまた格別です。

じゃがいも（イエローフィンまたはユーコンゴールド（*）など、身が黄色いもの）　450g

の皮をむき、大きめに切って、塩を入れた湯でやわらかくなるまでゆでます。湯を切ったじゃがいもは、スライサーかフードミルで裏漉しにかけて鍋に戻します。じゃがいものかけらが残っているのが好みなら、ポテトマッシャーを使って鍋の中でつぶしましょう。

バター　大さじ2

を加えてまぜておきます。

セロリルート　中1個（350g）

は皮をむき、半分に切って薄くスライスします。底の厚い鍋を弱めの中火で熱し、

バター　大さじ3

を溶かして、セロリルートを入れます。

塩

を振ってふたをしたら、やわらかくなるまで約12〜15分、ときどきかきまぜながら火を通します。これをフードミルで裏漉しするか、よりなめらかにするならミキサーにかけてピュレ状にして、じゃがいもにまぜ込みます。ピュレが固すぎるときは、

牛乳　適量

を加えてのばしましょう。味見をして、必要に応じて塩、バターを足して味を調えます。

◆Corn
とうもろこし
旬：夏

スイートコーンは、たくさんの黄色や白い粒が集まってできています。白い粒だけのもの、黄色い粒だけのもの、両方が混ざったものもあります。自然交配のものは、もいだ瞬間から糖分がでんぷん質に変わり、甘さが失われていきますが、最近では甘さを2〜3日保てるハイブリッド種も開発されています。人によっては、この種のとうもろこしは甘すぎて本来の香りがしないと言いますが、どちらがいいかは、自分でいろいろ試して判断しましょう。

どんな種類でも、とうもろこしはもいだ日のうちに食べるのがいちばんおいしい、ということに変わりはありません。収穫した切り口で新鮮さをチェックしましょう。粒が丸々としてみずみずしく、色鮮やかで、切り口が新しいものを選びます。新鮮なとうもろこしは、茶色のひげ（シルクと呼びます）もしっとりしています。虫が付いていても気にしないこと。虫がいいというわけではありませんが、それは農家が農薬を使っていない証拠です。すぐに食べないときは、まるごと冷蔵庫に入れておきましょう。皮とひげは、料理する直前に取ります。虫喰い跡だけ取り除けば、残りの部分に何の支障もありません。軸から粒を削ぐには、茎のほうを持って先端を下に向け、軸に沿ってナイフを動かして削り取ります。ポイントは、ナイフを当てる部位です。深すぎると軸も一緒に削いで、浅すぎると身をたくさん残してもったいないことになります。ローストパンのような大きな平皿の上で削げば、粒があちこち飛び散らず、キッチンも汚れません。削いだあと、ナイフの背で軸をしごいて、残った粒からコーンミルクを絞ってもいいでしょう。

---

*イエローフィン・ユーコンゴールド：国内産のメイクイーンに代えて使えます。

Corn on the Cob
コーン・オン・ザ・コブ

コーン・オン・ザ・コブと呼ばれる、丸ごとゆでたとうもろこしは、夏の実りが楽しめる最も手軽な調理法です。とうもろこしの皮をむき、ふきんで拭うようにして茶色のヒゲを取ります。塩をたっぷり入れて沸騰させた湯で、約4分ゆでます（または直火でグリルします／177ページ）。湯から取り出したら水気を切って、バター、塩・こしょうと一緒にサーブします。

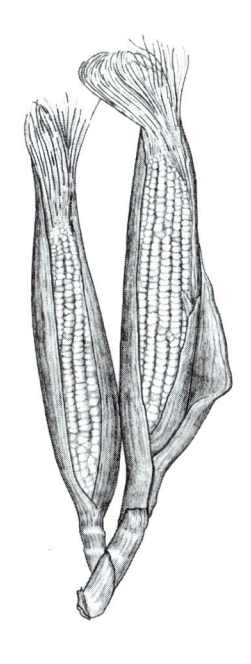

バリエーション
◆ バターと塩に、くし形に切ったライムと粉唐辛子（干したアンチョ・チリ）を添えたり、パセリやセイボリーのみじん切りと青ねぎの小口切りを、バターにまぜて添えてみましょう。（干したアンチョ・チリは、種と筋を取り除き、すり鉢、またはスパイス用グラインダーで粉末にします）。

Corn Hash
コーンハッシュ
4人分

コーンハッシュは、とうもろこしの甘みとライムの酸味、ペッパーの辛みが生き生きとしたコンビネーションを織りなすすばらしい一皿です。夏向きの料理の付け合わせとしていろいろな用途があります。

  スイートコーン　4本（粒で500cc）

は皮をむき、粒を削ぎ取ります。
厚手の鍋を中火にかけ、

  バター　大さじ2

を溶かし、その中に、

  赤玉ねぎ　小1個（さいの目切りにする）
  ホット・チリ（セラーノまたはハラペーニョ）　小1個（縦に半分に切り、種と筋を取って細かく刻む）

を入れ、3〜4分柔らかくなるまで炒めて、

  塩

を加えます。
さらに1分ほど炒めてから、火をやや強めてコーンを入れます。数分間かきまぜながら、コーンに火が通るまで炒めましょう。必要なら少し水を加えます。仕上げに、

  ライムのしぼり汁　ひと絞り
  香菜　大さじ1（みじん切りにする）

を加え、味見をして、必要に応じて塩、ライムのしぼり汁で味を調えます。

バリエーション
◆ 辛いチリの代わりに、パプリカを使います。
◆ 香菜の代わりに、バジルまたはパセリを使います。
◆ 赤玉ねぎの代わりに、細い長ねぎ、またはねぎを使い、チリと一緒に炒めましょう。炒める時間は1

分程度です。
- 風味豊かなハーブバター（63ページ）をたっぷり入れて仕上げます。

Succotash
サコタッシュ
4人分

ライマ豆とコーンが、サコタッシュの伝統的な組み合わせですが、豆の種類を問わず、おいしくつくれます。

>ライマビーンズ、またはそのほかのシェルビーンズ　450g

さやをむいた豆を鍋に入れます。水を4cmの深さまで入れて、やわらかくなるまでゆでます。火を入れて10分たったら、煮え加減を確かめましょう。豆が煮えたら

>塩

を振ります。
豆を煮ている間に、

>スイートコーン　4本

の粒をよく切れる包丁で削ぎ取ります（約500cc分）。
底の厚い鍋を中火にかけ、

>バター　大さじ3

を溶かし、その中に、

>玉ねぎ　小1個（さいの目切りにする）
>タイムの枝　2〜3本

を入れて5分ほど炒め、

>イエローズッキーニ　小2本（さいの目切りにする）
>塩

を加えて、さらに5分ほど炒めます。コーンを加えて、さらに1分ほど炒めたら、ゆであがった豆（よく水を切ります）を加えます。3〜4分ほど、コーンに火が通るまで加熱し、味をみて塩加減を調えましょう。仕上げに、

>パセリのみじん切り　小さじ2

を加えます。

バリエーション
- ガーリック2かけを、細かいみじん切りにして、コーンと一緒に入れます。
- パセリに加えて、バジルまたはサマーセイボリーのみじん切りを入れましょう。
- 炒めた玉ねぎに、さいの目に切ったパプリカを加え、ズッキーニを入れる前に3分ほど炒めます。
- コーンを入れる数分前に、皮、種を取ってさいの目切りにしたトマトを入れましょう。

◆ Eggplant
なす
旬：盛夏から初秋にかけて

なすは、紫色の大きな楕円形のものが一般的ですが、ほかにもたくさんの種類があります。小さいものから大きなものまで、また濃い紫色だけでなく、白と紫の縞になっているローザビアンカという珍しい品種もあります。小ぶりで細長いアジアなすと呼ばれるものは、濃い紫や薄い紫、寸胴なものから細長いものまでさまざまです。中には、ビー玉のように小さいものや、鮮やかなオレンジや赤色のなすもありますが、よほどのことがないかぎり、どのなすでも同じように料理できます。
表皮が色鮮やかで光沢があり、中身がしっかりとして、ヘタや茎が見るからに生き生きしているものが

良いなすです。艶がなく濁った色なら、育ちすぎか収穫して時間が経っているか、その両方です。

なすは水で洗い、ヘタとお尻を切り落とします。たいていのなすは、薄くて柔らかい皮をむく必要はありません。なす料理のレシピには、塩をして、アク（苦味）を取るように書いてあることがよくありますが、小さいものならその手間を省いてもよく、大きいものでも種が小さくやわらかければ、アク抜きは必要ありません。ただし、なすはスポンジのように油分を吸収するので、料理する前に塩をして水分を出しておけば、吸い込む油の量を減らすことができます。なすにオイルをまぶしてオーブンで焼けば、さらに油を軽くできます。

Roasted Eggplant
焼きなす

なすをローストするのは、丸ごとでも、半分でも、くさび型に切ってもいいでしょう。大きいなすは、丸のままか半分に切ってローストし、ピュレにするのが一般的です。半分に切ったなすの断面に、よく切れる包丁で網状の切れ目を入れて塩・こしょうを振り、オイルを塗った天パンに切り口を下にして並べます。オイルを塗った天パンに直接のせてもいいでしょう。205℃のオーブンで、ときどき茎に近い部分をフォークなどで突いて焼け具合を確かめ、火が通ってやわらかくなったら、身をスプーンですくい出します。

適当な厚さにスライス、またはくさび型に切ったなすのローストは、温かいうちにつけ合わせやマリネにして、オードブルやサラダ仕立てにします。まず、ヘタとお尻を切り取り、縦にくさび形、または厚め（12mmくらいがちょうどよいでしょう）にスライスします。薄すぎると焼ける前に乾いてしまいます。十分に塩をして数分おき、オイルを塗った天パンに並べて、上からもオイルを塗って205℃に予熱したオーブンで焼きます。スライスの大きさにもよりますが、20〜35分焼いて、なす全体がやわらかくなり、下側の色が茶色く変わったらよく焼けている証拠です。もし天パンにくっついてしまっても、少し冷せばはがれやすくなります。焼きなすは、温かいうちにサーブするか、またはワインビネガー、ガーリックの薄切り、ハーブのみじん切り、オリーブオイル、塩、挽きたての黒こしょうで和えて、室温に冷ましてから食卓へ供しましょう。

Caponata
カポナータ

約1ℓ分

カポナータは、なすとトマトでつくる甘酸っぱい野菜のシチューで、イタリアはシシリア地方の郷土料理です。冷やしてオードブルや前菜の盛り合わせに、また熱々をローストした肉や魚に添えます。

なす　中2個

は、ヘタを取り、2.5cm角のさいの目切りにして、塩を振り、ザルにのせて15分ほどおいて水分を出します。

底の厚い鍋を中火にかけ、

オリーブオイル　大さじ1

を熱して、鍋の底が隠れるくらいの量のなすをさいの目切りにして入れ、焼き色がつくまで炒めます。何度かに分けてすべてのなすを炒め終わったら、さらにオイルを足し、

セロリ　160cc（薄切りにする）

をきつね色になるまで炒めます。

　十分に火が通ったらセロリを取り出し、鍋に、

　　オリーブオイル　大さじ1

　　玉ねぎ　小1個（さいの目切りにする）

を入れて、ときどきまぜながら、柔らかく、透明になるまで炒めます。そこに、

　　シンプルなトマトソース（303ページ）　375cc

を加え、さらに7分ほど煮て、なすとセロリを鍋に戻します。

　　グリーンオリーブ　70g（種を取る）

　　塩抜きしたケイパー　大さじ2〜3

　　塩漬けアンチョビ　2尾（洗って骨をとり、粗いみじん切りする）

　　赤ワインビネガー　60cc

　　砂糖　小さじ1 1/2

を加えて、さらに10分ほど煮たらできあがりです。味見をし、必要なら塩、ビネガー、砂糖などで味を調えましょう。カポナータは、つくった翌日の方が、さらに味がなじんで美味しくなります。

バリエーション

◆ バジルのみじん切り約60ccを散らしましょう。

◆ トーストした松の実を、大さじ3散らして仕上げます。

◆ さっぱりした味にするには、塩をして水気を抜いたなす全体に、オリーブオイル大さじ2を塗って天パンに並べ、190℃のオーブンで約30分、黄金色になるまで焼きましょう。

Grilled Eggplant
焼きなす
4人分

バーベキューグリルに、中火の火をおこし、その上にきれいにそうじした網をのせます。

　　日本なす　4本　または　米なす　1個

のヘタをとり、8mm幅にスライスします。菓子用の刷毛で、

　　オリーブオイル

をスライスしたなすの両面に塗り、

　　塩

を振ります。炭火がおきたら、網に刷毛でオイルを塗ってなすを並べます。片面約3分ずつ、触って柔らかく感じる程度に焼いたら、グリルした魚と一緒にサルサヴェルデ（59ページ）を添えて熱々で出します。また、室温に冷まして、エシャロットとハーブ入りのファッロサラダ（318ページ）、あるいは、きゅうりのヨーグルトソース（263ページ）と一緒にサーブしましょう。

◆ Fava Beans
空豆
旬：初春から初夏

空豆の下ごしらえは99ページを参照してください。

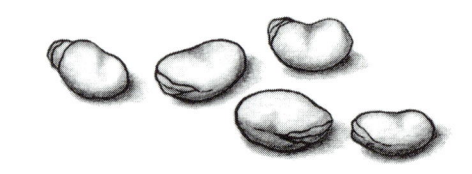

Fava Bean Ragout
空豆のラグー
4人分

> 空豆　900g

は、さやをとり、塩を入れて沸騰させた湯で約1分ゆでます。すぐに氷水に上げて冷やし、水を切って、皮をむきます。
厚手のソース鍋を火にかけ、

> オリーブオイルまたはバター大さじ1

を熱して、

> スプリングオニオン（*）　小2個（輪切りにする）

を、中火で柔らかくなるまで、約4分炒めます。皮をむいた空豆と一緒に、

> グリーンガーリック（*）　小1本（輪切りにする）
> 塩

を加え、底から6mmほど水を入れて沸騰したら、とろ火にして、豆に火が通るまで約4分煮ます。仕上げに、

> エキストラバージン・オリーブオイル
> またはバター　大さじ2
> パセリまたはチャービル　小さじ2（みじん切りにする）

を加え、鍋を回してまぜあわせます。味見をして、塩加減を調えましょう。

バリエーション
- 空豆の半量をグリーンピースに代えてつくります。
- 新玉ねぎの代わりに、小玉ねぎを使いましょう。

◆ Fennnel
フェンネル
旬：春、初夏と秋

フェンネルは、用途の広い野菜です。生でサラダにするだけでなく、いろいろな料理に使えますが、私は香味野菜として、セロリの代わりにミルポア（にんじん、玉ねぎ、セロリをさいの目切りにして合わせたもの）やほかのソースの材料としてよく使います。栽培種のフェンネルは、丸くふくらんだ乳白色の株から、緑色の筋ばった茎が伸び、その先に羽のような葉がついています。フェンネルには、アニスやリコリスを思わせる風味があります。しっかりとした株で、傷がなく、乾いたり縮んだりしていない、新鮮なものを選びましょう。

フェンネルの下ごしらえは、色の濃い繊維質の茎と根元を切り落とし、固かったり傷んでいる部分を取り除きます。フェンネルは、使う直前に包丁を入れましょう。時間が経つと切り口が酸化して茶色に変色してしまうので、切ったらすぐに湿らせたふきんをかぶせておきます。レシピにはよく、フェンネルの芯を取る、と書いてありますが、芯も十分やわらかくておいしいので、私はその必要はないと思います。濃い緑の羽のような葉は、刻んで薬味に使いましょう。

品種改良されていない野生のフェンネルには、ふくらんだ株元がありません。しかし、その葉と花、花粉や種までが香り高く、詰めものやマリネ、薬味やソースなど、いろいろな料理に使えます。野生のフェンネルが自生している地域なら、近くの野原でぜひ探してみてください。

Braised Fennel
フェンネルのブレゼ
4人分

> フェンネルの球根　2～3個

根元を切り落とし、葉付きの筋ばった茎は切り取り

＊スプリングオニオン：国産の細ねぎに代えても使えます。
＊グリーンガーリック：国産のニンニクの芽に代えて使えます。

ます。株の表面の傷んだ部分も取って、球根を半分に切り、さらに3〜4つのくし形に切りそろえます。

底の厚い鍋に水500ccを入れ、

 白ワイン（好みで）　60cc
 フェンネルの葉
 タイム　4本
 セイボリー　4本
 ローリエ　1枚
 つぶしたフェンネル・シード　小さじ1/2
 塩

を加えて、いったん沸騰させたら弱火にし、

 エキストラバージン・オリーブオイル　大さじ3

をフェンネルに加えて、やわらかくなるまでときどきかきまぜながら、約12分煮ます。途中で水気がなくなってきたら、水を足しましょう。味見をして、塩加減を調えたら、

 レモンのしぼり汁　ひとしぼり

を加えてできあがりです。

バリエーション

◆ 鍋に水を入れる前に、オリーブオイルで少し焦げ目がつくまでフェンネルを炒めましょう。

◆ アーティチョークを使います。下ごしらえしたアーティチョークをくし形に切り、同じように調理します。クッキングシートで落としぶたをすれば、アーティチョークは変色しません。

Sautéed Fennel
ソテーしたフェンネル

フェンネルの葉の付いた茎と、株の根元を切り落とします。葉は少し残し、刻んで食卓に出すときに薬味にしてもいいでしょう。株の表面の傷んだ部分を取り除き、半分に切って、さらに薄くスライスします。厚手のフライパンを中火にかけ、鍋底全体に行き渡る程度にオイルをひき、スライスしたフェンネルを入れます。触らずにそのまま数分、中火でフェンネルに焦げ目をつけます。さらにまぜながら、フェンネルがやわらかくなるまで炒め、塩・こしょうをして、刻んだフェンネルの葉を散らしましょう。仕上げにレモンをひとしぼりして、赤唐辛子少々を加えます。

Fennel Gratin
フェンネルのグラタン
4人分

このグラタンは、牛乳やブロス入りのクリームを入れて焼かずに、薄めのホワイトソース（ベシャメル）でつくります。私は、カリフラワーや青菜、アスパラガスのなどもこのやり方でグラタンにしています。

フェンネルの株元　大2個　または、中3個

不要な部分を削って半分に切り、さらにくし形に切ります。塩を入れて沸騰させた湯で、やわらかくなるまで約5分ゆでます。ゆで汁は少し取っておきましょう。

次に、薄めのホワイトソースをつくります。
厚手の小さい鍋を火にかけ、

バター　大さじ2

を熱し、

強力粉　大さじ1 1/2

を、中火で約3分炒めます。
泡立て器を使って、

牛乳　80cc

フェンネルのゆで汁　80cc

を絶えずかきまぜながら、少しずつ小麦粉の入った鍋に加えていきます。ダマができないように、何回かに分けて少量ずつ加えてよくかきまぜ、溶けてから次を加えるようにします。全部入れてもダマが残ったら、ストレイナーで濾して、再び火にかけてさらにかきまぜながら、ゆっくり沸騰させましょう。沸騰したらとろ火にして（必要であれば炎調整器を使って）、さらに15～20分、ときどきかきまぜながら煮込み、

塩

ナツメグ・パウダー

カイエンペッパー（好みで）

パルメザン粉チーズ　125cc

を加えます。

たっぷりバターを塗ったグラタン皿に、フェンネルが重ならないように敷きつめ、190℃に予熱したオーブンで約20分焼きます。ソースがグツグツと泡立ち、表面に焦げ目がついたらできあがりです。

◆ Garlic
ガーリック
旬：春・夏・秋

私には、ガーリックなしの料理は考えられません。生のまま、あるいは炒めたりと、どんな料理にも使います。ガーリックにはたくさんの種類があり、それぞれ異なる風味があります。白いものもあれば赤いものもあり、春にはグリーンガーリックという、若いうちに収穫したガーリックも出回ります。見かけはねぎのようですが、味も香りも普通のガーリックよりマイルドで、熟し具合によっていろいろ使い分けができます。グリーンガーリックは成長するにつれ、普通のガーリックのように鱗茎が膨らんで分かれますが、表皮はまだしっとりとやわらかさを保っています。若いグリーンガーリックは、根を切り落とし、外側の痛んだところや乾いた層をむいて、白い部分とやわらかな薄緑色の部分を使いましょう。夏になれば、熟したガーリックが出回ります。固く、ずっしりと詰まった玉を選びましょう。ガーリックは季節の変化に応じて、置いておくと鱗茎の中の胚芽が緑色になって発芽したり、長い期間貯蔵すると、酸化して身が黄色っぽくなり、嫌なにおいがしはじめます。芽が出たら、半分に切り、緑色の胚芽部分を取って、白いところだけを使い、黄色くなったものは使わないようにしましょう。

ガーリックの下ごしらえは、丸ごと手のひらで押さえてバラバラにし、よく切れる包丁で鱗片の先と根元を切り落としてから薄皮をむけば、簡単にできます。つぶしたら、すぐに使いましょう。とても酸化しやすいので、つぶしたり切ったら、空気に触れないように注意しましょう。刻んだり、すりつぶしたものは、オイルをまぜておけば、多少持ちがよくなります。

Roasted Garlic
ローストガーリック

まだ芽が出ていない、しっかりした新鮮なガーリックを使います。ガーリックはバラバラに分けず、紙のような薄皮だけをむきます。使う量のガーリックがちょうど収まる大きさの陶器皿か、厚手のオーブン皿に、根を下にして重ならないように並べます。チキンブロスか水を6mmくらいの高さまで注ぎ、ガーリック全体にオリーブオイルを回しかけてから塩を振ります。タイムかセイボリー数本と黒こしょうの粒を加えれば、より風味が増します。しっかりふたをして、190℃に予熱したオーブンに入れ、20分ほど経ったら焼き具合をチェックします。焼き上がったガーリックはとろっとやわらかになりますが、まだ固ければ、さらに少し焼きましょう。柔らかくなったらふたを取り、オリーブオイルを少しかけて、ふたをせずにさらに約7分焼きます。できあがったら、トーストしたパンと一緒に、熱々をサーブしましょう。好みでゴートチーズとオリーブを添え、中がピュレ状になった身をパンの上に押し出し、ローストした残り汁につけていただきます。

Garlic Purée
ガーリックのピュレ
825cc

マッシュポテトやスフレ生地にガーリックのピュレをまぜれば、風味がより豊かになります。また、バターに塩少々と一緒に練り込めば、グレーヴィーソースができます。

 ガーリック　2玉

鱗茎をバラバラにして、薄皮をむきます。もし芽が出はじめていたら、半分に切って、緑色の胚芽を取り除きます。厚手の小鍋にガーリックを入れ、

 チキンブロスまたは水　180cc
 バターまたはオリーブオイル　大さじ1 1/2
 タイムまたはセイボリー　2〜3本
 塩　ひとつまみ

を入れます。

沸騰したら弱火にし、ふたをしてガーリックがやわらかくなるまで約10〜15分火を入れます。ときどき煮え具合を確認し、必要に応じてスープか水を足しましょう。ガーリックが煮えたら鍋から取り出し、煮汁はとっておきます。取り出したガーリックはマッシャーでつぶすか、フードミルで漉し、煮汁で固さを調整してピュレにします。残った煮汁には旨みが詰まっているので、捨てずに他の料理に使いましょう。

バリエーション
◆ 丸ごとのガーリックの皮をむかずにつくることもできます。その場合は、煮る時間が少し長くなり、フードミルでピュレにすると、皮はミルの中に残ります。

◆ スライスしたグリーンガーリック250ccで作りましょう。ブロスまたは水を125ccに減らして、やわらかくなるまで約5分煮ます。

◆ Leafy Greens and Chicories
葉もの類とチコリ
旬：晩春から冬

葉もの類には、チャード、ケール、ブロッコリー・ラブ（菜の花）、カラード、ほうれんそうなどがありますが、ビーツやかぶの葉も葉もの類と言えるでしょう。それぞれにさらにいろんな種類があり、チャード（＊）なら、レインボーチャードにスイスチャード、ケールにはロシアンケールとラシニアト・ケール、ほうれんそうは、ブルームズデール・スピナッチなどがあります。買うときは生き生きとして、ハリがあり、新鮮なものを選びましょう。あらかじめ洗って袋詰めされたものは避けましょう。そのような便利さは時間の節約になるかもしれませんが、新鮮で素晴らしい地元産の野菜の風味は失せています。

チャード以外は、葉もの類の茎は食べないので捨てましょう。茎を持って葉の根元から葉先に向けて葉を引っ張るか、よく切れるペティナイフで切り取ります。チャードの芯はおいしいのですが、火が通りにくいので、葉と別にして長めに調理しましょう。どの葉もの類もたっぷりの水で洗い、よく水を切っておきましょう。

チコリには、ラディッキオ、エスカロール、ベルジャン・エンダイブ、フリゼなどの種類があり、どれもほどよい苦みがあります。色も緑だけでなく、ラディッキオには赤いものが多く、ベルジャン・エンダイブはクリーム色や薄い黄緑色で、エスカロールやカーリー・エンダイブのような葉が広がったものも、芯はほとんど白色です。どの種類のチコリも、サラダにしておいしいものですが、しっかりした葉の品種なら、ブレゼやグリルにもできます。葉が新鮮で色鮮やかなものを選びましょう。ラディッキオやエンダイブは、しっかりと葉が巻いているものを選びましょう。

チコリをサラダにするには、色が濃くて固くて苦い、外側の葉を外します。葉をはずしてよく洗い、水をしっかり切ります。ベルジャン・エンダイブは色が変わりやすいので、使う直前に水を切りましょう。ラディッキオなどのカールした葉のチコリをブレゼやグリルにするときは、半分に切るか、くさび型に切ります。

Wilted Chard with Onion
玉ねぎが入ったチャードの炒め煮
4人分

よく洗って、水気を切った

 チャード　大1束

は、芯の部分と葉を切り分け、茎は薄切りに、葉は幅広のリボン状に切りましょう。

厚手のフライパンを火にかけ、

 オリーブオイル　大さじ2

を熱し、

 玉ねぎ　1個分（さいの目切りにする）

を入れて炒めます。中火でかきまぜながら、やわらかくなるまで約5分炒め、チャード（＊）の茎を加えてさらに約3分炒めたら、最後にチャードの葉を入れて、

 塩

を振ります。ときどきまぜながら、葉がしんなりするまで炒めます。水気がなくなって、玉ねぎがフライパンにくっつくときは、水を少量足しましょう。

バリエーション
◆ オリーブオイルを大さじ1に変え、玉ねぎを加える前にベーコン2枚を2.5cm幅に切って入れます。

＊チャード：国産の小松菜、からし菜、かぶの葉に代えて使えます。

ベーコンに軽く焦げ目がつくまで炒めたら、取り出します。玉ねぎを炒めて、チャードの葉と一緒にベーコンを鍋に戻します。
- 赤唐辛子少量を加えてピリッとさせましょう。

Chard Gratin
チャードのグラタン
4人分

 チャード（*）　1束半

をよく洗い、葉を茎と切り分け、茎の半分をスライスします。塩を入れた水2ℓを沸騰させ、スライスした茎を約2分ゆでてから、チャードの葉を入れて、やわらかくなるまで約3分ゆで、水を切って冷まします。葉と茎を手で丸めて水を絞り、粗めに刻みます。

 生パン粉（79ページ）　250cc
 バター　小さじ2（溶かす）

を天パンに広げ、180℃のオーブンでときどきまぜながら、軽く色づくまで約10分焼きます。
底の厚い鍋を中火にかけ、

 バターを大さじ1 1/2

を溶かし、

 玉ねぎ　1個（さいの目切りにする）

を入れ、透きとおるまで中火で約5分炒めます。次に火を通したチャードを鍋に入れ、

 塩

をして、さらに3分炒めます。

 強力粉　小さじ2

を振り入れ、

 牛乳　125cc
 挽きたてのナツメグ　少々

を加え、かきまぜながら約5分煮込みます。

ソースが濃すぎるときは、牛乳を少量足しますが、チャードがしっとりとソースにからむ程度にして、足しすぎないようにしましょう。
ここで味見をし、必要に応じて塩を足します。
耐熱皿にバターを塗り、チャードのクリーム煮を入れて、

 バター　小さじ2

を小さく切って散らします。
パン粉を全体にふりかけ、180℃のオーブンで、表面が黄金色になるまで、約20〜30分焼き上げます。

バリエーション
- チャードの代わりにほうれんそう675gを使います。鍋に少量のバターと水を入れ、ほうれんそうがしんなりするまでゆでましょう。冷ましたら、余分な水分は絞ります。

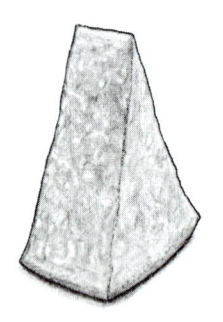

Chard with Parmesan
チャードとパルメザンチーズ

さっとゆでただけのチャードがパルメザンチーズとバター少量だけで、こんなにおいしくできるとは、正直思っていませんでした。ぜひ試して味わってみてください。
チャード1束の茎を取り除き、葉をよく洗ってから、塩を入れたたっぷりの湯で、しんなりするまで約4分ゆでます。水を切り、冷ましてから、軽く絞って粗めに刻みます。底の厚い鍋を中火にかけ、チャード1束につきバター大さじ3の割合で入れて、

---

*チャード：国内産の小松菜、からし菜、かぶの葉に代えて使えます。

溶かします。そこに切ったチャードを入れて塩をし、火が通るまで、かきまぜながら炒めましょう。おろしたてのパルメザンチーズの粉末をたっぷりふりかけたら、火からおろして、すぐに食卓へ出します。

Broccoli Rabe with Garlic and Hot Pepper
ガーリックと赤唐辛子風味のブロッコリー・ラブ

4〜6人分

ブロッコリー・ラブ（＊）は、私の大好きな野菜のひとつです。ほろ苦さと香ばしさとほのかな甘み、そしていかにも葉ものという独特の風味があります。茎はみずみずしく、歯ごたえがしっかりしているので、ガーリックや赤唐辛子、ビネガーやアンチョビなどの強い風味ともよく合います。

　　ブロッコリー・ラブ　2束　550g

は、茎の堅い部分を切り落とし、残りは12mmの長さに切りそろえます。葉は2.5cm幅のリボン状に切りましょう。冷水でしっかり洗い、水を軽く切ります。
底の広いソテーパンを中火にかけ、

　　オリーブオイル　大さじ3

を熱し、

　　乾燥したカイエンペッパー　1個（粗くスライスする）または、赤唐辛子　少々
　　ガーリック　3かけ（粗く刻む）

を入れて、ざっくりとかきまぜたら、ブロッコリー・ラブ全量を入れて、

　　塩

を振ります。一度に鍋に入らないときは、最初に入れたブロッコリー・ラブがしんなりしてきてから残りを加えましょう。洗ったときの水で水分は十分なはずですが、鍋底が焦げつくようなら水を足します。ブロッコリー・ラブの固さは、ものによって違うので、やわらかくなるまでの時間も4〜12分と幅があります。固さと塩加減をみながら炒め煮してください。最後に、

　　エキストラバージン・オリーブオイル　大さじ1

を回しかけて、サーブします。

Braised Belgian Endive
ベルジャンエンダイブのブレゼ

4人分

私は、エンダイブのこのレシピをとても気に入っています。汁気たっぷりのエンダイブが、文字どおり口の中でとろけます。ローストした肉ならなんでも、また、煮魚、焼き魚にも添えてみてください。

　　ベルジャン・エンダイブ　4個

根元を削り落とし、外側の変色した葉を取ります。縦半分に切って、

　　塩

をしたら、底の厚いフライパンに、

　　バター　大さじ2

を溶かして、切り口を下にしたエンダイブを並べます。中火で切り口がほどよくきつね色になるまで炒めましょう。何回かに分けて炒める場合は、その都度バターを足します。フライパンは次第に茶色くなってきますが、焦がさないように注意しましょう。焦げたときは、一度フライパンを洗います。
炒めたエンダイブは、適度な大きさの耐熱皿に焼き

＊ブロッコリー・ラブ：国内産の菜の花に代えても使えます。

目を上にして並べ、

  チキンブロス　250cc

を注ぎます。スープは1cmほどの深さが目安です。しっかり覆いをして、205℃のオーブンでやわらかくなるまで約20分焼きます。ときどきエンダイブの芯に包丁を入れて、火の通りを確かめましょう。

バリエーション
◆ 半分に切ったエンダイブをパンチェッタまたはベーコンで巻いて、ソテーします。このときは両面を焼きます。バターが足りなければ足し、同じ要領で蒸し焼きにします。

◆ 半分に切ったエンダイブをそのまま耐熱皿に並べ、生クリーム180ccを入れ、塩・こしょうをして、エンダイブがやわらかく、焦げ目がついて、表面が泡立つまで焼きます。

Grilled Radicchio with Garlic Vinaigrette
グリルしたラディッキオの
ガーリック・ヴィネグレット和え

これはラディッキオのいちばんおいしい食べ方だと思います。グリルした肉に添えたり、リゾットやパスタに入れても、よく合います。

ラディッキオを洗い、葉をはずします。ロメインレタス型の細長いロッサ・ディ・トレヴィソは、縦に半分または4分の1に切ります。キャベツのように丸いロッサ・ディ・ヴェロナは、6切れから8切れのくし形に切るといいでしょう。ボウルに入れて、オリーブオイルをたらし、塩と挽きたての黒こしょうを振って、全体がなじむようにそっとまぜます。中火におこした炭火で、ラディッキオをグリルします。しんなりやわらかくなるまで約10分ほど焼きますが、調理時間はラディキオの種類や大きさ、また火の強さによっても変わります。外側がカリッとうまく焼けると、とてもおいしくなります。できあがったら、赤ワインビネガーとバルサミコとガーリックを効かせたヴィネグレットをかけて、温かいまま、または室温でサーブします。

バリエーション
◆ 炭火で焼く代わりに、蒸すか、オーブンで焼くか、あるいはフライパンでソテーしてもおいしくできます。

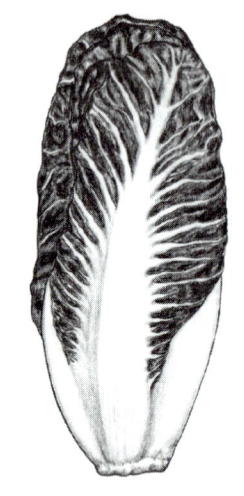

Creamed Spinach
ほうれんそうのクリーム煮
4人分

  ほうれんそう　450g

は茎を取り、洗って、水を切ります。
底の厚い鍋を中火にかけ、

  バター　大さじ2

を溶かし、

  玉ねぎ　中1個（細かいさいの目切りにする）

を入れて、やわらかく、透明になるまで7分ほど炒めます。次にほうれんそうを入れ、しんなりする程

度に火を通します。もし、水気が多ければ、鍋の片側にほうれんそうを寄せて、へらで絞って余分な水気を捨てましょう。

塩

生クリームまたはクレームフレーシュ　80cc

を加えて一度沸騰させ、ほうれんそうにクリームがからむ程度に煮つめます。味をみて、必要なら塩を足し、仕上げに

挽き立ての黒または白こしょう

を振ります。

バリエーション

◆ ガーリック2かけをみじん切りにして、塩、クリームと一緒に入れます。

◆ 仕上げに、レモンの絞り汁またはワインビネガーを振りかけます。

◆ 挽きたてのナツメグを小さじ8分の1ほど、塩とクリームと一緒に入れます。

◆ クリームの代わりにホワイトソース（ベシャメルソース／255ページ）を125cc加え、弱火で5分ほど煮詰めます。

◆ Mushrooms
きのこ
旬：一年中

食べられる野生のきのこは、いろいろなところに生えています。その風味には野趣があり、土臭く複雑で、食感はしっかりと肉厚で嚙みごたえがあり、きのこ狩りは時間のかけがいがあります。シャンテレル、モレル、ボレタス、オイスター・マッシュルームなどが一般的で見分けやすいきのこですが、採った野生のきのこがどんな種類かはっきりしないときは、多分大丈夫、などという気持ちで絶対に食べないことです。地域のきのこ愛好会や、大学の菌類学者など、専門家にその地域のきのこの種類や生え方、見分け方について、教えてもらいましょう。

野生のきのこがたくさん生えているところでは、きのこ狩りを生業にしている人たちが採って、ファーマーズ・マーケットなどで売っています。新鮮で、生き生きしたきのこを選びましょう。カビが生えていたり、古くなってイヤな臭いがしないものを選びます。紙袋に入れて冷蔵保存もできますが、なるべく早く使うようにしましょう。掃除は注意深く、それほど泥や砂がついていなければ、ペティナイフで変色した部分を切り取り、落ちない汚れは濡れたふきんで拭います。軸の端と傷んだ部分は切り落としましょう。汚れのひどいときは冷水で洗いますが、きのこは水を吸いやすいので素早く洗って、よく水を切ります。

栽培もののいわゆるマッシュルームには、白いものや茶色いクレミニがあり、今はオーガニックのものも売られています。笠が広がっていない、小ぶりのものを選びましょう。軸の端を切り落とし、笠をきれいに拭います。マッシュルームは、水で洗う必要はありません。

Sautéed Mushrooms
マッシュルームのソテー

フライパンを強火で熱し、オリーブオイルを底全体に行き渡らせたら、手早くマッシュルームを入れて塩を振ります。マッシュルームから水分が出てきたら、煮汁は取っておいて別の料理で使います。普通のマッシュルームは比較的水分が少ないので、弱火で調理します。このときはオイルを少量足してもいいでしょう。マッシュルームに軽く焦げ目がつき、

やわらかい弾力出るまで炒めます。何種類かのきのこをソテーするときは、1種類ずつ炒めて、後で一緒に合わせましょう。仕上げに生クリームかクレームフレーシュ（*）を少量加え、煮立ったらできあがりです。また、みじん切りにしたタイムとガーリックを入れ、グレモラータ（261ページ）を散らして、少しソテーします。クルトンにのせてオードブルとして、グリルした肉の付け合わせに、オムレツの具に、またパスタソースとしても使えます。

◆ Onions
玉ねぎ
旬：1年中

玉ねぎは、さまざまな料理に甘さと深みを与える基本食材です。スープ、ソース、シチュー、野菜料理などには欠かせません。季節ごとにさまざまな種類の玉ねぎが出回ります。最も一般的なものは茶色の紙のような乾いた皮のイエローオニオンで、保存が効き、一年中手に入ります。新玉ねぎは葉が付いたままで、まだ若く、玉は白く、春に収穫されて市場に並びます。新玉ねぎはやわらかくてマイルドな味です。ワラワラ、マウイ、ヴィダリアなどのスイートオニオンの仲間は、夏のはじめに収穫が始まる淡い黄色で皮は薄く大玉の玉ねぎですが、あまり保存がききません。夏の盛りは玉ねぎの旬です。その時期、市場にはスキャリオン（*）や他の収穫されたばかりの玉ねぎが所狭しと並んでいます。スキャリオンは新玉ねぎのように上部が緑色ですが、根に玉がありません。新玉ねぎもスキャリオンも色鮮やかでつやがあり、葉はみずみずしく、根は白く新鮮で、しおれていないものを選びましょう。普通の玉ねぎなら、薄皮がきれいに乾いて玉がしっかりしているものを選びましょう。

新玉ねぎの下ごしらえは、緑色の葉と根を切り落とし、外側の乾いたり傷んでいる部分を取り除きます。普通の玉ねぎは上部と根の部分を浅い円錐形にくり抜きます。オニオンリングにするときのように横に輪切りにする以外は、まず縦半分に切り、茶色の薄皮をむきます（半分に切ってからのほうが、むきやすいのです）。小さい玉ねぎはむく直前にお湯に1〜2分浸けて、皮を湿らせるとむきやすくなります。

玉ねぎは、使う寸前にナイフを入れましょう。酸化が早いので、切った瞬間から風味が失われていきます。よく切れるナイフで、玉ねぎの繊維をつぶさないように切ります。サラダに入れるときは、氷水にさらせば風味を保つことができます（またこれで、玉ねぎの辛味と生臭さを抜くことができます）。

玉ねぎの甘さとアンチョビの塩辛さの組み合わせはひときわすばらしく、とくに玉ねぎのタルト（198ページ）で、その持ち味を楽しむことができます。

Baked Sliced Onions
ベイクドオニオン

玉がしっかりとした、みずみずしい玉ねぎを選び、横方向に6mm幅でスライスします。1人あたり2〜3枚のスライスを用意して、天パンにオリーブオイルを塗り、重ならないように並べます。塩をして裏返したら、表側にオイルを塗り、再び塩を振りましょう。190℃に熱したオーブンで、玉ねぎがやわらかく、下側が茶色になるまで約30分焼きます。そのまま、あるいはヴィネグレットをスプーン1〜2杯かけて、マリネしてからサーブしましょう。温かいまま、また室温にして、サラダや前菜にします。

---

*クレームフレーシュ：国産のサワークリームに代えても使えます。
*スキャリオン：細いねぎのような、玉ねぎの品種。国産のわけぎに代えても使えます。

Grilled Onions
グリルドオニオン

屋外用のバーベキューグリルに炭火をおこし、網をのせて熱しておきます。玉ねぎ数個の皮をむき、横6㎜～12㎜程度の厚切りにして、グリルしやすいように金串に刺します。コツは、玉ねぎの厚切りをテーブルに置いて、串をテーブル面と平行に、ゆっくり刺していくことです。まるで大きなロリポップキャンディのように見えますが、串1本でスライス2～3枚は刺せはずです。

玉ねぎにオリーブオイルを塗り、塩を振ります。グリルの網をオイルをしみ込ませたふきんまたはペーパータオルで拭き、玉ねぎをグリルに並べ、片側約4分ずつ焼きます。火の通りが足りないときは、焦げないようにひっくり返しながら、やわらかくなるまで焼きます。温かいまま、または室温で食卓に出しましょう。そのままでも、また、シンプルなヴィネグレットやソースをかけてもいいでしょう。肉や魚をグリルしたあとの炭火は、オニオンスライスやパンを焼くのに丁度いい火加減です。グリルド・オニオンは、グリルした肉、とくにハンバーガーにとてもよく合います。

◆ Parsnips
パースニップ
旬：秋遅くと冬

パースニップは象牙色のにんじんに似た野菜です。実際にんじんに近い品種ですが、生食には向きません。というより、生では食べられない野菜です。しかし、火を通せば、パースニップはナッツのような独特の風味で甘みもあり、単品かほかの野菜と一緒にローストしたり、ゆでてマッシュにすれば、とてもおいしくいただけます。またブロスやスープに入れて、味に深みと複雑さを加えることができます。マーケットではしっかりした、表面が艶やかな中サイズのものを選びましょう。小さいものは皮をむくと分止まりが悪く、大きいものは芯が木のように固く、取り除かなければなりません。にんじん同様、皮をむいて両端を切り落として使います。

Parsnip or Root Vegetable Purée
パースニップや根菜のピュレ

このピュレのレシピでは、さまざまな根菜が使えます。パースニップだけでも愛らしいクリーム色の甘味のあるピュレができます。火の通りが早いかぶは、水気のたっぷりのピュレに、にんじん、セロリルート、ルタバガ、コールラビなどもピュレに向いています。これらの根菜でピュレをつくるには、皮をむき、大きなさいの目切りにして、塩を効かせた熱湯でやわらかくなるまでゆで、フードミルにかけて、バター、クリーム、オリーブオイルなどでコクを出します。セロリルートやかぶは小さく切り、バターかオリーブオイルで炒め、水を加えずにそのままふたをして弱火で煮ます。ときどきかきまぜ、焦げつくようなら、火をさらに弱めましょう。

ピュレは数種の根菜を組み合わせてつくれば、よりおいしくなります。セロリルート、にんじん、ルタバガ、また、かぶとコールラビを組み合わせれば、さらに美味です。じゃがいもはピュレにして、セロリルートかパースニップのピュレとまぜるといいでしょう。いくつかの根菜を組み合わせるときは、それぞれの野菜の煮える時間が違うので、別々にゆでた後で、一緒にピュレにします。

◆ Peas
グリーンピース（えんどう豆）
旬：春と夏のはじめ

グリーンピース、スナップえんどう、そして、さやえんどうの3種が最もよく出回っているものです。グリーンピースはさやから出して、中の豆だけを食べます。スナップえんどうと、さやえんどうはさやごと食べられ、また、やわらかい芽やつるもおいしいものです。まだ若くて、やわらかいうちに収穫したものは、旬の豆の糖分がまだでんぷんに変わっていないので甘味があるのです。グリーンピースの旬は、まだ寒さが残る春です。スナップえんどうとさやえんどうは多少の暑さには強く、夏の初めまで収穫できます。

色鮮やかでしっかりした、さやにつやがあるものを選びましょう。新鮮なものは、さや同士がこすれたときにキュッキュッと音がします。豆自体は大きいものより小さいほうが味がよく、さやえんどうなどは、豆が小さいうちが食べごろです。育ちすぎると筋っぽくなるので、大きければグリーンピースのようにさやから取り出して食べます。

スナップえんどうやさやえんどうの下ごしらえは、さやの両端を折り、反対側に引っ張って筋を取ります。豆の芽（豆苗）は、黄色くなった葉を取り除いて洗い、水を切ってからソテーするか、蒸しましょう。

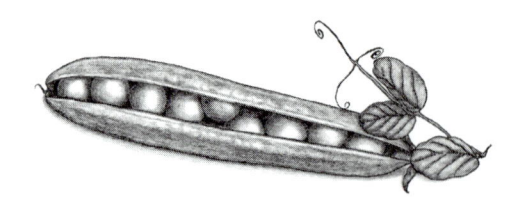

Green Pea and Asparagus Ragout
グリーンピースとアスパラガスのラグー
4人分

  グリーンピース　350g

は、さやから豆を取り出します。

  アスパラガス　350g

は切り口側を折り、3〜6mm厚さで斜めにスライスします。穂先は4cmに切りそろえましょう。太いものは縦半分に切ります。

底の厚い鍋を中火にかけ、

  バター　大さじ2

を溶かし、

  スプリングオニオン（＊）　3本

をスライスして入れます。やわらかくなるまで4〜5分炒め、アスパラガスの薄切りとグリーンピース、さらに

  水　125cc
  塩

を加え、野菜がやわらかくなるまで、約4〜5分間煮ます。仕上げに

  バター　大さじ1
  パセリまたはチャービル　大さじ1（みじん切りにする）

を加えます。味見をして塩加減を調えましょう。

バリエーション
◆ グリーンピースの代わりに空豆を使います。両方使ってもいいでしょう。
◆ グリーンピースの代わりにスライスしたスナップえんどうを使います。
◆ グリーンガーリックを1〜2本スライスして、アスパラガスとグリーンピースに加えます。

＊スプリングオニオン：国内産の細ねぎに代えても使えます。

Buttered Peas
バター風味のグリーンピース

とても簡単な料理ですが、もしかすると最もおいしいグリーンピースの食べ方は、「さやから出して、鍋に1cmほど湯を沸かし、塩を入れてゆでる」ことかもしれません。ゆであがるまで意外に時間がかかるので、（4分くらいでしょうか）ときどき味見をしましょう。好みのゆで加減になったら、お湯を捨てて、塊のバターを加え、塩を振ってまぜ、すぐに食卓に出します。チャービルのみじん切りとはとても相性がいいので、もしあれば加えましょう。またプロシュートやハムをジュリエンヌ（細切り）にして、バターと一緒に入れれば、エッグヌードル（生でも乾燥したものでも）にぴったりのおいしいパスタソースになります。

もうひとつ、これはフランス人にはなじみの調理法ですが、前のやり方と同量の湯を沸かして塩を入れ、サラダ菜の葉数枚を、グリーンピースと一緒にゆでます。グリーンピースがやわらかくなったら、バターを鍋に入れて、サラダ菜とグリーンピースに絡ませてソースに仕立てます。バターの代わりにオリーブオイルを使ってもいいでしょう。

スナップえんどうでも同じように調理できます。その場合は、丸ごとでもよく、縦か斜め半分に切って入れれば、ソースによくなじみます。

◆ Peppers
パプリカ、ピーマン、唐辛子
旬：真夏から秋にかけて

ペッパーの種類はじつに幅広く、パプリカから唐辛子まで、みな同じ仲間です。ふつうのパプリカは唐辛子より大きく、肉厚で水気があります。ペッパー類はみな、色は緑色から、成熟するにつれて紫から赤へと変わっていき、途中、黄色とオレンジのグラデーションになります。

最も一般的なペッパーのひとつにパプリカがありますが、ほかにも薄黄色で小ぶりのハンガリアン・ワックス・ペッパー、同じように小ぶりで派手なオレンジ色をしたリップスティック・ペッパー、大ぶりでも身が薄いジプシー・ペッパー、赤く小さいチェリー・ペッパー、長くて先がとがったコルノ・ディ・トロ・ペッパー、肉厚のピメント・ペッパーなどさまざまです。

いずれも甘みがありますが、風味はそれぞれ異なり、南フランスやイタリア、スペインなどの地中海料理にとりわけよく合います。まだ若い緑色のものは風味が十分ではなく、硬くて消化も悪いので使いません。ペッパーは、生でも火を通してもおいしくいただける野菜です。唐辛子には、さらにたくさんの種類があり、それぞれ風味も辛さもサイズも色もまちまちです。唐辛子は熟していない緑色のものも、成熟したものも、干したものも食べられます。つやがあって色鮮やかで新鮮なペッパーや唐辛子を選びましょう。茶色のしみがあったり、表皮がふやけたものは避けましょう。ペッパーと唐辛子は大きさに関係なく料理できます。丸ごとローストして、表皮と芯、種、筋、そして内側の固い筋も取り除きましょう（唐辛子は筋と種が最も辛い部分です）。また、切ってからヘタを取り、中の筋を取って種を出します。乾燥唐辛子を使うときは半分に切って、中の種や筋を取り除き、熱したオーブンかフライパンで短時間ローストしてから水で戻して、ソースに加えたり、そのままシチューなどに入れましょう。

Sautéed Peppers with Capers
ケイパーとパプリカのソテー
4人分

ソテーしたペッパーは、ピザやパスタ、オムレツ、クルトンの上にのせても楽しめます。好みで、唐辛子と甘いパプリカをまぜて使いましょう。

   パプリカ　3個　（色や種類の違うものをまぜる）

を半分に切り、茎、種、筋などを取り除いて薄切りにします。

   玉ねぎ　1個

は皮をむいて、薄切りにします。
底の厚い鍋を火にかけ、

   オリーブオイル　大さじ3

を熱して、玉ねぎを入れ、ときどきかきまぜながら中火で約4分炒めます。そこにパプリカを加え、

   塩

をして、さらに4～6分炒めてパプリカがやわらかくなってきたら

   ガーリック　2～3かけ（細かく刻む）
   塩漬けのケイパー　大さじ1（水で塩抜きしてしぼり、細かく刻む）

を加え、さらに数分炒めます。味見をして、塩加減を調えたら、仕上げに、

   パセリかバジル（または両方）　大さじ1（みじん切りにする）

を加え、

   エキストラバージン・オリーブオイル

を上から回しかけて、できあがりです。

◆ Potatoes
じゃがいも
旬：春と秋

じゃがいもにはオーブンで焼くのに向くもの、ゆでるのに向くもの、また新じゃが、フィンガーリングポテトなどさまざまな種類があり、表皮の色も、黄色、紫、赤などがあります。赤い皮のじゃがいもは、別名、ボイリングポテトと呼ばれるように固く詰まった色白の肉質で、ゆでても煮崩れしません。反面、焼いてもあまりおいしくなく、マッシュポテトにすると糊のように粘り気が出てしまいます。焼くのに向いたじゃがいもは、皮が薄茶色のものが多く、ベークドポテトやフレンチフライにすると、ホクホクしてとてもおいしくなります。ケネベック種とルーセット種が一般的です。

おいしいのは、イエローフィン、ジャーマンバターボール、ユーコンゴールドなどの身が黄色いじゃがいもで、用途も広く、ベークド用とボイル用の中間というところです。でんぷん質を比較的多く含むため、煮崩れしにくく、かといってマッシュポテトにできないほどでもありません。身が白いじゃがいもに比べると、風味も豊かです。

新じゃがは、じゃがいもがまだ畑で青々と茂っているうちに掘りだしたもので、これはちょっとしたご馳走です。またフィンガーリングポテトはその名のとおり、細長い指のような形をしています。ロシアンバナナやジャーマン、ルビークレセントなどもおいしい種類です。

じゃがいもは身がしっかりして、黒い斑点などがないものを選びましょう。表皮が緑に変色したものは、陽に当たってソラニンという毒素がある証拠ですから買わないこと。緑の皮をむくこともできますが、できれば避けましょう。

じゃがいもは紙袋のまま、戸棚の奥の日が当たらないところで貯蔵しましょう。新じゃがとフィンガーリングは皮をむく必要はなく、よく洗って使います。ほかのじゃがいもは基本的には皮をむきますが、レシピによって、または好みによってはその限りではありません。ただし、皮をむいたら酸化して茶色に変色しないよう、水に浸けておきましょう。

Potato Gratin
ポテトグラタン
4人分

私は、ポテトグラタンをつくるとき、じゃがいもをとても薄くスライスします（野菜スライサーを使うと便利です）。そうすれば、焼いたときにじゃがいもがくるりと丸まってソースから飛び出したり、端が焦げることもありません。ユーコンゴールドのようなねっとりした黄色い実のじゃがいもは、グラタンにしても形を保ちますが、ホクホクするルーセットなどの品種は、身が崩れてしまいます。

22×30cmのグラタン皿に、

  バター

を塗っておきます。

  イエローポテト　大4個（約675g）

の皮をむき、1.5mm幅に薄くスライスして、グラタン皿に屋根がわらのように端が重なるよう、層状に置いていきます。層を重ねるごとに

  塩・挽きたての黒こしょう

を振り、2、3層重ねたら、その上から、

  牛乳　250cc

を注ぎ込みます。じゃがいものいちばん上の層のところまで、牛乳を注ぎましょう。さらに、

  バター　大さじ3

を細かく刻んで、ところどころに散らします。180℃のオーブンで、表面に焦げ色がついて汁がグツグツ煮立つまで、約1時間焼きます。30分ほど経ったら、グラタン皿をオーブンから取り出し、金属製のフライ返しでポテトを上から押さえ、汁気をあげて上の方が乾かないようにしましょう。オーブンに戻して焼け具合を見ながら、ポテトがやわらかく、表面が黄金色に焼き上がったら、できあがりです。

バリエーション
- 皮をむいてつぶしたガーリックを1かけ分を、バターを入れる前にグラタン皿にこすりつけます。
- バターの代わりに鴨の脂を使ってみましょう。
- 牛乳の代わりに生クリーム、またはハーフアンドハーフ（*）と生クリームのミックスを使います。そのとき、バターは省きます。
- ポテトの量を半分にし、代わりにセロリルート、パースニップ、かぶなどを薄切りにして使いましょう。
- タイム、パセリ、チャイブ、チャービルなどのハーブのみじん切りを、ポテトの層の間に入れます。
- マッシュルーム、酸葉、ほうれんそう、または西

---

*ハーフアンドハーフ：牛乳と生クリームを同量合わせてつくります。

洋ねぎをソテーして、ポテトの層の間に入れます。
◆ グリュイエールまたはパルメザンチーズをおろして層ごとに振り、焼き上げる最後の15分に、仕上げに多めに振りかけます。

Pan-Fried Potatoes
ポテトのフライパン焼き
4人分

  イエローポテト（イエローフィン、ユーコンゴールド、ルーセットポテトなど）　675g

は皮をむき、2cm角に切ります。できるだけ同じ大きさに切りそろえ、塩を入れて沸騰させた湯で、ポテトが煮崩れしない程度のやわらかさにゆでます。湯を切り、しばらく乾かして粗熱を取りましょう。底の厚いフライパン、できれば鋳鉄の鍋を火にかけ、

  オリーブオイル　125cc

を入れて熱します。オイルが熱くなったら、ポテトを並べ、ときどき返しながら、約15分、中火で焦げ色がつくまで焼きます。

  塩

を振って、すぐに食卓に供しましょう。

バリエーション
◆ オリーブオイルを半量にして、あとの半量は澄ましバターまたは鴨の脂を使います。
◆ じゃがいもを1cm角に切り、ゆでずに、フライパンでカリッとするまで焼きましょう。

Mashed Potatoes
マッシュポテト
4人分

  イエローフィンまたはルーセットポテトまたはその両方　675g

の皮をむき、中くらいの大きさに切ります。塩を入れた水を沸騰させ、じゃがいもをやわらかくなるまで、約15〜20分ゆでます。ゆで具合は、半分に切って確かめましょう。中心がやわらかく、少し乾いた感じがあればゆであがった証拠です。水をよく切り、水切りかごに数分おいてから水気を取ります。その間に、じゃがいもをゆでた鍋を火にかけ、

  牛乳（成分無調整のもの）、またはじゃがいものゆで汁　125cc

を温めます。
水を切ったじゃがいもを鍋にもどし、

  バター　大さじ4

を細かく刻んで加えます。
鍋を弱火にかけ、ポテトマッシャーまたは木のへらなどでじゃがいもをつぶし、最後に

  塩

を振ります。マッシュが固すぎるようなら、牛乳を足してゆるめましょう。

バリエーション
◆ バターの代わりにエキストラバージン・オリーブオイルを使います。
◆ ローストしたガーリック（352ページ）を皮からしぼり出し、マッシュポテトにまぜましょう。
◆ 小口切りにして軽くソテーした細ねぎを、マッシュポテトにさっとまぜ合わせます。
◆ ほかの根菜類（にんじん、セロリルート、かぶ、パースニップなど）を別々にゆで、ポテトと一緒にマッシュします。

- よりなめらかなピュレ状のマッシュポテトにするには、マッシュするかわりにフードミルにかけましょう。
- 残って冷えたマッシュポテトは、翌朝、円盤状にしてフライパンで焼き、卵料理のつけあわせにできます。

◆ Sweet Potatoes and Yams
さつまいもとヤムイモ

旬：秋遅くから冬にかけて

さつまいもとヤムイモはほとんど同じように調理できます。さつまいもは薄黄色の乾いた肉質で、ナッツのような風味があります。ヤムイモはジュウェルとガーネットが最も一般的な種類です。両方とも、皮は赤から紫がかった色合いで、中身は鮮やかなオレンジ色。火を入れるとしっとりと甘くなります。しっかり中身が詰まった、傷のないものを選びましょう。収穫してからも甘みは増しますが、あまり長く貯蔵できず、意外に早く傷み始めます。よく洗って、丸ごと、または皮をむいてオーブンでローストしたり、蒸したり、またフライにしてもおいしくいただけます。

Sweet Potatoes with Lime
ライム風味のさつまいも

ときどきマーケットで見かける、ハワイ産の、中が紫色の小さなさつまいもを使えば、とてもおいしくできます。しっかりした傷のないものを選びましょう。皮をこすってよく洗い、190℃のオーブンでやわらかくなるまで約1時間焼きます。焼き上がったら縦半分に切って、バターをのせて塩を振り、ライムの果汁を絞ります。好みで粗く刻んだ香菜を散らしてもいいでしょう。

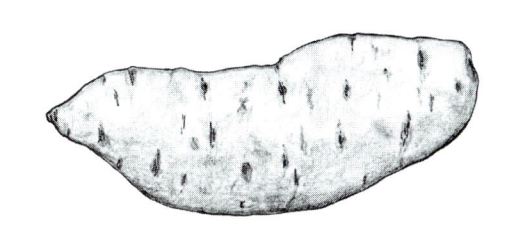

Moroccan Sweet Potato Salad
さつまいものモロッコ風サラダ

4人分

皮をむいた

 さつまいも　2個（約450g）

を大きめのさいの目切りにし、

 オリーブオイル

 塩

を振ってベーキング皿に並べ、190℃のオーブンでやわらかくなるまでローストします。焼けたらオーブンから取り出し、冷ましましょう。その間にマリネ液をつくります。

 サフラン　ひとつまみ

 おろししょうが　小さじ1/2

 クミンパウダー　ひとつまみ

 パプリカ　小さじ1

 塩

 レモンの絞り汁　大さじ2

 エキストラバージン・オリーブオイル　大さじ3

を泡立て器でまぜあわせます。

そこに

 香菜（葉と茎とも）　大さじ2（みじん切りにする）

 パセリ　大さじ1（みじん切りにする）

を加えて、さらにまぜます。

できあがったマリネ液をまだ温かいさつまいもにス

プーンでかけて、30分おきます。ときどきまぜて味見をし、塩加減を調えて、室温で食卓へ供します。

バリエーション
◆ 刻んだグリーンオリーブ大さじ1を入れます。
◆ レモン1/2個分のゼストをマリネ液に加えましょう。
◆ ちょっと目先を変えたマリネ液として、みじん切りにした玉ねぎ1/2個を、おろししょうが、サフランとともにオリーブオイルで焦げない程度にやわらかくなるまで約7分ソテーします。ソテーした玉ねぎはボウルに取り出し、ほかのマリネ材料を加え、あとは同じ手順でつくります。

◆ Tomatoes
トマト
旬：夏

熟してから収穫した、香り高く色鮮やかな夏のトマトは、他に比べようがないすばらしい食材です。ファーマーズ・マーケット（あるいは、家庭菜園）は、そういうトマトに出会える最高の場所です。スーパーマーケットで年中売られているもののほとんどは、おいしさよりも見た目が良くて、崩れないことを重視して栽培されたものですが、そういうトマトは世界中に出荷することはできても、本当においしい料理にはなりません。トマトには実にたくさんの種類があります。季節に先駆けてファーマーズ・マーケットに出回るのは、熟すのが早いミニトマトです。ミニトマトにもさまざまな色のものがありますが、私がおいしく感じるのは、金色と赤のミニトマトです。香りがいいプラムトマトはソースに向いています。そのほかにも、トマトを世界中に輸出する前の時代に、祖先が栽培していた「伝統種トマト」と呼ばれる品種もたくさん残っています。黄色いものや、金色、オレンジ、緑、紫、縞模様のもの、もちろん赤いのもあります。色と同じくサイズもいろいろです。

トマトはやわらかすぎず、かといって固すぎない、色が濃いものを選びましょう。収穫してからもトマトは熟しつづけるので、直射日光は避けましょう。また、トマトは冷やすと風味が落ちるので、冷蔵庫には入れないようにします。トマトを洗ったら、ヘタから芯の部分を円錐上に切り取ります。皮が厚いときは、湯むきします。皮をむくには、沸騰した湯にトマトを入れ、皮が緩んだ瞬間に取り出しますが、おおよその時間は15秒〜1分の間です（どのくらいが適当か、何度も試してみてください）。取り出したトマトをすぐ氷水に浸ければ、皮はするりとむけます。トマトの種を取るには、横半分に切って、そっと絞るようにして、指で種を穴からかきだします。ジュースは漉して、料理に使ったり、もちろんそのまま飲んでもいいでしょう。

Tomato Confit
トマトのコンフィ
4人分

このレシピのようにトマトをコンフィすると、旨みが凝縮され、まるで甘いソースのようになります。

オーブンを180℃に予熱します。

　　トマト　中4個

を湯むきし、ヘタをくりぬきます。
トマト全部がちょうど収まるほどの大きさの耐熱皿に、

　　バジル　数本

を散らし、へたを下にしてトマトを並べます。上から

 塩

を振り、さらに

 オリーブオイル　125cc

を入れます。オーブンで約50分、トマトがすっかりやわらかくなり、少し焦げ目がつけばできあがりです。皿から注意して取り出し、残ったオイルはヴィネグレットやほかのソースに使いましょう。

Baked Stuffed Tomatoes
ベークしたトマトの詰めもの

シーズン後半になって出回る、小振りで甘いトマト、とくにアーリーガール種は、詰め物やローストトマトにすればとてもおいしくなります。好みにより皮をむいて口当たりをよくしてもいいでしょう。詰めものは、つくりたての生パン粉に、刻んだガーリック、バジルのみじん切りをふんだんに入れてつくります。ピッコロフィノという、スパイシーで葉が小さい品種のバジルが特におすすめです。トマトの芯を抜き、横半分に切って種を取ったら、中に塩・こしょうをして、パン粉の詰め物を入れます。たっぷりと盛り上がるように詰めましょう。トマトがちょうど収まるサイズの浅い素焼きの皿に並べ、トマトの上からひとつひとつにオリーブオイルを垂らし、190℃のオーブンで30分ほど、パン粉においしそうな焦げ目がつくまで焼きます。

Ratatouille
ラタトゥイユ

6〜8人分

色どり豊かなラタトゥイユをつくるには、色違いのパプリカやサマースクウォッシュ（*）、トマトを使います。このレシピの分量を2倍にして、たくさんつくってみましょう。残ったラタトゥイユは、翌日には味がしみて、よりおいしくなります。

12mmのさいの目切りにした

 西洋なす（*）　中1本

に

 塩

をしてざるに入れ、20分くらいおいて、余分な水分を出します。

底の厚い鍋に、

 オリーブオイル　大さじ2

を入れて熱し、さいの目切りにしたなすをペーパータオルで拭いてから入れ、中火でかきまぜながら、色づく程度に炒めます。なすがオイルを吸って鍋底にくっつくようなら、オイルを足しましょう。鍋からなすを取り出し、同じ鍋に、

 オリーブオイル　大さじ2

を入れ、

 玉ねぎ　中2個（12mmのさいの目切りにする）

を加え、やわらかく透き通ってくるまで、約7分炒めます。そこに、

 ガーリック　4〜6かけ（みじん切りにする）

 バジル　1/2束（ブーケ状に紐で結ぶ）

 塩

 赤唐辛子片　ひとつまみ

を加えて、2〜3分炒めます。さらに、

 パプリカ　2個（12mmのさいの目切りにする）

を加えて、数分炒めてから、次に

---

*サマースクウォッシュ：国内で購入できるイエローズッキーニに代えて使えます。
*西洋なす：国内産の長なすに代えても使えます。

サマースクウォッシュ　3本（12mmのさいの目切りにする）

を入れて、数分炒めます。さらに、

よく熟したトマト　中3個（12mmのさいの目切りにする）

を入れ、10分ほど煮てからなすを鍋に戻して、さらに10〜15分、野菜がすべてやわらかくなるまで煮込みます。このときにバジルブーケを取り出して水気を絞り、香りを抽出してから、塩加減を調えます。

仕上げに、

バジルの葉　6枚（みじん切りにする）
エキストラバージン・オリーブオイル

を加えてできあがりです。温かいまま、または冷やしてからいただきます。

バリエーション

◆ トマト以外の野菜を別々に炒めてから、トマト、ハーブ、ガーリック、塩と一緒に煮込みます。火をよく通したら完成です。

◆ グリルした野菜でつくるラタトゥイユは、179ページを参照してください。

Winter Roasted Tomatoes
冬トマトのロースト

これは、冬にたっぷりトマトが食べたくなったときにつくる簡単な料理です。正確な分量はさほど重要ではありません。

底の広い浅めの耐熱皿の底全面にオリーブオイルを広げます。さらに底全体が隠れる量の玉ねぎの粗いみじん切りとガーリック2〜3かけ分の薄切りを入れ、マジョラムやパセリ、ローズマリー、バジルなどの新鮮なハーブを散らして塩を振ります。缶入りのオーガニック・ホールトマトの汁を切り（汁は飲んでもよく、ほかの用途にとっておいてもいいでしょう）、トマトを鍋全体に広げます。塩・こしょうをして、少量の砂糖をふりかけたら、オリーブオイルを回しかけ、覆いをせずに135℃のオーブンで4〜5時間焼きます。このトマトのローストは、粗切りにして温かいパスタやローストした肉や豆など、いろいろな料理のソースとして使え、オードブルにもカリっと焼いたパンにのせていただきます。

◆ Turnips and Rutabagas
かぶとルタバガ

旬：秋から春にかけて

かぶは、ルッコラやラディッシュの親戚で、少し刺激のある風味は共通していますが、かぶにはより甘みがあります。さまざまな色の品種があり、上部が紫色の種類と真っ白なトウキョウかぶが一般的です。葉もソテーしたり、蒸したりと、おいしく食べられます。実際、葉だけを食べるかぶの品種もあります。

かぶは通年手に入りますが、収穫したての新鮮なものはやわらかく、甘みがあります。早春と秋には、小さめのやわらかい緑の葉がついたかぶが出回ります。これは丸ごと煮て食べることができ、皮をむく必要もありません。かぶは育ちすぎると、皮が厚くなって風味もえぐくなります。また気温が高いと、実が固くなって苦味が出ます。皮がなめらかで、つやがあって輝いている身のしっかりしたもの、新鮮な葉がついているものを選びましょう。小さいサイズのかぶなら、葉付きで洗って調理できます。大きいものは葉を切り落としますが、2〜3cmの茎を彩りとして残してもいいでしょう。皮をむくかどうか

は、食べてみて判断します。大きいかぶは、皮を厚くむいてヘタも取り除きます。

ルタバガはかぶの別種で、かぶとキャベツの交配野菜です。スウィードという別名でも知られ、上部が紫色の、大きな黄色いかぶに似た野菜です。かぶよりやや澱粉質ですが、寒くなると甘味が強くなります。ルタバガは、大きいかぶと同じように料理します。

Buttered Turnips
かぶのバター煮

かぶは、水分を多く含んでいるので、水なしでも料理できます。このレシピは大きいかぶでも小さいかぶでもつくれます。必要なら皮をむき、適度な大きさに切りましょう。小さいかぶは丸ごとか半分に切って使います。厚手の鍋にかぶを入れ、塩は多めのひとつまみ、バターはたっぷり入れます。ふたをして、かぶがやわらかくなるまで中火で、ときどきまぜながら火を通します。もし鍋の底が焦げはじめたら火を弱めましょう。そのままサーブするか、またはマッシュして、さらにバターを加えてもいいでしょう。また、かぶをスライスして強火にかけて茶色に焦がせば、キャラメル状になって甘みが出て、よりおいしくなります。ただし、焦げすぎると苦味が出てしまいます。

Steamed Turnips and Turnip Greens
かぶとかぶの葉の蒸し物

葉つきの新鮮な小ぶりのかぶが手に入ったら、葉とかぶを一緒に料理しましょう。水でよく洗い、黄色くなったり傷んだ葉は取り除きます。葉はそのままにして根だけ切り落とし、大きめのかぶなら、2分の1か4分の1にカットします。厚手の鍋にかぶを入れ、塩をひとつまみ、そこに水を6mmの深さまで入れます。かぶがやわらかくなるまで、ふたをして中火で3〜6分煮ます。かぶを取り出したら、塩を振り、エキストラバージン・オリーブオイルをふりかけて、サーブしましょう。

大きいかぶも、葉と一緒に煮れば、よりおいしくなります。茎の部分を3cmほど残して切り落とし、皮をむいてくさび形に切ります。切り落とした茎から葉を取り、かぶを鍋に入れたらその上を葉で覆い、小さいかぶと同じように、少量の水で煮ます。

◆ Winter Squash
冬のかぼちゃ
旬：秋遅くから冬遅くまで

パンプキン、デリカータ、エイコーン、バターナッツ、スパゲッティ、（日本の）かぼちゃなど、冬に甘くなる肉厚のかぼちゃにはたくさんの種類があります。これらはみな、熟して、皮が硬くなってから食べるかぼちゃ類で、収穫したあとも甘みが増します。傷がない、身がしっかりした、ずっしりと重い

ものを選びましょう。かぼちゃは切らなければ冷蔵する必要はありません。安定した台の上に置き、重い包丁で注意しながら半分に切り、内側の種と繊維をすくい取ります。切り口を下にして、柔らかくなるまでローストしましょう。皮をむいて（野菜ピーラーを使えばうまくむけます）、適当な大きさに切れば、焼いたり、蒸したり、ソテーしたりと、さまざまな料理に使えます。またブロスと合わせておいしいかぼちゃのスープに、またはほかの野菜と一緒にスープやピュレにしてもいいでしょう。

Winter Squash Purée
冬かぼちゃのピュレ

甘みのあるかぼちゃのピュレは、ラビオリに詰めても、パンプキンパイを作ってもいいでしょう。好みのかぼちゃの種類を選び、半分に切って、内側の種などをすくい取ります。オイルを塗り、クッキングシートを敷いた天パンに、切り口を下にして並べます。180℃のオーブンでかぼちゃがすっかりやわらかくなるまで焼きましょう。焼く時間はかぼちゃの種類によって変わります。オーブンから出したら、粗熱を取って、皮から中身をすくい取り、フードミルでピュレにするか、スプーンかポテトマッシャーでつぶします。ピュレにオイルかバター、塩、好みで生クリーム少々で味をつけます。味に変化をつけるには、完熟した梨をさいの目切りに切って入れたり、セージの葉の揚げたものを添えましょう。

Roasted Butternut Squash
バターナッツ・スクウォッシュのロースト

小ぶりのバターナッツ・スクウォッシュ（*）1個

の皮をむき、半分に切って、種を取り、6㎜くらいのさいの目切りにします。浅い陶器製の耐熱皿にかぼちゃを並べ、エキストラバージン・オリーブオイルを回しかけて、セージの葉をちぎって散らし、全体をまぜあわせます。カボチャがやわらかくなり、軽く焼き色がつくまで、約1時間半、180℃のオーブンで焼きます。味に変化をつけるには、セージの葉の代わりに、ガーリック4かけのみじん切りとパセリのみじん切り60ccを加えて、まぜましょう。

◆ Zucchini and Other Summer Squash
ズッキーニなどのサマースクウォッシュ
旬：夏

よく目にするサマースクウォッシュ（*）と言えば、緑色のズッキーニのほかに、うすい黄緑色で円盤型のパティパン、アヒルの首のような形の黄色いクルックネックなどがあります。ほかにも、それぞれ風味や形が異なる変わった種類のものがファーマーズ・マーケットで売られていますが、私のお気に入りはコスタータ・ロマネスコという、表面に波形の凹凸があるサマースクウォッシュです。甘みがあり、煮崩れしません。サマースクウォッシュは小さめで、表皮につやのあるしっかりしたものを選びましょう。大きいものは水っぽくて種が多いこともあります。水で洗うか、濡れたふきんで拭いて、両端は切り捨てましょう。カットしたサマースクウォッ

---

*バターナッツスクウォッシュ：国産のかぼちゃに代えて使えます。
*サマースクウォッシュ：国内で購入できるイエローズッキーニに代えて使えます。

シュは、湿らせたふきんをかぶせておけば、冷蔵庫で数時間はもちます。また、サマースクウォッシュの花もおいしく食べられます。茎を切り落としたら、花の中に虫がいるかもしれないのでよく振って確かめます。刻んでソテーした花は、オムレツに入れたり、パスタソースやリゾットに加えてもいいでしょう。中にチーズなどの詰め物をしてから、ゆでたり、ベークしたり、衣をつけてフライにしてもおいしいものです。

Summer Squash Gratin
サマースクウォッシュのグラタン
4人分

オーブンを190℃に予熱します。

>サマースクウォッシュ　中4本（1種類または違う種類をまぜて）

を洗い、水を切って両端のヘタを切り落とし、薄くスライスします。野菜スライサーを使うと簡単にできます。

>バジルの葉　数枚

はシフォナード（線切り）にします。
中サイズの耐熱皿またはグラタン皿にサマースクウォッシュを並べ、3段重ねになるよう、量を配分します。1段ごとにバジルのシフォナードと、

>塩
>挽きたての黒こしょう

を振りかけ、そこに、

>生クリーム　125cc
>ハーフアンドハーフ（*）　125cc

を加えます。サマースクウォッシュがちょうど浸る程度が適量です。表面が泡立ち、焼き色がつくまで、約1時間焼きます。焼き色が均一につくよう、途中で2回ほど、フライ返しでサマースクウォッシュを押さえましょう。

バリエーション
◆ バジルと一緒にガーリックの薄切り2かけ分を散らします。

◆ サマースクウォッシュの間に、パルメザンなどの粉チーズを60ccほど散らします。

◆ バジルの代わりにサマーセイボリー、マジョラム、パセリなどのハーブを使いましょう。

◆ 乳製品なしでつくるには、オリーブオイルで玉ねぎ1個のスライスをやわらかくなるまで約10分ソテーし、ガーリック、塩、こしょう、バジルで味つけします。グラタン皿の一番下に、ソテーした玉ねぎを敷いてから、サマースクウォッシュを並べて、オリーブオイルを垂らします。クッキングシートをかぶせ、サマースクウォッシュが透き通ってくるまで焼いて、シートをとり、フライ返しで押さえながら、表面がきつね色になるまで焼きます。

Zucchini Ragout with Bacon and Tomato
ベーコンとトマトが入ったズッキーニのラグー
4人分

>ズッキーニ　小4本～6本　あればコスタータロマネスコ

を洗い、両端のヘタをとります。6mm幅にスライスし、

>塩

を振り、ざるにあげて水分を出します。
底の厚い鍋を火にかけ、

>オリーブオイル　大さじ2

---
*ハーフアンドハーフ：牛乳と生クリームを同量合わせてつくります。

を熱し、

  ベーコンまたはパンチェッタ　2枚

を細かく切って入れ、

  玉ねぎ　1個（さいの目切りにする）

を加えて、やわらかくなるまで約10分炒めます。その中に、

  トマト　350ｇ（湯むきし、種を出して、さいの目切りにする）

を入れ、トマトが煮崩れるまで、約7分煮込みます。そこにズッキーニのスライスを加え、かきまぜながら、ズッキーニがやわらかく、ソースが濃くなるまで煮つめます。ソースが勢いよく煮立ったり、焦げつかないように注意しましょう。仕上がる数分前に、

  挽きたての黒こしょう
  パセリのみじん切り　小さじ2
  バジルのみじん切り　小さじ2

を加えて味見をし、塩加減を調えます。そのまま温かいうちに、または室温に冷まして、前菜として、またはローストしたガーリックをすりつけたパンのトーストを添えていただきます。

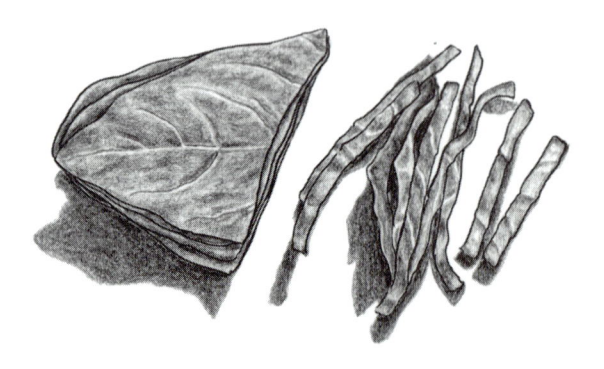

Sautéed Grated Zucchini with Marjoram
ジュリエンヌにしたズッキーニのソテー、マジョラム風味
4人分

  ズッキーニ　450ｇ

は、洗って拭き、両端のヘタを切り落とし、目の粗いおろし器の面を使って粗くおろします。または、野菜スライサーのジュリエンヌ（千切り）用の刃を使って千切りにしてもいいでしょう。ボウルに一定量のズッキーニを入れ、塩をして、約20分おきます（味見をして塩加減を確かめましょう。強めに塩をしますが、塩辛くなりすぎないよう注意しましょう）。ふるいかザルを使って、余分な水分をしっかり絞り出します。底の厚いソテーパンを中火にかけ、

  オリーブオイルまたはバター　大さじ2

を熱し、ズッキーニを入れてソテーします。鍋を振りながら、軽く焼き色がつくまで約7分ソテーし、最後に木のスプーンで、鍋の底にズッキーニを広げ、ズッキーニ全体が茶色になるように焼き色をつけて、火から下ろし、

  生のマジョラムの葉（または葉と花）　大さじ3（粗いみじん切りにする）
  ガーリック　1かけ（叩きつぶしてピュレにする）

をよくまぜ、熱いうちに、または室温に冷ましていただきます。

Fish and Shellfish

魚貝料理

魚を買う 375

魚をオーブンで焼く 375

天然のサーモンのハーブバター焼き 376

魚を蒸す 377

蒸したひらめのブールブラン添え 377

魚のパンフライ 378

パンフライした川すずきのレモンソース添え 378

グリルしたまぐろとパンにアイオリ 379

生いわしのマリネ 380

フィッシュタルタル 380

コートブイヨン 381

フィッシュストック 382

プロヴァンス風フィッシュスープ、ルイユ添え 382

ルイユ 384

ブリード 384

クラムチャウダーのバタークルトン添え 386

(CONTINUED)

かにとロブスターについて 386

クラブケーキ 388

グリルド・ロブスター 389

帆立貝について 389

帆立の貝柱のソテー、サルサヴェルデ添え 389

えびについて 390

ガーリックとパセリ風味のえびのソテー 391

いかについて 391

いかのグリル 392

SEE ALSO

魚のフライ 140

サーモンのひたひた煮 162

魚まるごとグリル 176

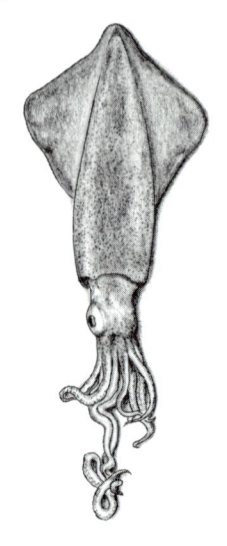

Buying Fish
魚を買う

魚は、日常的に私たちの食卓にのぼる貴重な天然食材のひとつです。しかし、海洋資源は今、危機に瀕しています。私たちがどんな魚を買うかが生態系にどんな影響を及ぼすかを理解して、よく考えた上で魚を買わなければなりません。これはとても重要なことです。漁業の持続可能性は複雑な問題です。どの魚なら食べても資源が枯渇しないで持続できるか、と常に注意を払い、最新の情勢を知ることが大切です。世界的にも、漁業はますます大企業化して小規模漁業を営んできた漁師たちは経営的にやっていけなくなり、水産業界全体が今や崩壊の瀬戸際に立たされています。海洋資源は急激に減少しています。その原因のひとつに、大量の雑魚が養殖場の魚やえびの餌になっていることがあります。また、サーモンやえびの養殖場が沿岸の水域を汚染し、しかも養殖中に投与される薬品や着色剤は、環境に非常に良くない影響を及ぼしていることは言うまでもありません。こうした危機に対して、食材をどう選ぶか、という選択肢は、私たち消費者と料理人にあります。私たちの選択によって海の資源を回復させ、これ以上悪化させないように阻止することができるのです。

こうした情報を、私はいつも魚を買っているモントレーフィッシュ・マーケットのポール・ジョンソンから得ています。彼は漁業問題の複雑さについて、長年研究してきた人です。彼のすばらしいウェブサイト（※）には、こうした魚の持続可能性に関する記事や論文、さらにほかのサイトへのリンク情報が掲載されています。そして、もうひとつの情報源は、モントレーベイ水族館（※）のシーフード・ウォッチです。ここでは消費者向けに、海洋資源に関して、持続可能な魚介類のガイドラインの情報を提供しています。

Baked Fish
魚をオーブンで焼く

ほとんどの魚は焼き魚に向いています。丸ごと、またはフィレにおろして、あるいは筒切りや切り身で焼きます。塩・こしょうをした魚をオイルを塗った耐熱皿か縁のある天パンに並べます。魚は焼いている間にたくさんの水分が出るので、天パンは縁があるものを選びましょう。切り身やフィレは220℃くらいに熱したオーブンで焼きます。丸ごとならもう少し時間がかかるので、190℃くらいでじっくり焼きます。切り身やフィレは、中に火が通ればほぼ焼き上がりです。中心まで火が通り、しかもしっとりとした焼き加減が理想ですが、例外としてマグロやサーモンはミディアムレアで食べたほうがおいしいので、身の真ん中にまだうっすらと透明感が残るうちに取り出しましょう。骨のある魚を焼くときは、丸ごとでも切り身でも、骨から身がほろりと離れるぐらいがちょうどいい焼き加減です。魚は焼きすぎないことが大切です。焼きすぎると身がパサついて、固くなってしまいます。魚の厚みにもよりますが、フィレは7〜10分ぐらいで、割合早く焼けます。丸ごと焼くときは、目安として厚さ2.5cmあたり約10分かかると考えてください。骨に向かって斜めに切り目を入れれば、より早く焼けます。しかし、これらはあくまで目安ですから、本当に焼けたかどうかは自分で何度もチェックしてみましょう。指で魚を押して、焼き上がりを確認しましょう。生焼けのときはやわらかく、焼けるにつれて身に弾力が出てきます。焼け具合に迷ったら、ためらわずに

＊ポール・ジョンソンのWebサイト：www.webseafood.com
＊モントレーベイ水族館のWebサイト：www.mbayaq.org/cr/seafoodwatch.asp

切って確かめることです。

焼き魚の基本的な味つけは、塩・こしょう以外にワインやエキストラバージン・オリーブオイルをかけたり、また、バターをのせると風味が増し、身もしっとりとします。魚をマリネして焼くには、マリネ液をハーブ、スパイス、柑橘類のゼストとそのしぼり汁、それにオリーブオイルなどでつくります。三枚におろした魚や切り身なら、ペストソース（261ページ）、チェルモーラ（264ページ）などの風味豊かなソースを刷毛で塗ってからオーブンに入れるといいでしょう。丸ごとの魚やフィレを、いちじくやぶどうの葉、またはライム、レモン、フェンネルなどの葉付きの小枝で包んで焼けば、芳しい香りが魚に移り、また身が乾くのも防げます。魚を汁気のあるソース、たとえば、トマトソース、ソテーして味つけした玉ねぎ、または野菜のラグーに入れて焼くこともできます。ソースに入れて焼くときは、オーブンに入れる時間を5分ほど余分にみてください。

Baked Wild Salmon with Herb Butter
天然のサーモンのハーブバター焼き
4人分

三枚におろしたサーモンのフィレには、ピンボーンと呼ばれる、エラから胴にかけて肋骨のように並んでいる骨があります。指で骨が並んでいる箇所を確かめ、毛抜きで取り除きます。

　　　ハーブバター　125g
を用意します。

　　　天然のサーモンのフィレ　450〜675gのもの
　　　（小骨を取って115〜170gの切り身に切り分ける）

は、料理するまでは冷蔵しておきましょう。

オーブンを220℃に予熱し、ハーブバターを冷蔵庫から出して、室温に戻します。サーモンに、

　　塩

　　挽きたての黒こしょう

を振り、オイルを塗った耐熱皿または縁のある天パンに皮側を下にして並べ、オイルをふりかけるか、または刷毛で塗ります。オーブンに入れて、身が焼き締まって、しかし中心にまだピンク色が残るぐらいまで、厚さにもよりますが7〜10分ほど焼いて皿に取ります。やわらかくなったハーブバターをスプーンで切り身にのせ、残りは別のボウルに入れて、食卓で回します。

バリエーション

◆ 塩漬けのアンチョビ4尾をハーブバターに加えます。

◆ サーモンを焼く別の調理法として、スローローストがあります。サーモンは切らずにフィレ1枚のまま使いましょう。オイルを塗った耐熱皿、または縁のある天パンに生のハーブを敷き詰めます。その上に塩・こしょうをしたサーモンをのせ、オイルを垂らして、110℃のオーブンで約30分焼きます。ちょうどいい具合に焼ければ、信じられないほどしっとりとやわらかく仕上がります。レモンの絞り汁とゼストでつくったヴィネグレットを添えて、室温でサーブします。

◆ サーモンのフィレに、塩・こしょうとオイルで下ごしらえをし、きれいに洗ったいちじくの葉に切り身をひとつずつ包み、レシピ通りに焼きます。いちじくの葉が手に入ったら、ぜひつくってみてください。葉は食べられませんが、ココナッツのような芳香が魚にしみこんで、とても美味です。

Steamed Fish
魚を蒸す

魚を蒸すのは、とても理にかなった調理法です。魚が持つ自然な海の風味と繊細な身の食感を、そのまま逃さず保つことができます。鱈、オヒョウ、ひらめなど、とくに身のやわらかい白身の魚やサーモン類は、蒸し料理に向いています。湯を沸かした蒸し器に、下味をつけた魚を入れてふたをして蒸します。ハーブやスパイス、香りの良い野菜などを湯に入れて蒸せば、香りづけになります。魚は、身が締まって、中の透明さがなくなるまで火を通しますが、サーモンだけは中がうっすらと生の状態が理想です。蒸し魚は、煮汁を外に逃さないという利点がありますが、蒸しすぎると魚の水分が飛んでしまうので注意しましょう。魚を焼くときのように、香りのある葉で包んで蒸してもいいでしょう。蒸し魚はとくにサルサヴェルデ（59ページ）、ペストソース（261ページ）やバターソース（259ページ）がよく合います。

Steamed Sole with Beurre Blanc
蒸したひらめのブールブラン添え
4人分

蒸したひらめのあっさりした味わいに、ブールブラン（温かいバターソース）で酸味とコクを添えましょう。そのほかにもサルサヴェルデ、またはハーブバター（63ページ）などの風味のあるソースと取り合わせてもよく、またシンプルにエキストラバージン・オリーブオイルを少量垂らし、レモンをひとしぼりするだけでもおいしくいただけます。

皮を取り、三枚におろした
　ひらめまたはかれいのフィレ　675g
の小骨と皮を取り、塩をします。
　ブールブラン（温かいバターソース）　250cc
を、熱くない程度の湯せんにかけておくか、魔法瓶に入れておきます。

鍋にお湯を沸かし、ひらめのフィレを蒸し器に並べ、鍋に入れて蒸します。蒸す時間は魚の厚さによって異なりますが、およそ4〜7分ほどです。蒸し器から魚を取り出したら、温めておいた皿に移します。ブールブランをスプーンですくって魚全体にかけて、
　新鮮なハーブ（チャービル、パセリ、チャイブ、タラゴンなど）　大さじ2（みじん切りにする）
を散らして、食卓に供します。

バリエーション
◆ 入手可能なら、ひとつかみほどのナスタチウムの花を、茎を取り除いて刻み、バターソースに加えます。ナスタチウムの花の色と風味が、ひらめの味を引き立ててくれます。

Pan-Fried Fish
魚のパンフライ

薄めのフィレや切り身、また、それほど大きくない魚なら丸ごとを、フライパンで焼くのが一番です。魚に塩・こしょう、刻んだハーブ、つぶしたスパイスなどで下味をつけます。皮のないフィレを焼くには、厚手のソテーパンかフライパンを火にかけて熱し、底全体に広がるくらいの量のオイルか澄ましバター、またはオイルと普通のバターを半量ずつ入れます。フライパンに魚を入れ、中火で約3分（丸ごとなら4〜5分）焼き、ひっくり返してさらに3分焼いてから焼け具合をみてください。まだ少し焼きが足りないかな、というタイミングで取り出せば、あとは余熱でちょうどよく火が通ります。皮付きの魚を焼くときは、オイルの量を多めにします（底に2〜3㎜程度）。皮の側から焼きはじめ、皮が焼けるにつれて身が反ってくるので、1サイズ小さいフランパンの底をアルミホイルで覆って魚の上にのせて、魚がフライパンの底に貼り付くようにします。そうすれば身は反らず、皮も均等にパリッと焼き上がります。皮目は、時間をかけてじっくり焼きましょう。身の厚さによって異なりますが、焼き時間は約5〜7分です。魚を返して、身の側は1〜2分、中に火が通るまで焼きます。

焼くときに注意することは、魚を入れる前にフライパンを十分熱くしておくことです。そうすれば魚は鍋の底に焦げつきません。また、フライパンに魚をぎゅうぎゅう詰めにしないこと。魚が多すぎると魚から水分が出て、カリッと仕上がりません。繰り返しになりますが、魚は決して焼き過ぎないようにしましょう。

魚を焼いて取り出したら、簡単なソースをつくります。フライパンに残った油を捨て、トマトソースを入れて、鍋底についたエキス分を溶かせば味のいいソースになります。またワインかレモンジュースを加え、最後にバターを一かけ、またはエキストラバージン・オリーブオイルとハーブを入れてもいいでしょう。一握りほどのナッツ類をトーストして加えれば、さらに風味が豊かになり、食感も楽しめます。

Pan-Fried Striped Bass with Lemon Sauce
パンフライした川すずきのレモンソース添え
4人分

一時期、川すずき（※）漁は危機的な状況でしたが、現在は回復し、十分に資源の保持ができています。川すずきは、皮付きのままフライパンでカリッときつね色に焼けば、とてもおいしい魚です。

ソース用に
 エキストラバージン・オリーブオイル　60cc
 レモンゼスト　小さじ1/4
 レモンのしぼり汁　大さじ2
 塩
 挽きたての黒こしょう

をボウルに入れ、泡立て器でかきまぜます。味見をして、塩とレモンの加減をみます。時間が経つとソースが分離しますが、使うときに、またかきまぜれば問題ありません。

 川すずきの切り身（皮付きもの）　4切（一切れ115gから170g）

に塩・こしょうをします。

---

*川すずき：一時期、絶滅が危惧されていた川魚。国産のすずきに代えて使えます。

底の厚いフライパンと、底をアルミホイルで覆った一回り小さいフライパンを用意します。大きいほうのフライパンを中火にかけて熱し、

> オリーブオイル　少々（フライパンの底に十分行き渡る程度）

を入れます。

川すずきの切り身を皮側を下にして並べ、その上にアルミホイルで底を覆ったフライパンをのせます。皮がパリッときつね色になるまで、約7分焼きます。ときどき焼け具合をチェックしながら火加減を調節します。皮がこんがり焼けてきたら、上のフライパンを外して魚を返します。さらに1～2分火を通し、まだ中がしっとりとやわらかいうちにフライパンから取り出します。つくっておいたレモンソースをかきまぜて、温めた皿に注ぎ、その上に皮側を上にして、川すずきを盛りつけます。

バリエーション

◆ パセリ、チャイブ、チャービル、コリアンダー、バジルなどのやわらかいハーブのみじん切り小さじ1～2を、仕上げに散らします。

◆ ケイパー大さじ1を塩抜きして、魚を焼いたフライパンで1～2分ソテーし、魚の上に散らします。

◆ オリーブオイル・ソースの代わりにブールブラン（温かいバターソース）を使います。

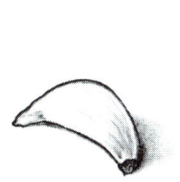

Grilled Tuna with Grilled Bread and Aïoli
グリルしたまぐろとパンにアイオリ

4人分

> アイオリ（ガーリックマヨネーズ／62ページ）　250cc

を用意し、水を少し加えてのばします。スプーンですくうとゆっくりと滴り落ちる程度の濃さにします。

> パンドカンパーニュ　12mm厚のもの6枚

に、

> オリーブオイル

を刷毛で塗っておきます。その間に炭火をおこし、きれいにしたグリルをのせて熱します。

> まぐろの切り身　4枚（1切れ　115～170gのもの）

に

> オリーブオイル

を塗り、

> 塩
> 挽きたての黒こしょう

を振って、グリルの焼き網の上に並べて、片面3分ずつ焼きます。まぐろは火の通りが早いので、焼きすぎないように注意しましょう。真ん中に少し赤みが残るぐらいがおいしい焼き加減です。火が入りすぎるとパサついてしまいます。焼く時間は、切り身の厚さによってまちまちなので、ためらわずに切って確かめましょう。魚が焼けたら、あらかじめ温めておいた皿に盛りつけます。パンもグリルで、両面に焼き色がつくくらいに焼きます。まぐろにアイオリをスプーンでかけ、グリルしたパンと

> レモン（くし形に切る）

を一緒に添えて食卓に出しましょう。

バリエーション
◆ アイオリの代わりにタプナード（245ページ）を使います。タプナードはエキストラバージン・オリーブオイルで少しのばしましょう。

◆ アイオリの代わりにサルサヴェルデ（59ページ）を使います。サルサヴェルデは、パセリの代わりにマジョラムをたっぷり使えば、まぐろの味と調和して、とてもおいしくなります。

◆ 塩・こしょうと一緒に、フェンネルまたはクミンシード小さじ2をつぶして、まぐろの下味をつけましょう。

Fresh-Cured Sardines
生いわしのマリネ
4人分

とびきり活きのいいいわしが手に入らないときは、代わりにさばや生のいわし、または薄切りにしたまぐろを使いましょう。

いわし（活きのいいもの）　12尾

は魚屋さんに頼んで、うろこを取って三枚におろしてもらいます。いわしの切り身に、

塩

挽きたての黒こしょう

を十分に振ります。大きな皿にいわしのフィレを並べ、

ガーリック　1かけ（薄切り）

レモン　半個（薄くスライスする）

赤ワインビネガー　小さじ2

生のハーブ（セイボリー、パセリ、タイム、マジョラムなど）　数本

ローリエ　2枚

をフィレの上から散らし、さらに残りのレモン半個も絞り、

エキストラバージン・オリーブオイル　大さじ3

を回しかけます。

1時間ほど休ませて、味をなじませます。この状態でチルド（凍らない程度に）で冷蔵しておけば2日ほど保ちます。サーブするときは、クルトンかバターを塗ったパンにのせ、マリネ液を少量かけていただきます。

バリエーション
◆ バゲットなどのパンを12mmの厚さに切り、マリネ液をスプーンで両面にかけ、皮側を上にしていわしのフィレをのせます。フィレはパンのサイズに合わせてカットしましょう。230℃のオーブンで4分ほどトーストします。

◆ マリネしたフィレを片面1～2分ずつグリルで焼いてもいいでしょう。

Fish Tartare
フィッシュ・タルタル
4人分

さまざまな魚をタルタルにして生で味わってみましょう。まぐろ、びんちょう、オヒョウ、サーモンなど。タルタルは新鮮な魚を使うことがいちばん大切なので、生で食べることを魚屋さんに忘れずに伝えて買いましょう。家に持ち帰ったら、氷の上で冷やしておきます。きれいなまな板とよく切れる包丁で

魚を切ります。ボウルを二重にして、間に氷水を張り、内側のボウルに魚の切り身を入れます。前菜なら225gの魚で4人分相当ですが、メインディッシュにするときは適宜、量を増やします。

魚のフィレは、身の繊維と逆方向にスライスします。筋があれば取り除いて捨てます。スライスを細くジュリエンヌ（線切り）にし、さらに横に切って細かい角切りにします。前もって魚を切っておく場合は、乾かないようにぴったりとラップをかけ、サーブする直前にほかの材料とまぜあわせます。フィッシュタルタルはクルトン、またはエンダイブの葉にのせるか、またはシンプルなドレッシングで和えたサラダの上にのせて、食卓に出してもいいでしょう。

　　新鮮な魚　225g（細かい角切りにする）

を前述のように冷やしておきます。
サーブする直前に、

　　ライムのゼスト　1/2 個分
　　ライムの絞り汁　1 1/2 個
　　コリアンダーシード　小さじ 1/4（つぶしたもの）
　　エキストラバージン・オリーブオイル　大さじ2

を小さいボウルでまぜあわせます。
魚の角切りに塩をして、ライム果汁のミックスと和えます。そこに、

　　香菜　大さじ 1 1/2（みじん切り）

を加え、味見をして、塩とライムの絞り汁を加減します。

バリエーション

◆ ライム果汁のミックスの代わりに、レモンの絞り汁を大さじ1、エキストラバージン・オリーブオイルを大さじ2、洗って刻んだケイパーを小さじ2、塩、をまぜて使います。その場合は、香菜の代わりにバジル、ミント、マジョラムのみじん切り小さじ2を加えます。

◆ ライム果汁のミックスの代わりに、レモンの絞り汁を大さじ1、エキストラバージン・オリーブオイルを大さじ2、しょうがのすりおろしを小さじ2分の1、塩、挽きたての黒こしょう、カイエンペッパーひとつまみをまぜたものを使います。その場合は香菜の代わりにしそ、またはバジルのみじん切りを小さじ2加えましょう。

Court Bouillon
コートブイヨン
1ℓ分

コートブイヨンは、香味野菜で簡単につくれる、魚をポーチするためのブロスです（ブイヨンはフランス語でブロス、コートは短いという意味です）。

　　大きな底の厚い鍋に、

　　白ワイン（辛口）　375cc
　　水　1ℓ
　　にんじん　2本（皮をむきスライスする）
　　セロリ　1本（スライスする）
　　玉ねぎ　2個（皮を取ってスライスする）
　　ローリエ　1枚
　　粒の黒こしょう　7粒
　　コリアンダー・シード　6粒
　　タイム　3茎
　　パセリ　ひとつかみ
　　塩　小さじ2

を入れ、沸騰させます。
アクを取り、火を弱め、45分くらいコトコト煮ます。それを網で漉せばコートブイヨンのできあがり

です。

バリエーション
◆ 白ワインがないときは、代わりに上質の白ワインビネガー大さじ2を使います。

Fish Stock
フィッシュストック
1ℓ分

繊細でおいしいフィッシュストックを取るのには、時間はかかりませんが丁寧な作業が必要です。魚のアラ（骨や頭）が風味とコクの素になります。エラや内臓を取ってきれいに洗えば、濁りのない深みのあるスープができます。フィッシュストックには白身魚を使います。サーモンやさばなどの青魚は味が強すぎてストックには向きません。丸ごと魚を買わなくても、魚屋さんに頼んでストック用の新鮮な魚の骨や頭を分けてもらいましょう。

　　白身魚のアラ（エラは取る）　675～900g

は内臓などを取り、よく洗ってきれいにします。厚手の大鍋に骨と頭を入れて（大きければ切り分けて）、

　　白ワイン（辛口）　375cc
　　水　2ℓ
　　塩

を入れます。
沸騰したら、すぐに火を弱めます。表面に浮かぶアクをすくって、

　　にんじん　1本（皮をむき、スライスする）
　　玉ねぎ　中1個（皮を取り、スライスする）
　　セロリ　小1本（葉を取り、スライスする）
　　粒の黒こしょう　小さじ1/4
　　パセリ　数本

を入れます。再び沸騰したら火を落とし、弱火でコトコト45分ほど煮込んで、アラや野菜を網で漉したらできあがりです。すぐにストックを使わない場合は、冷めるのを待って、しっかりふたをして冷蔵します。冷蔵庫で1～2日もちますが、つくったその日がいちばんおいしくいただけます。

バリエーション
◆ たとえば赤ワインのフィッシュシチューなど、つくる料理によっては白ワインを赤ワインに代えて使いましょう。
◆ 野菜にトマトを1～2個加えます。

Provençal-Style Fish Soup with Rouille
プロヴァンス風フィッシュスープ、ルイユ添え
8～10人分

これは単なるスープというよりも、大勢の人が集まったときにぴったりの料理で、食材・風味など、私の好きなすべてが詰まっています。私はこのレシピを私の〝フランスの母〟であるルルから習いました。このレシピはこの本の中でも最も長い部類に入りますが、いくつかの段階に分けてそれぞれを見ていけば、それほど難しいものではありません。
最初はスープストックづくりと、具になる魚介類の下ごしらえです。次はルイユ（ガーリックマヨネーズにペッパーのピュレをまぜたもの）づくり。その次にスープストックに野菜を入れてスープのベースをつくり、最後にガーリッククルトンをローストします。あとは魚介類の具をしっかり味のついたスープで煮込んで、仕上げにクルトンとルイユを添え

て、サーブします。
フィッシュストックをつくります。

  白身魚のアラ（エラは取り除く）1.35kg

をよく洗い、きれいにします。必要に応じて骨は鍋に入る大きさに切ります。
次に野菜を用意します。

  玉ねぎ　1個（皮をむき、薄切りにする）
  にんじん　小1本（皮をむき、薄切りにする）
  フェンネル　小1株（薄切りにする）
  トマト　中3個（芯を抜き、粗切りにする）
  ガーリック　1玉（横半分に切る）

厚手の大鍋を中火にかけ、

  オリーブオイル

を底一面に広がるくらい入れます。魚のアラを入れ、約2分炒めたら、用意した野菜と、

  粒の黒こしょう　小さじ1/4
  フェンネルシード　小さじ1/4
  コリアンダー・シード　小さじ1/4
  生のハーブ　数本（フェンネルの葉、セイボリー、タイム、またはパセリなど）
  ローリエ　1枚
  サフラン　数本

を加えて、野菜がやわらかくなり始めるまで数分間炒めます。そこに、

  白ワイン（辛口）　500cc

を加えて2〜3分沸騰させ、

  水　1.5ℓ
  塩

を入れて、ふたたび沸騰したらすぐに火を落とし、水面に上がってくるアクを取りながら、弱火でコトコト45分ほど煮込みます。煮えたら網で漉します。
煮込んでいる間に、魚介の下準備をしておきましょう。

  魚のフィレ：かさご、あいなめ、オヒョウ、ホウボウなど数種類　900g

はきれいに洗い、小骨を取り除きます。骨はフィッシュストックに入れて一緒に煮込んでもいいでしょう。一口大（5〜7.5cm）に切り、

  エキストラバージン・オリーブオイル（魚に十分コーティングできる量）
  フェンネルの葉またはパセリ　大さじ2（みじん切りにする）
  ガーリック　4かけ（つぶして刻む）
  塩

をまぜあわせ、マリネしておきます。

  ムール貝　450g

は、たわしで殻をよく洗い、貝の横から出ているひげを取ります。
次に

  ルイユ（384ページ）

をつくって、スープベースに取りかかります。
厚手のスープ鍋を中火にかけ、

  オリーブオイル　大さじ3

を入れて熱します。そこに

  玉ねぎ　中1個（みじん切り）

を入れて約5分間炒めます。さらに

  西洋ねぎ（*）　1本　白い部分のみ（みじん切りにする）
  フェンネル　中1株（さいの目切りにする）
  サフラン　少々

を入れ、ときどきかきまぜながら、焦げ色がつかない程度に約7分炒め、

  塩
  トマト　中サイズ4〜5個（約350g）（湯むきし、種を取ってさいの目切りにする）

を加えて、3〜4分煮込みます。そこにフィッシュ

---

*西洋ねぎ（リーキ）：国産の長ねぎに代えて使えます。

ストックを加え、沸騰したら火を弱めて、弱火でさらに5分ほど煮込みます。味見をし、塩加減を調えます。ここまでを事前に準備しておくと、魚を入れる前に時間をかけて、スープと野菜の味をよくなじませられるので、よりおいしくなります。
次にクルトンを用意します。

  パンドカンパーニュ　8〜10枚

に、

  オリーブオイル

を刷毛で塗ります。天パンに並べ、190℃のオーブンで約10分、きれいに焼き色がつくまで焼きます。クルトンには、

  ガーリック

をこすりつけておきましょう。
サーブする直前に、スープベースを温め、最初に魚を入れて3分煮たら、次にムール貝を入れて、口が開くまで弱火で煮てください。貝が開いたら味見をして、塩加減を調えます。クルトンとルイユを添えて鍋ごとテーブルへ供します。

バリエーション

◆ えび350g（殻付き、殻なしどちらでも）を、ムール貝と一緒に入れます（殻を取って入れるときは、殻はストックに加えましょう）。

◆ ムール貝と一緒にあさりも入れます。

Rouille
ルイユ
375cc

  パプリカ　大1個または小2個

をオーブンか炭火で焼きます。皮をむいて種を取り、すり鉢ですってピュレにします。パプリカのピュレをボウルに移し、次にすり鉢に

  ガーリック　3かけ
  塩

を入れ、これもピュレにします。そこに、

  カイエンペッパー　少々
  卵黄　1個
  水　小さじ1/2

を入れてかきまぜたら、

  オリーブオイル　250cc

を泡立て器で撹拌しながら、少しずつ注ぎ込みます。最後にパプリカのピュレを加えてまぜたら、味見をして塩加減を調えます。すぐに使わないときは、冷蔵庫に入れておきましょう。

バリエーション

◆ ピリッとした辛みを出すには、パプリカの代わりか、その一部に乾燥アンチョ・チリ（またはそのほかの乾燥唐辛子）を使います。205℃のオーブンで乾燥唐辛子を4分ローストし、熱湯に約10分浸けたら、水気を切ってピュレにします。網や漉し網を使って、固い皮などは取り除きましょう。

Bourride
ブリード
4人分

ブリードはもうひとつのプロヴァンス風のフィッシュスープです。こちらにはガーリックマヨネーズが入るので、こってりとしています。ガーリックの香りが漂うブロスはなめらかで、贅沢な味わいです。

まず、フィッシュストックをつくります。厚手の大鍋に、

　白身魚の骨　450g（洗って、適当な大きさに切る）

　ねぎ　白い部分のみ1/2本（スライスして水でさらす）

　玉ねぎ　小半個（薄切りにする）

　フェンネル　半株（薄切りにする）

　ガーリック　4かけ（皮を取ってつぶす）

　白ワイン（ドライ）　180cc

　粒の黒こしょう、数個

　ローリエ　1枚

　タイム　数本

　塩　適量

　水　1ℓ

を入れ、沸騰したらすぐに火を落とし、浮いてくるアクを取りながら、弱火で45分ほど煮込みます。細かい目の漉し網で漉し、骨や野菜を取り除きます。ストックを煮ている間に、ガーリックマヨネーズをつくります。

　卵黄　2個

　水　小さじ1

をまぜあわせ、そこに泡立て器で泡立てながら、

　エキストラバージン・オリーブオイル　80cc

をゆっくりと流し込みます。

さらに、

　ガーリック　4かけ（つぶしてペースト状にする）

を加え、

　塩

をひとつまみ入れます。

次はクルトンです。

　パンドカンパーニュ　4枚

にオリーブオイルを刷毛で塗り、天パンに並べて190℃のオーブンで約10分、きれいに焼き色がつくまでトーストします。クルトンには、

　ガーリック　1かけ（皮をむいたもの）

をこすりつけておきましょう。

　白身の魚（かさご、あいなめ、オヒョウ、あんこうなど）　450g

はきれいに骨や皮を取り、3枚におろしてから、一口サイズ（7〜8cm）に切り、塩をしておきます。漉したスープストックを大鍋に入れ、一煮立ちしたら火を弱め、塩をした魚を入れます。約6分間、魚に火が通ったら鍋からあげて、冷めないように置いておきます。魚でとったブロスをガーリックマヨネーズに少量加え、泡立て器でかきまぜてのばしてから、ブロスの鍋に加えます。かきまぜながら、ブロスが煮つまってヘラにまといつく程度まで中火で煮てください。ブロスは沸騰させると分離してしまうので、沸騰させないこと。温めたスープ皿に魚を取り分け、ブロスを注ぎ、クルトンを添えてサーブします。

バリエーション
◆ 玉ねぎ小1個、ねぎ小1本、フェンネル小1株をすべて薄切りにして、一緒にソテーします。塩で味つけし、魚と一緒にブロスに入れます。

◆ 魚と一緒にムール貝450gを、殻をよく洗い、ひげを取って入れましょう。

Clam Chowder with Buttered Croutons
クラムチャウダーのバタークルトン添え
4人分

よく洗って水を切った

  あさり（殻付き）　900g

を厚手の鍋に80ccの水と一緒に入れ、ふたをして、あさりの口が開くまで中火で熱します。口が開いたあさりを鍋から取り出し、冷めたところで身を殻から外します。身が大きければ切ってもいいでしょう。鍋に残ったゆで汁は、ガーゼを何枚か重ねて漉しておきます。

  じゃがいも　115g（皮をむき、小さめのさいの目切りにする）

塩を入れて沸騰した湯で、じゃがいもをゆでます。少し固めのうちに湯から上げておきましょう。厚手のスープ鍋に、

  バター　小さじ2

を熱し、そこに

  ベーコン　1枚半（6mmに切る）

を入れ、中火でカリッとする寸前まで炒めます。ベーコンを取り出し、

  玉ねぎ　1個（みじん切りにする）
  タイムの葉　2本分

を加えて数分間炒め、

  セロリ　小1本（みじん切りにする）

を加えます。ときどきかきまぜながら、玉ねぎがやわらかく、黄金色になるまで炒めたら、

  塩
  挽きたての黒こしょう

を振り、鍋にじゃがいもとベーコンを戻して数分間煮ます。あさりとゆで汁（布で漉した）を加えて、一煮立ちさせたら火を落とし、弱火でじゃがいもがやわらかくなるまでさらに3〜4分煮て、そこに、

  牛乳　180cc
  生クリーム　80cc

を加えます。

沸騰させないようにしばらくゆっくりと火を入れ、味見をして、必要なら塩を足しましょう。取り分けたら、

  バタークルトン（74ページ）
  挽きたての黒こしょう

を散らして、食卓へ出します。

バリエーション
◆ あさりの代わりにムール貝を使いましょう。
◆ 魚を使ったフィッシュチャウダーにします。三枚におろしたフィレを一口大に切り、あさりのゆで汁の代わりに、水またはフィッシュストックを使います。

Crab and Lobster
かにとロブスターについて

魚市場の水槽から生きたかにを選ぶときは、活きのいいずっしりと重みのあるかにを選びましょう。買ったかには冷蔵庫に入れて、できるだけ早く調理します。かには一度水から出したらどんどん弱っていくので、生きているうちに調理することが肝心です。かには、ゆでるのがいちばん簡単な調理法です。かにがすっかり沈むほどのたっぷりの水を沸騰させます。ダンジネスクラブのような大きいかにには鍋に1匹か2匹しか入らないので、たくさんある場合は一度にゆでずに何回かに分けましょう。湯に多めの塩を入れてゆでますが、塩加減はしょっぱく感じるぐらいが適量です。湯がグラグラと沸騰してきたら、はさみで挟まれないようにかにの後ろ足の間をつか

んで鍋に入れます。鍋に入れたらすぐ、ゆで時間を計り始めてください。火力を最大にしてもすぐに沸騰しないかもしれませんが、心配はいりません。ゆであがる時間はダンジネスなら12〜15分、小さいブルークラブなら数分です。魚屋さんにどのくらいゆでたらいいかを聞いたり、種類別の下処理や調理法をインターネットで調べてもいいでしょう。

ゆであがったかには、温かいうちに身を取り出して、すぐに食べるか、冷水で粗熱を取って冷蔵庫に入れれば、2日以内なら食べられます。殻を割って取り出したかにの身は、溶かしバターかマヨネーズ（62ページ）をつけて、レモンをひとしぼりしていただきましょう。私は、甲羅の中にあるオレンジ色のかに味噌とガーリックマヨネーズ（62ページ）をまぜたものをつけて食べるのが好みです。かに味噌はあらかじめ味見をして、苦くないことを確かめてから使いましょう。

かにの身を殻からはずすには、まずかにを裏返し、三角形の前垂れを摘んで、ひねって取り外します。ふたたび表に返したら、甲羅をつかんで前垂れを外したところからグイッと持ち上げ、回すように引っ張って甲羅を取り外します。羽のように見える肺と口の部分は取り除き、好みで、かに味噌は掻き出して取っておきます。白い内臓は取り除いてください。流水で洗ったら、かにの胴を半分に折り、はさみは木槌か専用の道具で砕きます。大きなかになら、ゆでて殻を割ったあとに、もう一度温め直してもいいでしょう。取り出した身を温め直すときは、かにの身に溶かしバター、または（好みのハーブやスパイスで風味づけした）オイルを塗り、205℃かそれ以上に熱したオーブンで5〜7分、身が十分熱くなるまで熱します。ちなみに、かにの脚のとがった先端は、かにの身をかきだすのにぴったりです。

このかにの調理法は、ロブスターにも応用できます。活きの良い、ずっしり重いロブスターを選び、できるだけ早く調理します。塩を効かせた湯を沸かし、約7分ゆでます。ロブスターは頭からお湯に入れ、浸かった時点から時間を計りはじめます。時間がくる前に湯が沸騰したら、火を弱めます（グラグラ煮てしまうと身が固くなります）。ロブスターはゆですぎても身が固くなるので、ゆで時間には十分気をつけましょう。ロブスターを温め直したり、ソテーなどほかの料理に入れる場合は、ゆで時間は5分に短縮します。ロブスターがゆであがったら、すぐに取り出して食卓に出すか、冷たい流水または氷水で数分冷やします。

ロブスターは丸ごとでも、縦半分に切っても、はさみ、関節、尾に切り分けてサーブしてもいいでしょう。尾は頭から折るようにして外し、はさみを手でもぎます。はさみは木の小槌で叩いて、身を取り出します。尾は、キッチンばさみで内側の半透明の殻に縦に切り目を入れ、タオルで左右の端をつかみ、切れ目を広げるように両側を外に引っ張れば、切れ目から中の身が出てきます。または、尾を縦半分に切って、身を取り出しましょう。

レシピによっては、生のロブスターを切り分けるように書いてあります。生きたロブスターを調理するときは、ロブスターの背を下にして置き、タオルで頭を押さえ、鋭いナイフで頭の付け根を切り離します。尾の部分は縦半分に切るか、そのまま使います。

メスのロブスターには時折、腹に卵の入っています。これの卵はコーラルといい、加熱すると真っ赤になって、とてもおいしいものです。緑色の内蔵と味噌も食べておいしく、ソースの風味づけにも使えます。

Crab Cakes
クラブケーキ
4人分

ここカリフォルニアでは、ダンジネスクラブの旬のシーズン（11月末から6月まで）に、このクラブケーキを楽しみます。ダンジネス2匹から約450gのかにの身が取れます。ダンジネスよりも小ぶりのブルークラブやほかの種類を使うときは、身の量を計算して、買うかにの数を決めましょう。新鮮ならかにの身だけを買ってもいいでしょう。

大きな鍋に十分塩の効いた湯を沸かし、その中に、

  ダンジネス・クラブ（活け）　2匹

を静かに入れ、約15分ゆでます。ゆであがったかにを取り出したら、よくお湯を切り、粗熱を取ります。触れる程度に冷めたら、甲羅を外して肺を取り除きましょう。軽く洗って脚を折り、胴を真ん中から半分に割ります。殻を割って、胴体と脚からかにの身をきれいにはずしたら、ボウルに入れます。ボウルのかにの身を指で探って、殻の破片ひとつ残らないように丁寧に取り除きましょう。かにの身は、使うまでは冷蔵しておきます。

次に、澄ましバターをつくります。厚手の小鍋に、

  無塩バター　70g

を入れて中火にかけます。バターが分離して乳脂肪分が固まりはじめ、うすい黄金色に変わったところで火からおろし、細かい網で乳脂肪分を漉して取り除きます。

次に

  自家製マヨネーズ　250cc

を用意して、そこに、

  チャイブ　大さじ2（みじん切りにする）
  パセリ　大さじ2（みじん切りにする）
  チャービル　大さじ2（みじん切りにする）
  レモンのしぼり汁　大さじ1
  塩
  カイエンペッパー　少々

を加えます。このマヨネーズのミックスをかにの身の入ったボウルに入れ、やさしく、よくまぜあわせます。味見をして、レモンのしぼり汁と塩で味を調えます。まぜたものを8等分して、平たい円盤状にして、

  生パン粉（パンドミーのような、しっかりした白いパンでつくったもの／79ページ）　375cc

をよくまぶして、クラブケーキをつくります。
厚手の（できれば鋳鉄製の）フライパンを中火にかけて熱し、先ほどつくった澄ましバターを入れ、バターが熱くなったら、クラブケーキを乗せ、両面がこんがり黄金色になるまで、片面4分くらいずつ火を入れます。パン粉が焦げそうなときは、火を弱めましょう。

バリエーション
◆ タルタルソース（255ページ）、アイオリ（ガーリックマヨネーズ／62ページ）、またはレモンマヨネーズを添えてサーブします。
◆ 削ぎ切りにしたフェンネルのサラダ（280ページ）またはガーデンサラダと一緒に食卓へ出します。
◆ フィッシュケーキにするにはオヒョウ、ハドック（鱈の一種）、またはあいなめなどの白身魚のフィレ500ccを細かく刻み、かにの身に代えて使います。

Grilled Lobster
グリルド・ロブスター
4人分

  ハーブバター　125cc

を用意します。
大鍋に、海水程度に塩を十分効かせた湯を沸かし、

  ロブスター　4尾（1尾あたり450〜675g）

を1分間ゆでます。取り出したらすぐに冷水に浸し、身に熱が回らないようにします。冷水に1分つけたら取り出して、水気を切ります。
ロブスターは重いナイフの背などではさみの殻を割り、背を下にしてまな板に置いて、尾を縦半分に切って砂袋と血管を取り除きます。ただし、背中側の殻は切らず、尾の部分にハーブバターを大さじ2ずつ詰めましょう。
その間に炭火をおこします。ちょうどいい火力になったら、まず、開いた側を上にして焼き網にのせ、片面4分ずつグリルします。焼きあがったら、熱いうちにくし形に切ったレモンと残りのハーブバター（好みで溶かしてもいいでしょう）を添えて、食卓にサーブします。

◆ Scallops
帆立貝について

日頃、マーケットで見る帆立貝は、丸くて肉厚の白い貝柱の部分です。帆立貝は、この貝柱で貝殻を開けたり閉めたりしながら、水中を泳いでいます。コーラルと呼ばれる卵もとても美味ですが、アメリカの店ではめったに見かけません。ぜひ魚屋さんに聞いてみてください。

新鮮な帆立の貝柱は、甘い香りがします。ぶよぶよしている感じもしません。もし水気が多く出るようなら、それは新鮮でないという証拠です。帆立は焼いても、ゆでても蒸しても、どんな料理にも合い、生でもセビーチェ（＊）やタルタルにして楽しめます。帆立貝のやさしい風味を活かすには、シンプルに料理するのが一番です（帆立貝は総じて甘みがありますが、小ぶりな種類はとくに甘みが強いです）。まず、貝柱の横に垂直についている〝足〟と呼ばれる小さな筋肉を取り除きます。帆立貝は水分を吸収しやすいので、必要なければ、水で洗わないことです。小さいものなら1〜2分、大きいものでも4〜6分ほど火が通ります。大きな貝柱をソテーやグラタンにするときは、調理する前に水平に2枚か3枚にスライスしましょう。サラダに入れるときには、火を入れてからカットします。

＊セビーチェ：ペルーやメキシコなど、中南米で食べられている魚介類のマリネ。

Sautéed Scallops with Salsa Verde
帆立の貝柱のソテー、サルサヴェルデ添え
4人分

  サルサヴェルデ（59ページ）　125cc

を用意します。

  帆立の貝柱　450g

は側面の小さな〝足〟を取り、

  塩

  挽きたての黒こしょう

を振ります。
底の厚いフライパンをやや強火にかけ、熱くなったら、底全面に行き渡る量の

  オリーブオイル

を入れて、強火にして帆立の貝柱を並べます。詰め込みすぎると貝柱から水分が出て、おいしそうな焦げ色がつきません。一度に全部を焼かずに、何回かに分けて片面を2〜3分ずつ焼きましょう。焼き上がった貝柱は温かいところに置いて保温し、貝柱がすべて焼けたら、皿に並べて、上からサルサヴェルデをかけてすぐにいただきます。

バリエーション
◆ 小ぶりの帆立（bay scallops）の貝柱を使います。フライパンを振って、返しながら3〜4分焼きます。

◆ 塩・こしょうした帆立の貝柱を串に刺し、刷毛でオイルを塗って、炭火で片側2〜3分ずつグリルしましょう。

◆ Shrimp
えびについて
工業化されたえびの養殖は、沿岸部の環境に深刻な悪影響を与えています。できる限り持続可能な漁法で捕獲した、新鮮な天然のえびを買うようにしましょう。天然のえびは、環境への負荷が少ないだけでなく、実際、いちばんおいしいのです。えびはとてもデリケートな食材なので、買ったらできるだけ早く調理しましょう。使うまでは氷の上に載せておきます。えびは大きさ（超大、大、小など）で分けられ、重さあたりのえびの数を表示しているものもあります。たとえば、「16−20」は1ポンドあたり16〜20匹入っていることを示しています。

殻なし、殻付きにかかわらず、炭火焼きやオーブン焼きから、蒸し料理、ゆで料理まで、えびはどんな調理法でもおいしいものです。種類にもよりますが、えびは熱が入ると体色がピンクや赤に変わり、この色で火の通りがわかります。殻付きなら、たいていのえびは3〜4分で火が通り、殻をむけば1〜2分で十分です。料理中は、えびから目を離さないようにしましょう。

殻付きのえびを料理するときは、味つけは強めにします。これは殻を通して、えびの身に味をしみこませるためです（殻からも風味が出ます）。ゆでたり、ソテーするときは殻を取らず、丸のまま使います。殻が付いたまま炭火や直火、またはオーブンで焼くときは、バタフライ形に開きます。えびの背を下にして、縦半分に背側の殻の手前まで切り目を入れ、身を蝶のように左右に開きます。グリルには、バタフライ形にしたえびを串に刺して調味料を振り、オイルかバターを塗って焼くといいでしょう。えびの殻は、親指で殻を腹側から背側に向けてめくるようにはがします。好みで、尾とそのひとつ前の殻は、火を通したときの色の変化を楽しむために残しておきましょう。えびには背わたがありますが、大きいえびの背わたは、中身が詰まっていると、砂

っぽく口に当たります。黒く見える背わたは取り除きます（詰まっていなければ取る必要ありません）。えびの背にナイフで浅く切り目を入れれば、背わたは簡単に取り除けます。

Sautéed Shrimp with Garlic and Parsley
ガーリックとパセリ風味のえびのソテー
4人分

私は、えびは殻付きのままソテーするのが好みです。テーブルの上で殻をむくのはちょっとお行儀が悪いようにも見えます（楽しいという人もいます）が、えびを焼いたときに殻から出る風味はすばらしく、殻付きで出す価値は十分にあります。

えび　450g

に

塩

挽きたての黒こしょう

を振ります。殻から味をしみこませるため、たっぷり振りましょう。

ガーリック　4かけ

は薄皮をむいて刻んだら、オリーブオイル少量を垂らし、ガーリック全体にまぶして酸化を防ぎます。

葉つきのパセリの茎　6本

から葉を刻めば、大さじ3くらいの量になります。底の厚いフライパンを火にかけ、

エキストラバージン・オリーブオイル　大さじ2

を加えて熱します。火を強め、塩・こしょうしたえびを入れ、フライパンを揺すりながら、えびの殻がピンクになるまで約3分間ソテーします。火を止め、刻んだガーリックとパセリを加えたら、フライパンを振って、ガーリックとパセリをえび全体にからめます。えびが熱いうちにすぐに食卓に運びましょう。

バリエーション
- ガーリックとパセリと一緒に、青ねぎ4本のスライスを入れます。
- 乾燥赤唐辛子を適量入れます。
- パセリの代わりに、香菜のみじん切り、またはバジルのシフォナード（線切り）を使います。
- えびの殻をむき、背わたを取ってソテーします。

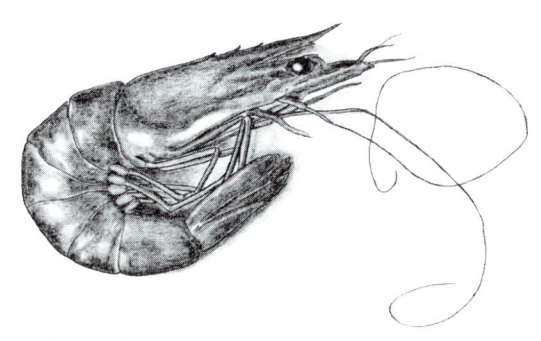

◆ Squid
いかについて

別名カラマリとも呼ばれるいかは、値段が安いだけでなく、とてもおいしい魚介類です。しかも海にはまだ豊富に棲息していて、食卓に供するには最高の食材と言えます。いかは、水揚げされたばかりの新鮮なものを選びましょう。新鮮ないかは、皮が半透明でキラキラ光り、目は澄んでいて、フレッシュで甘い海の匂いがします。

調理する前に、いかをきれいに下ごしらえします。まず触手を切り取りますが、目にできるだけ近いところにナイフを入れれば、身が無駄になりません。足の付け根には、固くて食べられない口ばしがあります。これを取り除くには、ちょうど足を切り取ったあたりをしぼるようにすると、口ばしが露出して

きます。また、いかの胴をまな板の上に置き、尾の端を押さえてナイフの背を尾から頭に向けてこそぐようにすれば、内臓と縦に通っている透明な軟骨が押し出されてきます。軟骨が途中で切れてしまったら、尾の側を少し切って、そこから取り出しましょう。私は、見た目のままが好きなので、いかの皮は取りません。また、いかの身は水を吸収しやすいので、洗わないほうがいいでしょう。丸のまま詰め物にしたり、グリルやオーブンで丸焼きにもでき、また、輪切りにして、ソテーやフライ、シチューなどに使ってもおいしくなります。

いかにはたんぱく質が豊富に含まれているので、熱が加わると身はゴムのように固くなります。いかをやわらかく保つため、調理は強火で短時間、3〜4分以上は熱を入れないようにしましょう。そうすれば、火は十分通りながら身は固くなりません。ほかには、最低30分はとろ火で煮るという調理法もあります。長時間煮ることによってたんぱく質が分解され、一度固くなったいかの身は再びやわらかくなります。

Grilled Squid
いかのグリル
4人分

グリルしたいかをオードブルとしてサーブするのが、私の好みです。またほかのグリルした魚や野菜とともにアイオリ（62ページ）を添えてサーブするのも好きです。いかの焼けるにおいは、食欲をそそります。

よく下ごしらえした
 小さめのイカ　450g

の足と胴を、
 オリーブオイル　大さじ2〜3
 塩
 挽きたての黒こしょう
 赤唐辛子　少々
 マジョラムまたはパセリ　大さじ2（みじん切りにする）

とまぜあわせて、マリネします。

いかは串に刺して胴と足を別々にグリルすれば、焼きやすくなります。何匹かまとめて、胴に垂直に竹串を数本刺して焼けば、身が反り返らずにうまく焼けます。足の串は、輪になった一番太い部分に刺します。炭火を強くおこして、小さいいかで片面2〜3分。火が強いときはさらに短い時間でひっくり返します。外側はパリっと焼けて、中はまだやわらかいというのが理想的な焼き加減です。熱いうちに、または室温に冷ましてからいただきます。

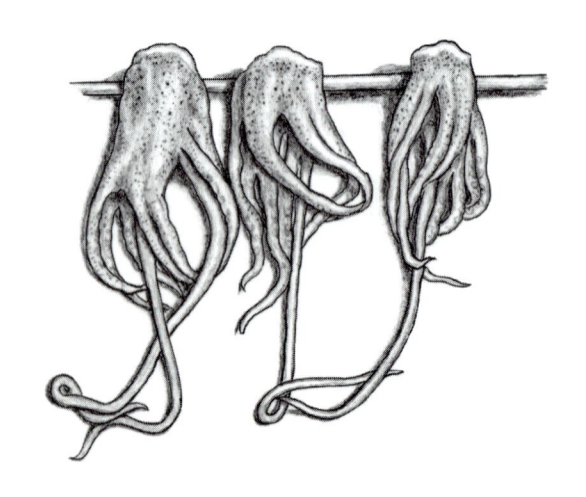

Poultry

鶏肉、鴨肉、七面鳥料理

レンガをのせて焼いたチキン 394

フライドチキン 395

鶏レバーのソテー 395

丸ごとグリルした鶏 396

鴨の胸肉のグリル 397

鴨の脚のブレゼ、西洋ねぎとグリーンオリーブ入り 397

ローストダック 398

ローストターキー 399

SEE ALSO

ローストチキン 126

鶏もも肉のブレゼ 147

Chicken Cooked Under a Brick
レンガをのせて焼いたチキン

これは「レンガ下のチキン」(pollo al mattone) として知られる、イタリアの伝統的な料理です。レンガを重石にして焼いたチキンは、驚くほど皮がカリッと焼きあがります。

ここでご紹介する調理法は、ドラムスティック（下もも）が付いたままの鶏のもも肉を使い、骨は外します。骨を外すのは肉屋さんにも頼めますが、もし、自分でやるなら、まず、よく切れる包丁でドラムスティックの足首の周りに、骨に届くまでぐるりと切れ目を入れて、皮と筋（腱）を切ります。肉厚のほうを上側にして、足首の切れ目から骨に包丁をしっかりと当てながら、ももとの関節まで切り込みを入れましょう。さらにもものほうも、真ん中の関節からももの付け根の関節まで、同じように骨に沿って切り込みを入れます。次に、肉を押し開くようにして、切れ込みから骨を露出させ、足首とももの付け根の両方から骨の裏側に包丁を当てながら、骨から肉を切り離します。どちらが先でもかまいませんが、最後は真ん中の関節のところだけで肉と骨がくっついているようにします。関節を折り曲げて両方の骨の端を合わせて握り、皮に穴をあけないように気をつけながら、関節の周りの肉を切り離します。この部分は、皮が関節に近いので注意が必要です。外した骨はブロスを作るときに使いましょう。骨を取ったもも肉に塩・こしょうをします。好みで乾燥赤唐辛子や、タイム、ローズマリー、セイボリー、セージなどのハーブを粗くみじん切りにして散らしてもいいでしょう。鋳鉄製のフライパンを中火にかけ、熱くなったら、オリーブオイル大さじ1を入れて、皮目を下にしてもも肉を入れます。皮がすべてフライパンの底に接するように置きましょう。

次に同じような重い鋳鉄のフライパンの外側をアルミホイルで覆い、これを重石にして、もも肉の上に置きます。こうすれば、もも肉の皮は熱されたフライパンの底にぴたっと密着して、皮がカリッとクリスピーに焼きあがります。鶏肉が、強くも弱くもなく適度に焼ける音を立てるまで、火加減を調節しましょう。まんべんなく焼き目がつき、焦げずにカリッと仕上がり、適度に脂も落ちて、焼けすぎていない状態が理想です。

2～3分焼いたら、重石のフライパンを一度持ち上げて、皮の焼け具合を確かめましょう。もし、焦げ目がつきはじめていたら、火を少し弱めます。逆にまだ白っぽいようなら、火を強めてください。およそ10～12分で、皮にきれいな焼き色がついてクリスピーに仕上がり、肉にもほぼ火が通ります。そうなったら、重石を外してもも肉を丁寧に裏返します。鶏肉から出た脂がかなり溜まっているので、フライパンを傾けるか、スプーンですくって捨てましょう。裏返しにしたら、もう重石はのせません。せっかくのカリッとした焼き上がりが損なわれるからです。裏側をさらに2～3分焼て、熱々のまま食卓へサーブしましょう。

バリエーション

◆ 骨を取ったチキンのもも肉も、中火の炭火で同じように重石をして焼くことができます。

◆ 骨を取った胸肉でも、同じように調理できます。ただし、焼く時間は短くしましょう。

Fried Chicken
フライドチキン
4人分

鶏肉に下味をつけて、少なくとも1時間、可能なら一晩置いてください。

  鶏の胸肉　2枚（骨も皮も付いたもの）
  鶏のもも肉　2本（骨も皮は付いたもの）

に、

  塩
  挽きたての黒こしょう

を振ります。

胸肉を半分に切り、もも肉は関節のところでもも とドラムスティックに切り分けます。分けた8切れの鶏肉をボウルに入れ、

  バターミルク（＊）　500cc

に浸して、約20分おきます。

底の広い鋳鉄のフライパンを中火にかけ、

  ピーナッツオイルまたはサラダ油

を2.5cmの深さまで入れます。

  パイ皿に
  強力粉　300g
  カイエンペッパー　少々（好みで）
  塩
  挽きたての黒こしょう

をまぜあわせ、鶏肉にまぶします。

指をバターミルクにつけて粉をフライパンの油に落としてみます。ジュッと音を立ててすぐに表面に浮き上がってきたら、油の温度は十分です。バターミルクに浸したチキンを、小麦粉のミックスの中で何度かひっくり返してまんべんなく粉をまぶしましょう。油がはねないように注意しながら、粉のついた鶏肉を滑らせるように静かに入れます。一度にたくさん入れずに、鶏肉同士がくっつかない程度に加減して揚げます。必要なら何回かに分けて揚げましょう。揚げ終えた鶏肉は、低温にセットしたオーブンに入れて保温しておきます。ときどき返しながら、おいしそうな揚げ色をつけます。約15分で中まで火が通るので、ひとつ切ってみて、火が通ったかどうか確かめましょう。揚がった鶏肉は網かペーパータオルにのせて油切りします。

バリエーション
◆ 小麦粉の半量をコーンミールに代えて揚げると、カリッとした衣になります。
◆ 骨を取れば、より短時間で揚げることができます。
◆ 衣を薄くするには、バターミルクは使わず、スパイスをまぜた小麦粉を紙袋に入れ、そこにチキンを入れて、袋ごと揺すって粉をまぶします。粉をまぶしたチキンは、30分ほどおいて、乾かしてから揚げます。

Sautéed Chicken Livers
鶏レバーのソテー
4人分

鶏のレバーを225g用意し、脂や筋を切り落とします。緑色に変色している部分があれば、それは胆嚢の残留物でとても苦いので、取り除きます。鶏レバーは二股になっているところで切り分け、塩・こしょうをします。底の厚い鍋を中火にかけ、オリーブオイルまたはバターを入れて熱します。レバーを入れ（あまりたくさん入れないように）、片面を3分、さらに裏側を2分ほど焼きます。レバーは、中がまだピンク色を残す程度に臭みはないようです。さらに風味をつけるには、レバーを返すときにエシャロットのみじん切りを加えます。焼き上がったレバーを取り出したら、好みで、鍋にブランデーかワ

＊バターミルク：牛乳1とヨーグルト1の比率でつくります。国産のサワークリームに代えても使えます。

インを大さじ2を入れてかきまぜて、鍋底についたエキス分を溶かし、そこにバターを一塊入れてソースにすることもできます。鶏レバーのソテーは温かいうちもおいしいですが、冷めてからつぶして、やわらかいバターとまぜて、シンプルなレバーパテにすることもできます。

簡単なオードブルとしては、このレシピのレバーひとつかふたつをスライスし、バターを塗ったクルトンにのせて、バルサミコビネガーをたらして、パセリを散らします。

Grilled Whole Chicken
丸ごとグリルした鶏
4人分

できれば料理をする前日に、鶏の背骨を取っておきます（または肉屋さんに頼んで取ってもらいます）。

  鶏　1羽（1.6〜1.8kg）

を用意します。

鶏は背骨を上にして台の上に置き、鶏肉用の大きなはさみか包丁で、ももの関節とあばら骨の間から刃を入れて、背骨に沿って両側を切り離し、背骨を取ります。背骨を取った鶏を裏返し、胸を上にして胸骨に手の平を置き、つぶすようにして中の骨が折れる音がするまで押して、鶏を平たくします。鶏の外側に刷毛で、

  オリーブオイル

を塗り、

  塩
  挽きたての黒こしょう

を振ったら、覆いをして冷蔵しておきます。鶏はグリルする1時間前には冷蔵庫から取り出しましょう。炭火をおこし、中火程度に火が落ち着いたら（炭火が白い灰に覆われたら）、きれいに洗ったグリルを、火から15cmくらいの高さにセットします。鶏は開いた側を下にしてグリルに置き、こんがりと焼けるまで10〜15分グリルします。裏返して、次に、皮がこんがりと香ばしく焼けるまで、10〜15分さらにグリルし、そのあとは5分ごとに裏返しながら、鶏全体に火が通るように焼き上げましょう。火の強さにもよりますが、焼き上がるまでに30〜40分はかかります。ももの骨の周りを見れば焼け具合はわかります。落ちた脂に火がついて焦げたりしないよう、グリルからは目を離さないように。火が強いようなら、炭の火が弱い位置に鶏を移すか、または初めから頻繁に裏返しながら焼いていきます。焼き上がったら火から下ろし、10分ほど休ませてから切り分けて食卓に出しましょう。

バリエーション

◆ 塩・こしょうのほかに、刻んだ生のハーブ、レモンゼスト、つぶしたコリアンダー・シードを鶏にすり込みます。

◆ 何かソースを塗るときは、鶏が焼き上がる10分前に刷毛で塗るようにします。あまり早く塗ると鶏が焦げてしまいます。

◆ 鶏を切り分けてから焼けば、焼く時間が短縮できます。

Grilled Duck Breast
鴨の胸肉のグリル

鴨の胸肉3枚で4人分のグリルができます。胸肉の下ごしらえは、皮を下にして置き、胸肉に付いているささみを取ります（ささみは別の料理に使います）。ささみは両側の胸肉の奥にほぼ同じ長さで付いていて、胸肉から簡単に外れます。肉からはみでている皮を切り取ったら、胸肉をひっくり返して、皮と脂身層に包丁で格子状に切れ込みを入れます。

こうして切れ目を入れれば、油がにじみでやすくなります。ここまでの処理がすんだら、十分に塩・こしょうをします。好みでハーブやスパイスを振ってもいいでしょう。

グリルする15分前に、下ごしらえした胸肉を冷蔵庫から取り出します。グリルに炭火をおこし、火を落ち着かせてちょうどよい火加減になったら（火が強すぎると肉が焦げてしまい、弱すぎると脂が十分に落ちず、こんがりと焼き色がつきません）、皮側を下にして約10分、皮がきれいに焼けるまでグリルします。滴り落ちる脂から炎が上がったら、焦げないように肉を炎から離しましょう。焼き色がついたら肉を裏返し、さらに3～4分焼きます。なんといっても鴨はミディアムレアがおいしいのですが、焼きすぎるとパサパサになるので、注意しましょう。5～10分置いて、中の肉汁を落ち着かせてから、切り分けます。薄くスライスして、上から肉汁のソースなどをかけてサーブします。

Braised Duck Legs with Leeks and Green Olives
鴨の脚のブレゼ、西洋ねぎとグリーンオリーブ入り

4人分

ひとつの鍋だけでおいしくできる料理で、やわらかいポレンタ、マッシュポテト、またはシェルビーンズなどとよく合います。使うグリーンオリーブの種類は、種入りのラクーやピコリンなどがよいでしょう。

> 鴨のもも肉（ドラムスティックが付いたもの）　4本

を用意し、余分な脂身を切り取ります。数時間前、もしくは前の晩に、

> 塩
>
> 挽きたての黒こしょう

を振り、ラップして冷蔵しておきます。

オーブンを220℃に予熱します。もも肉4本がゆったり入り、オーブンに収まる大きさのフライパンで

> オリーブオイル　大さじ2

を熱して、そこに、

> 西洋ねぎ（*）　2本（白と薄緑部分を洗い、粗いみじん切りにする）
>
> にんじん　1本（皮をむき、粗いみじん切りにする）

を入れて、中火で3分炒めたら、

> 塩
>
> タイム　6本（葉のみ）
>
> パセリ　6本（葉のみ）
>
> ローリエ　1枚
>
> グリーンオリーブ　250cc

を入れてさらに3分間炒めます。そこに、もも肉を皮を下にして並べ、

> 白ワイン　125cc
>
> チキンブロス　375cc
>
> レモンゼスト　少々

を加えます。煮汁は約2.5cmの深さになる見当です。少なければワインとスープを足しましょう。火を強め、沸騰しはじめたら、すぐにオーブンに入れます。30分経ったら、フライパンをいったん取り出して、もも肉を裏返します。もも肉が煮汁に沈んでいるようなら、皮が上に出る程度に煮汁を減らしましょう（煮汁は取っておきます）。オーブンの温度を160℃に下げてオーブンに戻し、さらに1時間から1時間半、皮にきれいに焼き色がついて、包丁

＊西洋ねぎ（リーキ）：国産のねぎに代えて使えます。

がスッと入るようになるまで焼き上げます。

焼き上がったらもも肉を取り出し、野菜と煮汁はボウルにあけます。煮汁にはもも肉から相当の量の脂が出ているので、しばらく置いて、落ち着いたところで表面の脂をすくいます。味見をして、必要に応じて味を調えます。そのとき、煮汁が薄いようなら少し煮つめてもいいでしょう。煮汁と野菜をフライパンに戻し、上にもも肉を並べて、もう一度火にかけて、熱々をサーブします。

バリエーション

◆ 種なしのオリーブを使うときは、量を減らして、125ccくらいを煮上がる15分前に入れます。

◆ ワインの2分の1量をシェリー酒に代えます。

◆ オリーブの代わりに、プルーンやいちじくなどのドライフルーツを使います。その場合は、白ワインの代わりに赤ワインを入れ、煮るときにベーコンかパンチェッタを加え、レモンゼストは省きます。

◆ 鴨の代わりに、チキンのもも肉を使います。煮る時間は30分ほど短くしましょう。

Roast Duck
ローストダック
4人分

　　鴨　1羽　3〜4ポンド（1.35〜1.8kg）

を用意して、腹の中の脂身を取り除きます。皮の上から鴨全体にペティナイフまたは串で小さな穴をあけ、ローストしている間に余分な脂が流れ出るようにします。

鴨の外側と内側の両方に、できれば焼く前日に、

　　塩
　　挽きたての黒こしょう

を十分に振っておきます。ローストする1時間前には冷蔵庫から取り出し、オーブンを205℃に予熱しておきます。オーブン用の大きめの天パンに鴨の胸側を上にして置き、まず20分ローストして、さらに上下を返して20分ローストし、いったんオーブンから取り出して、天パンに溜まった脂をすべて捨てます。また胸を上にしてオーブンに戻し、さらに20分ローストします。骨の周りの肉はまだピンクを保つ状態が理想の焼き上がりです。焼き上がったら、10分ほど休ませてからサーブします。鶏と同じように切り分けていただきましょう。

Roast Turkey
ローストターキー

5.5〜8kgくらいの七面鳥なら、大きなものより扱いやすく、8〜10人分はつくれて、翌日用に残しておける程度の量です。

ターキーの外側と内側に、たっぷり塩・こしょうを振りますが、少なくとも1日前、できれば2〜3日前に下ごしらえしておくといいでしょう。あるいは、ターキーをハーブ入りの塩水に1〜2日浸けて

おくやり方もありますが、最近では昔ながらのおいしい品種が手に入るようになったので、その必要はありません。腹の内側にハーブの枝を詰めたり、皮全体にすりこんだり、胸やもも肉の皮の下に差し込んだりすれば、十分おいしくなります。

ターキーはオーブンに入れる前に、室温に戻しておきます。まずやわらかいバターを表面と腹の内側にすりこみます。スタッフィング（野菜やフルーツ、肉などの詰めもの）をするなら、焼く直前につくりたてを詰めましょう。その場合は、スタッフィングも室温にしておきます。あまりぎゅうぎゅう詰めにすると、均一に火が通らないことがあるので、余裕をもって詰めましょう。具はそれだけでもおいしいので、余ったら耐熱皿で別にローストしましょう。頑丈なロースティング・パンに網の中敷きを置くか、またはハーブを枝ごとクッションとして敷き詰めて、そこに胸を上にした七面鳥を置き、205℃に予熱したオーブンに入れます。スタッフィング（詰めもの）をしていない7kgのターキーなら、焼く時間の目安は450gにつき、12分見当です。スタッフィングをしたときは、4時間から4時間半が目安と思ってください。

焼き時間の3分の1過ぎたあたりで、オーブンの温度を180℃に下げ、ターキーの上下を入れ替えます。この温度のまま、中間の3分の1、最後の3分の1の時間は、再び胸を上にして焼きましょう。最後の3分の1の途中に、1回か2回、溶かしバターをターキー全体に刷毛で塗ります。火が通ったかどうか、鶏と同じように足の関節の周りの焼け具合でチェックします。温度計を差してみて、肉が最も厚い胸肉ともも肉の奥の温度が70℃に達しない程度でオーブンから取り出します。20分ほど休ませて、そのあいだに余熱で内部の温度が上がって、ちょうど良い焼け具合に落ち着いたところで、切り分けてサーブします。天パンに溜まった肉汁で、とてもおいしいグレービーソースもつくれます。

Meat
肉料理

ショートリブのブレゼ 402

イタリア風ミートボール 403

ハンバーガー 404

ローストビーフ 404

ビーフのポットロースト 405

ラムの肩肉のコトコト煮 406

ラムのすね肉の煮込み 407

ラムロースチョップのグリル 408

グリルした豚のスペアリブ 408

シンプルな自家製ソーセージ 409

豚ロースのロースト 409

カルニタス 410

SEE ALSO

ラムレッグのロースト 129

フライパンでつくるポークチョップ 138

ビーフシチュー 152

豚肩肉のブレゼ・チリ風味 155

ボイルドディナー 164

ハーブ風味のグリルド・ステーキ 173

Braised Short Ribs
ショートリブのブレゼ
4人分

骨つきのショートリブのブレゼは、汁気たっぷりで肉の旨みが味わえる料理のひとつです。

   牧草で育った牛の骨付きショートリブ　1.6kg

を5cmの長さに切りそろえ、

   塩・挽きたての黒こしょう

を振ります。できれば、前日に味つけして、ラップして冷蔵しておきましょう。

料理を始める1時間前に冷蔵庫から肉を取り出し、オーブンを230℃に予熱します。ショートリブの肉が付いている側を上にしてロースティング・パンに一段に並べ、オーブンに入れて25〜30分、肉に焼き色がついて脂が滴り落ちるくらいまで焼きます。焼けたらオーブンから取り出し、皿に溜まった脂を捨てて、リブが入ったまま、ロースティング・パンは置いておきます。

ショートリブをローストしている間に野菜を用意します。大きなフライパンで、

   オリーブオイル　大さじ1

を熱して、

   玉ねぎ　小2個　（四つ切りにする）
   にんじん　2本　（皮をむき、大きめの乱切りにする）
   セロリ　1本　（皮をとり、乱切りにする）
   ガーリック　6かけ　（粗いみじん切りにする）
   タイム　6本
   パセリ　4本
   ローリエ　1枚

を入れます。

中火でときどきかきまぜながら、約10分炒め、

   トマト　3個　（芯をとり、四つ切りにする）

を入れて、さらに5分炒めたら、

   赤ワイン　180cc
   チキンまたはビーフブロス　500cc

を注いで、弱火で沸騰させます。

ロースティング・パンからいったんショートリブを取り出し、そこにフライパンで炒めたものを敷きつめます。その上に、骨の側を上にしてショートリブをのせ、ふたかアルミホイルで覆いをして、230℃のオーブンで焼きます。20分ほどで煮汁が沸騰し始めたら、温度を160℃に下げ、覆いを少しずらして蒸気を逃がして、沸騰しないようにします。そのまま1時間から1時間半、骨が肉から外れるくらいに肉がやわらかくなるまで、オーブンで焼きます。やわらかくなったらショートリブを取り出して、煮汁を漉し、木のヘラなどを使って、野菜はつぶすようにして旨みをすべて絞り出しましょう。絞った野菜は捨てます。漉した煮汁はしばらく置いて、表面に浮いた脂を取ります。味見をし、煮つまりすぎて味が濃いようなら、水を少量加えてゆるめましょう。サーブする直前に、ショートリブをもう一度、煮汁で温め直してから食卓に出しましょう。

バリエーション

◆ 野菜を炒めるとき、ベーコンまたはパンチェッタを加えます。

◆ ドライポルチーニを野菜と一緒に炒めます。

◆ 夏場はショートリブをグリルで温め直し、熱々の煮汁を別に添えてサーブします。

◆ ショートリブが余ったら、肉を骨から外して細かくほぐし、別に野菜（玉ねぎ、にんじん、セロリ、トマトなど）を炒めて煮汁に加え、さらに煮込めば、パスタやポレンタによく合うおいしいソースになります。

◆ ショートリブの肉を骨から外して細かく切り、刻んで炒めた香味野菜（玉ねぎ、にんじん、セロリ）、ハーブ（パセリ、マジョラムなど）、やわらかいバターとまぜてラビオリに詰めます。
◆ オックステールでも同じように料理できます。ローストする時間は長めに取りましょう。
◆ 食卓に出す直前にグレモラータ（261ページ）を散らします。

Italian Meatballs
イタリア風ミートボール
4人分

私は、ミートボールをピンポン球ほどの大きさにつくって、トマトソースのスパゲッティと和えるのが好みです。また、少し小さいサイズにして、熱いうちにおろしたパルメザンチーズを振り、オードブルとして出したりもします。

    牧草で育った牛の挽き肉　450g
    豚肩肉の挽き肉　350g

に、

    塩
    挽きたての黒こしょう

を振り、小さいボール状にして、

    1日経ったパンドカンパーニュを手でちぎった小片（皮は除く）　250cc
    牛乳　125cc

を合わせ、しばらくおいてパンをやわらかくします。おろし器の大きな穴の面を使い、

    玉ねぎ　小1個

の皮をむいておろします。玉ねぎは粗いピュレ状になり、これがミートボールを風味よく、しっとりとさせてくれます。牛乳に浸したパンをよく絞り、大きめのボウルに挽き肉、玉ねぎと一緒に入れ、

    オリーブオイル　大さじ1
    ガーリック　2かけ（皮を取り、すり鉢でペースト状にして塩少々を加える）
    生のオレガノ　大さじ1（みじん切りにする）
    またはドライの粉末　小さじ1
    パセリ　大さじ1（みじん切りにする）
    カイエンペッパー　少々
    卵　1個（軽く溶いておく）
    パルメザン粉チーズ　60cc
    塩・挽きたての黒こしょう

すべての材料を手でやさしく、均一になるようにまぜます。こねすぎると固くなってしまうので気をつけましょう。小さめのフライパンで、まず小さなミートボールをひとつ焼いて味見をし、必要に応じて味を調えます。パサつくようなら、牛乳少量を加えます。味が決まったら、手で丸めるかアイスクリームスクープを使ってミートボール状にして、縁のある天パンに並べ、230℃に予熱したオーブンで、中に火が通るまで約6分焼きます。または鋳鉄のフライパンにオイルを少量引いて、転がしながら焼き色がつくまで火を入れます。

バリエーション
◆ 牛の挽き肉の代わりに、ターキーまたはチキンの挽き肉を使います。
◆ ミント、マジョラム、セージ、タイムなど、ほかのハーブのみじん切りを使ってみましょう。
◆ ガーリック2かけをピュレにし、赤または白ワインを大さじ2～3とともに加えます。
◆ 松の実とカラントをミートボールにまぜ、ポレンタと焼いたスライスオニオンと一緒にサーブしまし

よう。

◆ ラムの挽き肉の全量または一部を使って、ミートボールをつくります。クミンパウダーと香菜を加え、オレガノとチーズは省きます。フライパンで焼き色をつけてから、ラムまたはチキンのブロスで約30分ブレゼにします。香菜を散らして、クスクスと一緒に食卓へ出しましょう。

◆ パンの代わりに、冷めたご飯、またはゆでてからつぶしたじゃがいもを使います。

Hamburgers
ハンバーガー
4人分

牧草で育った牛の肩ロースの挽き肉でつくったハンバーガーは、私の好物です。良質な牛肉の風味と、脂と肉の赤みのバランスがちょうどいいのです。

  牧草で育った牛肩肉の粗挽き　約800ｇ
  塩・挽きたての黒こしょう
  ガーリック　2かけ（細かいみじん切りにする）

をよくまぜ、4等分してボール形に丸めます。均一に焼けるように、縁はなめらかに、真ん中は肉が焼けるにつれてふくれるので、少しへこませて成形します。ミディアム・レアのハンバーガーは、炭火で9分、1〜2回ひっくり返しながらグリルしましょう。

  スライスしたパン　8枚（ルヴァンまたはフォカッチャが最適）

を片面だけトーストしてハンバーガーをのせ、焼いた玉ねぎ、ルッコラまたはレタス、それに好みの調味料を添えてサーブします。

バリエーション

◆ ハーブのみじん切り小さじ2を、挽き肉に入れます。ラビッジ（サラダセロリ）がとくに合います。

Roast Beef
ローストビーフ

ローストビーフといっても、シンプルな肩肉のローストもあれば、テンダーロインで豪華につくることもできます。しかしどの部位の肉を使うにしても、調理のテクニックは同じです。大事なのは、ローストする前に早めに塩・こしょうで下味をつけておくこと。時間の余裕をもって、肉を冷蔵庫から出して室温に戻しておくこと。焼き上がったローストビーフを十分休ませてから切ること。この3つのルールを守れば、できあがりの風味と肉の食感はぐっとよくなり、全体をムラなく、均一に焼くことができます。

塩・こしょうをする前に、肉の余分な脂を6㎜ほど残して削ぎ取ります。次に、塩と挽きたての黒こしょうを振ります。これは1.35kg前後の肉なら前日でもいいのですが、できれば2日前にやっておけば、よりおいしくなります。大きな塊なら、2〜3日前には下ごしらえしておきましょう。

ローストする肉を紐で縛るのは、必ずしも必要なことではありませんが、縛った方がムラなく全体に火を通しやすくなります。肉屋さんに頼んでもいいですが、自分でやるなら、たこ糸で肉の周りをしっかりと、でもあまりきつくなりすぎない程度に、7〜8㎝の間をあけて縛りましょう。

ローストする肉は、小さいものなら1時間前に、大きいものなら2〜3時間前には、冷蔵庫から出して

おきます。
小さめの肉なら205℃で、2kg以上の大きなものは190℃のオーブンで焼きます。焼く時間の目安は、450gにつき15分です。焼く前に温度計で肉の内部の温度を計っておきましょう。オーブンから出した後も、余熱で肉の中の温度は上がっていくので、好みの焼き加減よりちょっと早めにオーブンから出すのがコツです。肉の温度を計るときはいちばん肉の厚みのある部位を何か所かを計り、いちばん低い温度の部位を基準にします。そこの温度が、以下に記す目安に達したら、オーブンから肉を取り出して休ませましょう。

- レア　48℃
- ミディアムレア　52℃
- ミディアム　57℃
- ミディアムウェル　63℃
- ウェルダン　68℃

休ませることで肉の中の温度が均一になり、中の肉汁も落ち着いてきます。私は小さめの肉でも、最低20分は休ませるといいと思います。大きいものなら30分以上必要です。肉を休ませるときは、アルミホイルでテントをつくって、ゆったりと覆うといいでしょう。このとき、密閉しないように気をつけてください。熱がこもって、必要以上に肉に火が入ってしまいます。

Beef Pot Roast
ビーフのポットロースト
4人分

　　牧草で育った牛の肩肉　1.35kg

に

　　塩・挽きたての黒こしょう

を振ります。塩・こしょうは少なくとも数時間前、できれば前の晩にしてラップに包み、料理を始める1時間前まで冷蔵庫に入れておきましょう。
ダッチオーブンまたは厚手の深鍋に、

　　オリーブオイル　大さじ2

を入れて熱し、すぐに牛肩肉を入れ、鍋を傾けながら、肉の周りにオイルを回します。肉は各面を3～4分ずつ焼いて、焼き色をつけます。

　　バター　大さじ1

を加え、肉を返しながら、全体に回るようにします

　　強力粉　大さじ1

を肉の両面に振り、各面をさらに3分ずつ焼いたら、

　　玉ねぎ　1個　（皮をむいて、大きめに切る）
　　ねぎ　1本　（洗って、大きめに切る）
　　にんじん　1本　（皮をむいて、適当な大きさに切る）
　　セロリ　2本　（洗って、適当な大きさに切る）
　　ガーリック　2かけ（半分に切る）
　　タイム　4枝
　　パセリ　1枝
　　ローリエ　1枚

を鍋に入れて、さらに、

　　赤ワイン　125cc
　　水またはブロス

を注ぎ入れます。水は肉がかぶるくらいまで入れましょう。沸騰したら、ときどきかきまぜながら、表面に浮いてくるアクを丁寧にすくいます。ふたをして、弱火で肉がやわらかくなるまで約2時間半、コトコト煮込みます。
ポットローストを煮ている間に、

　　にんじん　3本　（皮をむき、乱切りにする）
　　セロリ　3本　（適当な大きさに切る）

イエローポテト（またはメークイーン）　中4個
（皮をむき、乱切りにする）

を、塩を入れた湯で、やわらかくなるまでゆでます。

ポットローストの肉が煮えたら、肉を取り出し、温かいところにおいて煮汁を漉します。漉し網に残った野菜は、スプーンの背で潰してエキスを絞り出し、カスは捨てましょう。漉したスープはしばらく置いて、上に浮いた脂を取ってから、鍋に戻して火にかけます。ロースト肉もスライスして鍋に戻し、別にゆでておいた野菜を加えます。一煮立ちさせてから、熱いうちにサーブしましょう。

バリエーション

◆ パンチェッタの厚切りを加えると、味に深みが出ます。

◆ ほかの野菜でも試してみましょう。たとえば春なら、グリーンピース、かぶ、パースニップ、夏なら、生の豆類や皮をむいた丸のままのトマトなど。

◆ サルサヴェルデ（59ページ）、ワインビネガーで風味つけしたホースラディッシュ、またはマスタードなどと一緒にサーブします。

Long-Cooked Lamb Shoulder
ラムの肩肉のコトコト煮
4人分

ラムの肩肉はとても筋の多い部位ですが、長い時間をかけてローストすれば、とてもジューシーでやわらかくなります。丸ごとの骨付きの肩肉は、肉屋さんに注文する必要があるかもしれません。

ラム骨付き肩肉　1.35〜1.8kg

できれば前の晩に、

塩・挽きたての黒こしょう

を振っておきます。

ロースト肉がゆったり入る大きさの厚手のオーブン用の陶器皿、またはロースティング・パンに、

トマト　中4個、または400gの有機ホールトマト缶1缶（芯を取り、粗切りにする）

玉ねぎ　中2個（皮を取り、粗いみじん切りにする）

にんじん　2本（皮をむき、粗いみじん切りにする）

ガーリック　5かけ

セイボリーの枝　3本

タイムの枝　3本

粒の黒こしょう　7粒

唐辛子　1個

を入れ、その上に肩肉をのせて、

チキンブロスまたは水　500cc

白ワイン　180cc

を注ぎ、ふたをしないで約2時間半、190℃のオーブンで焼きます。ときどき煮汁の量をチェックして、少なくなってきたらブロスまたは水を足します。1時間半経ったところで、肩肉を裏返します。さらに30分経ったら、もう一度裏返して、今度は約20分、肉にきれいな焼き色がついて、やわらかく、骨から外れそうになるくらいまで焼きます。焼きが足りなければ、引き続き20分おきに裏返しながら焼きましょう。焼き上がったらラム肉を取り出し、野菜と煮汁をボウルにあけてしばらく置いてか

ら、上に浮いた脂を取ります。野菜はフードミルにかけて、漉したジュースは煮汁に戻します。味見をして、塩味を整え、味が濃いようならブロスか水で薄めましょう。肉は骨から外して大きめのぶつ切りにして、煮汁に戻して温め直し、熱々で食卓に出しましょう。

バリエーション

◆ 肩肉を温め直すときは、炭火を中火におこして、その上でグリルするやり方もあります。これなら、肉の周りがカリッと仕上がります。肉をスライスして、グリルしたポテトやサラダと一緒にサーブします。

◆ ラムローストではなく、ラムシチューをつくるには、1.35kgの肩肉を5cm角に切り、熱したオリーブオイルを入れて、中火で焼き色がついたら、野菜の入った鍋に入れます。チキンブロスと白ワインを注ぎ、ふたをして約2時間半、160℃のオーブンで火を入れましょう。

Braised Lamb Shanks
ラムのすね肉のブレゼ
4人分

ラム肉の中でも、すね肉がいちばんブレゼ（蒸し煮）に向いています。すね肉は、前脚の肉のたくさん付いている部位で、1人前なら、すね肉1本で十分です。丸ごとでもいいですが、肉屋さんに頼んで、半分に切ってもらってもいいでしょう。コトコトと長い時間ブレゼしたすね肉に、仕上げにパセリ、ガーリック、レモンゼストをまぜたグレモラータをかければ、ブレゼに新鮮な香りを添えてくれます。

 ラムのすね肉　4本

は、余分な脂身を切り落として、

 塩・挽きたての黒こしょう

をよく振ります。できれば前日の晩にやっておきましょう。

厚手の鍋をやや強火にかけ、

 オリーブオイル

を、鍋の底全体に行き渡るくらいたっぷりと入れます。

すね肉を入れて約12分、肉全体に焼き色がつくまで焼きます。すね肉が茶色になったら、鍋から取り出し、鍋に残った脂を捨てて、

 玉ねぎ　2個　（大きめに切る）
 にんじん　2本　（大きめに切る）
 ガーリック　1玉　（横に半分に切る）
 乾燥赤唐辛子　1本
 黒粒こしょう　4粒
 ローズマリー　1茎
 ローリエ　1枚

を入れ、ときどきかきまぜながら、野菜がやわらかくなるまで数分間炒めます。

そこに、

 白ワイン　180cc
 トマト　中2個、または400gの有機ホールトマト缶　2分の1缶　（芯を取り、粗く切る）

を加えて火を強め、鍋底に付いたすね肉の旨みをこそげるようにしながら、ワインを煮つめていきます。ワインの量が半分になったらすね肉を鍋に戻し、

 チキンブロス　500cc

を加えます。煮汁は、すね肉の半分程度まで入れましょう。沸騰したらすぐに火を弱め、ふたをして、2時間半から3時間、弱火でコトコト煮ます。または160℃のオーブンに鍋ごと入れてもいいでしょ

う。オーブンに入れる場合は、最後の20分間はふたを取って、肉に少し焼き色をつけます。すね肉が骨から外れそうなぐらいやわらかくトロトロになったら、鍋からいったん取り出して、煮汁の表面に浮いた脂をすべて取ります。さらに煮汁を野菜ごとフードミルにかけて漉します。味見をして味を調え、ソースが濃すぎるなら、スープを少し足してゆるめます。味が調ったら、すね肉を煮汁に戻して温めます。仕上げに、

グレモラータ（261ページ）を添えてサーブしましょう。

Grilled Lamb Loin Chops
ラムロースチョップのグリル
4人分

　　厚さ3.75㎝のラムロースチョップ　8枚

に、

　　塩・挽きたての黒こしょう

を振ります。

炭火をおこし、ちょうどいい強さに落ち着かせます。きれいに掃除したグリル網を炭火にのせ、ラムにオイルを塗って、約6分焼きましょう。格子の焼き模様をつけたければ、3分後に45度肉を回転させます。片面が焼けたら、裏返して反対側を4分焼けば、ミディアムレアに仕上がります。焼き上がった肉は4分ほど休ませてからサーブします。

バリエーション
◆ 骨付きのリブロースをグリルするなら、1人あたり3本ずつ用意して、強火で片側3分ずつ焼きます。
◆ ポークチョップも炭火焼きがおいしいものです。厚さ2.5㎝のポークチョップなら、トータル10〜12分で焼き上がります。

Grilled Pork Spare Ribs
グリルした豚のスペアリブ
4人分

このレシピ用に、自家製のマイルドなチリパウダーをつくることもできます。アナハイムやアンチョといった種類の乾燥唐辛子を軽くトーストし、すり鉢ですって粉にします。

　　豚のスペアリブ　2枚（約1.35kg）

に、

　　塩・挽きたての黒こしょう

を振ります。

　　コリアンダー・シード　小さじ2　（トーストして粉にする）
　　フェンネル・シード　小さじ1　（トーストして粉にする）
　　辛くないチリパウダー　小さじ3
　　スイートパプリカ粉　小さじ2

をまぜあわせ、スペアリブの両面にまぶして冷蔵庫に入れておきます。できれば、前の晩に済ませておきましょう。焼く前にスペアリブを冷蔵庫から出して、室温に戻します。

炭火か焚き火をおこし、スペアリブに、

　　オリーブオイル

を塗ります。火が落ち着いたところで、スペアリブをグリル網にのせ、アルミホイルで軽く覆います。スペアリブは時間をかけてじっくり焼きましょう。急激に焼くと肉が固くなり、調味料が焦げて苦くなってしまいます。10分ごとに裏返しながら、全体に焼き色をつけ、中に火が通るまで約1時間くらい焼いてください。焼いている間は、炭火の火力を一定に保ちましょう。焼き上がったら、スペアリブを

骨と骨の間で1本ずつに切り離して、サーブします。

バリエーション
◆ スペアリブを天パンにのせ、190℃のオーブンで約1時間、10分おきにひっくり返しながら焼きます。

◆ チリパウダーとパプリカの代わりに、乾燥赤唐辛子と生のタイムの葉、ローズマリー、セージを調味料に加えてもいいでしょう。

Simple Homemade Sausage
シンプルな自家製ソーセージ
450g分

ソーセージは自分でも意外と簡単につくれます。このレシピはケーシング（ソーセージの具をつめる動物の腸）に入れないソーセージ・ミート、つまりソーセージの中身のつくり方です。これはパテのように平たくしたり、ミートボールにしたり、スタッフィングやパスタソースにも使えます。一般的に、おいしいソーセージには25〜30%程度の脂が必要、とされています。脂は焼いている間にほとんど溶けてしまいますが、脂が少ないソーセージはパサついておいしくありません。ソーセージに最も適しているのは、脚や腰の肉よりも脂がのった豚の肩肉です。新鮮な肉でつくれば、ソーセージは冷蔵庫で1週間は保存できます。

手で、

 豚の挽き肉　450g
 塩　小さじ1
 挽きたての黒こしょう　小さじ1/4
 セージの葉のみじん切り　小さじ2、またはドライセージ　小さじ1
 挽きたてのナツメグ　少々
 カイエンペッパー　少々

を軽くまぜあわせます。

スパイスが肉全体に行き渡るようにざっくりとまぜます。このとき、肉はこねないように気をつけましょう。小さな円盤形に丸めて、フライパンで焼いて味見をし、残り全体の味を調えます。

バリエーション
◆ フェンネル入りのソーセージをつくるには、フェンネル・シード小さじ2（トーストしてつぶしたもの）をセージ、ナツメグ、カイエンペッパーの代わりに使い、ガーリック2かけをピュレ状につぶして、赤ワイン大さじ3を加えます。好みでパセリのみじん切り小さじ2と、ドライ・チリ小さじ1/2を加えましょう。

Roast Pork Loin
豚ロースのロースト
4人分

外側がカリッと香ばしく、中はやわらかくジューシーな豚のローストは、何よりのごちそうです。豚ロースの部位は、骨なしでも骨付きでもローストできます。骨付きなら、肉屋さんにリブ（肋骨）が付いた塊をカットしてもらいます。ただし、背骨は外してもらいましょう。リブ付きでローストした豚ロー

スは、リブの間でカットして、骨付きのまま出してもよく、カットしたあとでリブを切り離してもいいでしょう。その場合は、切り離したリブも、肉と一緒にサーブします。

  骨付きの豚ロースの塊　リブ4本分、または骨な
  しで1.1kgの塊

を、骨付きなら、肉とリブの間に包丁を入れてリブの端3cmくらいだけ残して切り離し、

  塩・挽きたての黒こしょう

を切り口と肉全体に多めに振って、冷蔵庫に入れておきます。できれば前の晩にここまで済ませておきましょう。焼く1時間前には冷蔵庫から肉を取り出し、ムラなく焼けるようたこ糸で縛って形を整えます。

ロースト用天パンに肉の脂身の側を上にして置き、190℃に予熱したオーブンに入れます、ローストビーフと同じように肉の内部の温度を計り、55℃になるまで、1時間15分を目安にして焼きます。45分経ったころから温度をときどき確かめて、焼きすぎないように注意しましょう。焼き上がったら、20分間ほど休ませてから切り分けます。天パンに溜まった脂は、少量を残してすくいます。そこにワインとブロスか水を入れて、底に付いている肉の旨みをこそげ、休ませている間に肉から出た肉汁も加えて、火にかけてソースをつくります。肉が落ち着いたら紐を外して、リブと1本ずつ切って、ソースと一緒にサーブします。

バリエーション

◆ 肉とリブの切れ目にハーブ（セージ、フェンネル、ローズマリーなど）、ガーリック、塩・こしょうをたっぷり振ってからたこ糸で縛り、さらに外側にもまぶしましょう。

◆ 肉を冷蔵庫から出してから、レモンの薄切りをリブと肉の間にはさんでたこ糸で縛ります。骨がない肉は、天パンにレモンを敷いてから肉をのせましょう。

◆ 豚のもも肉1本を、同じ焼き方でローストしてみましょう。

Carnitas
カルニタス
4人分

カルニタスはメキシコの伝統的な豚料理で、チリ、チーズ、サルサとともにタコスの具にして、いただきます。やわらかくなるまで煮込んだ豚肉を、豚の脂で黄金色に焼き上げて仕上げます。

  骨のない豚肩肉　約675g

を一口サイズに切り、厚手の底が広いフライパンに広げて、水をひたひたに注ぎます。

  塩　小さじ1/2
  ライムの絞り汁　小さじ2

を加えて火にかけ、煮立ったらふたをして、弱火で45分ほど、豚肉がやわらかくなるまで煮込みます。豚肉が煮えたら、鍋のふたを取り、今度は火を強めて、水分がなくなるまで煮つめましょう。水分が完全になくなり、肉がジュージューと音を立てはじめたら、ふたたび弱火にして、豚から出る脂でゆっくりときれいな黄金色になるまで焼き上げます。フライパンから肉を取り出したら少し置いて、余分な脂を落とします。最後に塩で味を調えて、食卓に供します。

Dessert

デザート

冬のフルーツコンポート 414

夏のフルーツコンポート 414

金柑のシロップ煮 415

いちごのオレンジ風味 415

いちごのショートケーキ 415

ベイクドピーチ 416

タルトタタン 417

レモンカードのタルト 417

ブルーベリーパイ 418

パンプキンパイ 418

クランベリーのアップサイドダウンケーキ 419

アーモンドケーキ 420

チョコレートケーキ 421

チョコレートパヴェ 422

エンジェルフードケーキ 423

フラン 424

(CONTINUED)

パンナコッタ 424

バニラビーンアイスクリーム 425

洋梨のシャーベット 426

レモンシャーベット 427

桃ジュースのアイスキャンディ 427

カスタードプディング、またはポッドクレーム 428

ペイストリークリーム 428

アプリコットスフレ 429

グランマニエスフレ 430

そば粉のクレープ 430

みかんバターと金柑のシロップ煮を添えたそば粉クレープ 431

カラント入りオートミールクッキー 432

ひび割れチョコレートクッキー 433

バタークッキー 433

ラングドシャー 434

チョコレートのトリュフ 435

柑橘類の皮の砂糖漬け 435

アップルゼリー 436

キャンディナッツ 437

ラスベリーシロップ 437

アプリコットジャム 438

キャラメルソース 438

シンプルフロスティング 439

チョコレートソース 439

ホイップした生クリーム 440

ティサネ 440

SEE ALSO

りんごのタルト 200

チョコレートのタルトレット 205

ピーチクリスプまたはピーチコブラー 211

洋梨のシロップ煮 215

タンジェリンオレンジ（みかん）のアイス 218

バニラ風味のカスタードソース（クレーム・アングレーズ）222

レモンカード 223

ストロベリーアイスクリーム 226

ジンジャースナップス 232

アニスとアーモンドのビスコッティ 234

1・2・3・4ケーキ 238

Winter Fruit Compote
冬のフルーツコンポート
8人分

どんなドライフルーツの組み合わせでも、このレシピなら、さっぱりといただけます。また、ケーキやクレームフレーシュ（＊）を添えたデザートとしても楽しめます。冬が旬の新鮮な柑橘類も、ゼストを加えたシロップに漬けこめばすばらしいデザートになります。

中サイズのソースパンに、
- ゴールデンレーズン　125㏄
- ザンテカラント　60㏄
- ドライチェリー　60㏄
- ドライアプリコット　125㏄（さいの目切りにする）
- ドライアップル　125㏄（さいの目切りにする）
- オレンジの絞り汁　425㏄
- オレンジゼスト　3切れ
- ブラウンシュガー（＊）　50g

を入れて、まぜあわせます。
そこに、
- バニラビーンズ　1片（長さ2.5㎝）

を縦半分に裂いて、よく切れるナイフで殻の内側の黒い種をかき出し、種と殻を鍋に入れます。
さらに、好みで
- 八角　1かけ

を加えます。
中火にかけて、ドライフルーツがふっくらし、汁が少し煮つまるまで、約3〜5分煮ます。粗熱をとってからバニラビーンズ、オレンジゼスト、八角を取り出します。

バリエーション
◆ スライスしてポーチした洋梨かかりんを、冷ましたフルーツに加えます。

◆ このコンポートは、すばらしいタルトの具（フィグ）になります。シロップを漉して、フルーツはガレットに入れます。シロップを煮つめれば、ガレットを焼いたあとのソースとしても使えます。クレームフレーシュか泡立てた生クリーム、またはアイスクリームを添えましょう。

Summer Fruit Compote
夏のフルーツコンポート
4人分

このレシピは、夏のフルーツコンポートの一例です。ほかにもいろいろなフルーツを組み合わせて楽しいデザートがつくれます。プラム、桃、アプリコット、ネクタリン、チェリー、いちじくなど、夏のフルーツをさいの目切りにして、その果汁に少量の砂糖とレモンの絞り汁を加えて漬けておくだけで、十分おいしいデザートになります。パンケーキやワッフルに添えたり、アーモンドケーキやエンジェル・フード・ケーキにもぴったりです。また、アイスクリームや泡立てた生クリーム、そしてシャーベットに添えて出してもいいでしょう。

- いちご　250㏄（ヘタをとり、スライスする）

に加えて
- ブルーベリー　125㏄
- ブラックベリー　125㏄
- ラズベリー　125㏄

を入れます。
- レモンのしぼり汁　1個分

＊クレームフレーシュ：国産のサワークリームを代わりに使えます。
＊ブラウンシュガー：国産の三温糖に代えて使えます。

砂糖　大さじ2～3杯

を味をみながら加え、そっとまぜあわせます。覆いをして、10～15分漬けておきます。

Poached Kumquats
金柑のシロップ煮
1ℓ

金柑のシロップ煮をつくるとき、私は、ひとつのデザートに使う分量よりも多めにつくることにしています。シロップに漬けておけば冷蔵庫で2週間はもちます。スライスしたブラッドオレンジともよく合い、またシロップ煮にしたフルーツ、とくにプラムとの相性がいいのです（煮たあと金柑を取り出して、同じシロップでプラムを煮ます。プラムが煮えてシロップが少し冷めたら、金柑を鍋に戻します）。

　　金柑　450g

を水洗いして、へたを切り落とします。横にスライスして、種を除き、2～3mmの輪切りにします。

　　水　500cc
　　砂糖　200g

を小鍋に入れます。

　　バニラビーンズ　2.5cmのもの1片

を、縦に裂いて種を取り出して鍋に入れます。お湯を沸かしてから砂糖を加えて溶かし、火を落として金柑の輪切りを入れます。金柑が透明でやわらかくなるまで、12～15分コトコト煮ます。火から下ろしてシロップに浸けたまま冷まします。

Strawberries in Orange Juice
いちごのオレンジ風味
4人分

これはとてもシンプルなデザートですが、食後のさっぱりした口直しになります。色鮮やかに熟したいちごを使いましょう。

　　完熟したいちご　750cc

は、洗ってヘタを取り、半分または4つに切ります。

　　オレンジの絞り汁　375cc（オレンジ大3個分）
　　砂糖　大さじ3

を合わせて砂糖を溶かし、いちごを30分浸します。冷やしてサーブするとよいでしょう。

バリエーション
◆ オレンジジュースの代わりにフルーティーな赤ワインにレモンジュースをひとしぼり加えます。オレンジ1～2個分の房を、薄皮をむいてからいちごと一緒に漬けましょう。

Strawberry Shortcake
いちごのショートケーキ
6人分

　　いちご　1ℓ分

のヘタを取り、スライスしてボウルに入れます。

　　砂糖　50g

を、いちごに加えて全体にまぶします。
4分の1ほどを取り出してピュレにし、残りのスラ

イスしたいちごに戻し入れてまぜ、15分ほどおきます。
ボウルに

    生クリーム　250cc
    バニラエッセンス　小さじ1/2
    砂糖　大さじ1

を入れて、軽く角が立つくらいの固さまで泡立てます。

    クリームビスケット（315ページ）　6枚（直径5cmのもの）

を横半分にスライスし、ビスケットの下半分を1枚ずつデザート皿に並べます。ビスケットにいちごのミックスと泡立てた生クリームをひとさじずつのせ、その上にビスケットの上側半分をかぶせ、好みで

    粉砂糖

を振ればできあがりです。すぐにテーブルへ出しましょう。

バリエーション
◆ いちごの代わりに旬のベリーを使います。何種類か違うベリーをまぜて使ってみましょう。

Baked Peaches
ベイクドピーチ
4人分

ネクタリンやアプリコットを使ってもおいしくできます。

オーブンを約205℃に予熱しておきます。

    完熟した黄色い桃　4個

を半分に切り、種を取って、切り口を上にして23×32.5cmの浅いオーブン用陶器皿に並べます。
小さなボウルに、

    アプリコットジャム　大さじ5
    蜂蜜　大さじ2
    水　1カップ（250cc）
    レモンゼスト　大さじ1
    レモンの絞り汁　小さじ2

を入れてよくまぜます。
スプーンで半分に切った桃の上にかけ、さらに、

    砂糖　小さじ1/2

を振りかけます。
オーブンに入れて桃がやわらかくなるまで30～45分焼きます。熟れた桃ほど早く火が通るので気をつけましょう。オーブンから取り出して焼け具合を確かめながら、皿に溜まった桃の果汁を桃にかけます。
できあがったら温かいうちにアイスクリームに添えてサーブしましょう。皿に残った果汁は、おいしいソースになります。

バリエーション
◆ 水の量を半分にして、代わりにソーテルヌ（またはほかの甘口ワイン）を125cc使います。

Tarte Tatin
タルトタタン
8人分

タルトタタンは、最もおいしいタルトのひとつだと思います。パイ皿の底でりんごがキャラメル状になり、パイ皮はフルーツの上でカリッとおいしそうな黄金色に焼き上がります。サーブするときはタルトを引っくり返し、キャラメル状に焼けたりんごが見えるように盛りつけます。

> タルトとパイの生地（194ページ）またはパフペイストリー　270～300g

を、打ち粉をした台かまな板の上で直径28cmの円形にのばします。クッキングペーパーを敷いたベーキングシートに移し、使うまで冷蔵しておきます。

> りんご（グラニースミス、ゴールデンデリシャスなど形が崩れないもの）　1.35～1.8kg

は四つ切りにして、皮をむいて芯を取ります。りんごが茶色く変色しても、焼くとキャラメル状になるので心配ありません。

オーブンを205℃に予熱しておきます。
直径23cmの鋳鉄のフライパンをやや強火にかけ、

> バター　大さじ2
> 砂糖　大さじ6

を加えてカラメルをつくります。フライパンをぐるりと回すか、木べらや耐熱のフライ返しを使いながら均一にカラメル化するように広げます。カラメルの色が濃くなって、泡がブツブツ出てくるまで火を入れますが、焦がさないように気をつけましょう。濃い飴色になったら、火から下ろします。余熱でも濃くなるので注意しましょう。もし、まだ色が薄ければ火に戻します。このタルトのおいしさは、濃いカラメルの風味にあるのです。

カラメルを冷ましている間に、四つ切りにしたりんごをさらに縦に半分に切ります。フライパンの外縁に沿って並べていきます。皮側を下にして、細い先端を中心に向けて並べていきます。外側を1周したら、その内側にもうひと回り並べましょう。さらに、並べたりんごの間に今度は皮側を上にして、2周並べます。りんごでフライパンの隙間を埋めていくような要領です。焼くと縮むので、間隔があかないよう軽く押さえながら、りんごをぎっしり詰め込みます。並べ終えたら、りんごの上にパイ生地をのせます。少しやわらかくなってきたら、パイ皮の端をりんごとフライパンの間に押し込みましょう。蒸気が出るように、パイ生地に3～4か所切り目を入れます。

オーブンの中段で35～40分、こんがりと焼き上げます。フライパンをそっと揺すってみて、りんごなどのタルトの具がわずかに動くようなら、オーブンから取り出し、ラックの上で1～2分冷ましましょう。フライパンより大きい皿をフライパンに逆さにかぶせ、皿をしっかりとフライパンに押し付けながら、引っくり返します。フライパンを少し揺すって、りんごをすべて皿に移してから取り上げます。りんごがフライパンに残っていたら、へらで取ってパイの上に戻しましょう。

温かいうちにクレームフレーシュ（*）かバニラアイスクリーム、そして泡立てた生クリームを添えていただきます。

Lemon Curd Tart
レモンカードのタルト
直径23cm 1枚分

このタルトは、甘いタルト生地（204ページ）を1台分用意して直径23cmのタルト皿に敷き、あらか

---

*クレームフレーシュ：国産のサワークリームを代わりに使えます。

じめ焼きます。500ccのレモンカード（223ページ）を流し込みます。カードの表面を平らにし、190℃に予熱したオーブンで15〜20分、カードがしっかり固まるまで焼き上げます。

Blueberry Pie
ブルーベリーパイ
直径23cm 1枚分

  タルトとパイ皮用の生地（194ページ）　300g
  2個分

を室温にしておきます。

1枚を直径30cmの円形にのばし、直径23cmのタルト型かパイ皿に敷きます。縁から1.5cmくらいを残し、余分な部分は切り落としましょう。もう一枚も同様に直径30cmの円形にのばし、クッキングシートを敷いたベーキングシートにのせます。フルーツを用意している間、2枚とも冷蔵しましょう。

オーブンのラックを下3分の1の高さに調節し、205℃に予熱します。

中サイズのボウルに、

  ブルーベリー　1.5ℓ
  砂糖　150g
  インスタントのタピオカ　大さじ4（すり鉢で粉状にする）
  レモンゼスト　小さじ2
  レモンの絞り汁　大さじ1
  塩　小さじ1/4

をまぜあわせ、10分ほどなじませてから、パイ皿に敷いたパイ生地に流し込みます。

  無塩バター　大さじ2

を小さく刻んでブルーベリーの上に散らします。もう1枚のパイ生地で全体を覆い、かぶせたパイ生地の縁を、パイ皿に残した生地の縁の下に折り返します。重ねた縁は2cmおきに摘まんでいくかクリンピングという道具で跡をつけましょう。

小さいボウルに、

  卵　1個

を溶いて、パイ生地の上面に刷毛で塗り、蒸気の穴を4か所ほどあけます。

ベーキングシートの上で15分焼いてから、温度を180℃に下げて約45分、パイ生地が黄金色になって、濃いブルーベリーのジュースが蒸気穴から沸き立つくらいまで焼きます。パイ生地の縁が焦げてきたら、アルミホイルでカバーしましょう。タルトは完全に冷ましてから、切って取り分けましょう。

バリエーション

◆ ブラックベリー、ブラックラズベリー、こけもも、オラリーベリーなども使えます。また何種類かをまぜてもいいでしょう。

◆ アップルパイをつくるには、約1.3kgのりんご（ゴールデンデリシャス、シエラビューティー、グレイヴェンスタインなどの芯を取り、1.4cmの大きさに切ります）に砂糖を50〜100g振りかけ、好みでブランデーかカルバドスを小さじ2、またはシナモンを小さじ1/4をまぜあわせて、パイに加えます。あとはレシピどおりにつくります。

Pumpkin Pie
パンプキンパイ
直径23cm 1枚分

パンプキンやスクウォッシュ（*）のピュレは、自宅でも簡単につくれます。自家製のピュレを使えば、とびきりおいしいパイができます。しかし、普通のパンプキンは飾り用で、ピュレ用としては身は

---

*スクウォッシュ類：国産の日本かぼちゃに代えてつくれます。

薄くて水っぽく、風味が足りません。スイートパンプキン（シュガーパイ、ロングパイ、シンデレラなど）の品種を捜すか、バターナッツスクウォッシュを使いましょう。ピュレのつくり方は370ページを参照してください。

  タルトとパイ用の生地（194ページ）　285g 1個分

を室温にしておきます。パイ生地を30cmにのばして、23cmのパイ皿に敷き、最低でも1時間は冷蔵しておきます。

オーブンを190℃に予熱し、パイ生地の底一面にフォークで穴をあけます。パイ生地はアルミホイルかクッキングペーパーで覆って、その中に空焼き専用の干し豆（または重石）を敷きつめます。190℃で約15分、縁色が黄金色に変わるまで焼きましょう。パイをオーブンから取り出し、ホイルと豆を取り除いたら、パイをオーブンに戻し、さらに5分〜7分、パイ生地全体が淡い黄金色に変わるまで焼き上げます。

焼けたら火から下ろして、冷ましておきます。

小さめのソースパンに、

  生クリーム　60cc
  小麦粉　小さじ2

を加え、弱火でかきまぜます。沸騰してとろみが出るまで火を入れます。

そこに、

  生クリーム　180cc

をまぜながらゆっくり加え、再び沸騰したら火から下ろします。

中サイズのボウルに、

  パンプキンのピュレ　375cc
  卵　3個

を入れてよくまぜます。

別のボウルに、

  ブラウンシュガー　50g
  グラニュー糖　大さじ1
  粉シナモン　小さじ1
  粉クローヴ　小さじ1/4
  粉ジンジャー　小さじ1/4
  塩　小さじ1/2
  挽きたての黒こしょう　少々

を入れてまぜあわせます。

このスパイス類とクリームをパンプキンのピュレにまぜ込んで、パイの中身（具）をつくります。

  ブランデー　小さじ1 1/2（好みで）

を加えたものをパイ生地の中に流し込み、オーブンで45〜50分、真ん中がしっかり固まるまで焼き上げます。縁が焼けすぎるときは、アルミホイルで覆いましょう。パイは完全に冷めてから、切り分けます。

Cranberry Upside-Down Cake
クランベリーのアップサイドダウンケーキ
直径20cmのケーキ型あるいは角型1つ分

このレシピは応用範囲が広く、クランベリー以外にもりんご、洋梨、桃、プラムなど、味が濃くてちょっと酸味があるフルーツならなんでも使えます。カットしたフルーツは、タルトタタンと同じようにパイ生地に並べていきます。

オーブンを180℃に予熱しておきます。

直径20cmのスキレット（鋳鉄のフライパン）か厚手のケーキ型に、

  無塩バター　70g
  ブラウンシュガー（*）　150g

を入れて中火にかけ、かきまぜながらバターが溶けて泡が立つ程度に火を入れます。カラメル状になってきたら、火から下ろして冷まします。

小さめのソースパンに、

  生のクランベリー　660cc
  オレンジの絞り汁　60cc

を入れて火にかけます。クランベリーの皮がプツプツと破れる程度まで煮えたら火から下ろし、冷めたカラメルの上に均一に流し込みます。

  卵　2個（室温にする）

を卵白と卵黄に分けます。

  牛乳　125cc（室温にする）

を計量します。

  無漂白強力粉　225g
  ベーキングパウダー　小さじ2
  塩　小さじ1/4

をまぜます。

別のボウルかケーキ用のミキサーのボウルに

  無塩バター　112g（やわらかくする）

を入れて、軽くなるまで攪拌し、

  グラニュー糖　200g

を加えて、さらにかきまぜ、軽くふんわりしたクリーム状にします。

  バニラエッセンス　小さじ1

を加え、よくまぜたら、粉とミルクを交互に入れます。最初に粉1/3を入れ、最後も粉で終わるように入れ、ざっくりとまぜます。

卵白はしっかりと角が立つまで泡立てて、まず1/3を生地にまぜ、それから残りを加えます。で

きあがった生地をクランベリーの上に流し込み、表面をゴムべらでなめらかにします。オーブンに入れて30〜35分、表面が黄金色になって、ケーキが型から少し離れるくらいまで焼きます。

オーブンから取り出して15分ほど冷ましたら、型の周囲にナイフを入れ、ケーキを側面から離します。大皿をかぶせて返しましょう。

Almond Cake
アーモンドケーキ
直径23cmのケーキ型1つ分

オーブンを160℃に予熱しておきます。

直径23cm深さ7.5cmのケーキ型にバターを塗り、底面にクッキングシートを敷きます。クッキングシートにもバターを塗り、型を手に取って回しながら、小麦粉少量をふりかけながら、バターの上に粉の膜をつくります。余分な粉は払います。

  薄力粉　150g
  ベーキングパウダー　小さじ1 1/2
  塩　小さじ1/4

を量って、合わせてふるいます。

  アーモンドペースト　200g
  砂糖　250g

を加えて、アーモンドペーストが細かい粒になるまでまぜます。これはミキサーやフードプロセッサーなら簡単にできます。

手または電気ミキサーで、

  無塩バター　280g

をやわらかくして攪拌し、アーモンドペーストと砂糖をまぜた生地を加えて、さらに泡立てます。軽くふんわりしたクリーム状になったら、

  バニラエッセンス　小さじ1

＊ブラウンシュガー：国内産の三温糖に代えて使えます。

を加え、

  卵　6個（室温にする）

をひとつずつ割り入れ、クリーム状になるまでまぜ合わせます。ボウルの側面についた生地はゴムべらで落として生地を均一にします。合わせた粉を少しずつ加え、まぜます。

生地を型に流して、1時間15分ほど焼きます。刺した楊枝がすっときれいに抜けたらできあがりです。しっかり冷ましたら、引っくり返して型からケーキを外し、クッキングペーパーをはがします。そのまま、またはフルーツのスライスと泡立てた生クリームを添えて、いただきます。

バリエーション

◆ 薄く平たいケーキにするには、縁のあるオーブン用天パンに生地を流し込み、表面を平らにしてから、約40分焼きます。2段ケーキをつくるときは、直径23cmの型を2つ使いましょう。

◆ カップケーキを24個つくります。マフィン用の型にバターを塗って、底に丸いクッキングペーパーを敷き、バターと小麦粉の膜をつくります。各々のカップの3分の2まで生地を流し込んで、約30分焼きます。カップケーキ用の紙カップ型を使ってもいいでしょう。

◆ ケーキのトッピングは、アプリコットかラズベリーのジャムを薄く塗って、トーストしたアーモンドスライスを散らしてから粉砂糖をふりかけます。

Chocolate Cake
チョコレートケーキ
直径23cmのケーキ型1台分

しっとりとして、どんな場面でも好まれるケーキで、日もちもします。カップケーキから何段もあるようなウェディングケーキまで、どんな形にもつくることができます。

オーブンを180℃に予熱します。

ケーキ型にバターを塗って、底面にクッキングシートを敷きます。クッキングシートにもバターを塗り、小麦粉とココアをまぜて少量ふりかけながら、型を揺すって全体にコーティングします。余分な粉は払いましょう。

耐熱ボウルに、

  料理用ビターチョコレート　112g

を粗めに刻んで入れます。小鍋に湯を沸かして湯せんにしますが、ボウルの底が湯につかないようにしましょう。火を止めて、ときどきチョコレートをかきまぜ、完全に溶けてなめらかになったら、ボウルを小鍋から下ろします。

  薄力粉　300g

  重曹　小さじ2

  塩　小さじ1/2

  ココア　大さじ6

をまぜて、一緒にふるいます。

大きめのボウルに、

  バター　112g（室温にする）

を加えてかきまぜ、

  ブラウンシュガー　500g

  バニラエッセンス　小さじ2

を加え、ふんわりと軽いクリーム状にします。

  卵　3個（室温にする）

をひとつずつ割り入れて均一にまぜ、湯せんしたチョコレートを注いでまぜます。

まず、粉を半量入れてまぜあわせ、

  バターミルク（＊）　**125cc**（室温にする）

を入れてから残りの粉を少量ずつ加えて、まぜあわせます。

  熱湯　310cc

を入れ、均一になるようまぜます。

用意しておいた型に生地を流し込み、刺した楊枝がきれいなまま抜けるまで、約45分焼いたら、ラックにのせたままで完全に冷ましましょう。型の周囲にナイフを入れて、側面を切り離します。引っくり返して型を外し、クッキングシートをはがします。その日に食べないときは、型に入れたまま、乾燥しないようしっかり覆いましょう。

バリエーション

◆ 厚みのないケーキをつくるには、縁のあるオーブン用天パンを用意します。生地を流し込み、表面をなめらかにしてから、約20分焼き上げます。または直径23cmのケーキ型2個を使って、2段ケーキをつくってみましょう。

◆ カップケーキを24個つくるときは、約30分焼きましょう。

Chocolate Pavé
チョコレートパヴェ
23×33cmのケーキ1枚分

パヴェはフランス語で、道路の敷き石の意味です。チョコレートパヴェは濃くてなめらかで重厚なケーキです。こういうチョコレートケーキは、粉なしケーキとも呼ばれ、完全にグルテンフリーなのです。

オーブンを180℃に予熱しておきます。

23×33cmのケーキ型にバターを塗り、底面にクッキングシートを敷きます。クッキングシートにもバターを塗って、小麦粉とココアをふりかけながら揺すって型全体に粉の膜をつくり、余分な粉は払います。

中サイズの耐熱ボウルを、小鍋に湯を沸かした上にのせ、湯せんにします。その中に、

  料理用のビターチョコレート　約100g（粗く刻む）

  セミスイートチョコレート　約112g（粗く刻む）

  無塩バター　210g

を入れます。ときどきまぜながら、なめらかになるまで火にかけ、火から下ろして冷まします。

  卵　6個（室温にする）

を卵白と卵黄に分けます。卵黄6個に、

  砂糖　100g

を合わせてまぜ、砂糖がすべて溶けて泡立て器を持ち上げるとリボン状になるまで、約10分かきまぜます。卵黄はチョコレートの中に加えて合わせましょう。

別のボウルに卵白6個分を入れて泡立て、泡立ちはじめたら、

  砂糖　100g

  塩　小さじ1/4

をゆっくり加え、全体に光沢が出て、角が立つ程度まで泡立てます。卵白はチョコレートの生地に泡が消える程度に3回に分けて、ざっくりと切るようにまぜましょう。

用意しておいた型に生地を流し込み、表面をなめらかにしてから35～40分焼き上げます。ケーキは焼けるにつれて表面にひびが入りますが、気にすることはありません。ケーキの縁がしっかりして、中は

バターミルク：牛乳とヨーグルトを半量ずつまぜてつくれます。

やわらかい状態になったらできあがりです。完全にケーキを冷ましてから、ベーキングシートの上で引っくり返します。クッキングシートを取り除き、サーブするお皿に引っくり返してのせます。

　　粉砂糖

をふりかけて、できあがりです。

バリエーション
◆ 溶かしたチョコレートやチョコレートソース（439ページ）でケーキの表面をコーティングしましょう。フォークでチョコレートに細いラインを引いてみましょう。

Angel Food Cake
エンジェルフードケーキ
10人分

卵白と空気をたっぷり含んで膨らんだ、軽いエンジェルフードケーキ（シフォンケーキ）は、そのままで十分おいしいものですが、私は、よく夏のフルーツコンポートと泡立てた生クリームを添えてサーブします。また1日経ったケーキを薄くスライスして焼くと、とてもおいしくいただけます。

オーブンを180℃に予熱します。

　　薄力粉　150g
　　砂糖　150g
　　塩　小さじ1/2

を合わせてふるいます。
中サイズのボウルかケーキミキサーのボウルに、

　　卵白　12個分（350cc）（室温にする）

を入れてふんわりするまで泡立て、

　　水　大さじ1
　　レモンの絞り汁　大さじ1
　　クリームオヴターター　小さじ1

を入れ、量が4〜5倍に増えるまでやわらかくふんわりと泡立てます。そこに、

　　砂糖　150g

を入れて攪拌し続けます。だんだんと光沢がでて、ピンと角が立つまで泡立てますが、かきまぜすぎないように注意しましょう。大きなボウルに移し、粉類を静かに表面にのせます。ゴムべらで切るようにざっくりとまぜ、生地を均一にします。
直径23cm深さ10cmの底が外れるシフォンケーキ型に、バターを塗らずに流し込んで、表面をなめらかにしてから、40〜45分焼きます。ケーキは押してみて、跳ね返るような弾力があれば焼きあがっている証拠です。型を逆さにして、ケーキが型につくのを防ぎます（脚付きの型であれば逆さに立たせて、なしの型であれば逆さにして空瓶のネックにチューブを差します）。完全に冷ましてから、型の縁とチューブの間にナイフを入れて、ケーキを取り出します。静かに底板を押し、ナイフで押さえながらケーキを外しましょう。切るときはよく切れるナイフで、水で刃を湿らせると、生地が刃につきません。

バリエーション
◆ オレンジフラワーウォーターやローズウォーター小さじ1/4を加えて軽く香りをつけます。
◆ レモンやオレンジ味のケーキをつくるには、レモン1個分またはオレンジ1個分のゼストを入れます。

Flan
フラン
6〜8人分

底の厚い小鍋に、

    水　60cc

を入れ、上から、

    砂糖　150g

を均等にふりかけます。

    水　60cc

を別に量って用意しておきます。

やや強火で砂糖と水を煮立たせ、砂糖がカラメル状になるまで火を入れます。まぜないで、しかも砂糖に均一に火が入るよう、鍋を回しながら調整して、カラメルにおいしそうな焦げ色がつくまで煮ます。火から下ろしても、カラメルの色は余熱で濃くなります。濃い飴色になったら、鍋を火から下ろし、用意しておいた水を加えます。そのとき、カラメルから泡が飛び跳ねることがあるので注意しましょう。木のへらでカラメルと水をまぜ、すぐに直径23cmの耐熱ガラスか陶製のオーブン皿にカラメルを流し込んで、冷まして固めます。

厚手の鍋に、

    牛乳　660cc

    生クリーム　60cc

を入れて中火でゆっくりと温めます。沸騰させないように注意しましょう。

    砂糖　150g

    バニラエッセンス　小さじ2

を加えて火から下ろし、砂糖が溶けるようにまぜながら、人肌程度に冷まします。

    卵黄　3個分

    卵　3個

をボウルに入れて攪拌して、冷ましたクリームに加えてよくまぜます。

オーブンを180℃に予熱します。

カラメルを流したオーブン皿にカスタード液を流し込みます。このオーブン皿より一回り大きい耐熱皿をオーブンに入れ、お湯を注ぎます。オーブン皿をその中に置いて、半分以上お湯に浸るようにします。大きい皿ごとアルミホイルで覆い、55分から1時間、または縁が固まって真ん中はやわらかい状態になるまで焼きます。

オーブン皿を湯から取り出して冷まし、周りからナイフを入れて、フランを切り離します。サーブする大皿をかぶせて、逆さにして、素早くフランを大皿にのせます。上から皿をちょっと叩いてから取り上げましょう。フランを切り分けたらスプーンでソースをかけていただきます。

バリエーション

◆ 1人分のフランをつくるときは、カラメルとカスタード液を、ラムカン皿8個に分けて注ぎます。湯の中で35〜40分、やや固まってきたら焼き上げましょう。

◆ バニラを使わずに、牛乳にシナモンの皮1枚とオレンジゼストを大さじ1を入れて温めます。牛乳が冷めてから、目の細いザルで漉します。

Panna Cotta
パンナコッタ
8人分

120gのラムカン8皿に、

    アーモンドオイルまたはサラダオイル

を刷毛で塗ります。使うまでは冷蔵庫に入れて冷やしておきます。

小さなボウルに、

DESSERT

　　水　大さじ3

を量り、

　　ゼラチン　1袋（7g）

を水にまぜ、ゼラチンがやわらかくなるまでおいておきます。

底の厚い鍋に

　　生クリーム　750cc
　　牛乳　250cc
　　砂糖　50g
　　レモンゼスト　3切れ
　　バニラビーンズ　半本分

を入れてまぜあわせます。

バニラビーンズは、縦半分に切り目を入れ、中の黒い種をそぎ取って、さやとともにクリーム液の中に入れます。弱火にかけ、沸騰させないようにとろ火で煮ます。火から下ろし、熱したクリーム液250ccをゼラチンに加えて、よくまぜて溶かしたら、クリーム液に戻します。手で触れる温度、43℃ほどになるまで冷ましてから、バニラビーンズを取り除き、中の種を取り出してクリーム液に加えて、ラムカン皿に分けて注ぎます。覆いをして、最低でも6時間は冷やしましょう。

盛りつけるときは、ラムカン皿の内壁にナイフをすべらせ、小皿に逆さにのせて引っくり返し、少し揺すりながらはずします。新鮮なベリーやいちご、または、フルーツコンポート、あるいはソースを添えていただきます。

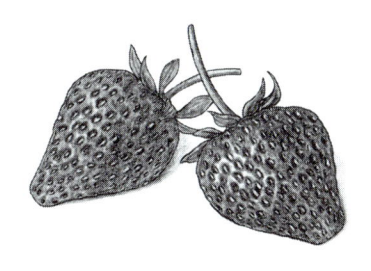

Vanilla Bean Ice Cream
バニラビーンアイスクリーム

1ℓ

バニラカスタードを使ってとてもおいしいアイスクリームがつくれます。そして、想像以上にいろいろなフレーバーのアイスに応用できます。

　　卵　6個

を卵黄と卵白に分けて、卵黄を軽くほぐす程度に泡立て器でまぜます。

底の厚い鍋に、

　　ハーフアンドハーフ(＊)　375cc
　　砂糖　135g
　　塩　少々

を入れます。

　　バニラビーンズ　半本分

を、縦に切れ目を入れて中の種を取り、殻ごとクリーム液の中に入れます。クリーム液は沸騰させないように中火で砂糖を溶かすようにまぜます。温まったクリーム液を少量、ほぐした卵黄の中にかきまぜながら加え、なじんだら、卵黄をクリーム液に加えてカスタード液をつくります。中火で常にかきまぜながら、カスタード液が少しとろりとして、木べらの裏に残るくらいまで（77℃）火を入れます。火からおろし、網でボウルに漉しましょう。漉した網に残ったバニラビーンズは取り出して、種と汁を絞ってカスタード液に戻します。

そこに、

　　生クリーム　375cc

を加えてよくまぜ、カスタード液に覆いをして冷やします。

冷えたカスタード液をアイスクリームマシンに入れて、マシンの説明書の手順に従って、アイスクリー

＊ハーフアンドハーフ：牛乳と生クリームを半量ずつ合わせてつくります。

ムをつくります。できあがったら乾いたきれいな容器に移し、しっかり固まるまで、冷凍庫で数時間冷凍してからいただきます。

バリエーション

◆ 冷凍庫に入れる前に、チョコレート、トーストしたナッツ、キャンディでコーティングしたナッツ、柑橘類のピールなどを刻んだものを250cc分加えます。

◆ チョコレートアイスクリームをつくるには、セミスイートチョコレート140gと甘くないチョコレート28gを刻み、バター大さじ2と一緒に溶かします。温かいカスタード液をゆっくりまぜながら流し込み、生クリームを加えて、上記のレシピ同様、アイスクリームマシンでつくります。

◆ コーヒーアイスクリームをつくるには、バニラビーンズを入れずに、コーヒー豆180ccを砂糖と一緒にハーフアンドハーフ（*）に入れます。温まったら火を止めて、そのまま15分浸します。網で漉してコーヒー豆を取り除き、あとはレシピどおりにつくります。

◆ ジンジャーアイスクリームをつくるには、バニラビーンズを入れずに、生のジンジャー8cmの皮をむいて、薄くスライスします。ハーフアンドハーフに入れて温まったら火を止めて、15分ほど浸します。網で漉して温め直し、あとはレシピ通りにつくります。好みでジンジャーの砂糖漬け60ccを刻んで加えてから凍らせます。

◆ シナモンアイスクリームをつくるには、バニラビーンズを入れずに、シナモン2本を軽く叩き潰してからハーフアンドハーフに入れます。温まったら火を止め、25分ほど浸します。風味がついたら、シナモンを取り出して温め直し、あとはレシピどおりにつくります。

◆ ミントチョコレートアイスクリームをつくるには、バニラビーンズを入れずに、生のスペアミントの葉250ccをハーフアンドハーフに入れます。温まったら火を止め、10分ほど浸しておきます。ときどき味見をして好みの風味になったら、ミントの葉を取り出します。温め直して、あとはレシピ通りに進めます。好みでセミスイートのチョコレートを細かく刻んでまぜ入れてもいいでしょう。

◆ キャラメルアイスクリームをつくるには、砂糖と水60ccでカラメルをつくります。こげ茶色になったら火から下ろし、水60ccを加えて溶かします。ハーフアンドハーフを加えて、あとはレシピ通りにつくりましょう。

◆ リキュール風味のアイスクリームをつくるには、バニラビーンズを入れずに、ダークラム、コニャック、カルバドス、あるいはほかのリキュール60ccを生クリームと一緒に加えましょう。

Pear Sherbet
洋梨のシャーベット
約1ℓ

熟した果汁たっぷりのおいしい洋梨、ただし、やわらかすぎたり身崩れしていないものを選びましょう。ヘタのまわりの果肉を押してみて、少しやわらかい感触があれば食べ頃です。コミスやバートレットなどの品種はたいていおいしいですが、地域で収穫されるほかの種類も試してみましょう。ウォーレンやキーファーは、私の好きな品種です。

熟れた洋梨　6個から8個（約1.35kg）

1個ずつ四つ切りにして、ヘタを取って皮をむきます。4つに切ったものをさらに、1.4cmの厚さにス

---

*ハーフアンドハーフ：牛乳と生クリームを半量ずつ合わせてつくります。

ライスします。1個切るごとにステンレスなど、酸と反応しない材質のボウルに入れます。

 レモンのしぼり汁　小さじ1（種を取る）

を加え、

 砂糖　大さじ1

を振りかけます。ボウルを揺すって、洋梨にレモンのしぼり汁と砂糖をコーティングします。こうしておけば、洋梨は茶色くなりません。洋梨の下ごしらえができたら、そこに、

 砂糖　65g
 卵白　1個

を入れて、フードプロセッサーかミキサーで、滑らかなピュレにします。味見をして、砂糖、レモンのしぼり汁で甘さと酸味のバランスを調えます。味が調ったら、アイスクリームマシンに入れて、マシンの説明書に従ってシャーベットをつくります。洋梨のピュレは茶色に変色しやすいので、手早くつくりましょう。

バリエーション
- アルマニャック、コニャック、またはポワールウィリアムなどを小さじ1〜2杯、凍らせる前にピュレに加えます。それ以上加えると、凍りにくくなります。

Lemon Sherbet
レモンシャーベット
約1.5ℓ分

中サイズのソースパンに

 レモンのしぼり汁　250cc
 水　500cc
 砂糖　250g

を入れて、砂糖が溶けるまで温めます。火から下ろして、

 牛乳　180cc

を入れてまぜあわせます。

よく合わせたらボウルに移し、覆いをして冷蔵庫で冷やします。アイスクリームマシンに入れて、マシンの説明書に従って凍らせます。できあがったら乾いたきれいな容器に移し、冷凍庫で数時間固めてから、サーブします。

バリエーション
- レモンゼストふた切れを砂糖を溶かしているときに加えます。凍らせる前に取り除きましょう。
- マイヤーレモン（*）を使い、砂糖は200gに減らします。

Frozen Peach Pops
桃ジュースのアイスキャンディ
6本分

 黄色い桃　中5個（約675cc）

の皮をむいて種を取り、小さく切ってミキサーかフードプロセッサーでなめらかなピュレにします。

 ホワイトグレープの絞り汁　125cc

をピュレに加えます。そのピュレをアイスキャンディー用の型か紙コップに流しますが、凍ると液体は膨張するので、上の縁から1.5cmはあけておきましょう。最低4時間、またはひと晩、冷凍します。アイスキャンディはゆっくりと型から引き抜いて取りますが、抜きにくければ、型を数秒、湯に通しましょう。

バリエーション
- 桃の代わりにブルーベリー、いちご、ネクタリン、またはプラムなどを375cc使います。

＊マイヤーレモン：国産のレモンライムに代えて使えます。

Vanilla Custard or Pots de Crème
カスタードプディングまたはポッドクレーム

4人分

中くらいのボウルに、

    卵黄　4個分

を軽くほぐします。

    生クリーム　180cc

を別のボウルに入れます。

小さめの鍋に、

    ハーフアンドハーフ　180cc
    砂糖　50g
    バニラビーンズ　長さ5cmのもの1個（縦半分に切れ目を入れ、中の種を取る）

を入れてまぜあわせます。

中火にかけて、湯気が立ちはじめるくらいまで加熱します。ときどきまぜて砂糖を溶かしましょう。温かくなったら、卵黄を泡立て器でまぜながら加えます。網で漉しながら、ボウルに入れた冷たいクリームに加えてよくまぜます。漉した網からバニラビーンを取り出し、殻から種と汁をしぼり出してカスタード液に戻します。この液は冷蔵庫で約2日間もちます。

焼く準備ができたら、オーブンを180℃に予熱します。カスタード液600ccを型またはカスタードカップ4個に流し込みます。大きめのフライパンに型かカップを置いて、型の半分ちょっとの高さになるまで熱湯を注ぎます。アルミホイルでフライパンを覆い、端はしっかり折り込みます。オーブンで、カスタードの縁近くがしっかりと固まりながら、揺らすと真ん中はふるえるくらいまで焼きます。大きい型で約50分、カップなら25〜30分ほど焼きましょう。湯せんから出して冷ましたら、まだ温かいうちにサーブするか、または冷蔵庫で冷やします。

バリエーション

◆ 冷やしたカスタードの上に、ラズベリーのピュレを大さじ2〜3かけます。

◆ ドライなマルサラ酒、またはほかのリキュールを大さじ2、カスタード液に加えます。

◆ ビタースイートチョコレート85gとビターチョコレート14gを湯せんにかけて溶かします。溶けたチョコレートは熱したハーフアンドハーフの中に入れ、生クリームを加え、まぜながら卵黄を加えます。好みで小さじ1/2のブランデーまたはコニャックを入れましょう。

◆ クレームブリュレをつくるには、カスタードを冷やし、大さじ1の砂糖をカスタードの上面に均一にふりかけます。小さなバーナーで砂糖の上に炎を吹きつけ、カラメル状にします。砂糖がこげ茶色になるまで続けましょう。ほかに肉や魚を調理するロースターの下でカラメルにすることもできますが、すぐ焦げてしまうので注意が必要です。少し冷まして固まってから食卓に出します。

Pastry Cream
ペイストリークリーム

250cc

ペイストリークリームはスフレの生地や、焼き上げたタルトにオレンジやラズベリーなどの生のフルーツをのせるとき、間に塗るクリームとしても使えます。ペイストリークリームはエクレアに入れるようなクラシックなクリームで、そのままで、また、何かフレーバーを加えたり、泡立てた生クリームとまぜてもおいしいです。

小さめのソースパンに、

    牛乳　250cc

を入れ、沸騰寸前で湯気が立つくらいに温めます。小さめのボウルに、

    卵黄　3個分

    砂糖　100g

を入れ、とろりとするまで泡立て器でかきまぜます。まぜながら、

    強力粉　大さじ3

を加えてさらにまぜ、温めた牛乳をゆっくり注ぎながら攪拌します。できた液をソースパンに移して、中火にかけます。液がとろっとしてくるまで、泡立て器でよくまぜながら火を入れます。木べらに替えてまぜながら2〜3分煮ますが、焦げないように鍋の底や側面に注意して木べらを動かしましょう。火から下ろして、その中に、

    バター　14g

    塩　少々

    バニラエッセンス　小さじ1/2

を加え、バターが溶けてペイストリークリームがなめらかになるまでまぜましょう。小さめのボウルに移して、クリームの上にラップをかぶせます。こうすれば、クリームの上面に皮が張りません。ペイストリークリームは、よく冷やしてから使いましょう。

Apricot Soufflé
アプリコットスフレ
6人分

自家製のアプリコットジャムを使うことが、このシンプルなスフレのおいしさの秘密です。プラムのジャムや柑橘類のマーマレードでも、おいしいスフレができます。

約1ℓ入りスフレ用の深皿またはグラタン皿にたっぷりバターを塗り、さらに砂糖をふりかけます。オーブンを220℃に予熱し、ラックは中位置にセットします。
中くらいのボウルに、

    ペイストリークリーム　125cc

    アプリコットジャム　大さじ6

    アーモンドエッセンス　数滴

をよくまぜあわせて、しばらくおきます。
大きい銅製またはステンレス製のボウルに、

    卵白　6個分（室温にする）

    塩　少々

を入れて、泡立て器で角がピンと立つまでよく泡立てます。そこに、

    コーンスターチ　小さじ2

を加えて、さらに泡立てます。

    砂糖　65g

をふりかけて、さらに泡立てましょう。
アプリコットクリームの中に、泡立てた卵白を、泡をつぶさないよう手早く切るように全体にまぜます。このスフレ生地を用意しておいたスフレ用深皿に入れます。皿をオーブンの真ん中に置いて20〜25分、スフレが膨れあがり、焼き色がつくまで焼き上げます。温かいうちに、好みで生クリームかバニラ風味のカスタードソース（222ページ）を添えて、サーブします。

Grand Marnier Soufflé
グランマニエスフレ
6人分

自家製のオレンジやタンジェリンオレンジ（*）の皮の砂糖漬け（435ページ）が、オレンジリキュールの風味のこのレシピを特別なものにします。

料理する日の午前中、または前日に、
 ペイストリークリーム（428ページ）
をつくっておきましょう。
小さめのボウルに、
 オレンジかタンジェリンオレンジの皮の砂糖漬け　大さじ2（細かく刻む）
 グランマニエリキュール　125cc
をまぜあわせ、しっかり覆いをして、数時間または一晩漬けておきます。
大きめのスフレ用深皿かグラタン皿（または115gのラムカン皿4個）にたっぷりとバターを塗り、その上に砂糖をふります。
オーブンを220℃に予熱し、ラックを中位置にセットします。中くらいのボウルでオレンジの皮の砂糖漬けと、
 ペイストリークリーム　125cc
をまぜあわせます。
大きな銅製またはステンレス製のボウルに、
 卵白　6個分（室温にする）
 塩　少々
を入れ、角がピンと立つくらいまで泡立てます。
 コーンスターチ　小さじ2
を加え、数秒間、撹拌し、
 砂糖　65g
をふりかけて、また角がピンと立つまで泡立てます。

泡立てた卵白をペイストリークリームに加え、手早くざっくりと切るようにまぜます。これを用意しておいたスフレ用深皿に流し込みます。オーブンの中段に皿を置き、約25分（ラムカン皿なら7分から8分）、スフレがふわりとふくれて焼き色がつくまで焼き上げましょう。生クリームか、好みでバニラ風味のカスタードソース（222ページ）を添えて、熱々でいただきます。

Buckwheat Crêpes
そば粉のクレープ
クレープ30枚分

ある時期、私はとてもクレープに凝っていました。クレープ店を開く寸前までいったほどです。しかし、ある友人の助言のおかげで、私は代わりにレストランを開くことになったのです。それでもクレープは今でもいちばん好きなデザートのひとつです。そば粉でつくったものは、特に好みです。クレープの生地は前日につくっておくのがいちばんです。

小さめのソースパンに、
 牛乳　500cc
 塩　小さじ1/4
 砂糖　小さじ1/2
 バター　56g
を入れて温めます。
バターが溶けたら、火から下ろして冷まします。
ボウルに、
 無漂白強力粉　150g
 そば粉　40g
を入れてまぜます。
粉の山にくぼみをつくり、そこに、

＊タンジェリンオレンジ：国産のみかんに代えてつくれます。

サラダオイル　大さじ1
　　卵　3個

を入れて、生地がねっとりとしてダマがなくなるまでまぜます。

そこにバターを溶かした牛乳を少量ずつ加えます。少し入れたら泡立て器でなめらかになるまでまぜてから、次を入れるようにします。もし、ダマができてしまったら、網で漉しましょう。最後に泡立て器でまぜながら、

　　ビール　125cc

を入れて、ラップをして一晩冷やします。クレープを焼く1時間前に、冷蔵庫から生地を出しましょう。

クレープパン（15cmのスチール製で縁が丸くカーブしている）を中火にかけます。ペーパータオルを折ってオイルを含ませ、熱したクレープパンに軽くオイルを塗ります。小さいレードルまたは大きいスプーンで、約大さじ2の分量の生地をクレープパンに入れます。クレープパンを回して、生地が均等の厚さになるように広げましょう。焦げ色がつくまで1～2分焼き、ナイフの先で端を上げ、指でつまんでクレープを引っくり返します。クレープは薄いので、フライ返しよりも指で扱うのがいいと思います。ちょっと練習すれば、誰でも簡単にできるようになります。反対側も1分ほど焼いてから、皿に移します。（パンケーキをつくるときと同じように、最初のひとつ、ふたつは練習用と考えましょう）。焼けたらすぐにサーブするか、または次々につくって、上に重ねていきましょう。クレープは室温で数時間はもちますし、サーブする前に温め直すこともできます。風味づけしたバターを塗り、ハンカチのように三角形に折ってサーブしたり、ベーキングシートの上に広げて砂糖をふりかけ、熱いオーブンで数分間焼き直します。また、フライパンでそのまま、または折って焼き直すこともできます。焼いたクレープ（と残った生地）は覆いをして、冷蔵庫で2日は保存できます。

バリエーション

◆ そば粉のクレープは柑橘類のしぼり汁、ゼストと砂糖をまぜて固めたバターとよく合います。または、フルーツジャムやマーマレードを塗りましょう。

◆ 食事のクレープとしてもおいしくいただけます。たとえば、グリュイエールチーズのパウダーとハムを挟んでみましょう。

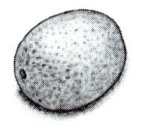

Buckwheat Crêpes with Tangerine Butter and Poached Kumquats
みかんバターと金柑のシロップ煮を添えたそば粉クレープ

4人分

　　そば粉のクレープ　12枚

を用意します。焼き上がったものから、上に重ねていきますが、2～3時間以内に使うときは、冷蔵は不要です。

　　金柑のシロップ煮（415ページ）

を用意して、みかんバターをつくります。まず、

　　みかんのゼスト　1個分

をすりおろします。次に、

　　みかん

を半分に切って、計量カップに果汁をしぼります。小さいボウルで、

 バター　大さじ4（55g）（やわらかくする）
 砂糖　大さじ2

をまぜます。色が白っぽくなって、軽くなるまでフォークでかきまぜ、そこにゼストとみかんのしぼり汁の半量を加えます。よくまぜて、

 グランマニエ、またはコアントロー　大さじ2

を入れてかきまぜて均一にします。これは時間がかかる作業です。できれば、さらにみかんのしぼり汁を足しましょう。バターにつぶつぶが残っても、問題ありません。

クレープを1枚取って、色が薄いほうを上にして、みかんバター小さじ1杯をクレープの半分に広げます。半分に折ったら、さらに半分に折り、三角形にたたみます。バターを塗ったベイク皿に折ったクレープを端が重なり合うように並べます。好みで、さらにリキュールをたらしましょう。サーブする直前に、180℃に予熱しておいたオーブンで5〜8分、内側が温まるまで焼きます。クレープを温めている間に、ポーチした金柑を温め、熱くなったクレープに金柑をいくつかのせ、さらにシロップをかけて、すぐにいただきます。

バリエーション
◆ ポーチした金柑の代わりに、皮をむいたみかんの房と果汁を一緒にクレープにのせて出しましょう。
◆ みかんの代わりに、ブラッドオレンジでバターをつくります。ゼストは小さじ1、果汁は3分の1の量から加えていきましょう。
◆ バニラアイスクリーム、またはみかんのシャーベットを添えてサーブします。

Oatmeal Currant Cookies
カラント入りオートミールクッキー
36個分

このクッキーがカリッと焼き上がるのは、熱湯で重曹を溶いて生地に入れているからです。

オーブンを190℃に予熱します。
小さめのソースパンに、

 カラント　125cc
 水　60cc

を入れて中火にかけ、カラントが水を吸収してふっくらするまで温めます。

 オートミール　170g

を量り、ミキサーにかけて粉々にします。それをボウルに移して、

 強力粉　75g
 塩　小さじ1/2
 シナモンパウダー　小さじ1/2

を入れてまぜます。
別のボウルに、

 無塩バター　大さじ8（112g）（室温にする）
 砂糖　90g
 ダークブラウンシュガー（＊）　大さじ6

をまぜあわせ、色が白っぽく、ふわっと軽くなるまでよくかきまぜます。
小さいボウルで、

 重曹　小さじ1
 熱湯　小さじ1

＊ダークブラウンシュガー：国内産の三温糖に代えて使えます。

をまぜ合わせ、バターの中に加えます。さらに、

    卵　1個

    バニラエッセンス　小さじ1

を加えてかきまぜましょう。最後に小麦粉とカラントを加えてまぜます。

生地を丸めて直径2.5cmのボールをつくり、クッキングペーパーを敷いたベーキングシートに、5cm間隔で並べます。8〜10分ほど焼きますが、半分過ぎたあたりで、ベーキングシートの方向を逆にします。縁が黄金色に焼け、真ん中がまだやわらかい状態になればできあがりです。

Chocolate Crackle Cookies
ひび割れチョコレートクッキー
36個分

    トーストしたアーモンド　250cc

    砂糖　大さじ2

を細かく刻むか、フードプロセッサーにかけて粉々にします。

ボウルに、

    強力粉　75g

    ベーキングパウダー　小さじ1/2

をまぜて、一緒にふるいます。

    ビタースイートチョコレート　225g（粗く刻む）

    バター　42g

を耐熱容器に入れ、湯せんします。

    ブランデー　大さじ1 1/2

を加えて、火からおろします。

別のボウルに、

    卵　2個（室温にする）

    砂糖　50g

を泡立て器でよくまぜ、垂らすと黄色いリボン状になって跡が残るまで、5〜7分、泡立てます。そこに溶かしたチョコレート、刻んだアーモンド、粉類の順に加えます。まとめた生地を、1〜2時間、冷蔵して固めましょう。

オーブンを160℃に予熱します。

小さいボウルに、

    グラニュー糖

を多めに入れておきます。

別の小さいボウルに、ふるった

    粉砂糖

を多めに入れておきます。

クッキーの生地を直径2.5cmのボール状に丸め、数個同時にグラニュー糖の中で転がしたら、次に粉砂糖のボウルで転がします。クッキングシートを敷いたベーキングシートに、2.5cm間隔で並べて、12〜15分ほど焼きましょう。途中でベーキングシートの向きを変えて、均一に焼けるようにしましょう。焼き上がりは、白い表面にひび割れが入り、端はこんがりと焼けて、真ん中はまだやわらかい状態になります。焼きすぎには注意しましょう。

Butter Cookies
バタークッキー
48個分

スライスしたフルーツやポーチしたフルーツコンポート（414ページ）を添えて出す、昔ながらのクッキーのレシピです。生地は円柱形にして冷やします。切り口は円形、四角、楕円などさまざまな形にできます。平らにのばしてから、クッキー型で抜いてつくる方法もあります。

    無塩バター　225g（やわらかくしておく）

  砂糖　135g

をボウルに入れ、泡立て器でまぜて、白っぽく軽くふわっとするまでかきまぜます。そこに、

  バニラエッセンス　小さじ1
  塩　小さじ2
  レモンゼスト　小さじ1（好みで）
  卵　1個（室温にする）
  牛乳　小さじ2

を加えてさらによくまぜます。

  無漂白強力粉　340g

を少しずつ加えながらまぜ、均一な生地に仕上げます。

生地を3つに分け、ひとつひとつを直径4cmほどの円柱状に形を整えます。断面を、楕円、四角、長方形などに変えて、さまざまな形のクッキーをつくりましょう。生地はラップでしっかり包み、固まるまで約2時間冷蔵します。このまま冷凍すれば、2か月間保存できます。

ラップをはずし、円柱状の生地を厚さ6mmに切ります。この時、食べる分量だけを切って残りをラップで包み、次回用に冷凍しておくことができます。

生地を平たくのばしてクッキーの型で抜くときは、生地を2つに分けておきましょう。それぞれをクッキングシート2枚ではさみ、厚さ7mmほどにのばします。ベーキングシートにのせて、2時間ほど生地が固くなるまで冷やしましょう。上側のシートをそっとはがし、生地を新しいシートの上に引っくり返し、次に下側のシートをはがします。ナイフで好みの型に切り抜くか、クッキー型を使っていろいろな型に抜くことができます。

オーブンを180℃に予熱して、クッキングシートを敷いたベーキングシートに、5cm間隔でクッキーを並べます。黄金色になるまで約10分焼きます。好みで砂糖のフロストで飾ってもいいでしょう。

バリエーション

◆ スパイシーなクッキーにするには、シナモンパウダー小さじ1とジンジャーパウダー小さじ4分の1をまぜて、強力粉に加えます。

◆ クッキーを焼く前に、上からグラニュー糖またはアーモンドパウダーをまぶします。

Cat's-Tongue Cookies
ラングドシャー
36個分

これは、シャーベット、アイスクリーム、フルーツコンポートのようなやわらかいデザートに添える、薄くてパリッとした繊細なクッキーです。

オーブンを160℃に予熱します。

  バター　大さじ4（56g）（やわらかくしておく）
  砂糖　65g

をボウルに取り、白っぽくふわっとするまで泡立て器でかきまぜます。そこに、

  卵白　2個分（室温にする）

を1個ずつ、かきまぜながら加えます。

  バニラエッセンス　小さじ1/4

を入れて、

  強力粉　60g
  塩　小さじ1/4

を入れて、まぜあわせます。

先端に丸い金具が付いたしぼり袋に生地を入れます。クッキングシートを敷いたベーキングシートか、くっつかないシリコン製のシート（より使いやすいです）に、長さ5cmの生地を2.5cm間隔で絞っていきます。7～10分かけて黄金色になるまで焼

きます。途中でベーキングシートの向きを変えましょう。

まだ熱いうちにクッキーの下にフライ返しを差し込んで取り出し、ラックで冷まします。完全に冷めたら、密閉できる容器に入れましょう。

バリエーション
◆ しぼり袋からしぼり出す代わりに、スプーンやパレットナイフで生地を直接シートに薄く広げます。名前のとおりに猫の舌の形にしてもいいですし、ほかの形にもできます。

Chocolate Truffles
チョコレートのトリュフ
30個

　　ココア　75g

をふるって、小さなボウルに入れておきます。中サイズの耐熱ボウルを湯せんにかけて、

　　ビタースイートチョコレート　225g
　　無塩バター　140g

を入れて、一緒に溶かします。そこに、

　　生クリーム　大さじ6
　　ブランデー　大さじ1〜2（好みで）

を入れてよくまぜます。

生地がしっかり固まるまで（2〜3時間）冷やしましょう。メロンのくり抜きスプーンか小さいスプーンで、直径1.4cmのボール状に抜き、クッキングシートを敷いたベーキングシートに並べます。ボールを手の平の間で転がして、表面を滑らかにします。1回に数個ずつココアを入れたボウルに落とし、ボウルの中で転がして、全体にココアをまぶしたら、ベーキングシートの上のクッキングシートに並べましょう。生地は固まるまで冷やします。トリュフな

ら冷蔵庫で2週間はもちます。いちばんおいしくいただくには、食べるときは室温に戻します。

バリエーション
◆ コニャック、洋梨のオードヴィー、グラッパなどのリキュールで風味をつけましょう。
◆ ココアの代わりに、粉砂糖とトーストしたナッツの粉末でトリュフをコーティングします。

Candied Citrus Peel
柑橘類の皮の砂糖漬け

このレシピは、ジュースをしぼった後の柑橘類の皮のおいしい利用方法です。皮の砂糖漬けは、チョコレートをかけても、かけなくても、食後の口直しになります。農薬を使っていないオーガニック栽培された柑橘類の皮だけを使いましょう。

グレープフルーツ2個、レモン、またはタンジェリン8個、またはオレンジ4個を横半分に切って、果汁をしぼります。しぼった果汁はジュースでいただくか、料理に使います。半球形の皮をソースパンに入れ、水を2.5cmかぶる程度に加えて、中火で沸騰させます。煮立ったら火を弱め、皮がやわらかくなるまで煮ます。ペティナイフで突き刺してすっと通るくらいが目安です。手で触れる程度まで冷ましたら、皮の内側の白いわたをスプーンでできるだけ削り取ります。皮を3〜6mm幅で細長く切り、底の厚い鍋に入れて、

　　砂糖　800g
　　水　500cc

を入れて中火にかけ、砂糖が溶けるようにときどきまぜながら熱します。（もし、皮がすべて液体に浸っていなければ、砂糖と水を2：1の割合で足しま

す)。シロップがゆっくり煮えるよう、火加減を調節しましょう。皮が透き通り、シロップが煮つまって泡立つまで火を強め、シロップが糸を引くように(スプーンから垂らすと、糸状になる)なるまで(料理用の温度計で110℃)加熱します。煮えたら鍋を火から下ろし、5分ほど冷ましましょう。

ベーキングシートの上にメタルのラックをのせ、小さい茶漉しか、穴のあいたスプーンで皮をすくって、ラックに並べます。ひと晩そのまま乾かしたら、翌日、大きいボウルにグラニュー糖を入れ、その中でひとつずつ皮に砂糖をまぶします。密閉できる容器に入れて、冷蔵して保存しましょう。皮の砂糖漬けは何か月ももちます。残ったシロップはカクテルに入れたり、水で薄めてドライフルーツを煮るときに使いましょう。

Apple Jellies
アップルゼリー
2.5cmのもの64個分

ゼリーは、フルーツペーストやフルーツのパテとも呼ばれますが、一口サイズのこの美しい菓子には、フルーツの風味が凝縮されています。りんご、かりん、プラムなどのフルーツを、砂糖と一緒にとろ火で長時間煮て、煮つまったピュレ状のものを型に入れて固めます。ゼリーはさまざまな形に切ることができ、砂糖をまぶして仕上げたり、そのままキャンディとしてもサーブできます。砂糖をかけなければ、チーズと一緒に食べてもおいしいものです。

20×20cmの角型に、プレーンなサラダオイルを軽く塗ります。クッキングシートを敷いて、その上にもオイルを塗ります。

底の厚い大きい鍋に、

> りんご　中8個(約1.35kg)(洗って、四つ切りにして芯を取る)
>
> 水　250cc

を入れてふたをして、りんごがやわらかくなるまで、中火で20分ほど煮たら、フードミルか漉し器で漉してピュレにします。ピュレは鍋に戻して、

> 砂糖　300g
>
> レモンの絞り汁　1個分

を加えて、弱火でときどきかきまぜながら約1時間煮ます。次第に液が煮つまって泡が出てきます。鍋の底をしっかりへらでこすって、焦げないようにしましょう。オーブン用のミトンをはめて、飛び散る汁で手を火傷しないように注意します。ピュレは、へらで盛ったものの形が残るくらいでできあがりです。少量を小皿にとって、冷凍庫に入れてみて確かめましょう。ゼリーのようになっているはずです。固まったピュレは、用意しておいた角型に広げ、数時間または一晩かけて冷まします。完全に冷めたら、クッキングシートを敷いたベーキングシートの上に引っくり返します。上面のクッキングシートを取り除き、覆いをしないでひと晩乾かします。ペーストがしっかりと固まり、切れる状態になっているはずです。

まだそうなっていなければ、65℃のオーブンで1時間ほど火を入れて、さらに乾燥させましょう。完全に冷めてからカットします。ペーストは、そのま

まラップをしっかりかければ保存できます。また、縁を切り捨てて、2.5cmの角切りにしてラップをかけてもいいでしょう。室温でも保存できますが、冷蔵庫なら1年はもちます。

バリエーション
◆ サーブする前に、グラニュー糖を入れたボウルの中で転がして、全体にまぶします。
◆ かりんとプラムのペーストも同様につくれます。かりんはよく洗い、柔毛を取ってから切り、芯を取ります。水を750ccに、砂糖を400gに、増やします。レモンのしぼり汁は煮上がってから加えましょう。

Candied Nuts
キャンディナッツ
850cc分

キャンディとしてそのまま出しても、ケーキのデコレーションにも、また自家製アイスクリームにまぜてもおいしいデザートです。

オーブンを160℃に予熱します。
中サイズのボウルに、

 卵白　1個分

を入れて泡立てます。ふんわりとしてきたら、

 ブラウンシュガー（＊）　150g
 シナモンの粉末　大さじ1
 ジンジャーの粉末　小さじ1/2
 クローブの粉末　少々
 カイエンペッパー　少々
 塩　小さじ1/4
 バニラエッセンス　小さじ2

を加えてまぜあわせます。そこに、

 ピーカンナッツか半分にしたくるみ、あるいは丸ごとのアーモンド　約450g

を入れて、ナッツがコーティングされるまで、かきまぜます。

薄くオイルを塗ったベーキングシートに移し、広げて30分ほど焼きます。大きなへらでときどきナッツをかきまぜ、ナッツが均等にコーティングされて乾くまで焼き上げます。できあがったら、冷ましてから食卓に出すか、密閉した容器で保存します。

Raspberry Syrup
ラズベリーシロップ
600cc分

このシロップは、炭酸水に入れるとフルーツソーダになり、ミントの葉と一緒にレモネードに加えれば、ラズベリー風味のピンクレモネードになります。また、少量をグラスに入れ、白ワイン、シャンパン、ハードリカーなどを注いで食前酒としてもよいでしょう。

中サイズの底の厚いソースパンに、

 ラズベリー　500cc
 水　250cc
 砂糖　大さじ2

を入れて中火にかけ、ときどきかきまぜながら、ラズベリーから果汁が出てくるまで、4分ほど煮ます。そこに、

 冷たい水　375cc

＊ブラウンシュガー：国産の三温糖に代えて使えます。

レモンのしぼり汁　小さじ1/2

を加えて沸騰させたら、すぐに火を落として弱火にし、浮いてくるアクを取りながら、約15分煮ます。ふきんを当てたざるで漉して、ふきんに残ったフルーツからも果汁をしぼりましょう。果汁は鍋に戻し、

　　　砂糖　300g

を加え、砂糖が溶けるまでかきまぜながら沸騰させ、約2分ほど煮ます。火から下ろして冷ましたら、ふたがしっかり閉まる容器に入れて冷蔵庫へ。冷蔵で3週間はもちます。

バリエーション
◆ クランベリー、ブラックベリー、オラリーベリーなど、ほかのベリーを使います。

Apricot Jam
アプリコットジャム
1ℓ

ジャムはいつでも大量につくらなければならない、というわけではありません。たくさんつくって缶詰にして室温で保存する代わりに、私は少量ずつつくって冷蔵庫で保存しています。アプリコットジャムは、とくにりんごのタルトやアーモンドケーキのソースに、また、スフレの生地にと、幅広い用途で使えます。

煮え加減を見るため、小皿を1枚冷凍庫で冷やしておきます。

　　　完熟アプリコット　1.2kg

は、種を取り、1.5cmほどの大きさにカットします。好みで、少し苦みのあるアーモンドフレーバーをジャムに加えるなら、アプリコットの種をひとつ割って、中の4つの核を取り出して取っておきましょう。

底の厚い耐酸性の中サイズの鍋に、カットしたアプリコットを入れ、

　　　砂糖　750g

を加えて煮ます。沸騰してきたら火を弱め、中火で20〜25分、ときどきかきまぜて、浮いてくる泡とアクをすくい取りながら煮ましょう。ソースが煮つまって、フルーツがやわらかく透明になってきたら、煮え加減を見るため、冷やしておいた小皿にジャムを少し取ってみます。ジャムがちょうどいい固さならば、

　　　レモンのしぼり汁　1個分

を加えます。
火から下ろして冷ましたら、容器にアプリコットの種の核をひとつずつ入れ、ジャムを入れます。冷蔵庫なら約1年間保存できます。

バリエーション
◆ 長期保存する場合は、225gの保存用の広口瓶とふたを、メーカーの説明のとおりに準備します。ジャムができたら、熱湯で消毒した広口瓶にアプリコットの核を入れ、ジャムをレードルでていねいに注ぎます。瓶一杯に注がずに、口から6mmほどはあけておきましょう。メーカーの説明書に従ってふたをして密閉します。

Caramel Sauce
キャラメルソース
250cc

温かいキャラメルソースは、アイスクリームに添えてサーブしたり、できたてのアイスクリームを冷凍庫で固める前に、まぜこんだりして使います。ま

た、ポーチした洋梨にたらしても、すばらしい味わいです。

  生クリーム　180cc

を量っておきます。
底の厚い中サイズのソースパンに、

  砂糖　200g

を入れ、

  水　大さじ6

を加えて中火にかけ、砂糖がカラメル状になるまで、かきまぜずにていねいに煮ます。均一に色がつかないときは、鍋を持ち上げてグルリと回します。キャラメルがすべて濃い飴色に変わったら、火から下ろします。鍋を火から離し、生クリームを60ccだけ加え、木べらでよくかきまぜます。さらに残りの生クリームを入れて、

  バニラエッセンス　小さじ1/2
  塩　少々

を加えます。
冷ましてから、使う分量だけを漉して、温かいうちにサーブします。冷蔵庫なら2週間まで保存できます。冷えたら湯せんにかけて、漉してから使いましょう。

バリエーション
◆ コーヒー風味のキャラメルソースをつくるには、2度目に生クリームを入れるときに、熱いエスプレッソ大さじ3を加え、好みでコーヒー風味のリキュール大さじ1を足しましょう。

Simple Frosting
シンプルフロスティング
500cc分

カップケーキやクッキーを飾るのにぴったりの基本的なフロスティングです。このレシピの分量で23cmのケーキ1個、カップケーキなら24個分のデコレーションができます。

  無塩バター　170g（やわらかくしておく）

をボウルに入れ、泡立て器で軽くふんわりするまでかきまぜます。そこに、

  粉砂糖　165g

をふるって入れ、全体がふわっと軽い感じになるまでよくまぜます。

  バニラエッセンス　小さじ1
  レモンのしぼり汁　小さじ1/2

を加え、なめらかになるまで泡立てます。

バリエーション
◆ フロスティングに風味をつけるには、ビタースイートチョコレート55gを、湯せんで溶かしてから冷まして加えます。また、レモン、オレンジ、タンジェリンのゼストを小さじ1/2加えます。

Chocolate Sauce
チョコレートソース
500cc

底の厚い中サイズのソースパンに、

  生クリーム　125cc
  牛乳　125cc
  砂糖　50g
  無塩バター　30g

を入れて温め、よくかきまぜて砂糖を溶かします。バターが溶けたら、

>   ビタースイートチョコレート　225g（粗く刻む）
>   バニラエッセンス　小さじ1

を加えます。

火を止めたら数分そのまま置いて、泡立て器でなめらかになるまでまぜ、温かいうちにサーブします。このソースは、密閉すれば冷蔵庫で2週間まで保存できます。使うときは湯せんして温めましょう。

バリエーション
◆ シンプルなフロスティングにチョコレートソースを使うときは、生クリーム125ccを加熱し、火を止めたら、刻んだセミスイートチョコレート120gを加えてしばらく置きます。チョコレートが溶けてきたら、泡立て器でまぜあわせます。冷めるにつれて固まってくるので、温かいうちにケーキやカップケーキにかけたり、塗ったりしましょう。

Whipped Cream
ホイップした生クリーム
500cc分

冷やしたステンレスのボウルに、

>   冷たい生クリーム　250cc
>   砂糖　大さじ1
>   バニラエッセンス　小さじ1/2

を入れて、クリームがしっかりとまとまるまで泡立てます。

バリエーション
◆ オレンジフラワーウォーターを小さじ1/8加えます。

◆ バニラエッセンスの代わりに、長さ2.5cmのバニラビーンズを縦半分に割り、中の種を削ぎ取って、生クリームに入れます。

◆ ラム、コニャック、カルバドスなど、香りの強いリキュールを大さじ1加えます。

Tisane
ティサネ

ティサネは、沸騰したお湯に香り高いハーブや花やスパイスを入れて、香りと味わいを楽しむ飲み物です。さわやかな食後茶に、また、デザートを引き立てる、コーヒーに代わる穏やかな飲料です。ティサネはレモンヴァーベナ、ミント、レモンタイム、レモンバーム、ヒソップ、カモミール、シトラスリンド、ジンジャーなど、香り豊かなハーブやスパイスでつくります。私がいちばんよくつくるのは、ミントとレモンヴァーベナのコンビネーションのティサネです。ガラスのティーポットで淹れると、色鮮やかな緑の葉が美しく映えます。フレッシュなハーブの小枝をよく洗い、ティーポット（またはソースパン）に入れて、熱湯を注ぎます。数分間そのままにして、風味が出てきたらサーブしましょう。私は、モロッコの人たちがしているように、小さなガラス製の耐熱グラスに注ぐのが好きです。きれいな薄い緑色は、目をも楽しませてくれます。

Index

あ

アーティチョーク
アーティチョークのブレゼ 329、玉ねぎ、ガーリック、ハーブとソテーしたアーティチョーク 330

アーモンド
アニスとアーモンドのビスコッティ 234、アーモンドケーキ 420、キャンディナッツ 437

あさり
クラムソースのリングイネ 308、クラムチャウダーのバタークルトン添え 386

アスパラガス
グリーンピースとアスパラガスを使った春のミネストローネ 89、アスパラガスとレモンのリゾット 332、グリーンピースとアスパラガスのラグー 360

アボカド
ワカモレ 248、グレープフルーツとアボカドのサラダ 273

アプリコット
アプリコットスフレ 429、アプリコットジャム 438

アンチョビ
タプナード 245、バーニャカウダ 260、ケイパーとアンチョビとオリーブ入りスパイシー・トマトソース 305

イカ
いかのスパイシー・スパゲッティーニ 308、いかのグリル 392、

いちご
ストロベリー・アイスクリーム 226、夏のフルーツ・コンポート 414、いちごのオレンジ風味 415、いちごのショートケーキ 415

いわし
生いわしのマリネ 380

いんげん豆
ミネストローネ 88、いんげん豆とミニトマトのサラダ 274、ニース風サラダ 275、マジョラム風味のロマノビーンズ 333、生のシェルビーンズといんげん豆のラグー 334、アーモンドとレモンで和えたいんげん豆 335

魚
魚のフライ 140、ポーチドフィッシュ 160、ポーチドサーモン 162、魚介類のグリル 173、尾頭つき魚のグリル 176、天然のサーモンのハーブバター焼き 376、蒸したひらめのブールブランソース添え 377、魚のパンフライ 378、パンフライした川すずきのレモンソース添え 378、グリルしたツナとパンにアイオリマヨネーズ 379、生いわしのマリネ 380、フィッシュ・タルタル 380、コートブイヨン 381、フィッシュストック 382、プロヴァンス風フィッシュスープ、ルイユ添え 382、ルイユ 384、ブリード 384

えび
ガーリックとパセリ風味のえびのソテー 391

エンダイブ
ポーチドエッグをのせたカーリーエンダイブのサラダ 159、ベルジャンエンダイブのブレゼ 355

オリーブ
ギリシャ風サラダ 69、オレンジとオリーブのサラダ 71、温かいオリーブ 244、タプナード 245、オリーブとケイパーの入ったカリフラワーサラダ 281、ケイパーとアンチョビとオリーブ入りスパイシー・トマトソース 305、鴨の脚のブレゼ、西洋ねぎとグリーンオリーブ入り 397

オレンジ
オレンジとオリーブのサラダ 71、ヒカマ芋のサラダ、オレンジとコリアンダー風味 272、いちごのオレンジ風味 415、柑橘類の皮の砂糖漬け 435

か

カード（凝乳）
レモンカード 223、レモンカードのタルト 417

ガーリック
サルサヴェルデ 59、アイオリ（ガーリックマヨネーズ）62、オリーブオイルとガーリックのスパゲッティーニ 108、鶏もも肉のブレゼ、トマトと玉ねぎ、ガーリック入り 149、バーニャカウダ 260、グレモラータとペルシャード 261、新ガーリックとセモリナ粉のスープ 287、セージとパセリの入ったガーリックブロス 288、ローストしたガーリック 352、ガーリックのピュレ 352、ガーリックと赤唐辛子風味のブロッコリー・ラブ 355、ガーリックとパセリ風味のえびのソテー 391

牡蠣
生牡蠣、焼牡蠣 251

INDEX

柿
柿とざくろのサラダ 272

カニ
クラブケーキ 388

かぶ
かぶとじゃがいも、キャベツを使った冬のミネストローネ 89、かぶとかぶの葉のスープ 292、かぶのバター煮 369、かぶとかぶの葉の蒸し物 369

鴨
鴨の胸肉のグリル 397、鴨の脚のブレゼ、西洋ねぎとグリーンオリーブ入り 397、ローストダック 398

カリフラワー
カリフラワーのソテー 135、オリーブとケイパーの入ったカリフラワーサラダ 281、スパイシーなカリフラワースープ 294、カリフラワーのロースト 342、蒸したカリフラワー 342

川スズキ
パンフライした川すずきのレモンソース添え 378

きのこ
きのこのラグー 258、マッシュルームのソテー 357

キャベツ
かぶとじゃがいも、キャベツを使った冬のミネストローネ 89、ボイルドディナー 164、コールスロー 278、サヴォイキャベツのブレゼ 339、自家製のザワークラウト 340、キャベツのバター煮 340

牛肉
ビーフシチュー 152、ボイルドディナー 164、ハーブ風味のグリルド・ステーキ 173、ボローニャ風ミートソース 257、ビーフブロスを煮詰めたソース 256、ビーフブロス 287、ボローニャ風ソースのパッパルデッレ 306、ショートリブのブレゼ 402、イタリア風ミートボール 403、ローストビーフ 404、ハンバーガー 404、ビーフのポットロースト 405

牛乳
ホワイトソース（ベシャメルソース）255

きゅうり
ギリシャ風サラダ 69、きゅうりのヨーグルトソース 263、ニース風サラダ 275、きゅうりのミント風味クリームドレッシングサラダ 281、ガスパチョ 298

クランベリー
クランベリーのアップサイドダウンケーキ 419

グリーンピース
グリーンピースとアスパラガスを使った春のミネストローネ 89、きのこのラグー 258、春のグリーンピースのスープ 295、グリーンピースとアスパラガスのラグー 360、バター味のグリーンピース 361

くるみ
ズッキーニとくるみ、ハーブ入りフェデリーニ 309

グレープフルーツ
グレープフルーツとアボカドのサラダ 273、柑橘類の皮の砂糖漬け 435

ケイパー
サルサヴェルデ 59、オリーブとケイパーの入ったカリフラワーサラダ 281、ケイパーとアンチョビとオリーブ入りスパイシー・トマトソース 305、ケイパーとパプリカのソテー 362

ケール
ケールとバターナッツスクウォッシュを使った秋のミネストローネ 89、ケールが入ったターキースープ 290、カーリーケールとじゃがいものスープ 291

米
プレーンライス 114、ピラフ 117、赤いピラフ 118、白いリゾット 121、すし飯 317、アスパラガスとレモンのリゾット 332

さ

鮭
ポーチドサーモン 162、天然サーモンのハーブバター焼き 376

雑穀
ポレンタ 111、ポレンタのトルタ 112、タブーレサラダ 282、コーンブレッド 314、クスクス 317、エシャロットとパセリ入りのファッロサラダ 318、カラントが入ったオートミール・クッキー 432

さつまいも
ライム風味のさつまいも 365、さつまいものモロッコ風サラダ 365

じゃがいも
かぶとじゃがいも、キャベツを使った冬のミネストローネ 89、ポテトサラダ 278、カーリーケールとじゃがいものスープ 291、ねぎとじゃがいものスープ 294、セロリルートと

じゃがいものピュレ 344、ポテトグラタン 363、じゃがいものフライパン焼き 364、マッシュポテト 364

スクウォッシュ
ケールとバターナッツスクウォッシュを使った秋のミネストローネ 89、グリルした野菜のラタトゥイユ 179、白豆とバターナッツスクウォッシュのスープ 293、スパイシーなズッキーニスープ、ヨーグルトとミント添え 297、ズッキーニとくるみ、ハーブ入りフェデリーニ 309、サコタッシュ 346、ラタトゥイユ 367、バターナッツスクウォッシュのロースト 370、冬かぼちゃのピュレ 370、サマースクウォッシュのグラタン 371、パンプキンパイ 418

ズッキーニ
グリルした野菜のラタトゥイユ 179、スパイシーなズッキーニスープ、ヨーグルトとミント添え 297、ズッキーニとくるみ、ハーブ入りフェデリーニ 309、サコタッシュ 346、ラタトゥイユ 367、サマースクウォッシュのグラタン 371、ベーコンとトマトが入ったズッキーニのラグー 371、ジェリエンヌにしたズッキーニのソテー、マジョラム風味 372

セロリ
セロリのブレゼ 343

セロリルート
セロリルートのレムラード 276、セロリルートとじゃがいものピュレ 344

ソーセージ
ボイルドディナー 164、青野菜とソーセージのフジッリ 306、シンプルな自家製ソーセージ 409

そば粉
そば粉のクレープ 430、タンジェリンバターと金柑のシロップ煮を添えたそば粉のクレープ 431

空豆
空豆のピュレ 100、空豆のラグー 349

た

ターキー
ケールが入ったターキースープ 290、ローストターキー 399

卵
ポーチドエッグをのせたカーリーエンダイブのサラダ 159、チーズオムレツ 183、チャードのフリッタータ 185、ゆで卵の詰め物 247、ゆで卵の詰め物 247、固ゆで卵と半熟卵 320、スクランブル・エッグ 320、目玉焼き 320、エッグサラダ 321

玉ねぎ
玉ねぎのタルト 198、オニオン・パナド 299、オニオン・カスタード・パイ 322、玉ねぎ、ガーリック、ハーブとソテーしたアーティーチョーク 330、玉ねぎが入ったチャードの炒め煮 353、焼きオニオン 358、グリルド・オニオン 359

タンジェリンオレンジ
タンジェリンオレンジのアイス 218、タンジェリンバターと金柑のポーチ煮を添えたそば粉クレープ 431、柑橘類の皮の砂糖漬け 435

チーズ
ギリシャ風サラダ 69、ポレンタのトルタ 112、チーズオムレツ 183、ゴートチーズのスフレ 189、ハーブ風味のオリーブオイル漬けチーズ 246、チーズ・パフ 249、パルメザンチーズ入りのロケットサラダ 269、オニオン・パナド 299、なすとリコッタ入りトマトソースのフジッリ 305、ほうれんそうのラザニア 309、リコッタとハーブ入りラビオリ 311、チーズとパスタのグラタン 312、メキシコ風ケサディーヤ 321、オニオン・カスタード・パイ 322、グリルドチーズ・サンドイッチ 322、チャードとパルメザン・チーズ 354

チャード
チャードのマリネ 245、玉ねぎが入ったチャードの炒め煮 353、チャードとパルメザンチーズ 354、チャードのグラタン 354

チョコレート
チョコレートのタルトレット 205、チョコレートケーキ 421、チョコレートパヴェ 422、ひび割れチョコレートクッキー 433、チョコレートのトリュフ 435、チョコレートソース 439

チリ（唐辛子）
豚肩肉のスパイシーブレゼ 155、トマティージョサルサ 263、アリッサ 264

とうもろこし
スイートコーン・スープ 296、コーン・オン・ザ・コブ 345、コーンハッシュ 345、サコタッシュ 346

トマト
ギリシャ風サラダ 69、ポレンタのトルタ 112、赤いピラフ 118、鶏もも肉のブレゼ、トマトと玉ねぎ、ガーリック入

り 149、いんげん豆とミニトマトのサラダ 274、スライストマトとバジルのサラダ 274、ニース風サラダ 275、ガスパチョ 298、トマトスープ 298、シンプルなトマトソース 303、生トマトのパスタソース 304、ベーコンと玉ねぎ入りトマトソース 304、カポナータ 347、ベークしたトマトの詰め物 367、トマトのコンフィ 366、ラタトゥイユ 367、冬トマトのロースト 368、ベーコンとトマトが入ったズッキーニのラグー 371

鶏

チキンブロス 84、ローストチキン 124、鶏もも肉のブレゼ、トマトと玉ねぎ、ガーリック入り 149、ボイルドディナー 164、チキンサラダ 271、トルティーヤスープ 288、チキンヌードルスープ 289、レンガをのせて焼いたチキン 394、フライドチキン 395、鶏レバーのソテー 395、丸ごとグリルした鶏 396

な

梨

洋梨のシロップ煮 215、洋梨のシャーベット 426

なす

グリルした野菜のラタトゥイユ 179、なすのキャビア 247、なすとリコッタ入りトマトソースのフジッリ 305、なすのロースト 347、カポナータ 347、焼きなす 348、ラタトゥイユ 367

ナッツ

クリスプトッピング 212、ズッキーニとくるみ、ハーブ入りフェデリーニ 309、キャンディナッツ 437

にんじん

キャロットスープ 86、キャロットサラダ 279、モロッコ風しょうが入りキャロットサラダ 279、にんじんのバターグラッセ 341、キャラウェイとクミン風味のにんじんのピュレ 341

ねぎ

ねぎとじゃがいものスープ 294

は

パースニップ

パースニップや根菜のピュレ 359

ハーブ

ハーブバター 63、ハーブブレッド 76、チェルモーラ 264、パスタ・アル・ペスト 307、ティサネ 440

バジル

ペスト（バジルソース）261

パスタ

生パスタ 104、カネロニとラビオリづくり 106、乾燥パスタの料理 107、オリーブオイルとガーリックのスパゲッティーニ 108、豆とパスタのスープ 292、トマトソースのパスタについて 303、ボローニャ風ソースのパッパルデッレ 306、なすとリコッタ入りトマトソースのフジッリ 305、青野菜とソーセージのフジッリ 306、クラムソースのリングイネ 308、パスタ・アル・ペスト 307、いかのスパイシー・スパゲッティーニ 308、ズッキーニとくるみ、ハーブ入りフェデリーニ 309、ほうれんそうのラザニア 309、リコッタとハーブ入りラビオリ 311、チーズとパスタのグラタン 312、クスクス 317

パセリ

サルサヴェルデ 59、グレモラータとペルシャード 261、チェルモーラ 264、タブーレサラダ 282、エシャロットとパセリ入りのファッロサラダ 318

バター

ハーブバター 63、澄ましバター 141、ブールブラン（温かいバターソース）259

バターナッツスクウォッシュ

ケールとバターナッツスウォッシュを使った秋のミネストローネ 89、白豆とバターナッツスクウォッシュのスープ 293、バターナッツスクウォッシュのロースト 370

バニラ（ビーンズ）

バニラ風味のカスタードソース（クレーム・アングレーズ）222、パンナコッタ 424、バニラビーンアイスクリーム 425、カスタードプディング、またはポッドクレーム 428

パプリカ

ギリシャ風サラダ 69、グリルした野菜のラタトゥイユ 179、パプリカのロースト 246、アリッサ 264、ニース風サラダ 275、赤いパプリカのスープ 296、ケイパーとパプリカのソテー 362、ラタトゥイユ 367、ルイユ 384

バルガー小麦

タブーレサラダ 282

パン

生パン粉 79、クルトン 74、ハーブブレッド、あるいはピザ生地 76、カリっと焼いたパン粉 80、ソーダブレッド 314

コーンブレッド 314、スコーン 315、クリームビスケット 315、バターミルク・パンケーキ 316、全粒粉のワッフル 317

パンプキン
パンプキンパイ 418

ヒカマ芋
ヒカマ芋のサラダ 272

ピクルス
タルタルソース 255

羊
ラムレッグのロースト 129、ラムのすね肉のブレゼ 407、ラムの肩肉のコトコト煮 406、ラムロースチョップのグリル 408

ビネガー
ヴィネグレット 58

ヒラメ
魚のフライ 140、蒸したひらめのブールブランソース添え 377

フェンネル
削ぎ切りにしたフェンネルのサラダ 280、フェンネルのブレゼ 350、ソテーしたフェンネル 350、フェンネルのグラタン 350

豚肉
ポークチョップ 138、豚肩肉のスパイシーブレゼ 155、イタリア風ミートボール 403、カルニタス 410、グリルした豚のスペアリブ 408、シンプルな自家製ソーセージ 409、豚ロースのロースト 409

フルーツ
フルーツタルト 198、フルーツデザート 208、フルーツの保存法 209、クリスプ・アンド・コブラー 210、フルーツのポーチ煮 213、フルーツカード 223、ヒカマ芋のサラダ、オレンジと香菜風味 272、柿とざくろのサラダ 272、グレープフルーツとアボカドのサラダ 273、夏のフルーツ・コンポート 414、冬のフルーツ・コンポート 414、金柑のポーチ煮 415、ブルーベリーパイ 418

ポレンタ
ポレンタ 111、ポレンタのトルタ 112

ブロッコリー
蒸したブロッコリー、ガーリックとレモン風味のバターソース 336、ブロッコリーのピュレ 337

ブロッコリー・ラブ
ガーリックと赤唐辛子風味のブロッコリー・ラブ 355

ベーコン
ベーコンと玉ねぎ入りトマトソース 304、ベーコンとトマトが入ったズッキーニのラグー 371

ほうれんそう
ほうれんそうのラザニア 309、ほうれんそうのクリーム煮 356

帆立貝
帆立貝のソテー、サルサヴェルデ添え 390

ま

まぐろ
グリルしたツナとパンにアイオリマヨネーズ 379

豆
ミネストローネ 88、ローズマリーとガーリック風味の白豆 96、クランベリービーンズのグラタン 97、空豆のピュレ 100、レンズ豆のサラダ 282、豆とパスタのスープ 292、白豆とバターナッツスクウォッシュのスープ 293、生のシェルビーンズとさやいんげんのラグー 334、フムス 335、煮豆のマッシュ 336、サコタッシュ 346、空豆のラグー 349

芽キャベツ
芽キャベツのグラタン 337、ベーコンと玉ねぎ入り芽キャベツのソテー 338

桃
ピーチクリスプまたはピーチコブラー 211、ピーチサルサ 262、ベイクドピーチ 416、桃ジュースのアイスキャンディ 427

や

ヤムイモ
さつまいもとヤムイモ 365

ヨーグルト
きゅうりのヨーグルトソース 263、スパイシーなズッキーニスープ、ヨーグルトとミント添え 297

ら

ラディッキオ
グリルしたラディッキオのガーリック・ヴィネグレット和え 356

りんご
りんごのタルト 200、タルトタタン 417、アップルゼリー 436

ルタバガ
ルタバガ 368

ルッコラ
パルメザンチーズ入りのロケットサラダ 269

レタス
ギリシャ風サラダ 69、ロメインレタスのクリーミードレッシング 269、シーザーサラダ 270、ガーデンレタスサラダ 67、きざみサラダ 271

レモン
サルサヴェルデ 59、レモンカード 223、グレモラータとペルシャード 261、レモンカードのタルト 417、レモンシャーベット 427、柑橘類の皮の砂糖漬け 435

レンズ豆
レンズ豆のサラダ 282

ロブスター
グリルド・ロブスター 389

「ART OF SIMPLEFOOD」日本語版制作スタッフ

堀口博子
HIROKO HORIGUCHI

編集者、菜園学習研究家。アリス・ウォータースを敬愛する仲間と立ち上げた、"美味しい革命"のスタディグループ「アリス・ウォータースに学ぶ会」のプログラム・ディレクター。エディブル・スクールヤードを日本に初めて紹介した。

萩原博子
HIROKO HAGIWARA

翻訳家・アメリカ料理研究家。NY在住。アメリカ料理を中心とした料理関係の著述・翻訳に従事。訳書に『アリス・ウォータースとシェ・パニースの人びと』（早川書房）、「変わってきたアメリカ食文化30年　キッチンからレストランまで」がある。

吉開俊也
TOSHIYA YOSHIKAI

フードジャーナリスト/編集者。アリス・ウォータースとは10年ほど前に取材を通して出会い、以来、アリスの提唱する「食と農と教育とコミュニティがリンクする経済モデル」の取材を続ける。アリスの著書『エディブル・スクールヤード』日本語の編集を担当。

ナンシー・シングルトン・八須
NANCY SINGLETON HACHISU

料理家。スタンフォード大学卒業後、来日。埼玉県の養鶏家に嫁いで20年以上、地元の有機生産者と連携した、食によるコミュニティ活性化を図る。日本の食文化とコミュニティの素晴らしさを描いた書籍、『Japanese Farm Food』をアメリカとフランスで上梓。

アリス・ウォータース　　　　　　　　　　　ALICE WATERS

1944年4月28日、ニュージャージー州・チャタムに生まれる。カリフォルニア大学バークレー校でフランス文化を学びソルボンヌ大学に留学し、1967年に卒業。その後、ロンドンのモンテッソーリ・スクールで学んだ経歴を持つ。家族には1983年に生まれた一人娘、ファニーがいる。

彼女が1971年にオープンした『シェ・パニース』は、日替わりのコースメニューが1種類だけというレストランで、このスタイルはウォータースの信条である、「その時期に一番旬の、美味しいオーガニック食材を提供する」という考え方を反映している。この40年間に彼女が築き上げた、献身的に持続可能な食材をつくっている農家や畜産家たちとのネットワークが、『シェ・パニース』に確実に、素晴らしい食材を安定して供給している。

1980年には、オープンキッチンの、薪のピザ窯を備えたカフェを2階にオープンし、1984年には同じバークレー市内に、朝食とランチを出す『カフェ・ファニー』を出店した。（2012年に閉店）

『シェ・パニース』が25周年を迎えた1996年には、『シェ・パニース財団』を設立。バークレー市にある『マーティン・ルーサー・キング・ジュニア・ミドル・スクール』で始まった、「エディブル・スクールヤード」という食農教育活動のサポートを行なっている。財団の詳細はウェブサイトに詳しい。

http://www.chezpanisse.com　食農教育活動については、www.edibleschoolyard.org

アート オブ シンプルフード

2012年7月28日　第1版第1刷発行
2021年8月7日　第1版第5刷発行

テキスト：アリス・ウォータース
イラストレーション：パトリシア・カータン
アートディレクション：おおうちおさむ(nano/nano graphics)
デザイン：小幡彩貴、児玉英里子(nano/nano graphics)
翻訳：堀口博子／萩原治子／有吉ゆう子／飯野文子／Noriko Norica-Panayota Kitano／吉開俊也／小川彩
食材＆料理監修：ナンシー・シングルトン八須、坂田幹靖(GINZA kansei)、陣田靖子(yasming kitchen)
編集：尾崎 靖(小学館)／堀口博子(ペブル・スタジオ)／吉開俊也(コンパッソ)／小川彩(tocowaka)
編集協力：シェ・パニース
進行管理：蓮井慶介(株式会社昭和ブライト)
印刷管理：森和則(凸版印刷株式会社)
版権管理：マカスキル・ヘイミッシュ(イングリッシュ・エージェンシー・ジャパン)

著作者　アリス・ウォータース
発行者　水野麻紀子
発行所　株式会社　小学館
　　　　東京都千代田区一ツ橋2-3-1　〒101-8001
　　　　編集＝03-3230-5707
　　　　販売＝03-5281-3555

印刷：凸版印刷株式会社
製本：牧製本印刷株式会社
DTP：株式会社昭和ブライト

製本には十分注意しておりますが、印刷、製本など製造上の不備がございましたら、「制作局コールセンター」(フリーダイヤル0120-336-340)にご連絡ください(電話受付は、土・日・祝休日を除く9:30〜17:30)。
本書の無断での複写(コピー)、上演、放送等の二次使用、翻案等は、著作権法上の例外を除き禁じられています。
本書の電子データ化などの無断複製は、著作権法上の例外を除き禁じられています。
代行業者等の第三者による本書の電子的複製も認められておりません。

©Alice Waters, Patricia Curtan 2012 Printed in Japan.
ISBN978-4-09-356714-5